中国互联网产业发展年鉴（2014）

于扬　主编

地震出版社

图书在版编目（CIP）数据

中国互联网产业发展年鉴.2014/ 于扬主编. —北京：地震出版社，2014.8

ISBN 978-7-5028-4446-2

Ⅰ.①中… Ⅱ.①于… Ⅲ.①互联网络－高技术产业－产业发展－中国－2014－年鉴 Ⅳ.①F492.3-54

中国版本图书馆CIP数据核字(2014)第140602号

地震版 XM3288

中国互联网产业发展年鉴（2014）

于 扬 主编

责任编辑：朱 叶

责任校对：郑 义

出版发行：地 震 出 版 社

北京民族学院南路9号 邮编：100081

发行部：68423031 68467993 传真：88421706

门市部：68467991 传真：68467991

发行部：68462709 68423029 传真：68455221

证券图书事业部：68426052 68470332

http://dzpress.com.cn

经销：全国各地新华书店

印刷：北京文昌阁彩色印刷有限责任公司

版（印）次：2014年8月第一版 2014年8月第一次印刷

开本：889×1194 1/16

字数：709千字

印张：34.75

书号：ISBN 978-7-5028-4446-2/F(5136)

定价：480.00元

·篇首语

每当夜幕降临，华灯初上的时候，无数璀璨的灯光就把这个星球处于黑暗的部分打扮得像王冠一样美丽，一百多年前电的发明是这美丽的源泉。今天，互联网正在重复着电力进化的神话，如水电一样，日益成为基础设施，无所不在。仿佛一夜间，在连接人、设备和整个社会的进程中，也在像潮水一样，漫过所有坑洼的砂石，冲刷着一切顽强的抵抗，令所有人不得不思考它从何处来，又将往何处去？

大多数人都听说过蝴蝶效应，讲的是南美热带雨林中蝴蝶翅膀的震动，可能会引起北太平洋洋面上的风暴，我们今天的消费者，在被互联网改变的过程中，就像一只只破茧而出的蝴蝶，当他们振动翅膀的时候，所形成的风暴将改变今天世界的格局，所有企业都会被这场风暴改变，所有企业也都需要在互联网化的进程中找到自己的互联网，才能生存和进化。对数字消费者行为变化的洞察，对数字消费者所购买的产品和服务变化的洞察，以及对由此而带来的各个细分领域产品和服务提供商格局变化的洞察，已经成为所有拥有在线业务企业的基本生存法则。易观智库的使命就是帮助企业把握变化，我们的梦想是我们所帮助的企业能够知机应变，一如在阳光灿烂的天空中，自由翱翔的雄鹰，俊伟而机敏。但同时，我们也很清楚，即便我们非常努力，也很难确切地知道，在互联网的冲击下，我们的星球家园在一百年后会是什么样子，但有一点我们非常肯定，那就是我们每天都在进化。

欢迎与我们一起拥抱变化，共同进化。

2013年是中国互联网产业发展具有里程碑意义的关键之年。互联网开始展现出对经济社会全局深层次、全方位渗透融合、变革创新的强大力量，令人惊喜、震撼和深思，互联网的哲学、理念和思维开始深入人心，……。祝愿我国的互联网产业继续健康高速发展，助力好中国梦的早日实现。也祝愿易观国际、做好产业发展的见证者和思想家！

董宝青 2014.3

2013年是中国互联网产业发展具有里程碑意义的关键之年。互联网开始展现出对经济社会全局深层次、全方位渗透融合、变革创新的强大力量，令人惊喜、震撼和深思。互联网的哲学、理念和思维开始深入人心……。祝愿我国的互联网产业继续健康高速发展，助力好中国梦的早日实现。也祝愿易观国际做好产业发展的见证者和思想家！

董宝青

2014.3

企业发展之良师，投资、创业者之益友。推进互联网产业健康快速发展！

聂林海

2014.3.

企业发展之良师，投资、创业者之益友。推进互联网产业健康快速发展！

聂林海

2014.3

使用说明

1. 《中国互联网产业发展年鉴（2014）》（以下简称互联网年鉴2014）的内容依照宏观—中观 — 微观的形式加以组织。

2. 《互联网年鉴2014》对互联网产业中10个行业共29个细分领域进行了简要研究，并对其中收录的2825家厂商中的98家进行了代表性分析。

3. 《互联网年鉴2014》的厂商分析部分，编委会确定的厂商命名原则如下：

（1）是厂商名而不是产品名。

（2）对于在多个业务与服务领域均具有代表性的厂商，该业务有子公司的以“集团 — 子公司”的形式命名，该业务没有子公司的以“集团 — 产品”的形式命名。

（3）对于虽具有不止一个业务/服务领域的厂商，但在本年鉴研究的主题范围内仅有一个领域具有代表性的情况，以“厂商名”的简称形式命名；仅有一个业务/服务领域的厂商命名形式与此相同。

（4）以厂商简称作为名称，是考虑到在市场和用户具有影响力的是简称而不是全称

4. 《互联网年鉴2014》的厂商分析部分，编委会针对每个细分行业领域的厂商选取原则如下：

（1）每个细分领域选取3～5家厂商，其余厂商在所附列表中呈现，列表所包含的2825家厂商并不是整个产业的所有厂商。

（2）在该细分领域中综合实力较强。

（3）模式具备一定代表性。

（4）各细分领域的厂商分析排名不分先后。

5. 为便于读者阅读，《互联网年鉴2014》除总目录、图表目录外，在书后还附有三个索引，分别以细分领域、企业名称、上市企业名称作为索引项，方便不同诉求的读者查阅年鉴内容。

实力矩阵（Power Matrix）模型说明

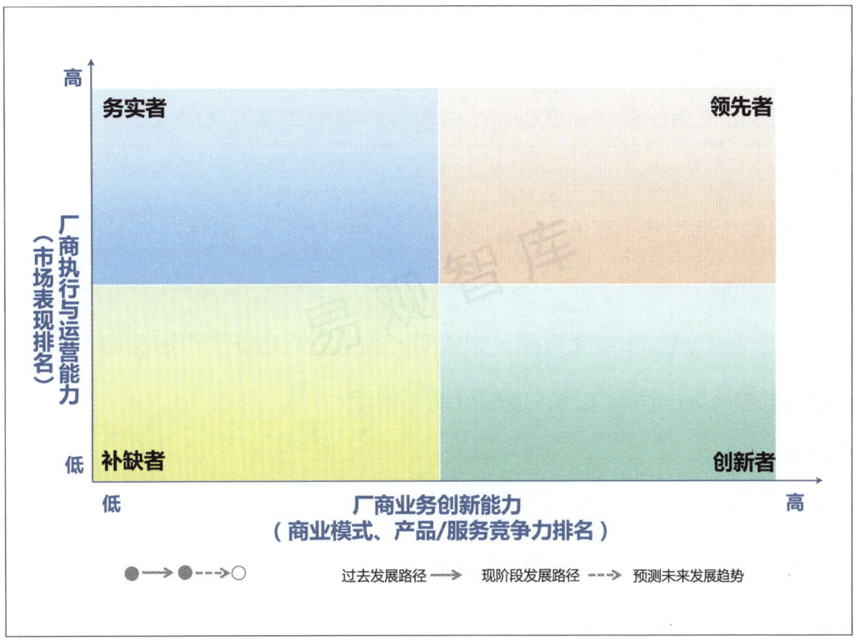

实力矩阵（Power Matrix），是易观智库创新研发的模型，致力于客观呈现行业竞争态势。该模型主要从企业创新、运营能力两个维度展开研究：横轴企业业务创新能力指企业在技术、产品/服务、市场营销、价格、渠道、战略合作等方面的创新综合评价；纵轴企业执行与运营能力主要反映企业市场营收与份额。根据横轴与纵轴量化赋值的不同，实力矩阵分为四个象限：领先者、务实者、创新者和补缺者。

一、领先者在商业模式创新或产品/服务创新性上拥有较强的独特性，同时具有很好的系统执行力能够把创新性提供给市场并获取较高的市场认可。

1. 由于市场容量的限制，一个市场不可能拥有很多领先者。

2. 厂商在新技术创新和市场培育方面的投入得到很好的回报。

3. 领先者对于产业发展的贡献非常大。一方面开创新的业务模式，另一方有能力把创新的业务模式以用户接收的方式进行推广，给产业规模的扩大起到积极的作用。

4. 领先者处于势能稳定状态，即领先者希望市场格局稳定，现有战略继续发挥作用。

5. 但是要警惕来自务实者和创新者不同方式的挑战。

（1）最直接的挑战来自务实者。

（2）同时要警惕创新者的创新带来新的产业格局和价值（链）转移方式，这种变化给现有产业和领先者的影响都是颠覆式的。

二、务实者的技术/产品本身的创新优势不明显，但是系统的执行力非常强，因此市场业绩很好。

1. 务实者技术/产品并没有明显的创新。

2. 务实者对产业的贡献体现在他具有通过自身系统把控与获取客户需求，对产业的健康与务实发展起到积极作用。

3. 务实者可以继续通过良好的市场运作对领先者进行挑战，但是在业务创新非常关键的情况下，会出现后劲不足的情况。

4. 同时，由于产品策略属于跟随策略，如果对产品的主流功能的跟进速度不够，也会影响未来的市场表现。务实者的市场占有率虽高，但是可能不稳定。

5. 务实者的发展路径：

（1）竞争：通过现有的策略进一步逼近领先者。

（2）通过产业联盟，联合创新者挑战领先者。

（3）通过自身发达的运营系统，快速复制已经初步得到市场验证的创新商业模式。

三、创新者在产品/技术上的投入很大，并在商业模式、技术或者产品服务的创新性上有独特的优势。但是由于种种原因没有得到很好的市场表现。创新者迫切需要获取研发投入的产出，将会大力该改变整个产业的格局。

1. 创新者的业务创新能力非常强。但是由于市场推广、定价、客户认知等等原因，其创新能力在市场上还没有得到印证，市场占有率不高。

2. 由于创新者在新技术创新方面的投入没有得到回报。厂商急于改变现状，是产业变革的生力军。

3. 通常，创新者会把主要的精力放在市场需求的挖掘方面，力求尽快获得回报。

4. 创新者的创新能力如果优于领先者，可能会直接挑战领先者。

5. 如果创新者的创新能力迟迟不能变现，而资源不能有效平衡，创新者短期内会成为补缺者，进而淡出市场。

四、补缺者的业务创新能力和市场占有率都不高。如果市场定位准确，投入产出比例均衡，补缺者将会一直保持目前的市场定位，否则将会被市场淘汰。

1. 补缺者的业务创新能力和市场占有率都不高。

2. 如果市场定位准确，投入产出比例均衡，不缺者将会一直保持目前的市场定位，否则将会被市场淘汰。

3. 补缺者对于产业格局的影响不大。但是随着自身规模的发展，补缺者很难保持稳定状态，一旦从补缺者队伍中脱颖而出，将会成为另外3类厂商或者投资者的并购/投资对象。

该实力矩阵（Power Matrix）对不同的经济主体有不同的价值：

首先，对厂商而言：

1. 领先者可以借此分析竞争者的核心竞争力；发现潜在的竞争对手；发现潜在的并购对象；了解未来的产业格局。

2. 务实者可以借此寻找新的发展路径；发现新的业务模式，寻找合作机会；分析竞争对手的核心竞争力。

3. 创新者可以借此了解市场格局；寻找合作机会；了解竞争对手的核心竞争力。

4. 补缺者可以借此寻找发展机会。

其次，对投资者而言：

可以借此了解产业格局；寻找潜在的投资目标；分析每个潜在投资对象的核心竞争力。

目 录

图目录

表目录

第壹部分

产业政策

第一部分　产业政策

政策管制与促进，是一个国家任何产业发展的大环境所在。在过去的2013年，一方面伴随着互联网加快融入社会生产与生活，成为信息传播的主渠道；另一方面伴随着互联网加快传统行业的业态创新，国家秉承在发展中解决问题的行动方针，推出了诸多旨在加强管制规范，加大支持引导的政策。尤其在电子商务、互联网金融、信息传播等方面。根据2013年政府发布的主要政策，本部分将从纲领性文件、产业扶植、电子商务、互联网金融、信息使用、内容监管、网络终端等七个方面对政策加以归类、提炼与解读。

改革纲领文件

《中共中央关于全面深化改革若干重大问题的决定》

颁布时间： 2013/11/15

颁布部门： 中央政治局 十八届三中全会

政策摘要：《中共中央关于全面深化改革若干重大问题的决定》指出，要坚持和完善基本经济制度，加快完善现代市场体系，加快转变政府职能，深化财税体制改革，健全城乡发展一体化体制机制，构建开放型经济新体制，加强社会主义民主政治制度建设，推进法治中国建设，强化权力运行制约和监督体制，推进文化体制机制创新，推进社会事业改革创新，创新社会治理体制，加快生态文明制度建设，深化国防和军队改革，加强和改善党对全面深化改革的领导。

在第十三部分“创新社会治理体制”中的第五十条“健全公共安全体系”中指出，坚持积极利用、科学发展、依法管理、确保安全的方针，加大依法管理网络力度，加快完善互联网管理领导体制，确保国家网络和信息安全。

作用及影响：《中共中央关于全面深化改革若干重大问题的决定》是完善和发展中国特色社会主义制度，推进国家治理体系和治理能力现代化的纲领性文件。文件中的十六字方针是互联网行业发展与规范治理的最高指示。包含促进发展与规范治理两大方面，体现了国家对互联网信息安全与传播管理的高度重视，将其提到国家安全层面，对整个互联网环境中的监管机构、行业组织、商业组织、用户等各个环节的行为具有约束力，决定了未来互联网行业的促进与监管政策的大方向。

产业扶植政策

《关于推进物流信息化工作的指导意见》

颁布时间： 2013/1/7

颁布部门： 工业和信息化部

政策内容： 提高全社会物流信息资源开发利用水平；提高政府部门物流服务和监管的信息化水平；提高物流行业和物流企业的信息化水平；提高企业物流信息化和供应链管理水平；加快物流信息化标准规范体系建设；加快物流信息化军民结合体系建设；推进物流相关信息服务业和信息技术创新与发展。

作用及影响： 对促进现代物流的科学发展和加快转变经济发展方式，具有重要意义。有利于加快物流运作和管理方式的转变，提高物流运作效率和产业链协同效率，促进供应链一体化进程；有利于解决物流领域信息沟通不畅、市场响应慢、专业水平低、规模效益差和成本高等问题，提高企业和产业国际竞争力；有利于实现资源的有效配置，提高节能减排水平、减轻资源和环境压力，促进绿色物流的发展；有利于支撑现代物流和电子商务等现代服务业的发展，促进产业结构的调整，加速新型工业化进程。

《关于进一步促进电子商务健康快速发展有关工作的通知》

颁布时间： 2013/4/15

颁布部门： 发改委、财政部、商务部、人民银行、海关总署、税务总局、工商总局、质检总局

政策内容： 统筹推进电子商务发展环境建设；推动电子商务企业会计档案电子化试点工作；推进商贸流通领域电子商务创新发展；完善跨境贸易电子商务通关服务；加快网络（电子）发票推广与应用；深入推进电子商务可信交易环境建设工作；建立完善电子商务产品质量安全监督机制；推动移动电子商务支付创新发展；完善电子商务快递服务制度；推进电子商务标准化工作；促进农业、林业、旅游业电子商务发展。

作用及影响： 有利于促进电子商务规范发展，引导交易参与方规范各类市场行为，防范市场风险、化解交易矛盾；有利于发挥电子商务在繁荣国内市场、扩大居民消费、降低物流成本、提高流通效率等方面的重要作用。

《关于促进信息消费扩大内需的若干意见》

颁布时间：2013/8/8

颁布部门：国务院

所属领域：产业扶植政策

政策内容：提出了促进信息消费的主要任务：加快信息基础设施演进升级、增强信息产品供给能力、培育信息消费需求、提升公共服务信息化水平、加强信息消费环境建设。明确了促进信息消费的支持政策，包括深化行政审批制度改革、加大财税与金融政策支持、改进和完善电信服务、加强法律法规和标准体系建设和信息消费统计监测。

作用及影响：从消费与生产角度，支持信息产业的发展，为信息产业的发展提供基础支持和审批效率，并加强信息产业发展的规范性。

《关于实施支持跨境电商零售出口有关政策的意见》

颁布时间：2013/8/21

颁布部门：国务院

政策内容：建立电子商务出口新型海关监管模式并进行专项统计，主要用以解决目前零售出口无法办理海关监管统计的问题；建立电子商务出口检验监管模式，主要用以解决电子商务出口无法办理检验检疫的问题；支持企业正常收结汇，主要用以解决企业目前办理出口收汇存在困难的问题；鼓励银行机构和支付机构为跨境电子商务提供支付服务，主要用以解决支付服务配套环节比较薄弱的问题；实施适应电子商务出口的税收政策，主要用以解决电子商务出口企业无法办理出口退税的问题；建立电子商务出口信用体系，主要用以解决信用体系和市场秩序有待改善的问题。

作用及影响：在跨境电商已经取得实质发展时，推动有关部门为跨境电商逐步解决发展中面临的问题，从而为中国的生产制造以及商品贸易行业提供外贸支持，在电子商务层面促进出口。另一方面，为上海自贸试验区开展电子商务提供配套政策意见。

《促进电子商务应用的实施意见》

颁布时间： 2013/10/31

颁布部门： 商务部

政策内容： 十项重点任务：（一）引导网络零售健康快速发展；（二）加强农村和农产品电子商务应用体系建设；（三）支持城市社区电子商务应用体系建设；（四）推动跨境电子商务创新应用；（五）加强中西部地区电子商务应用；（六）鼓励中小企业电子商务应用；（七）鼓励特色领域和大宗商品现货市场电子交易；（八）加强电子商务物流配送基础设施建设；（九）扶持电子商务支撑及衍生服务发展；（十）促进电子商务示范工作深入开展。

作用及影响： 推动B2C电子商务服务模式多元化，对B2B电子商务闭环的进一步完善以及线上线下相结合具有重大利好。

电子商务政策

《网络发票管理办法》

颁布时间： 2013/1/25

颁布部门： 国税总局

政策内容： 规定税务机关根据发票管理的需要，可以按照国家税务总局的规定，委托其他单位通过网络发票管理系统代开网络发票。省以上税务机关在确保网络发票电子信息正确生成、可靠存储、查询验证、安全唯一等条件的情况下，可以试行电子发票。

作用及影响： 加强普通发票管理，保障国家税收收入，规范网络发票的开具和使用。

《快递业务旺季服务保障工作指南》

颁布时间： 2013/8/5

颁布部门： 邮政局

政策内容： 针对业务旺季的准备、运营和应急保障等工作，划定旺季范围、确定保障原则，并明确了相关组织机构的设置、工作内容和职责分工。

作用及影响： 指导快递业务旺季期间工作有序开展，保证服务质量和安全，维护消费者合法权益。

互联网金融政策

《证券投资基金销售机构通过第三方电子商务平台开展业务管理暂行规定》

颁布时间： 2013/3/15

颁布部门： 证券监督管理委员会

政策内容： 明确了基金销售机构通过第三方电子商务平台开展基金销售业务的销售结算资金、销售适用性、信息披露和信息管理平台等监管要求；另一方面规定了第三方电子商务平台经营者的资质条件，对其经营者提出了网站接入地、电信业务经营期限、诚信记录等方面的要求，并要求第三方电子商务平台经营者对投资人身份资料及交易信息承担保密义务。同时，为维护市场公平竞争环境，明确规定第三方电子商务平台经营者直接从事基金销售活动的，应当取得基金销售业务资格。

作用及影响： 提升自身的网上基金销售业务能力，进一步拓宽基金销售渠道，维护基金投资人的合法权益。

《银行卡收单业务管理办法》

颁布时间： 2013/7/5

颁布部门： 中国人民银行

政策内容： 一是针对业务实质及风险管理核心进行有效规范，将网络渠道发起的线上收单业务与传统线下收单业务一并纳入监管，要求从事收单业务的各类市场主体遵循相同的监管标准，履行同等风险管理责任；二是严格规范收单机构特约商户管理，从特约商户拓展、资质审核、协议签订、档案管理、业务培训等方面明确了管理要求，强调了建立与落实特约商户实名制度和收单业务本地化经营与管理原则；三是明确了收单业务风险管理要求，针对特约商户风险评级、交易监测、业务检查、受理终端布放、网络支付接口管理、交易信息传输、资金结算、差错处理、业务外包等各环节存在的风险隐患，制定了监管制度；四是明确了银行卡收单业务相关监管检查及违规处罚规定。

作用及影响： 为规范收单机构经营行为、培育良好的银行卡市场竞争环境奠定了坚实的制度基础，将进一步促进银行卡市场健康持续发展，充分发挥银行卡拉动消费和促进经济增长的积极作用。

《关于金融支持经济结构调整和转型升级的指导意见》

颁布时间： 2013/7/7

颁布部门： 国务院办公厅

政策内容： 提出了十条政策措施，包括：一要继续执行稳健的货币政策，合理保持货币信贷总量；二要引导、推动重点领域与行业转型和调整；三要整合金融资源支持小微企业发展；四是加大对“三农”领域的信贷支持力度；五是进一步发展消费金融促进消费升级；六要支持企业“走出去”；七是要加快发展多层次资本市场；八是进一步发挥保险的保障作用；九是扩大民间资本进入金融业；十是要严防金融风险。

作用及影响： 通过利率市场化、融资便利化、财富效应和资产证券化优化金融资源配置，民间资本在金融业中的主导权将出现变化，在大方向上对互联网金融的发展释放利好信号。

信息使用规范

《信息网络传播权保护条例》

颁布时间： 2013/1/16

颁布部门： 国务院

政策内容： 以著作权法为立法依据，对我国网络信息的合理使用与法定许可做出了明确规定。条例的立法宗旨包括保护权利人的信息网络传播权和鼓励有益于社会主义精神文明、物质文明建设的作品的创作和传播。

作用及影响： 这一系列法律规范使我国信息网络传播权得到了有效保护，保护著作权人、表演者、录音录像制作者的信息网络传播权；同时对互联网行业发展也产生一定的影响。

《互联网知识产权纠纷调解手册》

颁布时间： 2013/1/13

颁布部门： 中国互联网协会

政策内容： 分为网络纠纷调解的性质和实践内容、纠纷调解管理制度、法院委托调解机制构架和调解工作规范文本四个部分，涵盖了当事人告知程序、法院与调解中心案件流转程序、纠纷调解流程、各类纠纷的解决机制、调解档案、调解员队伍建设等多方面内容，进一步完善了诉讼与非诉讼相衔接的知识产权纠纷解决机制。

作用及影响： 加强网络环境下的知识产权司法保护、更好地化解社会矛盾，中国互联网协会调解中心充分发挥行业协会在知识产权纠纷中的能动作用，积极探索建立互联网知识产权纠纷调解机制。对便利开展调解工作、提升调解规范化水平，以及指导并建立快速纠纷调解通道将起到推动和示范作用。

《2013年国家信息安全专项有关事项的通知》

颁布时间： 2013/8/12

颁布部门： 发改委

政策内容： 设立专项重点支持领域：金融信息安全、云计算与大数据信息安全、信息安全分级保护、工业控制信息安全的产品产业化和信息系统安全可控试点示范。

作用及影响： 为金融、云计算与大数据、信息系统保密管理、工业控制等领域面临的信息安全提供了实际需要。

内容监管政策

《网络文化经营单位内容自审管理办法》

颁布时间：2013/8/12

颁布部门：文化部

政策内容：网络文化经营单位应当建立内容审核制度，对拟上网运营的文化产品及服务内容进行事前审核。原来主要由政府部门承担的网络文化产品内容审核和管理责任将更多地“放权”交由企业承担。文化部文化市场司组织编写网络文化管理培训教材，编印《网络音乐内容审核工作指引》、《网络游戏内容审核工作指引》，建立培训师资库和题库，为各地培训工作服务。对文化市场管理机制进行了创新，以应对正在到来的“放权”改革。原来主要由政府部门承担的网络文化产品内容审核和管理责任将更多地交由企业承担，通过做实企业自我约束机制和提升企业自我管理能力，同时政府加强对企业服务和后续监管，来确保文化产品和服务内容的合法性。

作用及影响：增强企业自主管理能力和自律责任，保障网络文化健康快速发展。

网络终端政策

《关于加强移动智能终端进网管理的通知》

颁布时间：2013/4/11

颁布部门：工业和信息化部

政策内容：通知规定手机生产企业不能在手机中预制恶意软件；不能擅自收集、修改用户个人信息；不能擅自调用终端通信功能，并造成流量消耗、费用损失、信息泄露等不良后果。

作用及影响：维护用户个人信息安全和合法权益，保障网络与信息安全，促进行业健康发展。

《关于组织实施2013 年移动互联网及第四代移动通信（TD-LTE）产业化专项的通知》

颁布时间： 2013/9/22

颁布部门： 发改委

政策内容： 把握全球移动互联网发展机遇，以移动智能终端为着力点，提高移动智能终端核心技术开发及产业化能力。加快移动互联网关键技术的研发及应用，培育能够整合产业链上下游资源、具备一定规模的移动互联网骨干企业。完善公共服务平台建设，形成综合的移动互联网产业服务能力。推进 TD-LTE 技术在重点领域的创新示范应用，带动 TD-LTE 产业快速发展。支持重点及要求：移动智能终端新型应用系统研发及产业化；面向移动互联网的可穿戴设备研发及产业化；移动互联网和智能终端公共服务平台建设；移动智能终端开发及产业化环境建设；高速宽带无线接入设备研发及产业化；高速宽带无线接入技术研发及创新应用示范；移动互联网大数据关键技术研发及产业化；基于 TD-LTE 的行业创新应用示范。

作用及影响： 在4G商用牌照发放前，立足产业高度，进一步加速4G相关环节的配套发展，优化居民生活和公共服务环境，加速智能设备及应用的创新及普及，提升TD-LTE作为我国自有知识产权及4G国际标准的产业化能力。

第贰部分

行业发展

第二部分　行业发展

2013年，对中国互联网产业而言，可谓是一个“大年”。回首互联网在这一年走过的路，我们可以发现，传统行业互联网化的节奏正在加快；实体经济与互联网虚拟经济进一步结合，催生了更多的创新模式与创新业务；互联网行业的资本市场也重新站上活跃的轨道；大型互联网厂商在互联网向移动互联网转型的过程中，竞相提速在移动领域的战略布局，争夺线上线下资源。在本部分，易观将互联网行业在2013年的变迁，在政策维度、资本维度、模式维度、产业维度、厂商维度以及产品维度这六大维度进行高度凝练性的分析，力求站在战略高度深度观察互联网行业在2013年的发展状况。

政策导向

2013年，互联网产业的发展继续表现出几大特征：首先，互联网作为一种工具继续推动传统行业的互联网化；其次，互联网用户数继续上升，用户参与度继续提高；第三，互联网的产品应用、商业模式不断创新。互联网的快速发展与创新实践反过来对政策法规的完善提出了更高的要求，国家也正在加快进程，对不断出现的新问题加以规范管理、恰当引导，建设并维护有序的市场竞争环境和正当的互联网消费环境。

在十八届三中全会上审议通过的《中共中央关于全面深化改革若干重大问题的决定》中指出：“要坚持积极利用、科学发展、依法管理、确保安全的方针，加大依法管理网络力度，加快完善互联网管理领导体制，确保国家网络和信息安全”，可以视作互联网行业政策法规监管的大方向。

“积极利用、科学发展”体现了政府对互联网产业的创新加了大支持与引导力度，表明了要大力支持信息产业与互联网的工具性作用，推动互联网新技术对传统经济模式的提升与改造，进一步提高生产力。2013年，在三个方面表现得非常突出：

第一，成立上海自贸试验区，鼓励互联网企业走出去和引进来。放开电子商务领域外资准入限制，允许外资企业经营特定形式的部分增值电信业务，允许外资企业从事游戏游艺设备的生产和销售，通过文化主管部门内容审查的游戏游艺设备可面向国内市场销售。对跨境电子商务，移动互联网应用，以及游戏主机等领域，都是一种政策许可范围内的契机。自贸试验区成立不久，盛大已在区内合资成立游戏公司，百视通等企业也计划与微软以合资的形式成立游戏公司；另一方面，东方支付也已投资上线海外直销为主的跨境通电子商务平台。

第二，十八届三中全会扩大金融业对内对外开放，金融业向民间资本扩大开放，鼓励金融创新，对互联网金融以及传统金融业的互联网化是很大促进。三中全会之前的7月7日，国务院办公厅在《关于金融支持经济结构调整和转型升级的指导意见》中提出了十条措施（简称金融业国十条），国十条对电商供应链金融，互联网企业开展小贷业务等进一步发展释放利好信号。

第三，我国传统行业的互联网化，在很大程度上是由贸易及零售业的互联网化反向拉动的。促进电子商务的发展，鼓励电子商务应用实施成为2013年支持性政策出台的重点之一。1月7日工信部出台的《关于推进物流信息化工作的指导意见》鼓励物流行业和物流企业充分利用信息化与互联网的手段，提高信息化水平与供应链管理水平，提升物流配送效率与供应链柔性，缓解近年来出现的电商大促销导致物流爆仓的局面。4月15日由发改委、财政部、商务部等八部门联合下发的《关于进一步促进电子商务健康快速发展有关工作的通知》提出要加快网络发票推广与应用；深入推进电子商务可信交易环境建设工作；建立完善电子商务产品质量安全监督机制；推动移动电子商务支付创新发展；完善电子商务快递服务制度等。旨在引导交易参与方规范各类市场行为，防范市场风险、化解交易矛盾。8月8日国务院颁布的《关于促进信息消费扩大内需的若干意见》明确了促进信息消费的支持政策，包括深化行政审批制度改革、加大财税与金融政策支持、改进和完善电信服务、加强法律法规和标准体系建设和信息消费统计监测等。10月31日商务部颁布了《促进电子商务应用的实施意见》，引导电子商务走向农村、社区、中小企业，推动电子商务在西部地区，跨境的发展，鼓励与扶持大宗商品现货交易与电商支撑与衍生品发展。在政策支持下，传统商贸企业，制造企业正积极通过互联网电子商务加快采购与销售的转型。

“依法管理，确保安全”体现了政府在促进互联网创新的同时，对产业的运行也正在加强与时俱进的监督与规范。2013年，也在三个领域力度鲜明：

第一，互联网金融领域在今年取得了迅猛发展，同时也大幅提升了金融秩序混乱与广大民众资产损失的风险。因此，国家今年加快了互联网金融领域的政策法规完善节奏，如针对彩票、理财产品销售渠道互联网化方面，分别于1月15日颁布修订版《彩票发行销售管理办法》，认同并规范互联网合法售彩；3月15日颁布《证券投资基金销售机构通过第三方电子商务平台开展业务管理暂行规定》，对基金销售机构通过第三方电子商务平台的信息管理、资金结算管理加强了监管；在线上支付方面，7月5日央行颁布的《银行卡收单业务管理办法》将网络渠道发起的线上收单业务与传统线下收单业务一并纳入监管，明确了收单业务风险管理要求并制定了监管制度。尤其值得注意的是，风生水起的P2P网络借贷业务进入监管机构视野：7月重庆宜信等5家P2P遭重庆市金融办牵头整肃，8月我国小额信贷联盟在京发布P2P《行业自律公约》，11月，央行在数月摸底调研之后，对P2P网络借贷业务做出了界定，明确提出三类违法模式，为P2P的良性发展圈定了基本的监管框架，推动P2P企业由灰色快速发展转上阳光稳健的发展之路。

第二，针对近年来信息的社会化传播影响力快速提升局面，国家加大整肃力度。1月1日，《互联网发言管理认证条例》出台，8月12日，文化部出台《网络文化经营单位内容自审管理办法》，均加大了网络信息发布与传播的法律监管力度。年内，众多大V纷纷落马，警醒广大网民遵守互联网信息传播的法制规范。在十八届三中全会上，更是将依法管理互联网提升到了国家战略安全层面。会议精神既要推动传统媒体和新媒体的融合发展，又要加强内容管理，规范新型媒介的传播秩序，使正面引导和依法管理相结合，尤其是针对传播能力强的微博、微信等互联网社会化媒体平台。2013年，社会化进一步成为互联网化的发展趋势，电商、内容消费、互动娱乐、生活服务等各领域都融入了社会化传播的元素，内容与传播安全机制也将进一步成为TMT企业运营的管理重点。

第三，政府对互联网上的版权问题更加重视。年初1月，国务院颁布了最新版《信息网络传播权保护条例》，保护著作人权益，对非法传播造成侵权并获得经济收益的行为进行法律制裁。互联网协会也发布了《互联网知识产权纠纷调解手册》，意在发挥行业协会在知识产权纠纷中的能动作用，积极探索建立互联网知识产权纠纷调解机制。但在2013年，互联网企业的知识产权、版权问题在视频、文学等内容消费领域仍出现多起诉讼，大小互联网企业牵涉其中。互联网知识产权的政策法规监管仍任重而道远。

资本动向

2013年，资本在互联网行业的表现活跃度大幅提升。易观发现，资本显著活跃体现在互联网企业海外上市潮；VC/PE大量进入移动游戏市场；互联网巨头投资加快移动互联网布局，传统企业通过投资加快与互联网的融合四大特点。从互联网巨头的投资来看，是为了加快推进自身业务由PC端向移动端的迁移，加快移动互联生态布局，卡位入口与平台。2012年，O2O主要体现在消费决策入口与用户引导转化的作用上，包括消费点评模式，优惠券模式，团购模式，地图模式或者商家独立APP等。2013年，巨头通过投资，推动了O2O闭环落地，布局了内容互动的多屏场景，进一步完善了大数据的多维度串联，为日后大数据价值的二次变现储备了资源，打开了更为广阔的盈利空间——闭环以及商业数据积累的反向应用，平台价值将成倍增加。盈利模式也会从展示广告到效果广告，往最终的电子商务等方向延展及多元化，流量货币化的效率得到巨大提升。

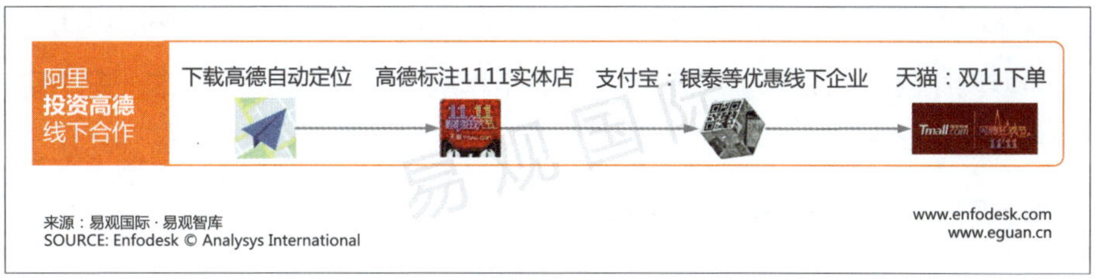

图1 阿里巴巴+高德与线下企业O2O闭环

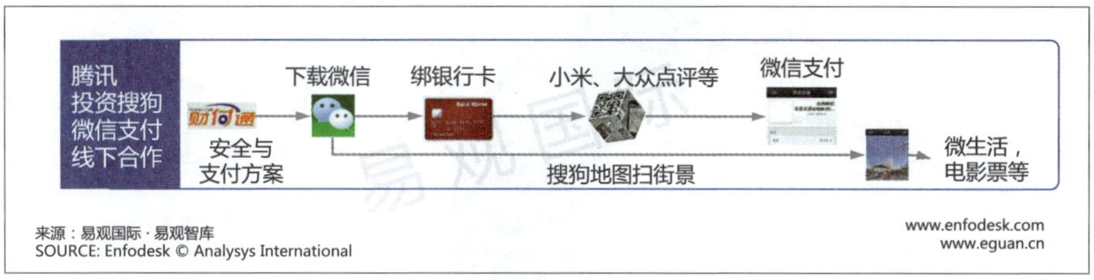

图2 腾讯微信支付的O2O闭环

另一方面，从传统企业的投资来看，更多的企业开始将把控线上通路、多屏融合、内容的生产与传播作为互联网化的战略举措。

模式升级

易观分析认为，2013年的模式创新主要体现在泛娱乐及媒体领域。这里有两个关键：其一，围绕经典版权（IP）内容的持续经营蓬勃发展，互动娱乐产业上下游打通，成为行业的重要体现。

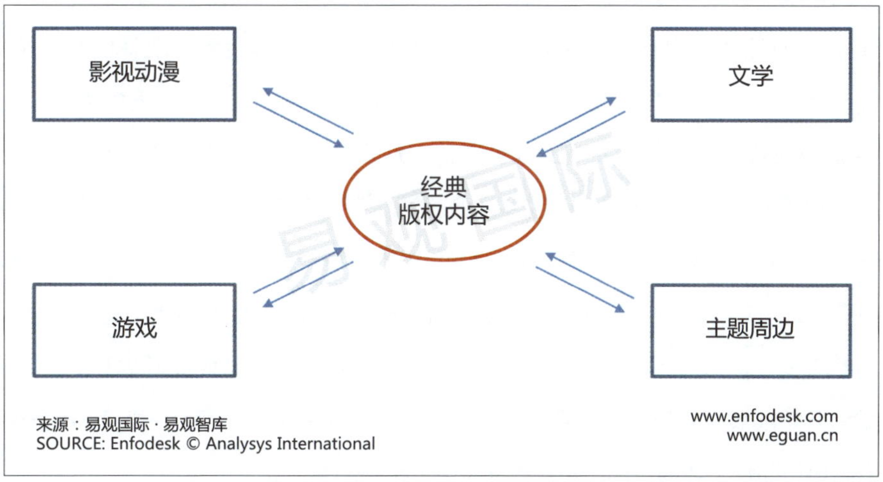

图3 经典版权内容扩展

例如，根据网络动漫改编的手游《我叫MT》取得巨大成功，原作积累的用户迅速地转化为移动游戏的玩家；互联网原创漫画改编的《十万个冷笑话》单次点击率突破一亿，这一IP确定拍摄动画电影，并被游戏企业蓝港在线购得游戏改编权；中国最大民营影视机构华谊兄弟收购移动游戏企业广州银汉科技，与迪士尼在海外市场的发展路径趋同。

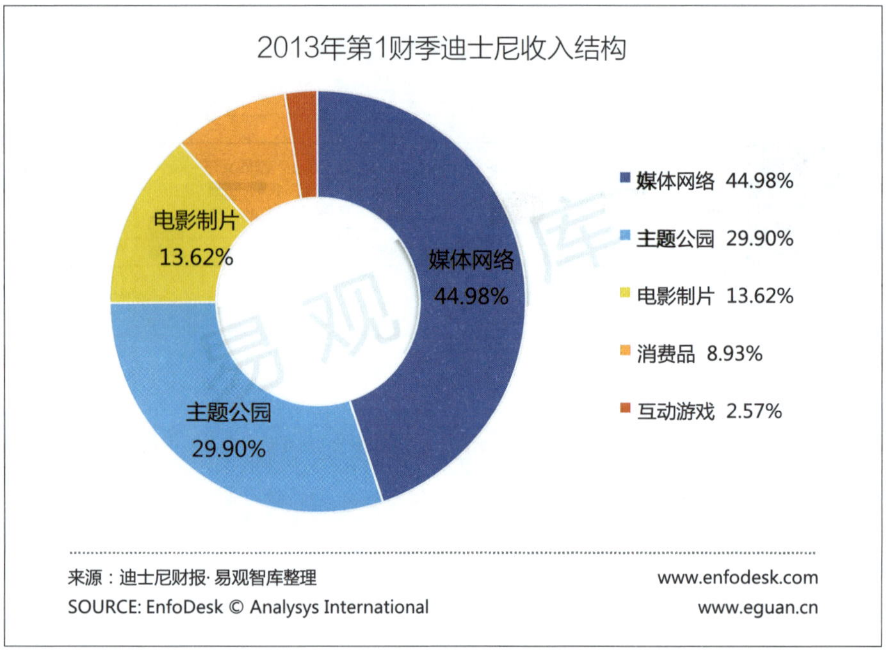

图4 迪士尼公司版权运营的2013年第1财季收入结构

产业走向泛娱乐化，从其成因上看，一方面用户的欣赏与接受程度为经典版权的运营奠定了用户基础；另一方面，政策扶持下的文化创意产业的繁荣为经典版权的运营提供了素材和内容。

短期来看，企业选择成熟IP进行运营的原因，是经典版权内容运营可以降低产品风险，提高营收；长期来看，互动娱乐产业的上下游打通，符合企业及产业发展的规律，增强竞争力。

其二，自媒体富媒体化正在重新定义内容营销。从用户、媒体、广告主三个角度来看：在用户角度，以微信为代表的公众平台彰显实时性，社会化消费者呈现实时连接、自由平等协作和分享的特征；在媒体角度，微视、优酷与新浪微博、人人合作，视频使自媒体平台富媒体化，自媒体互联网公司最大化提供内容营销形式；在广告主角度，企业重视自媒体平台内容策划，借口碑宣传品牌、文化，影响消费者的消费决策。由此，自媒体平台挖掘大数据提升营销价值，从而提升盈利能力。在内容营销中，自媒体平台开始通过对用户行为、数据的挖掘，建立完整的分析体系；开始利用增值服务提升自身的媒体价值与用户黏性，或通过用户关系挖掘及多元化交互累计用户。

行业变革

易观分析认为，2013年，互联网继续推动多个行业发生着或大或小的改变，表现最为突出的，是三个行业：

对零售行业而言，电子商务与传统零售业在经过多年的针锋相对后，出现了携手前行的契机。传统零售业开始积极推进营销与渠道的互联网化，线上线下加速融合。电商企业聚焦平台和供应链的纵深竞争，也推动了零售业的变革。易观认为：电子商务企业进入了以各自平台为中心的生态体系竞争阶段，进入了围绕后端供应链能力提升的纵深竞争阶段，电商与零售业进入了围绕线上线下相融合的闭环资源竞争阶段。

图5　零售业与电商进入新的竞争阶段

对金融行业来说，互联网金融2013年发展迅猛，模式与创新出现了质的突破，互联网公司不再单纯作为金融营销渠道，开始扮演主体角色开展金融类业务，涉及保险、基金，并更大规模地开展小贷业务。传统金融企业承受的压力滚滚而来，产品的相对僵化，服务的欠人性化不断放大，在倒逼下更多企业开始加大金融服务的创新。易观分析认为，2013年，互联网金融在模式与产品创新上取得的突破主要可以概括为八个方面：

1. 电商+金融服务模式深化。阿里、京东建金融集团，把控小微企业交易信息，掌握产业链资金流状况，形成供货-销售-融资-结算的优质闭环。

2. 传统银行业积极转型。既拓宽互联网渠道，又摒弃自身信息不对称的缺点，以用户为中心，发挥旗下业务的协同性，积极研发创新产品。

3. 互联网金融P2P入监管机构视野。爆发的P2P借贷市场存在较大不稳定性。央行界定违法模式，有利于市场的优胜劣汰， P2P企业已出现转型保稳的势头。

4. 出现互联网基金热。余额宝催生的互联网货币基金与企业短期理财产品推动了资金快速聚集，聚集后的问题成为主要问题。

5. 互联网创新保险模式。众安在线是产品、模式上的突破，经营方式完全基于互联网，与大数据挖掘分析相结合，为保险业互联网化提供范例。

6. 跨境支付开拓新蓝海。牌照的发放使跨境支付从跨境电子商务扩展到跨境旅游、航空、教育等更多的领域。有望成为快速发展的支付细分市场。

7. TSM推进近场支付。产业链协同发展取得突破。但近场支付的爆发主要依赖于应用场景的扩展，这是移动近场支付发展重点。

8. 巨头布局移动支付。移动支付打造商业交易闭环，手机钱包将成为个人金融入口；微信支付当前重点是应用场景构建，支付宝加速移动支付用户培育。

而信息与互联网行业自身则开始谋求大数据的多维度的串联。大数据应用价值在互联网行业的体现，既在于电商数据价值高于用户数据和搜索数据；又在于互联网企业正在推动的推动四类数据的多维度串联。易观认为，大数据可以有四种区分方式：

1. 结构和非结构数据。非结构数据如文本、视频、图片、音乐。

2. 企业内部和外部数据。内部数据一般在CRM、ERP等企业信息化产品中，外部数据如宏观数据、电商平台数据等。

3. 线上和线下数据。主要借助线上的大数据激活线下的数据。

4. 位置数据和实时数据。这两类数据在移动互联网时代显得尤其重要。

通过大数据的多维度串联，形成用户三个身份数据的统一：自然身份数据、通讯身份数据、金融身份数据。

巨头以收购为手段完善大数据的结构体系和应用能力，垂直型互联网公司向数据的行业应用落地。

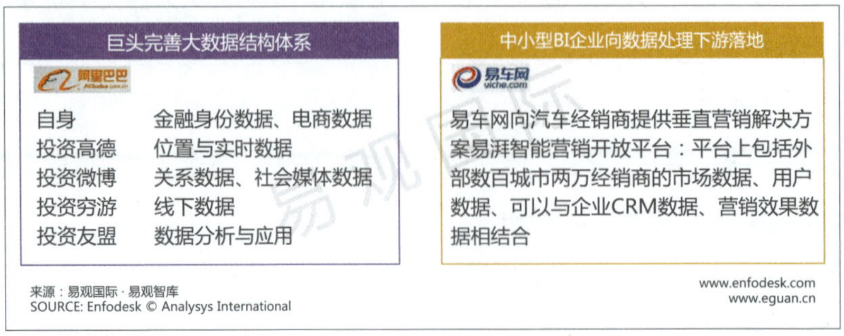

图6　阿里巴巴与易车网的大数据布局案例

厂商竞争

2013年，环境决定战略，战略决定组织的学说在互联网业界得以充分证明。百度、阿里、腾讯、奇虎360等均调整了企业组织架构。百度为了拓展全新的业务方向，协调重整资源，构建了两大业务群组：搜索业务群组和前向收费业务群组，还有LBS事业部、移动云事业部以及国际化事业部；从“中间页”战略到移动端“轻应用”战略。在重视核心业务优势的同时，加大对移动端的重视，把移动长尾应用分发作为核心。阿里巴巴为了完善“金融、数据、平台”商业生态体系，从CBBS生态体系的构建，到金融、数据、平台三大核心方向的确立，再到分拆25家。阿里刺激了产业活跃度，围绕打造商业生态系统，组织结构颗粒化，让组织更加灵活地进行协同和创新，将权限布置在前线，推动无线事业快速发展。腾讯为了加强协同，在移动端再次寻找并实践企业服务机会，从到四大业务系统制(BU)的联邦制，再到依据产品划分的6大独立事业群。尤其是在2013，无线部门组织结构频繁调整，主要是基于对变现潜力的判断和提升协同效率，更好地发挥大平台作用。奇虎360也从安全切入，分为有线无线两条线。易观分析认为，中国互联网巨头们是通过2013年内部架构的调整，跳出PC端竞争，重新梳理业务重心，使内部架构更好地适应“入口、平台、生态”战略竞争的需要，寻求更好的协同效应，加速战略布局与卡位。

产品创新

2013年，在移动场景，尤其是具有用户大数据、社交化、场景化、O2O核心特质的超级App，成为争夺焦点。易观认为，不论是易信、来往同微信开展的斗地主游戏，还是百度与高德在同期开展的楚汉争霸，甚至年末才真正嗅到硝烟味道的微信支付与支付宝钱包，分别是在社交、场景、交易三个领域开展的超级App军备竞赛。血雨腥风弥漫的原因，是超级App从用户的最基本的生活需求切入，强势占领入口并成为其他应用的平台，通过用户使用中积累的用户关系数据、场景数据，交易数据实现精准营销，成为最具潜力与价值的流量变现途径。

而在家庭场景，客厅成为互联网企业与传统企业竞争的战场，复杂的产业竞合走向前台：乐视推出超级TV，爱奇艺与TCL合作推出互联网电视，小米科技出品盒子与电视，百度、优酷以及PPTV等也推出了电视棒。这一情况是诸多条件下的必然：首先，用户不再满足于视频内容接收，互联网使电视开机率及收视率、收视时长受到巨大影响；其次，丰富的内容与交互式体验已成为用户的巨大需求，客厅用户可挖掘价值潜力大；第三，用户身处多屏多终端的网络时代，促使企业建立多屏全网跨平台的服务产品及生态体系。易观分析估测在2013年网络视频广告收入同比增长37%，增速放缓，因此，智能电视产业中的电视机厂商、广电企业、互联网公司都希望从自身的资源优势出发，争先建立多屏全网跨平台的服务产品及生态体系，拓宽盈利模式。

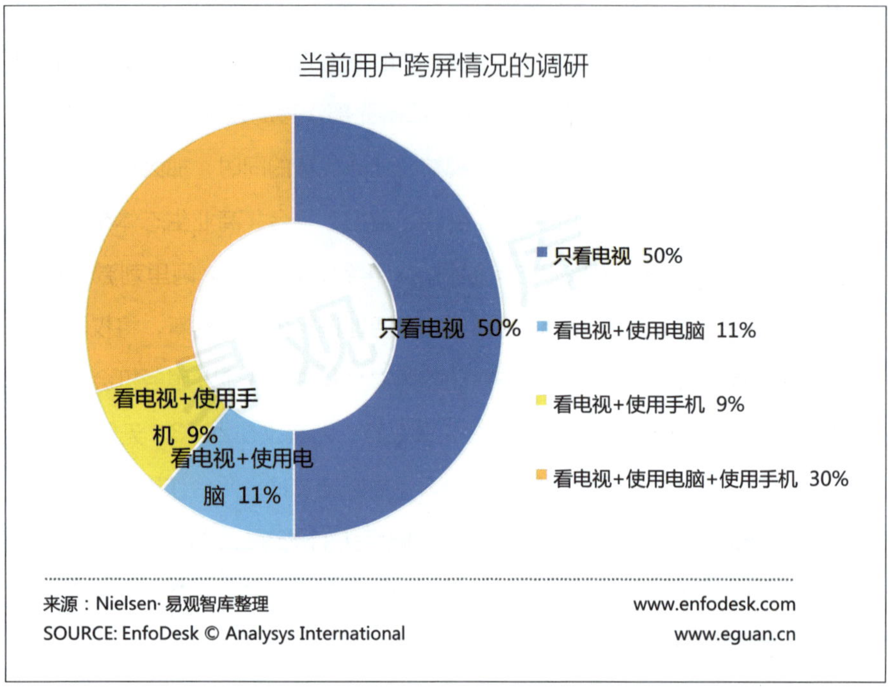

图7　当前用户跨屏情况的调研

第叁部分

区域发展

第三部分　区域发展

一方面，互联网产业在我国的发展仍然存在较为明显的地区差异，与此同时，相对滞后的中西部地区正在力求发力赶超；另一方面，政府也加大了互联网产业与传统行业相融合的支持与促进力度。在本部分，易观选取北京、上海、浙江、广东、四川这五个区域进行分析。首先，这五个区域分属中国的东南西北；更重要的是，这五个区域在一定意义上也是中国互联网发展的排头兵和制高点。期望通过对这些区域的了解，帮助中西部地区将互联网产业的发展与自身产业的区位优势相结合，更快更好地驱动经济转型与稳健增长。

北　京

北京市互联网产业的发展现状

根据北京市通信管理局数据，截至2012年底，固定互联网网民数已经达到1458万，普及率是72.2%，但移动互联网用户数已经达到2384万户，均列全国的首位。

北京的互联网产业中心是中关村。该区域聚集了产业链相关企业超过6000家，从业人员超40万。同时中关村在移动互联网领域已形成完整的综合性产业集群，成为我国移动互联网产业中心。中关村移动互联网产业链完整，已取得一批关键核心技术的突破，如以创毅视讯、君正为代表的核心芯片，以播思通讯、中科创达、风灵创景、京联云为代表的移动终端软件平台，以优视为代表的浏览器，以联想、汉王、爱国者等为代表的移动智能终端，以奇虎、网秦为代表的网络安全等。同时，在移动娱乐、移动社交、移动商务等应用领域聚集了一批国内领先企业，在移动娱乐方面有优酷、暴风影音，在移动阅读方面有北大方正、中文在线，在移动社交方面有新浪、搜狐、爱奇艺，在移动电子商务有凡客，在移动广告方面有亿赞普、多盟等。

北京市互联网产业的区位优势

资源积累优势　北京市拥有国务院批准建立的中国第一个国家级高新技术产业开发中心——中关村科技园。中关村科技园已经渗透至北京的各个地区，有“一区十园”的说法。整个中关村科技园是北京市高新技术产业开发的立足之本，在北京乃至全国范围内都有着举足轻重的作用。

产业聚集优势 海淀区作为中关村国家自主创新示范区的核心区和中关村国家科技金融创新中心的核心功能区，是我国科技创新、金融创新的策源地，在移动互联与下一代互联网、云计算、大数据、搜索引擎、网络通信等领域形成了强大的产业技术核心竞争力，聚集效应和区位优势日趋显著。海淀区依托区域IT产业优势，创新发展互联网金融。吸引依托互联网、移动通信和大数据处理等技术机构在海淀区聚集发展，加强信息安全、大数据存储和带宽基础设施建设，鼓励其开展资金融通、支付、机构间交易结算平台等金融业务。

人力资源优势 中关村科技园的项目直接与高校教研项目对接，成为了优秀生源的直接输送地。

北京市相关产业园区与产业组织

1. 互联网金融领域

8月30日在石景山成立的北京互联网金融产业基地。建筑规模20万平方米。石景山区发布了支持互联网金融产业发展的暂行办法，为互联网金融产业发展提供一系列人才、政策、服务保障。将每年安排1亿元专项资金用于支持互联网金融产业基地建设。还将成立互联网金融资信公司，建立互联网金融征信平台，将与首钢总公司共同设立总规模为3亿元的互联网金融产业投资基金，专门投资于初创期和成长期的企业。由多家金融企业与专业投资机构共同出资创办的网信有限公司成为首家入驻的互联网金融企业。

10月19日在海淀揭牌的“互联网金融中心”“互联网金融产业园”“互联网金融基地”，三大基地将协同联动，重点聚集互联网金融的研发、培训、研究院、实验室及重要的宣传展示机构。京东金融集团、百度小贷等6家互联网金融机构签约入驻。海淀区具有发展互联网金融的产业优势条件，聚集了大量的互联网企业与金融企业。截至2012年底，海淀区信贷专营机构达到15家，股权投资机构566家，小额贷款公司8家，P2P网贷等互联网金融机构近百家，这些机构为中小微企业融资超过200亿元。

对通过互联网金融模式获得资金支持且符合区域重点产业发展方向的文化创意、信息技术、移动互联网和科技服务业等行业企业，按照《海淀区促进科技金融创新发展支持办法》相关政策，给予中小微企业贴息支持，贴息上限100万元。在此基础上，落实中关村管委会支持互联网金融的相关政策，对海淀区认定的重点互联网金融企业发生的贷款，给予一定的贴息支持，形成政策合力。建立健全区域信用体系，搭建互联网综合服务平台，建立金融机构、互联网金融企业、第三方支付机构等对接机制，建立政府部门信用信息交换机制，完善对企业基础信用、企业政务信用、企业经营信用等信息的归集、征集和共享机制。

2. 智慧城市领域

海淀智慧城市产业联盟于3月28日成立，联盟由方正国际、用友、神州数码等65家IT企业自主发起，是充分发挥区域科技优势，推进社会服务管理创新的民生工程。海淀区现有国家级高新技术企业4400家，2012年软件服务业总收入达到2900亿元，使海淀区在建设智慧城市过程中具有先天的技术优势和经验积累。今年智慧海淀建设预计总投入约15亿元，包括城市精细化管理、民生服务、服务核心区建设、政府服务能力建设及基础设施建设五大领域的17项示范项目。联盟的成立将在融合产学研用等多方力量，引导企业间合作形成优势互补，助力科技型中小企业发展等方面发挥重要作用。

其他2013年以前已建成的著名产业联盟还有中关村移动互联网产业联盟、北京物联网研究会、车联网产业基地、云计算产业联盟等。

北京市互联网产业未来发展方向

北京市提出了平台带动战略，平台是以云计算技术为支撑，包括新型终端、软件、内容、运营服务为一体化的信息服务运行平台，这是北京市软件和信息服务业发展的重要战略转变。北京市计划围绕移动互联网、互联网新应用、融合性的网络电视业务等三大方向，依托优势企业构造十个左右这样的平台，带动整合上千家软件和信息服务企业，形成以平台型企业为龙头的新兴产业链、价值链。中关村管委会在2013年1月7日发布了《中关村战略性新兴产业集群创新引领工程（2013-2015年）》确定六大优势产业集群，其中包括下一代互联网产业集群、移动互联网和新一代移动通信产业集群。未来三年，中关村将努力打造全球技术和商业模式创新最活跃的移动互联网和新一代移动通信产业集群。到2015年，力争实现收入5000亿元，占1.6万亿元目标的31%。

易观认为，北京市未来仍将是互联网行业的兵家必争之地，是我国互联网产业发展中心中的中心。首先，人才的流入助力企业创新。作为国家首都，具备多种资源优势。对于互联网行业的发展，人力资源在北京尤为集中。互联网行业是需要从技术到管理的全方位人才支撑的行业。2014年北京市预计有23万的高校毕业生走出校园，占比全国高校毕业生的3%。但是凭着北京在全国经济、文化、社会发展上的影响，仍将有大批量的优秀人才流入北京。

其次，软硬设施齐全，互联网行业发展空间大。北京市中关村科技园辐射面积大，政策上对企业创业和发展有帮助。从资本上来看，北京地区拥有众多天使投资，具备良好的企业孵化条件和资源。针对中小企业的发展，北京有得天独厚的优势。传统互联网行业可以依托产业园的优势，利用北京的科技创新能力快速发展自身优势，在全国范围内打出自身品牌，推广优势产品。互联网金融在北京有政策扶持，再依托环渤海经济圈的区位优势和和雄厚的经济实力，将会很快地在全国范围内形成较强的影响力。大数据、云计算和商业化在北京同样有较为有利的发展条件。大数据与云计算属于高新技术产业，在依托中关村科技园的影响力和政策优势将会有很大的发展空间。另外北京整体的投资环境趋好，针对企业创业和企业的商业化发展有很好的支撑。政府将动漫产业和网络游戏产业归于文化创意产业，早在2005年时便出资5亿促进产业发展。北京市以文化底蕴悠久为荣，所以凡是涉及文化产业的，例如互联网互动娱乐产业的发展在北京也必定会有较为平稳的发展空间。

综上，由于北京产业园的综合性强，辐射面积广，政策良好，且优秀人才集中，相比全国范围内一些互联网产业比较集中的地区，北京仍具备较强的互联网行业发展的优势，特别是对于中小企业的发展和创新有绝对优势。美国《麻省理工科技评论》杂志称“世界上只有北京成为了硅谷真正的竞争对手”，北京目前已成为全球科技创新中心之一。按照当前的发展速度，北京的创业者未来或许将可以挑战硅谷在创新方面的垄断地位。

上　海

上海市互联网产业的发展现状

根据上海市经济和信息化委员会统计，2012年上海信息服务业经营收入3628.79亿元，同比增长18%，占第三产业的比重达10.2%，占全市GDP总值的6.1%，2013年的工作要点文件附件中也提出了保持18%的年增长目标。“十二五”期间，上海将集聚一批具有较强影响力的龙头示范企业，培育一批具有创新活力的成长型企业，建设一批移动互联网产业和创新基地，成为国内移动互联网产业和创新高地。2013年上海移动互联网产业经营收入有望突破400亿元。根据上海市电子商务行业协会的统计数据，截至2013年三季度末，上海电子商务交易总规模已达7000亿，有望在年底超过万亿。2012年上海市网民规模已经达到1606万人，互联网普及率为68.4%，比全国平均水平（42.1%）高26.3个百分点。

上海市互联网产业的区位优势

上海市互联网发展水平位于全国前列，随着互联网、移动互联网的普及发展和深度应用，以及社交元素在网络文化生活中的日渐流行，上海市人民的生活品质普遍得到较大幅度的改进和提升。上海市网民对互联网的使用具有明显的商务休闲倾向，旅行预订、网络购物、电子邮件、网上支付的使用率分别高出全国平均水平14.9、13.2、12.7和12.2个百分点。

上海作为全国性的经济中心和金融中心，对外开放的最前沿窗口，跨国公司总部众多。在互联网金融创新、第三方支付、媒体、云计算与大数据、移动互联网终端解决方案、物联网等领域都具有优势积累。

2013年8月上海浦东设立自由贸易园区，开放18种领域服务行业，允许外资进入传统行业和现代服务业领域。在保障网络信息安全的前提下，允许外资企业经营特定形式的部分增值电信业务，这对于学习国际前沿技术也有十分积极的影响。同时，对于信息传输、处理和存储等行业来说，既提出了新的需求，也加大了关注和投入。

领先的基础软件、工业软件等高端软件产业，给培育发展金融信息服务、网络视听、数字互动娱乐等信息服务业，推进移动支付、移动阅读、手机游戏、车载信息服务等移动互联网重点领域发展提供了良好的条件。

上海市相关产业园区与产业组织

2013年4月26日上午，上海市互联网产业服务联盟在上海市现代服务业联合会浦东本部正式成立。联盟松散型的组织结构意在推动跨界创新，推动互联网与相关产业的跨界融合，围绕政府监督、行业自律和企业创新三方面做好服务，为促进上海智慧城市建设和现代服务业的发展积极发挥作用。

2013年6月28日，上海市经济和信息化委员会、上海市宝山区人民政府成立上海移动互联网产业发展联盟。联盟在成立大会上表明，上海发展移动互联网产业要发挥自身信息基础设施和人才优势，突出特色和高端。另外，上海市软件设计人员奖励政策将向移动互联网领域倾斜。

2013年8月22日，国务院正式批准设立中国（上海）自由贸易实验区，试验区范围涵盖上海市外高桥保税区、外高桥保税物流园区、洋山保税港区和上海浦东机场综合保税区等4个海关特殊监管区域，总面积为28.78平方公里。自贸区扩大服务业的开放，互联网信息服务也在开放之列，包括信息传输、软件和信息技术服务业、其他电信业务、数据处理和存储服务、呼叫中心等相关领域的开放，对于上海市整体互联网行业的发展都有积极促进作用，未来，上海的互联网产业，尤其是跨境电子商务，互联网金融、游戏与互动娱乐等行业都可能迎来加速增长。

上海市互联网产业未来发展方向

上海市经济和信息化委员会发布的《上海推进移动互联网产业发展2012～2015年行动计划》表明，在“十二五”期间，上海将集聚一批具有较强影响力的龙头示范企业，培育一批具有创新活力的成长型企业，建设一批移动互联网产业和创新基地，成为国内移动互联网产业和创新高地。到2015年，上海移动互联网产业经营收入将突破800亿元，从业人员达到6万人。在经济和信息化工作委员会2013年的工作重点中，也明确了支持本市移动互联网发展，增加基础设施的投入。2013年目标提升本市互联网用户普及率2个百分点，家庭光纤到户实际用户数达到330万户，WLAN覆盖场所总数2.2万处，在无线局域网（WLAN）覆盖的450处公共场所，为公众用户提供每用户每天2小时的免费上网服务。同时上海将加强与区域其他主要城市合作，落实《长三角地区区域发展规划》，加速融合区域信息化、信息产业提升。

上海的移动互联网发展将注重软硬结合，力求在芯片、终端、传输、软件、平台、应用等领域联动发展，突破关键技术。

易观认为，上海的互联网发展水平在全国领先，从信息基础设施、行业规模到网民规模、人才储备等方面都有自己的优势，同时传统行业的互联网化程度也逐年提高，传统行业的互联网化也将走在全国前列，特别是自贸试验区的正式建立，对于金融、电子商务等现代服务业的发展和“智慧城市”的建设都有十分积极的意义。易观预计在2014年，上海将在车联网的落地、互联网金融的创新、跨境电子商务、云计算与大数据行业应用四个方面将会有突出的表现。

浙　江

浙江省互联网产业的发展现状

浙江是互联网大省，不论从网民数量，网络应用还是网络基础建设上，都在中国位居前列，浙江有互联网行业中的代表性企业阿里巴巴，同时是中国小商品贸易流通的中心，因此在电子商务领域一直处于领先地位，另外，在云计算方面也有明显优势。

2012年全省实现电子商务交易总额约1.1万亿，同比增长25%，居全国首位。开设各类网店近90万家，约占全国的14.7%，实现网络零售额2027.4亿元，同比增长89.53%，占全国网络零售额16.22%，次于广东居全国第二位。销售超亿元的网络零售企业达80家。

在云计算方面，浙江省的行业信息化应用在全国具有明显领先优势，涉及云计算的部分企业在该技术领域已形成一定先发优势，全省经营业务涉及云计算领域的企业数量有上百家，总收入也有数百亿的规模。同时，地方政府对于云计算产业在省内的发展也给予了极大的支持，并对未来的产业规划有明确的方向和目标。

浙江省互联网产业的区位优势

中小微企业数量及规模优势

浙江省是中小微企业聚集的大省，这类企业数量超过300万家，产品分布面很广，有200多种工业产品占有率居全国第一，主要集中在纺织，通用机械，塑料制品，电器机械及器材，金属制品等。另外，杭州和宁波两个城市入选国家电子商务示范城市，杭州市西湖区文三街电子信息街、金华市区电子商务产业基地入选首批国家电子商务示范基地，浙江淘宝网络有限公司等8家企业入选商务部电子商务示范企业，这些也凸显了浙江省上在电子商务领域的区域优势。但浙江目前能开展B2B线上交易的中小微企业还比较少，多数都处在简单的网上查询和网上信息发布阶段，在供应链服务，支付，分销渠道等方面的互联网化程度不高。易观认为，随着电子商务B2B平台的模式多元化发展，未来浙江省中小微企业的规模优势会带动该区域内的电子商务产业朝着更加深入和精细的方向发展。

云计算先发优势

2010年国家发改委，工信部关于做好云计算服务创新发展试点示范工作的通知中，决定在北京、上海、深圳、杭州和无锡先行开展云计算创新发展试点示范工作，杭州市为试点城市之一。加快发展云计算产业，是浙江培育战略性新兴产业、促进经济转型升级、转变经济发展方式的重要途径。云计算在杭州具有较好的产业基础，云计算平台服务业和基础支撑产业都比较发达，同时杭州在电子商务和行业应用软件方面也有很强的基础，通信基础设施完善，城市信息化应用广泛，这些都为区域内的云计算发展提供了很好的支撑平台。

浙江省相关产业园区与产业组织

杭州电子商务产业园

2010年底正式开园，是“中国电子商务之都”的核心，深受国内首个“国家数字娱乐产业示范基地”、“国家信息服务业示范园”、国家软件产业基地、国家电子信息产业基地的辐射。该产业园已被正式批准成为国内首个“中国移动电子商务试点基地”分园，并成为“中国电子商务之都”首个专业性的电子商务产业园区和孵化基地。

杭州云计算产业园

成立于2011年，是“十二五”期间杭州市建设国家级云计算产业集聚区的重大战略部署，也是西湖区产业转型升级的最重要载体之一。园区重点引进云计算产业链各个环节的企业，定位为杭州市云服务的产业创新中心、技术交流中心、应用示范中心、服务营运中心，努力打造成为全国最大云计算产业集聚区，开创云计算服务的杭州模式。

2013年，与阿里云合作，致力打造中国的第一创业基地，即阿里云创业基地，依托阿里云计算平台，聚集100家以上的创业创新型科技类企业，打造基于应用层面的完整的云计算产业链，5年内实现产值50亿元、税收2亿元。

宁波电子商务产业园

2012年底正式开园，是目前宁波规模最大的电子商务产业园区。首批入驻企业涵盖了电子商务批零销售、软件开发和信息技术服务、数字认证、网络综合运营、物流服务等领域，部分企业在行业内具备较强的竞争力和知名度。

浙江省互联网产业未来发展方向

浙江把云计算和电子商务视为未来优先发展重点发展的产业战略地位。

在《浙江省电子信息产业“十二五”发展规划》中提出要加强云计算基础设施建设。促进高端服务器制造业、服务商和系统集成商建设节能、环保、低碳的云计算基础设施，提高云计算设施使用效率。要突破云计算关键技术。重点开展适合于大规模云计算的服务器和网络交换技术、云计算基础平台软件技术、行业云服务平台技术、云计算管理与安全技术等云计算关键技术研发与产业化。要创新应用服务模式。针对政府、大中小企业和个人等不同用户需求，加快推进SaaS（软件即服务）、PaaS（平台即服务）和IaaS（基础设备即服务）等服务模式创新，积极推进电子商务云、媒体云以及物流、游戏动漫、金融服务、公共服务等专业特色云的示范应用。要重点培育浙江移动、浙江电信、浙江联通、阿里巴巴、杭州华数、杭州华为、世导科技、杭州国软、恒生电子、信雅达、海康威视、税友软件等优势企业云计算中心建设。要以“智慧浙江”和杭州国家云计算服务创新发展试点示范工程建设为契机，大力推进杭州、宁波、嘉兴、湖州、金华等地云计算中心建设。

在《杭州市“十二五”电子信息产业发展规划》中提出，大力推进以电子商务为代表的互联网相关产业发展，推动电子商务技术创新、服务创新和应用领域拓展有机结合、电子商务和传统产业改造提升相互促进、网络经济与实体经济渗透融合，推进电子商务与工业、农业和其他第三产业的融合。

培育各类云计算服务，推进云计算平台建设，完善云计算服务体系，构建完整的云计算产业链；重点开发为金融财税、工业控制、商业、旅游、交通、公安、医疗卫生、教育、外贸、城市管理等各行业信息化提供服务的软件产品和信息技术解决方案。

易观分析认为，浙江依托于本省中小微企业的资源优势，积累多年的产业基础，区域内的众多优秀企业，以及政府的战略性规划和支持，未来在电子商务和云计算领域的优势会比较明显，值得相关企业及投资机构重点关注。

广 东

广东省互联网产业的发展现状

根据CNNIC发布的数据，2012年广东全省网民数6627万人，占全国11.8%，居全国第一位。其中，手机网民规模达到4957万，增长了10.4%。全省互联网普及率63.1%，无线宽带网络覆盖率达66.4%。电子商务交易额1.5万亿元，其中网上购物额占社会消费品零售总额比例达7.9%，居各省市之首。

广东是中国互联网的重要发源地，也是互联网和移动互联网的超级大省，早在16年前广东深圳是全国最早数据业务互联网开通的城市，所以说在中国，广东是最具有互联网积淀和基因的省份之一，其互联网的发展一直走在全国的前列。广东有深厚的产业积淀，丰富的人才基础，最强的网民消费力以及优惠的政府扶持政策。十多年来，广东的信息基础网络不断健壮和完善，互联网产品推陈出新，模式不断创新发展，陆续涌现出了腾讯，网易，UC优视，太平洋网，南方新闻网，珍爱网等一大批立足广东、辐射全国乃至全世界的互联网大型企业，初步形成了具有广东特色的互联网产业链。

广东省互联网产业的区位优势

深圳是互联网创新之都，地处珠三角腹地，可以辐射到整个广东的工业重镇，独特的区位优势和繁荣的对外贸易，为深圳的电子商务企业提供了数量巨大的电子商务用户群。深圳依托这一产业特征，正在不断寻找电子商务的发展方向和路径。政府对于本市的电子商务产业发展也给予了较大力度的政策支持，积极推进电子商务应用，鼓励企业应用电子商务手段优化供应链和价值链，推动中小企业运用第三方电子商务平台开展在线销售，采购等经营活动，发展面向行业，区域，企业及消费者的第三方支付平台，完善支付，征信，认证和数据记录等电子商务支撑平台，促进电子商务健康发展。

在移动互联网领域，深圳也处于较早较快发展的领先地位，首先深圳在手机产业链上布局完整，有着众多民族品牌的手机厂商，其次在内容和应用服务上也有许多优秀的企业。2011年由政府支持成立的深圳移动互联网产学研资联盟，成为深圳建设移动互联网之都的标志性事件。联盟利用自身资源，结合国家产业重点和布局，打造产业规划和市场研究、公共服务、资本对接等平台以促进移动互联网产业发展，并设立投资基金，支持有发展潜力和市场开发前景的移动互联网项目。

广州经济发展平稳，制造业驰名海内外，商贸流通至为发达，适合电商创业，唯品会、梦芭莎等本土B2C企业销售额连年成倍增长。近年来，广州相继被评为“国家移动电子商务试点示范城市”、

"中国电子商务应用示范城市"、"中国电子商务最具创新活力城市"。2011年11月，广州更成功获批为国家电子商务示范城市。政府将结合市场实际，引导广州电子商务形成三大圈层、梯次发展的布局：第一个是核心圈，主要由电商企业分布最为密集的越秀区和天河区组成，功能定位为完善电商产业的服务配套，孵化一批知名电商品牌和电商平台；第二个是中间圈，包括荔湾、海珠、萝岗、黄埔、白云、番禺等，功能定位是深化传统制造业与电子商务的有机融合，结合供应链采购优势来发展电子商务；第三个是外围圈，包括增城、从化、花都、南沙等地，其特点是具有人才聚集优势或土地储备优势，功能定位是提供电子商务产业仓储物流、呼叫中心等基础配套设施，为创业型企业提供广阔的发展空间。

广东省相关产业园区与产业组织

深圳罗湖互联网产业园

主要目标定位为：一是大力培育电子商务服务企业，丰富现代服务业内涵，提升现代服务辐射能力；二是促进电子商务与辖区支柱产业或优势产业融合，提高相关企业电子商务应用水平，提升辖区经济竞争力；三是最终让电子商务成为罗湖的名片。

深圳南山蛇口网谷

网谷的产业发展目标是提高核心竞争力和发展质量，实现创新驱动、内生增长，集中突破关键技术，占据产业链关键环节，主要面向三个重要领域，即移动互联网、电子商务、物联网，通过园区的不断运营，实现产业的核心聚集区。计划到2015年，引进300-500家互联网企业，实现300亿的总产值。

深圳福田国际电子商务产业园

园区目前已聚集240多家互联网、电子商务企业，包括互联网基础服务、互联网应用服务、网络新技术研发、电子商务等多种业态，产业链完整未来将进一步加强园区建设，不断完善园区环境和配套设施，提升管理和服务水平，吸引国内外知名互联网和电子商务企业入驻。将秉承"以服务求生存，以创新求发展"的理念，打造一流的电子商务服务平台。

广州移动互联网(越秀)产业园

政府主导建设的移动互联网产业园区，越秀区采取"启动区+扩展区+辐射区"的发展模式，先以黄花岗科技园中华国际中心园区等现有成熟载体为启动区成立"广州移动互联网(越秀)产业园"，率先聚集一批移动互联网优质资源；以洪都大厦、东照大厦等载体为扩展区，通过2~3年时间完成配套建设和移动互联网产业的主题招商；以杨箕村、东濠涌、花果山等旧城改造规划中的载体为辐射区，利用3-5年时间，将其建设成为较具产业规模的"广州移动互联网产业基地"。

广东省互联网产业未来发展方向

根据《广东省信息化发展规划纲要（2013-2020年）》所述，深化电子商务普及应用，持续推进“广货网上行”，支持传统企业发展电子商务，培育新型消费模式。建设一批具有国际影响力的行业电子商务平台、大宗商品电子交易平台和网络零售平台，支持和鼓励企业运用电子商务创新商业模式，深化电子商务与实体经济的有机融合。建设电子商务公共信息服务、支付服务、跨境贸易服务、交易产品追溯服务等应用试点，促进电子商务有序发展。推动移动电子商务从生活服务领域向工农业生产服务领域延伸。加强物联网、传感网、云计算、大数据等信息技术在城镇运行管理和服务中的应用，开展智慧城镇大数据应用，推动城镇创新发展。深入推进智慧城市试点建设，引导全省智慧城市建设有序推进。加强政府大数据业务支撑系统建设，以业务协同为基础，以数据共享为支撑，开展大数据分析挖掘应用，提升政府公共服务和管理创新水平。有步骤推进政府数据开放，促进社会大数据应用。

广州市力推重点项目“天云计划”，其重要目标是建设一批世界领先的云计算平台，构建国际云计算中心：如广州超级计算中心、中国电信亚太信息引擎、中国移动南方基地、中国联通广州数据中心、中金数据华南云计算中心、亚洲脉络云计算中心等。并以此为基础，形成技术、产品和服务一体化发展的产业格局，以促进“智慧广州”快速、协调和可持续发展。计划到“十二五”末，广州云计算应用水平将达到国内领先水平，努力构建世界级的云计算产业基地，最终率先把广州建设成具有国际影响力的亚太“智慧城市”。

《深圳互联网产业振兴发展规划》中指出，大力发展电子商务，形成新的产业增长点；着力发展物联网产业，加大物联网关键技术攻关力度，构建物联网基础设施，建设物联网共性基础支撑平台，鼓励物联网商业发展模式创新；加快发展应用服务特色优势行业，积极推进综合运营服务，打造在网络通信，网络娱乐，网络内容等领域融合发展的互联网综合运营服务商；加快布局移动互联网，大力发展移动电子商务，移动多媒体，移动电子政务等服务，带动移动终端产业战略升级，打造移动互联网产业链。

易观分析认为，广东凭借自身在互联网普及率高，互联网产业发展较早以及网络基础设施建设成熟等优势，在政府有序的引导下开展未来的互联网产业规划。首先，除了京沪之外广东（特别是深圳和广州）是互联网企业和人才集中的地方，创业和创新的氛围浓厚，为互联网行业中新兴企业，新兴技术和新兴模式的发展提供了良好的环境；其次，为数众多的制造和贸易企业为电子商务的持续发展提供了保证，在原来电子商务就已经发展较好的基础上，政府对于这一方面的支持和规划仍会加大；最后，作为国内经济较为发达的地区，广东对于城市建设，公共设施建设，政府服务等方面都有互联网化的需求，因此物联网，云计算，大数据等技术在以上方面的应用在未来会是重点。

四　川

四川省互联网产业的发展现状

根据CNNIC的数据，截至2012年12月，四川省网民规模达2562万，增速为14.9%，网民数增速全国排名第八位，而全省网民渗透率仅31.8%，增长潜力巨大。

四川是中国西部地区互联网发展水平较高的区域，截至2013年11月，省内固定互联网宽带接入用户已有840万户，移动互联网用户4329万户。虽然全省网民渗透率低于平均水平，但省会成都的互联网普及率在2012年底已经达到55.8%，高出全国平均水平13.7个百分点，年增长率达6%。较高的互联网普及率和较低用户规模增长率说明成都市互联网发展正逐步进入稳步发展时期。

2012年，成都市基于互联网的设备制造商工业总产值超过1000亿规模；电子商务交易额超过了3500亿元，移动电子商务交易额突破15亿元；全年动漫游戏产业企业主营业务收入达到46.66亿元，同比增长28.7%，成都已是继北京、上海、深圳之后，移动互联网创业者最多的城市，正在打造移动互联网第四极。

目前，以成都为中心的移动互联网产业发展已经爆发。截至2012年底，移动互联网企业超过400家，产业规模1238亿元，紧跟深圳、北京之后排名第三。

四川省互联网产业的区位优势

人力资源优势：四川是我国西南地区的教育和科研中心，省内有四川大学、电子科技大学、西南交通大学等重点大学，为互联网产业提供丰富的人才资源，同时四川省的劳动成本相对较低，有利于吸引国内外互联网企业前来设立分支机构，利于创业团队的孵化和培养。越来越多的全国各地IT 人才、西部城市毕业生选择到成都工作，壮大了人力资源基数，但在高端人才方面，明显弱于北上广深。

产业聚集优势：四川省以成都和绵阳为产业大基地，一条涵盖集成电路、新型显示与数字视听、终端制造环节、软件研发、移动互联网应用的完整电子信息产业链正在快速崛起，德阳、乐山、眉山、资阳、遂宁、南充、内江等地的电子信息产业也被激活和带动起来，形成了以成都为中心的两小时半径电子信息产业配套圈。其中成都高新区聚集了全市90%以上的移动互联网企业，而区内企业几乎都分布在孵化园、软件园，130 余家企业全业务从事移动互联网产业，聚集度之高全国少见。

四川省相关产业园区与产业组织

成都高新区

成都高新区是全国首批版权示范园区、全国首批科技和金融结合试点地区、中国西部首个国家知识产权示范园区，在科技部国家级高新区综合排名中长期位居前列。由南部园区和西部园区组成。南部园区按照“现代商务中心、高端产业新城”的成都中央商务区的定位，重点发展金融、商务、会展、研发、软件及服务外包等高端服务业，建设宜业、宜居的国际化现代新城。西部园区按照“业态完整的高科技工业发展区”的定位，重点发展集成电路、光电显示、通信、电子终端、生物医药等高技术制造业。西部园区内建有国家级成都高新综合保税区，2012年，综合保税区实现进出口总额260亿美元，增长41.1%，占四川省外贸进出口总额的44%，居全国综合保税区第三位、中西部第一位。区内重新认定的高新技术企业达到515家，占成都市的52%；聚集世界500强企业及国际知名企业120余家。

天府软件园

全国十个软件产业基地之一、国家软件出口创新基地、国家服务外包基地城市示范园区，位于成都高新区南部园区核心地带。2005年正式投入运营以来，已吸引了IBM、SAP、NEC、EMC、GE、华为、阿里巴巴、腾讯等400余家企业，外资企业占比40%，33家财富世界500强落户，行业100强68家，园区人员超40,000人。园区已形成软件服务外包、软件产品研发、通信技术、数字娱乐、移动互联网、共享服务中心等几大产业集群，并成为国内外知名软件和信息服务企业在中国战略布局的首选地，以及国内外软件产业资源汇聚的焦点。

中国电信西部云计算中心

2012年动工，计划于2015年前建成运营，达产后将聚集具有较高产业层次的从业队伍超过9万人，带动互联网和云服务产业集群规模超过600亿。项目坐落于成都双流县西南航空港经济开发区物联网产业园，占地200亩、拥有50平方米机房、承载5万个以上机架。根据2011年7月发布的《成都市云计算应用与产业发展“十二五”规划纲要》，到2015年，成都将形成云服务、基础软硬件设备和云终端产品制造三大产业集群，产业规模达到3000亿元，使成都成为全球最大的云服务和终端产品制造基地。

四川省互联网协会移动互联网专委会

2013年11月27日，天府新锐 · 移动互联论坛暨四川省互联网协会移动互联网专委会在蓉成立。在工作的开局之年，专委会将全力以赴办三件实事。第一，依托协会平台和专委会工作渠道，推动建设“四川省移动互联金融俱乐部”。第二，与质监部门开展紧密合作，联合推动实施“四川省移动互联应用名牌计划”。第三，同省文化厅、四川天府文化产业发展促进中心开展亲密合作，探索多种有效实现形式，在移动互联领域深入推进科技与文化的融合，深入推进产业融合。

四川省互联网产业未来发展方向

从布局与规划看，游戏、芯片、平台与终端，移动应用，文化创意等产业是四川互联网产业未来发展的重点。其中移动游戏行业，由于开发成本相对较低、覆盖范围广、参与程度高、商业化前景明朗等特点，已经迎来了产业化前景。与全球移动游戏市场发展的总趋势相一致，2012年以来，四川移动游戏发展可谓“风生水起”。2013年3月22日，知名应用商店市场数据分析服务提供商 App Annie发布2012全球App开发商收入榜52强名单，中国区2家上榜企业均来自成都高新区——数字天空和尼毕鲁分列全球第48和第52位，引起多方关注。

易观分析认为，四川省的互联网产业发展已经形成了自身的特色和优势。首先，软件和服务外包业的发展全国领先，成熟的软件产业投资环境，软件企业及研发中心的快速汇聚使成都成为北京、上海、深圳等传统IT城市后，中国最具竞争力和吸引力的新兴软件产业聚集地，以及国际国内软件产业梯度转移重点关注的目标。

其次，依托通信研发和软件产业的扎实基础，四川省移动互联网行业一方面巩固运营商业务基地的优势，一方面在移动游戏等应用开发上面快速发展，未来智能终端部件和整机等也将作为主攻方向之一。

最后，由于省内互联网发展水平区域差距较大，还需要推进农村信息化建设，完善电子政务，引导医疗、教育、社保、就业、住户等全省范围的信息化发展，优化一个中心（成都）、两个基地（成都、绵阳），多个园区（成都、绵阳、乐山、广元、德阳、遂宁等）的产业布局，保持产业规模的领先，较成熟地区则着力发展下一代互联网产业集群、移动互联网和新一代移动通信产业集群。

第肆部分

行业研究

第四部分 行业研究

广告、增值服务与电子商务仍然是互联网产业的三种主要的盈利模式，大数据也逐步体现出商业价值，正在成为业绩增长的驱动力之一。毋庸置疑的是，互联网产业中的各细分行业有着不同的成熟度，有的细分行业已经有清晰的商业模式与规模化的用户，有的正在摸索中前行，探索商业化的黎明曙光，而也有的正在以创新驱动新一波增长。不同的细分行业，存在不同的产业结构，但产业链各环节之间竞相争夺话语权则是不变的商业主题。本部分，易观将互联网产业细分为27个行业，尝试对各细分行业做出界定，呈现各细分行业之间的产业链结构，给出各细分行业在2013年的规模、市场结构，并对各细分行业的未来发展进行了分析判断。

根据互联网/移动互联网行业在2013年的最新发展，易观智库绘制全行业产业地图如下所示：

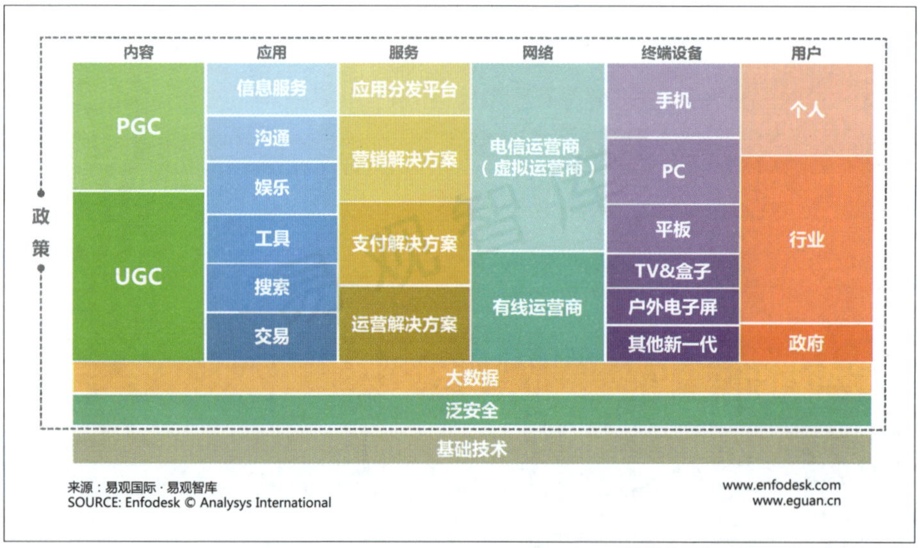

图8 2013年互联网产业总地图

在该产业地图中，由于互联网企业自制内容力度的加大以及UGC内容的活跃，我们将内容行业（包括文字、声音、图片、视频等内容）区分为PGC与UGC两大部分。在应用的六大类中，信息服务涵盖导航、航旅、生活服务、门户等应用；沟通包括IM、SNS等应用；娱乐包括各类游戏、彩票等；工具包括浏览器、各类生活工具等；交易包括远程、近场等支付与电子商务应用等。服务模块主要面向平台后端和企业。HTML5，语音识别等各种硬软件基础技术、协议等放在基础技术层面。

接下来，我们将就互联网/移动互联网的各细分行业进行简要分析。

电子商务

B2B

B2B是以电子商务B2B平台以及大数据为基础，通过整合产业链上下游资源完成企业与企业之间的营销关系的电子商务活动，包括信息与交易服务，商业搜索引擎服务，金融服务，云端服务等。

随着B2B产业模式的创新发展，B2B产业链正在发生着很大的变化。总体来看，目前可分为六大环节，分别是供应商、银行、第三方支付平台、B2B平台、支撑机构、采购商。其中B2B平台环节可进一步分为B2B信息与交易服务、B2B应用与服务、B2B基础设施与系统集成服务。B2B信息与交易服务分为B2B电子商务信息平台，B2B电子商务交易平台，B2B电子商务搜索平台几种主要模式；B2B应用与服务主要分为采购与交易管理、供应链管理、业务过程管理、供应链金融管理、电子数据管理等；B2B基础设施与系统集成服务包括物流服务、IT基础设施服务、信用认证与支付服务、安全认证服务、云存储服务、云计算服务等。

图9　中国电子商务B2B产业生态图

B2B信息与交易服务市场包括水平市场和垂直市场，中国现有的电子交易市场主要是为寻找交易机会的买卖双方提供了一个虚拟市场平台，并提供信息中介、交易撮合、电子支付等服务，以收取会员费、广告费、信息服务费为主要盈利手段；同时供应链整合与协同商务平台面向在采购、生产、物流和配送、销售和服务整个供应链或其中某个关键性环节中具有长期稳定关系的企业提供服务，不仅为这些企业提供信息交换、数据同步等服务，而且提供业务过程集成、业务过程管理、供应链管理等服务功能。B2B应用服务提供商为具备相应的基础设施、产品、技术力量和资源，能够为企业或第三方的B2B平台提供交易管理、电子数据传送、数据同步、业务过程集成、业务过程管理、供应链管理等服务的企业服务，同时需要B2B应用解决方案提供商为提供电子贸易市场、电子采购管理、电子分销管理、供应链管理等B2B应用信息系统及IT解决方案的厂商提供B2B应用服务。B2B基础设施与服务提供商配合电子商务的物流与配送服务商、IT基础设施供应商、支付服务提供商、信用认证服务提供商、安全认证服务提供商、技术平台提供商共同形成一个完整的中国电子商务B2B产业链。

B2B信息与交易服务平台作为资源整合聚集的环节，面向供求双方的环节，是B2B产业链中的核心环节。在信息服务平台商领域，主要厂商有阿里巴巴、环球资源网，慧聪网，马可波罗等。

根据易观智库的监测，预计中国电子商务B2B市场2013年交易规模达到7.1万亿元人民币，同比增长19.7%。

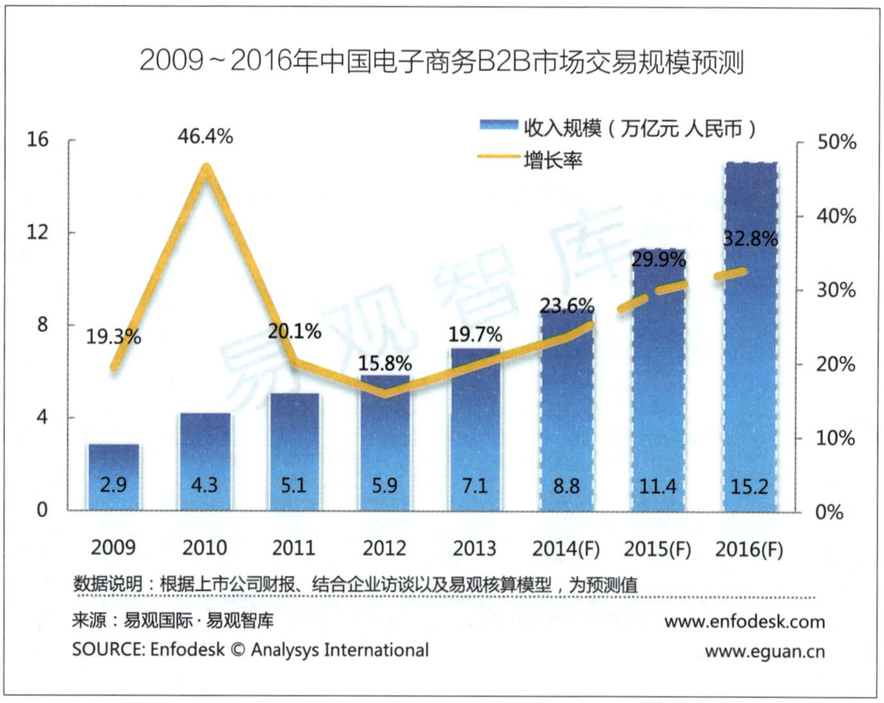

图10　2009～2016年中国电子商务B2B市场交易规模预测

B2B市场信息服务平台商收入169.8亿元，同比增长25.1%；B2B市场搜索引擎运营商市场收入115亿元，同比增长33.1%；2013年全年B2B电子商务信息服务市场总收入规模285亿元。

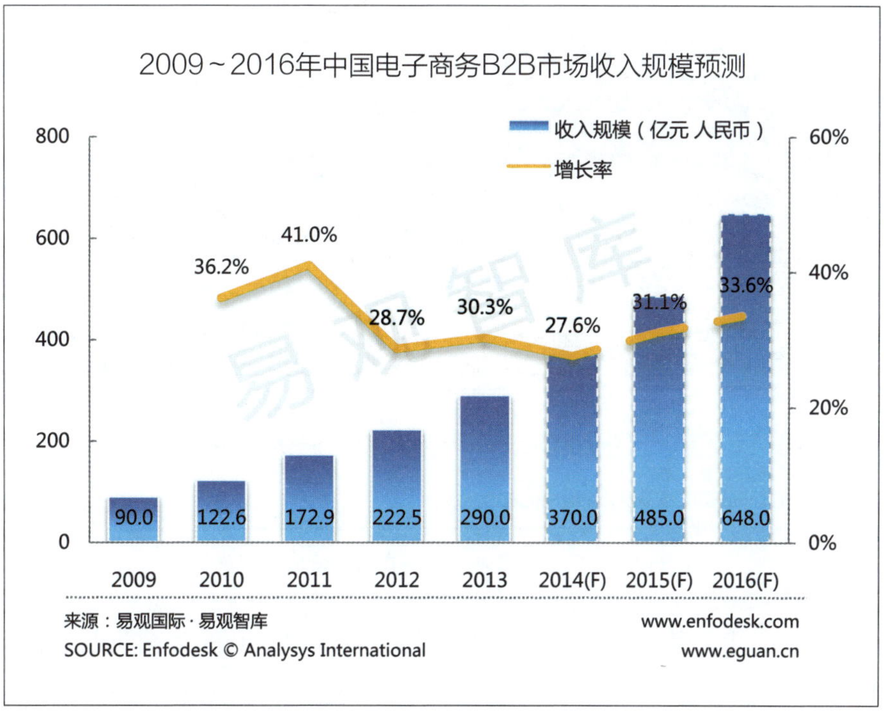

图11　2009～2016年中国电子商务B2B市场收入规模预测

易观认为，电子商务B2B市场在2013年持续增长的原因，首先在于全球经济基本面的平稳与缓慢回暖，其次在于拉动内需政策鼓励和上海自贸试验区与支持跨境电商的鼓励，第三在于厂商自身不断探索与实体经济深度结合，推动B2B服务模式的多元化发展。目前，占据国民经济95%的传统行业的互联网化进程处于加快发展阶段，触网趋势快速蔓延，可以预计，电子商务B2B行业在未来将迎来快速成长期，这一趋势是传统企业驱动，互联网企业创新模式来共同推动的。

在中国电子商务B2B行业中，各主要企业处于差异化发展阶段，具有不同的竞争实力，如Enfodesk易观智库实力矩阵图形所示：

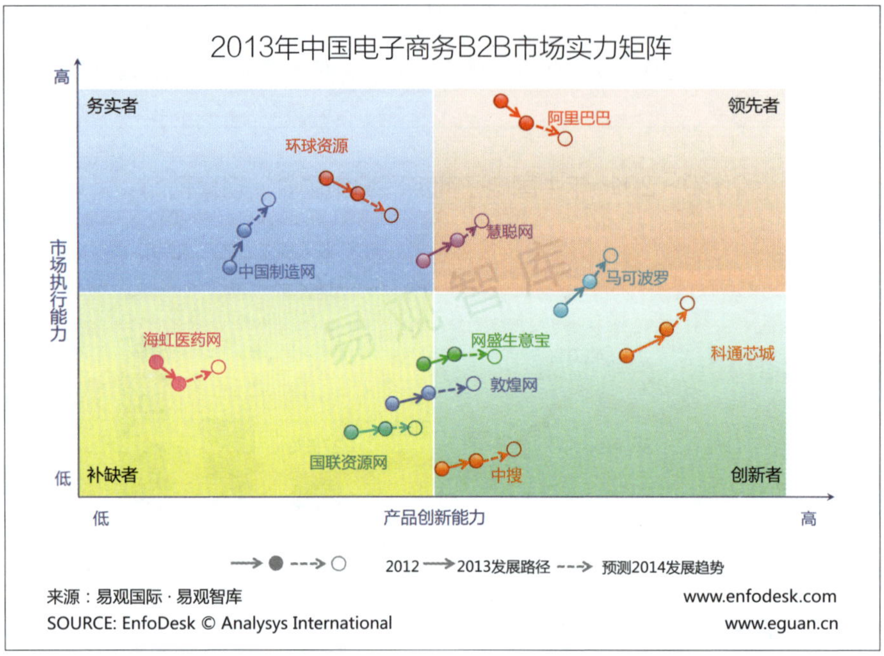

图12　2013年中国电子商务B2B市场实力矩阵

易观认为，目前，电子商务B2B行业正处在一个服务模式多元化的竞争阶段。例如信息服务向线上交易、物流综合服务发展；线上B2B与线下区域优势产业园深化融合，提供线上B2B综合服务、解决方案，线下培训等线上线下服务结合趋势。首先，传统企业正以不同的方式逐步跨进电商B2B，市场运营模式丰富化发展。同时，对垂直类电子商务B2B深入挖掘是未来电子商务B2B发展的趋势，如垂直类电商B2B搜索引擎。其次，大数据是整个电子商务未来发展的基础资源与优势体现，目前电子商务B2B企业在尝试大数据的开发与应用，电商B2B企业通过大数据应用，可以探索个人化、个性化、精确化和智能化地进行广告推送和推广服务，创立比现有广告和产品推广形式性价比更高的全新商业模式。最后，金融增值服务成为B2B平台一个重要的突破点，在信息服务难以满足企业需求的背景下，资金方面的服务则成为企业的主要需求，因此，供应链金融增值服务也成为B2B电子商务平台企业进行联盟式发展与服务模式创新的着力点。

网上零售B2C

网上零售B2C是指商户与消费者以互联网、移动互联网等线上渠道为通路开展的商品零售交易活动，即通过线上信息组织和传递以及线上交易所实现的有形商品和无形商品所有权的转移或服务的消费。

该产业链包括制造商，产品供应商/代理商，电子商务B2C，代运营等电商服务，物流，支付，流量入口、消费者等主要部分。其中支付环节包括网上银行、第三方支付；流量入口指本身不从事线上交易，仅把用户导入到电商B2C网站的环节，可以包括在线广告、推广链接等。

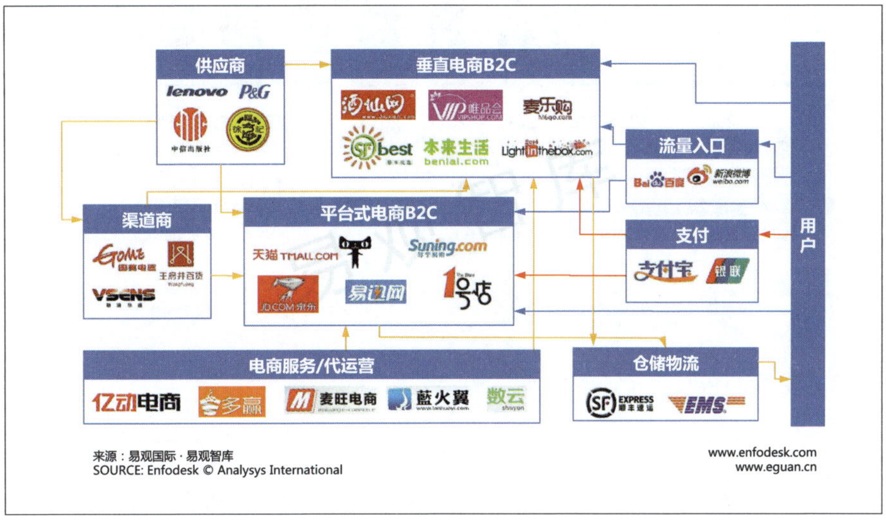

图13　中国网上零售B2C产业生态图

易观认为，我国的网上零售B2C行业日臻成熟，向综合性平台规模化和垂直性平台细分化方向发展，网购用户规模和交易额规模持续增长。品类向大百货多元化发展，产业链分工日趋细化。从2013年来看，B2C市场的大格局稳定，B2C市场增速出现放缓，主流厂商开始发力新模式新业务，如天猫的汽车品类，京东开拓金融业务，苏宁易购推行双平台。自主销售B2C市场集中度持续加剧，TOP3的总份额持续上升。在垂直电商市场，细分市场仍然存在卡位竞争和新的空间，服装B2C闪购模式表现抢眼，3C市场的一二阵营差距拉大，母婴B2C电商与品牌企业合作深化，图书B2C市场成熟稳定。另外，B2C持续发力于非实物交易，B2C平台与线下合作推行O2O的力度在加大，线上线下合作的实物O2O在2013年实现了落地闭环，B2C市场的线上线下相融合趋势明显。

根据易观智库监测数据，2013年中国网上零售市场交易额规模达18574亿，同比上涨44.5%。

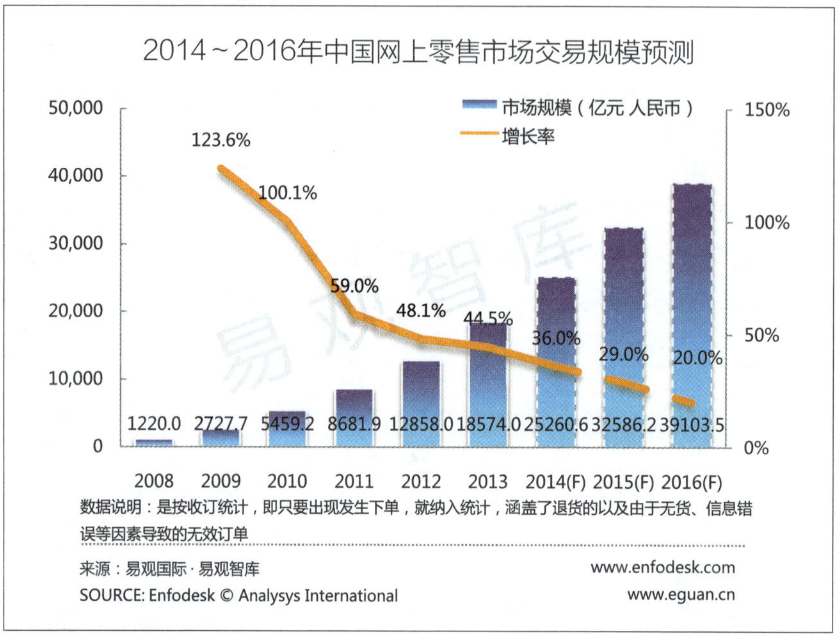

图14　2014～2016年中国网上零售市场交易规模预测

中国B2C市场规模达6473.7 亿，环比增长37.5%。

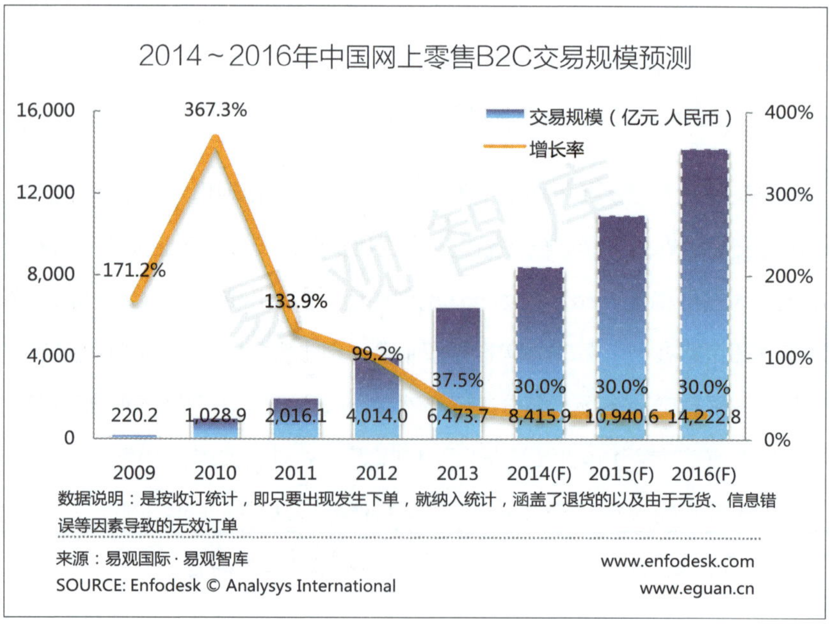

图15　2014～2016年中国网上零售B2C交易规模预测

中国B2C市场交易规模在网上零售市场占比达35%

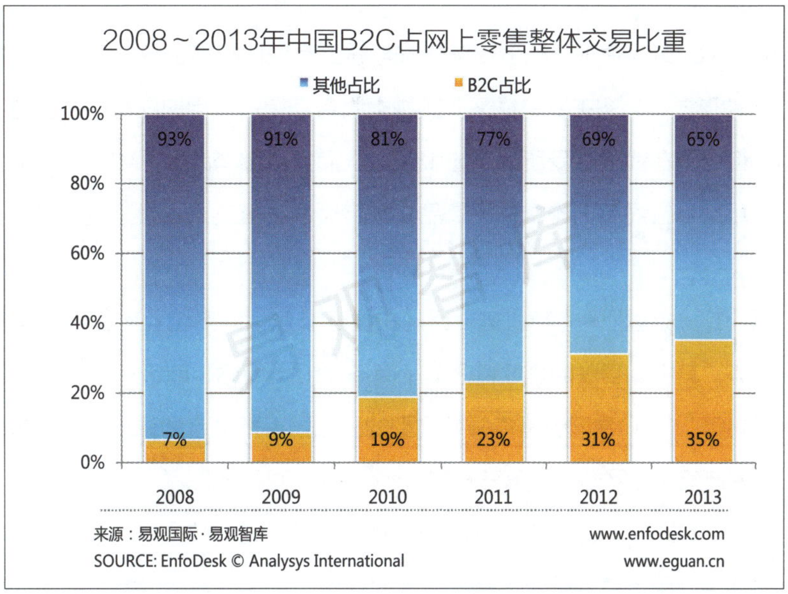

图16　2008～2013年中国B2C占网上零售整体交易比重

B2C市场交易额前三位分别是天猫，京东商城和苏宁易购，自主销售B2C市场交易额份额前三位分别是京东，苏宁易购和亚马逊中国。

在中国电子商务网上零售B2C行业中，各主要企业处于差异化发展阶段，具有不同的竞争实力，如Enfodesk易观智库实力矩阵图形所示：

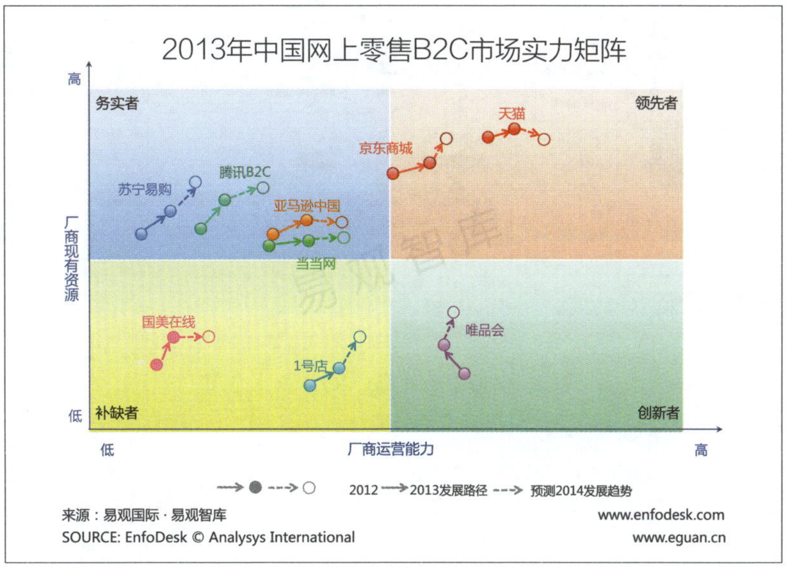

图17　2013年中国网上零售B2C市场实力矩阵

O2O

O2O（Online To Offline），线下传统商家与线上互联网相结合的一种电子商务模式，也有观点认为是B2C的一种形式。起初主要是线下非实物类服务，指的是用户在互联网上进行信息筛选、预订、支付等行为，但必须在线下享受所消费的服务，从而完成整个闭环，如餐饮、航旅等。目前已经扩展到实物品类，用户可在线下选购实物类商品，选定后通过第三方支付工具在线上完成交易，例如实物零售。

O2O是一个正在形成过程中的产业链，目前主要环节包括线下企业、银行、第三方支付厂商、互联网企业、用户等。其中，互联网企业包括电子商务B2C类网站、超级APP类、生活信息服务类网站、流量入口类网站等。O2O是网上零售领域典型的线上线下相融合的体现，线下传统企业通过与互联网企业合作，或者自建线上网站并与第三方支付合作参与O2O产业。

在互联网厂商中，O2O的主要参与者比如电子商务类的天猫、苏宁易购等，超级APP类的微信、支付宝钱包等，生活信息服务类网站包括携程、大众点评、糯米、美丽说等，流量入口类网站包括提供购物广告链接的门户、分类信息服务网站、社交网站如虎扑、去哪儿、豆瓣等。

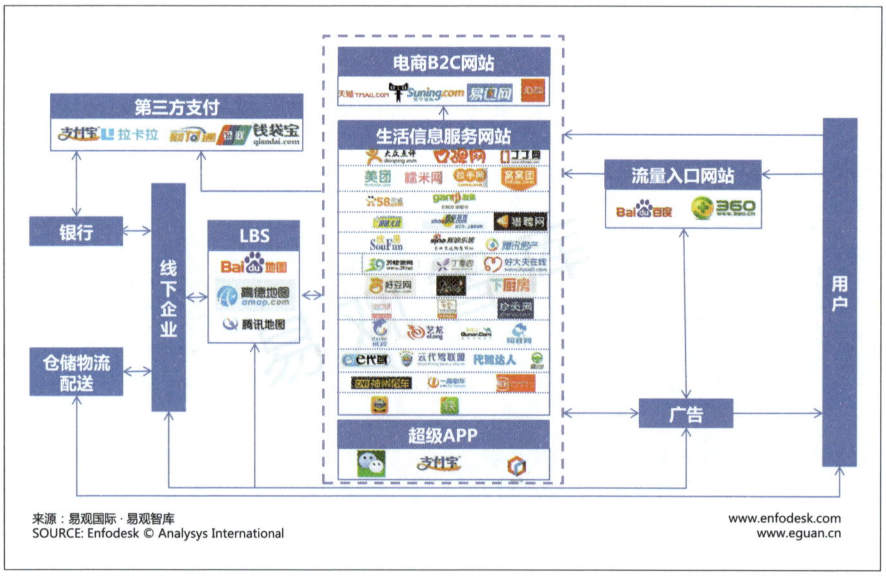

图18　中国电子商务O2O产业生态图

继携程等OTA企业建立非实物类服务的O2O闭环之后，2013年，腾讯的微信支付和阿里巴巴的支付宝均已实现实物类交易的O2O闭环。易观认为，首先，随着零售业互联网化的深入，O2O的快速发展是大势所趋；其次，微信电商O2O与支付宝钱包O2O代表着两种商业逻辑，微信O2O是以人流和信息流为基础，带来商品流；支付宝钱包O2O是以商品流为基础，带来人流和信息流。未来，微信O2O生态与支付宝钱包O2O生态将产生激烈的竞争，以商品为中心的时代将向以人为中心的互联网化时代过渡是趋势，而阿里也正在加快构建以人为中心的O2O生态。

内容消费

网络视频

网络视频是指用户通过包括手机，平板电脑在内的移动通信终端，通过在线观看或通过点播、下载等方式将视频内容服务商提供的视频文件传送到本地终端设备进行观看的服务。该产业链主要涉及的主体有（版权）内容提供商、视频运营商、网络运营商、广告商和终端用户。

图19　中国网络视频产业生态图

广告收入目前是该服务的主要盈利来源，用户前向付费是目前正在成长的另一收入模式。2013年中国网络视频市场广告收入为121.4亿元人民币，同比增长37.4%，与去年同期增速82.7%相比，增速进一步放缓。

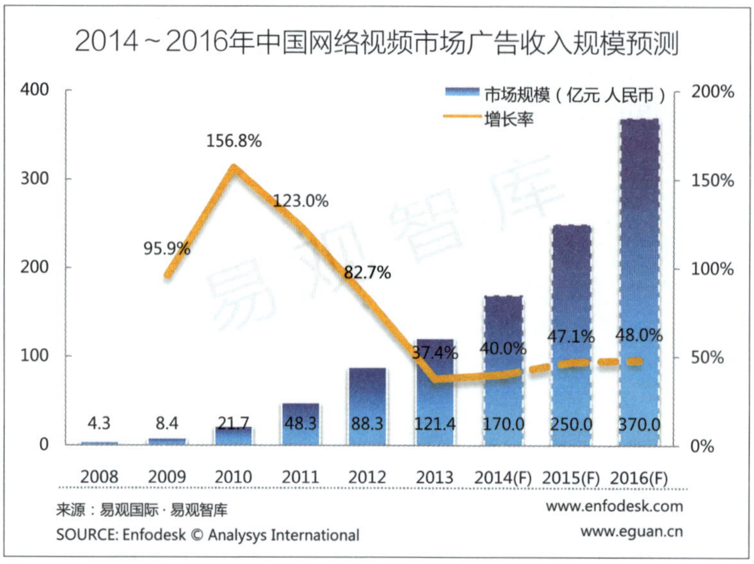

图20　2014～2016年中国网络视频市场广告收入规模预测

市场中的主要公司有优酷土豆，搜狐视频，百度旗下的爱奇艺和PPS以及后发力的腾讯视频。

在中国网络视频行业中，各主要企业处于差异化发展阶段，具有不同的竞争实力，如Enfodesk易观智库实力矩阵图形所示：

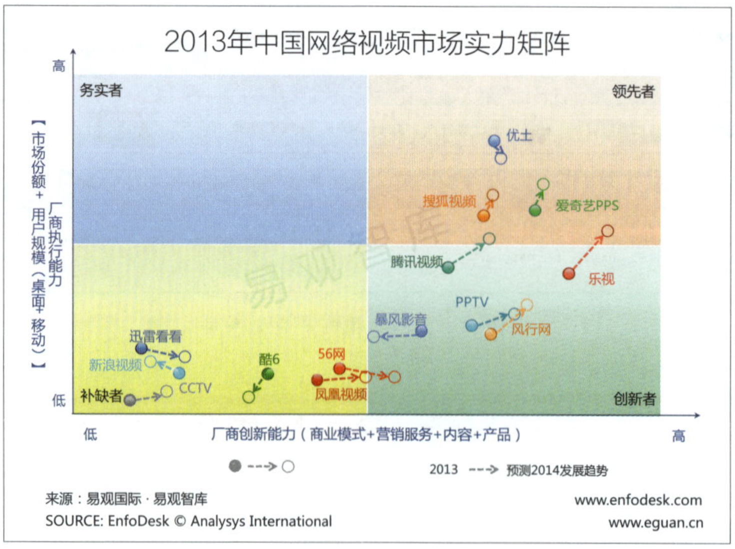

图21　2013年中国网络视频市场实力矩阵

易观分析认为，中国网络视频市场目前仍处于成长期。2013年，市场集中度仍不够高，行业整体正在关注跨屏市场的延伸服务方案，加大PC端向移动端的迁移，开始走向硬件市场，推行软硬结合的策略，争夺多屏场景与客厅场景。在内容上的竞争主要是三大战场：其一、向上游PGC渗透，加大内容制作的投入；其二、长视频独家版权的竞争；三、与社会化媒体平台融合创新，推动视频社交化。

对个人用户而言：网络视频目前是互联网市场最为成熟的应用之一，随着网络的普及和速度的提升，用户已经逐渐养成通过互联网渠道观看视频的习惯，且正逐渐形成与传统电视相抗衡的态势。同时，网络视频企业通过完善影视剧、综艺、动漫等长视频库，打造自制剧、UGC、新闻等为代表的短视频资源，以及打造教育、母婴、体育、纪录片等特殊需求节目内容，满足了不同用户的视频观看需求，并逐渐教育用户对品牌的认知。值得注意的是，在创建特色内容库的同时，中国网络视频企业想要通过付费观看形式来丰富自身的收入方式，但易观认为，受中国用户对付费的敏感态度，大数据的结构化分析与应用能力以及盗版资源的影响，用户付费模式中短期内难有较大突破，仍需要市场各方的共同努力。同时，随着移动互联网及智能终端的发展，中国移动视频市场在2013年实现了突破性的发展，成为了用户重要的视频观看渠道。基于视频观看这一基本需求，主流的视频企业通过屏幕的延伸实现了较为快速的发展，同时，以百度视频、快手看片等为代表的聚合类视频应用，以100TV、QQ影音等为代表的播放器应用，以及以微视、啪啪奇等为代表的社交视频、UGC应用等，基于用户垂直需求的应用获得了市场空间，成为丰富视频市场的重要构成。而围绕用户的加速、订阅等需求，将会有更多的企业采取与电信运营商合作的模式提供服务，这不仅能够丰富移动端的收入构成，同时能有效地提升用户黏性。

对行业客户而言：虽然目前PC端网络视频市场整体受到了广告主的认可，进入较为平稳的发展阶段，但目前仍出现了一二线城市广告库存不足，三四线城市广告位售罄率不高的现象，因此加强广告主对于下线城市商业价值的认知仍是视频行业，乃至整个营销市场共同努力的目标。同时，视频企业正在通过自制剧的方式扩充包括植入、冠名等方式在内的广告投放，但对于行业客户而言，利用自制剧进行营销的方式仍需谨慎态度，原因即在于，虽然目前视频网站的自制能力及水平大幅提高，但受众规模仍属小众，且传播效果难以估量，存在一定的风险。在移动视频方面，目前以优酷、爱奇艺等为代表的企业先后进行商业化，2014年将有更多的企业启动商业化进程，且移动视频能够根据用户的终端型号、网络环境、地理位置等进行划分，能够更加明确地找到自己的目标客户，移动视频广告受到了业界各方的广泛关注。易观分析认为，区别于网络视频市场用户可以同时操作多项应用和网页，移动用户切换内容的成本相对较高，用户注意力相对会更加集中，从这方面考虑，移动视频广告效果更佳，但另一方面，移动视频的广告监播相对困难，需要以视频企业的诚信为支撑，因此行业客户需加强此方面的警觉。同时，因用户目前会同时在PC、手机、平板电脑等多种终端中切换来观看视频，因此，建议广告主也可以关注跨屏的广告投放策略。

随着DSP等广告投放的兴起，围绕视频市场的DSP广告投放系统也营运而生，这种投放方式对于视频企业来说最大的价值即在于可以充分利用长尾剩余流量，而对于行业客户来讲，则无疑能满足更多中小广告主的投放需求，是双赢的局面，但目前布局的视频企业寥寥无几，现阶段广告主认知也不高，预计还需两年左右方能实现更为广泛的发展。

数字音乐

数字音乐是指音乐作品通过互联网、移动通信网等各种有线和无线方式传播，其主要特点是形成了数字化的音乐产品制作、传播和消费模式。 通过电信互联网提供在电脑终端下载或者播放的互联网在线音乐，无线网络运营商通过无线增值服务提供在手机终端播放的无线音乐，又被称为移动音乐。

该产业链包括移动通信运营商，移动通信用户，终端设备制造商，无线音乐CP，无线音乐SP。

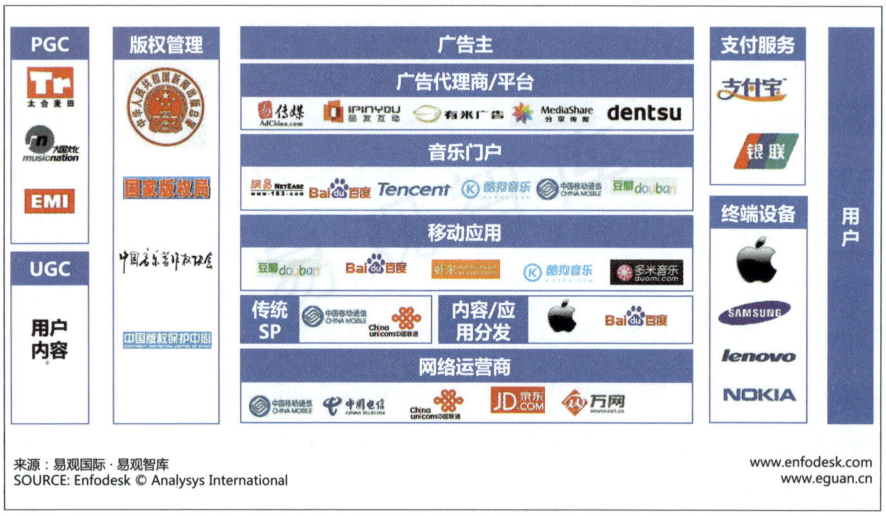

图22 中国数字音乐产业生态图

目前整体移动音乐市场中，版权内容是移动音乐的关键资源，对移动音乐产业能否健康有序发展起到关键作用。在移动音乐的产业链中，唱片公司整合艺人资源，拥有丰富的内容资源，是与渠道方博弈的关键筹码，但由于目前唱片公司资源较为分散，渠道方单独与各家唱片公司签约版权内容，导致唱片公司话语权被减弱。电信运营商的音乐基地业务是最大的收入入口，但移动音乐是强内容导向的手机应用，中国电信运营商不具备现有的版权内容资源，需要整合内容提供方资源。另外随着市场竞争的激化，以及行业集中度的进一步提高，电信运营商体制内的缓慢决策流程将会造成竞争优势的逐步丧失，话语权将受到一定的影响。音乐服务提供方的收入主要来自于从电信运营商处的分成；而由于移动音乐发展时间较短，广告主对其广告价值缺乏认同，以及广告转化率较低的影响，广告收入规模并不高；另外在C端受盗版以及免费使用习惯的影响，用户内容付费规模处于更低的水平。随着移动互联网的快速发展，作为最接近用户的产业链环节，移动音乐服务提供商无疑占据了产业链当中最有利的位置，相信随着产业政策和行业环境的改善，将获得更好的发展机遇。

从移动音乐的盈利模式看，尽管产业内在继续推动前向收费的发展，但广告仍相对前向收费是更重要的形式。在移动音乐广告方面，由于移动音乐发展时间有限，广告商业模式处于教育广告主的阶段，另外由于移动音乐厂商对用户属性、用户需求等把握较为精准，未来广告仍将作为一种移动音乐商业模式而存在。目前广告分为效果类广告与品牌广告。目前的广告形式仍然以效果类行业内广告为主，但越来越多的品牌广告主已经开始进入移动音乐行业。

目前中国移动音乐产业的发展表现出以下特点：首先，版权内容资源较为分散。其一，唱片公司资源分散，并未形成内容方的合力；另外，唱片公司签约渠道分散，不利于对渠道的管理与控制，未来上游内容将会进行基于版权的并购，并将缩小合作渠道的数量，控制授权规模，同时授权条件将会越来越严格，将更倾向于与品牌影响力较强、用户数较高的厂商合作。其次，多终端布局趋势明显。用户欣赏音乐的设备，由传统的音响早已经过度到电脑，目前正在进一步的向手机、平板、智能电视、汽车、在线音响等设备来扩展，设备更加的多元化。同时音乐的云同步、云存储需求也逐步明朗。第三，行业利润分配不均。目前移动音乐的产业链环节中，电信运营商占据收入的九成左右，服务提供商和唱片公司合计只占一成左右。行业利润分配不均衡直接导致上游内容创作动力不足，影响整体音乐产业的发展。随着收费模式的到来，行业间话语权的博弈将会更加激烈。第四，服务类型多元化。目前移动音乐服务的产品形态主要分为五种类型：曲库类（酷狗、酷我、QQ音乐、百度音乐）、社区类（多米、唱吧）、电台类（Jing.FM、豆瓣FM）、音乐商店类（京东、亚马逊）、运营商类（咪咕音乐、沃音乐、爱音乐）。数字音乐服务类型更加细分，呈现出差异化的趋势。随着竞争的加剧，行业集中度将会进一步提高。第五，音乐社交成为移动互联网潜在爆发点。因为音乐独有的情感属性，与社交有着天然的联系。移动互联网随时在线、随时分享、随时沟通的特点促成了音乐的社交化趋势。音乐社交化已成为各大音乐服务提供商创新服务的重要突破口。

根据Enfodesk易观智库的分析监测，2013年中国数字音乐市场（除运营商之外）市场规模约为74.2亿元，同比增长63.4%，较2012年59.5%的年度增长率有所提高。

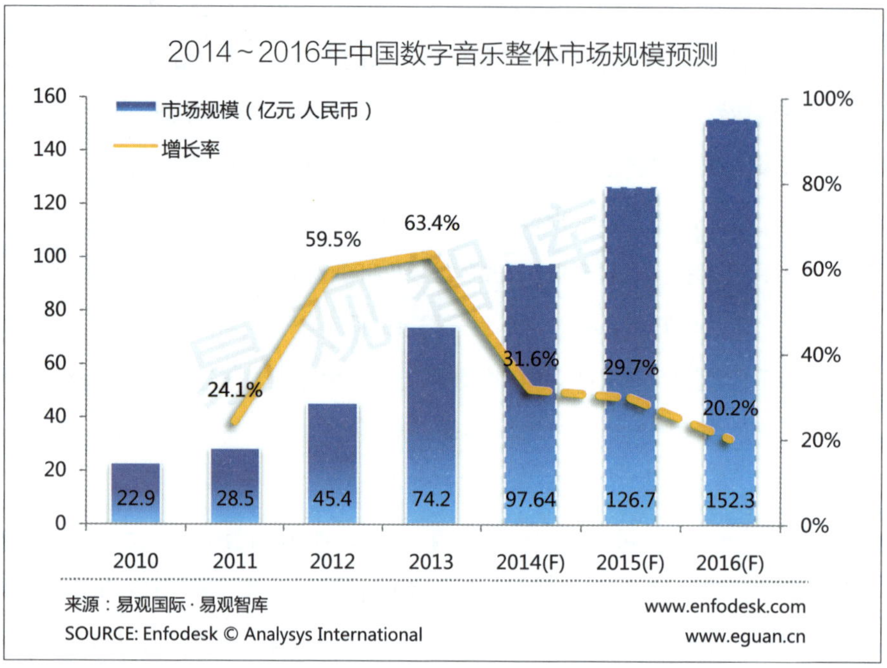

图23　2014~2016年中国数字音乐整体市场规模预测

2013年，无线音乐市场用户规模达9.7亿，同比增长3.8%，市场规模和用户规模持续增长。无线音乐第三方客户端活跃用户分布方面，多米音乐，酷狗音乐，天天动听，QQ音乐占据主流。

数字阅读

数字阅读是指利用手机、平板电脑、电子阅读器、PC等终端，通过在线，下载等方式，浏览电子小说，动漫，报刊等内容的阅读行为。

该产业链主要由以下环节构成：资源版权方（个人作者，图书版权方，版权代理/互联网内容提供商），电信运营商，互联网服务提供商，电商平台，终端厂商，广告主，支付厂商和用户。

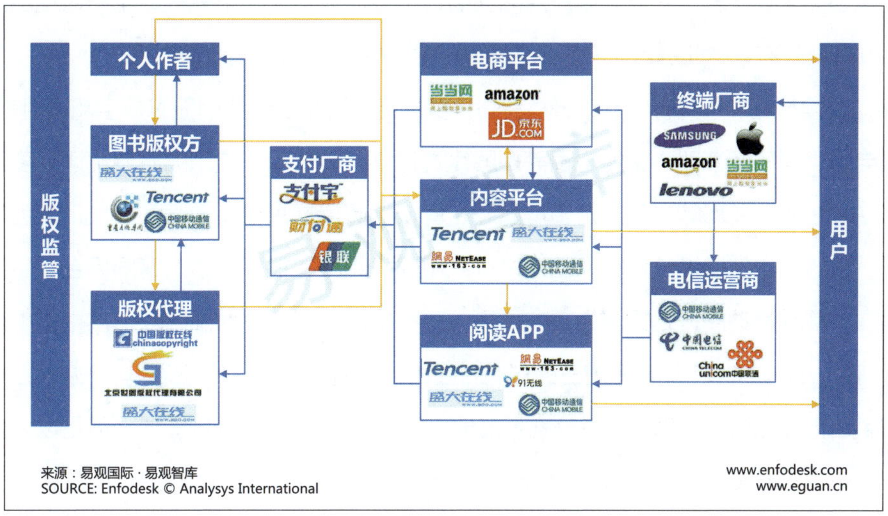

图24　中国数字阅读产业生态图

目前，在整体移动阅读市场中，内容是移动阅读的关键资源，对移动阅读产业能否健康有序发展起到关键作用。在中国移动阅读产业链中，数字版权代理方整合了图书出版方、个人原创作品等内容，拥有了丰富的内容资源。拥有原创内容资源的互联网文学网站（如盛大文学）在移动阅读的内容资源方面也独具优势。在某种意义上，较大的互联网文学网站也是数字版权代理方，凭借其独特的内容资源优势，在移动阅读产业链中具有一定话语权。目前整体移动阅读市场中，电信运营商的阅读基地业务是最大的收入口，占据整体市场收入规模的八成以上。中国电信运营商拥有相对庞大的用户群、丰裕的资金、手机应用传播渠道的强有力的掌控权、成熟的结算通道，这些优势有助于中国电信运营商成为移动阅读产业链的领导者。但移动阅读是强内容导向的应用，中国电信运营商不具备现有的版权内容资源，需要整合内容提供方资源。另外随着市场竞争的激化以及行业集中度的进一步提高，电信运营商的话语权将受到一定影响。互联网阅读服务提供商在与内容提供商合作的基础上，为用户提供阅读及相关服务，并与内容提供商进行利润分成。互联网服务提供商的收入主要来自于用户对内容的消费，大部分用户通过运营商渠道进行付费，另外还包括通过第三方支付，点卡充值等方式进行付费；但是受盗版以及免费使用习惯的影响，用户内容付费规模处于较低的水平。由于移动阅读广告影响用户体验，而且广告主对其广告价值缺乏认同，以及广告转化率较低的影响，目前广告收入基本为空白。此产业链环节为最接近用户的环节，对市场环境的变化，用户需求把握较为准确，能快速地做出响应以及战略调整。随着移动互联网的快速发展，作为最接近用户的产业链环节之一，互联网服务提供商积累了大量的服务运营经验，对市场的趋势以及用户需求把握相对准确，无疑占据了产业链当中最有利的位置，相信随着产业政策和行业环境的改善，将获得更好的发展机遇。阅读是用户在手机上的核心需求之一，虽然目前用户对阅读的付费意愿较低，但未来随着用户对高品质阅读服务需求的增加，以及政府、产业链各环节厂商的推动，移动阅读将会走向收费时代。

目前移动阅读产业发展具有以下趋势：首先，多屏全网跨平台趋势明显。数字阅读目前正向PC、手机、平板电脑、电子阅读器、智能电视等多屏终端扩展；每个用户使用的平台也逐渐多元化，包括Windows、Android、iOS等。用户对多屏同源、同步的阅读需求日趋增强。多数厂商为了适应用户的此类需求，纷纷推出了阅读云服务，使用户可以用同一账户，在多终端、不同平台、不同网络中无缝切换。其次，目前移动阅读是渠道为王的市场，正在向内容过渡。目前市场仍然是以渠道为王的市场，除运营商外，阅读App市场排名前三的均拥有强大的渠道资源，iReader具有终端预装渠道优势，QQ阅读依靠腾讯庞大的用户基础，91熊猫看书凭借91助手应用商店进行推广。但是以内容为导向的厂商正在市场中占据越来越多的份额，如塔读文学着重培养签约作者，份额持续增长；多看凭借其精品内容的理念，赢得用户的青睐；腾讯在扩大阅读用户规模的同时，通过与吴文辉创立的创世中文合作，加强源内容建设。未来移动阅读市场将进入为王时代。第三、阅读服务提供商逐步向上游渗透，全产业链运营趋势明显。越来越多的互联网服务提供商逐渐意识到版权资源的重要性，为了提高在产业链中的话语权，开始组织自己的版权资源，签约并培养自有作者，打造独家内容，向产业链上游渗透。传统上游内容提供商为了巩固自身市场地位，更加重视对作者、编辑的培养，以聚拢人才，提高内容的质量与数量。随着上游出版社涉足移动阅读服务，移动阅读服务提供商培养自有网络原创作家，产业链各环节均有厂商正在向全业产业链运营方向发展，旨在打造数字图书资源的生产、集成、运营、销售、服务闭环体系，并建立电子书+纸质书+版权增值服务全业务线，使自身发展成为全产业链内容运营商。第四、用户付费意愿提高，付费方式多元化趋势。随着用户付费意识逐渐增强，政府加大对版权的保护力度，付费用户将越来越多，移动阅读领域的支付环节也将成为厂商关注的焦点。而随着移动支付产业的发展，用户的付费形式向多元化发展：网银支付、第三方支付等方式的占比将进一步提高，而通过运营商通道付费的比例将被削弱。第五、传统出版社逐步走出观望状态向执行层面迈进。之前，传统出版社虽然大部分都涉足电子版权内容，但是其开放程度有限，导致其在移动阅读产业中的优质资源较少，而且价格偏高，用户接受程度较低。随着传统出版社的互联网化进程加速，逐渐转变固有观念，其逐渐走出观望状态，开始在移动阅读产业布局，未来移动阅读市场将会涌现更多的质优价廉的内容资源。部分传统出版社也在尝试自己经营数字阅读业务：开发阅读APP、建设数字出版平台。

在中国数字阅读行业中，各主要企业处于差异化发展阶段，具有不同的竞争实力，如Enfodesk易观智库实力矩阵图形所示：

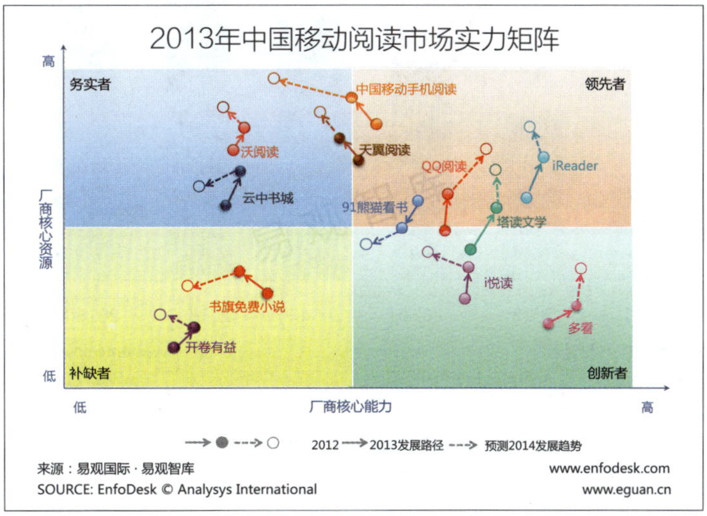

图25　2013年中国移动阅读市场实力矩阵

根据Enfodesk易观智库的数据监测，2013年，中国移动阅读市场收入规模约为61.9亿元，同比增长78.4%。

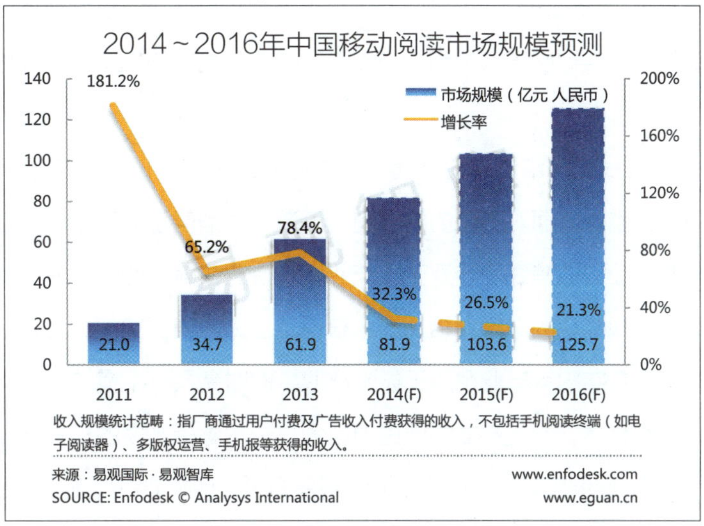

图26　2014～2016年中国移动阅读市场规模预测

另一方面，2013年中国移动阅读市场活跃用户规模达到4.9亿人，同比增长32.4%。

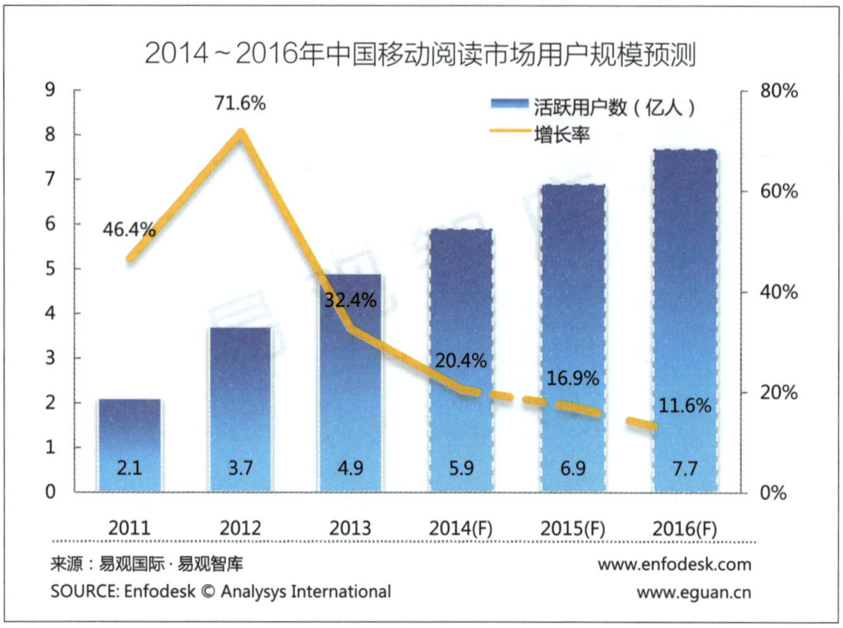

图27　2014~2016年中国移动阅读市场用户规模预测

移动阅读市场前三名是iReader，QQ阅读和91熊猫看书。

游　戏

此处，仅指以互联网为传输媒介，以游戏运营商服务器和用户计算机为处理终端，以游戏客户端软件为信息交互窗口的旨在实现娱乐、休闲、交流和取得虚拟成就的具有可持续性的个体性多人在线游戏。

网络游戏产业链的主线是网络游戏研发商，网络游戏运营商，以及销售渠道、电信运营商和用户。其中，网络游戏运营商直接面对上游的研发商，下游面对销售渠道和用户，是整个产业链价值体系的核心。而网络游戏产业链的辅线则涉及了IT产业，制造业，媒体业以及展览业，丰富的产业链相互关联，并随着网络游戏规模化的发展，相关产业获得了巨大的商业空间，尤其是电信和IT产业。游戏产业本身虽然属于互动数字内容产业也属于休闲产业，同时又是一个横跨互联网、计算机、软件、消费电子等诸多领域的综合体。游戏产业的渗透力巨大，影响着相当多的相关产业，例如电信业、IT产业（硬件、软件、电信ISP供应商）、商业（渠道销售商）、传媒业、传统出版业、制造业（游戏周边设备生产商）、会展业等。

总体而言，游戏产业主要分为客户端游戏、网页游戏、手机游戏、电视游戏等。根据易观智库监测数据，我国广义网络游戏市场2013年收入规模达814.8亿元，同比增长36.1%。其中，端游551.4亿元，同比增长18.3%；页游169.5亿元，同比增长73.0%；移动游戏120.9亿元，同比增长122.8%。可以明确看出，游戏市场在2013年是一个高速成长的市场。

图28　2014～2016年中国广义网络游戏市场规模预测

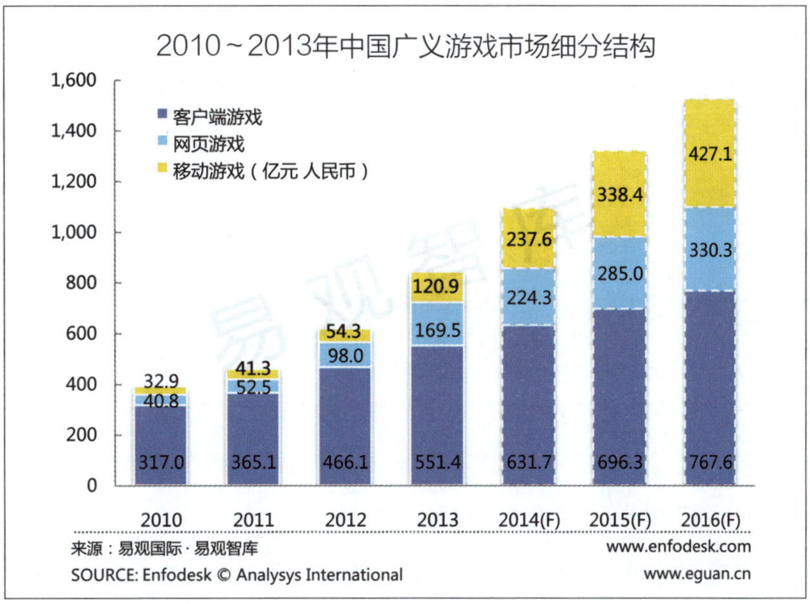

图29　2010～2013年中国广义游戏市场细分结构

客户端游戏

易观认为，中国客户端游戏市场发展至今已步入成熟期，主要市场参与者格局稳定，较高的准入门槛和较长的资金回报周期，使得基本不再有新的厂商进入。即便是现有端游企业，推出新产品也无法保证成功率，传统经典产品依然是各家营收主力。随着资料片的不断推陈出新，经典产品短期内仍能支撑整体市场份额。但产品老化现象不可避免，新老产品交替的成功与否成为决定厂商未来的重要因素。

2013年中国客户端游戏市场继续保持小幅增长。但随着人口红利的消失，玩家用户趋于饱和，产品创新难度逐年加大，端游市场增长乏力的现实仍未被打破，复苏前景仍然遥不可期。

网页游戏

又称无端网游，是基于网络浏览器的多人在线互动游戏，用户无需下载客户端，只要打开网页就可以玩。目前国内的网页游戏以战争策略类的为主。

易观认为，在经过了前三年的高速发展期，网页游戏用户规模增长陷入瓶颈，用户流量获取的难度进一步加大，市场竞争加剧导致推广营销成本进一步提升。以腾讯、360、百度等拥有自有流量的平台，在市场竞争中处于优势地位，主导市场。这使得部分平台的营销支出快速增加，在其营收中的比重超过七成，这为其后续经营以及整个行业的向前发展带来挑战。针对目前激烈的市场竞争环境，页游在强化现有联运模式的同时，需进一步完善用户需求，加强品牌塑造，寻求产品线的差异化、深度运营已经成为行业发展的要点。在市场继续深化发展的过程中，各家厂商应充分发挥自身资源，加大对流量的转化，深挖用户潜在价值。

受到2013年移动游戏爆发热潮的影响，部分页游平台切入移动游戏领域，以求寻找新的营收增长点，力图从单一的平台运营向运营、研发为一体的产业模式转型。37wan、4399、YY游戏等体量较大的页游平台均已设立手游研发部门，加入到移动游戏竞争格局之中。对此，EnfoDesk易观智库认为，手游研发门槛较低，相比之下上线后的持续运营则更为重要。而页游平台在运营、推广、客服、流量等方面具有先天优势，未来或成为手游市场又一有力竞争者。从2012年开始，中国的网页游戏市场的发展速度趋向平稳，行业的整体市场规模稳定发展，产业链各环节日趋成熟，市场竞争加剧，行业开始走向集中。部分小研发商、小平台将面临整合。

在中国网页游戏研发厂商中，各主要企业处于差异化发展阶段，具有不同的竞争实力，如Enfodesk易观智库实力矩阵图形所示:

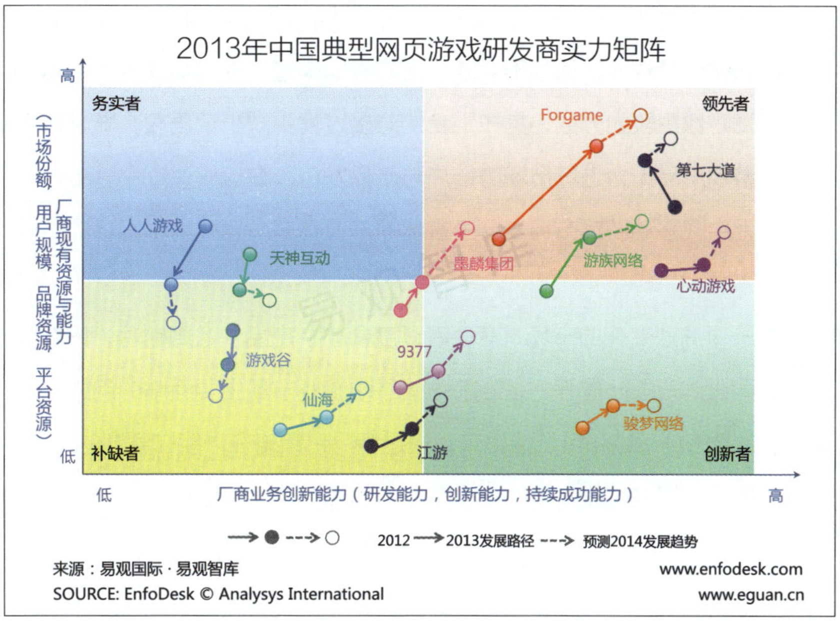

图30　2013年中国典型网页游戏研发商实力矩阵

移动游戏

移动游戏是指借助手机或PDA等终端设备，通过无线网络设施来提供的游戏应用及服务，是基于移动终端设备而开发的游戏应用。根据游戏过程需要无线网络支持与否，又可以分为手机单机游戏和联网游戏。该产业链主要包括移动运营商、CP（游戏开发商）、SP（游戏发行商）、游戏平台开发商、终端制造商、游戏分销商以及用户。

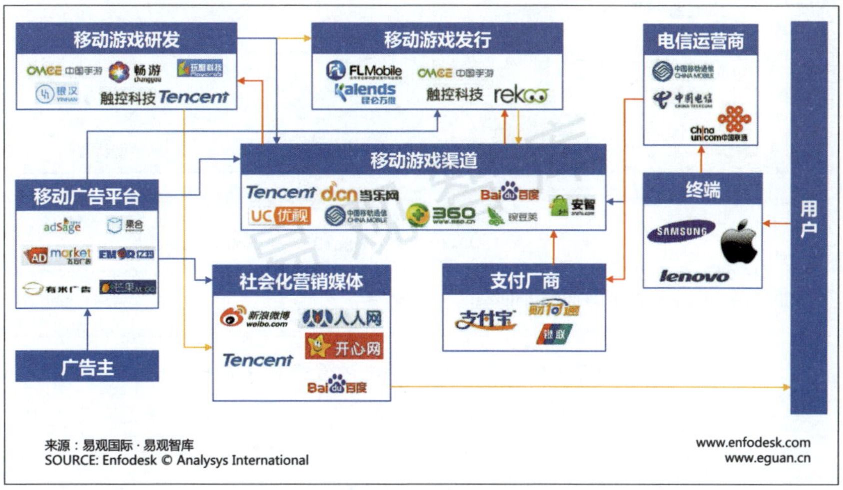

图31　中国网络游戏产业生态图

随着中国移动游戏市场的快速发展，大量的资本与创业团队涌入市场，催生市场的繁荣景象，而就其产品特性来说，移动游戏产品依赖于游戏平台与营销渠道，中国移动游戏平台的集中度相对较高，而移动游戏的开发者数量较为分散，其在平台的对接过程中缺少话语权；随着市场推广费用的水涨船高，大量的移动游戏产品无力进行市场的推广与产品发行；在这一过程中，专注于移动游戏发行业务的厂商出现，成为中国移动游戏市场发展中重要的产业环节，也成为中国移动游戏市场发展的重要推动力量。

移动游戏市场是一个高速变化的市场，竞争者过度参与，产品生命周期短，研发周期压缩，厂商试错机会有限，产品同质化现象严重等，是当前中国移动游戏市场主要面临的问题。这就要求研发厂商必须回到游戏产品本身的创意性和可玩性上来，通过精品化策略在才能在激烈的竞争中存活。2014年，中国移动游戏市场预计将进入盘整期，中小企业将面临淘汰，但整体市场仍然拥有巨大的上升空间。

在中国移动游戏运营平台中，各主要厂商处于差异化发展阶段，具有不同的竞争实力，如Enfodesk易观智库实力矩阵图形所示：

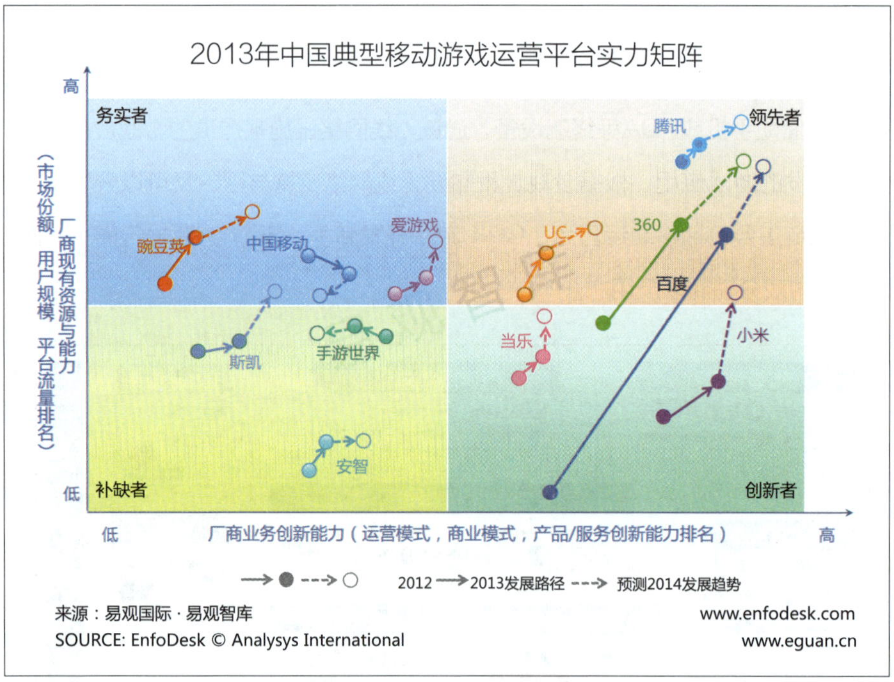

图32　2013年中国典型移动游戏运营平台实力矩阵

基础应用与服务

搜索

搜索是基于用户的输入，以PC、手机等移动设备作为载体返回信息与内容搜索结果的服务。

搜索产业链主要环节包括内容提供商（内容站点或内容源）、搜索技术提供商、互联网公司（购物搜索、站内搜索）、移动搜索平台服务商、电信运营商、广告主等。

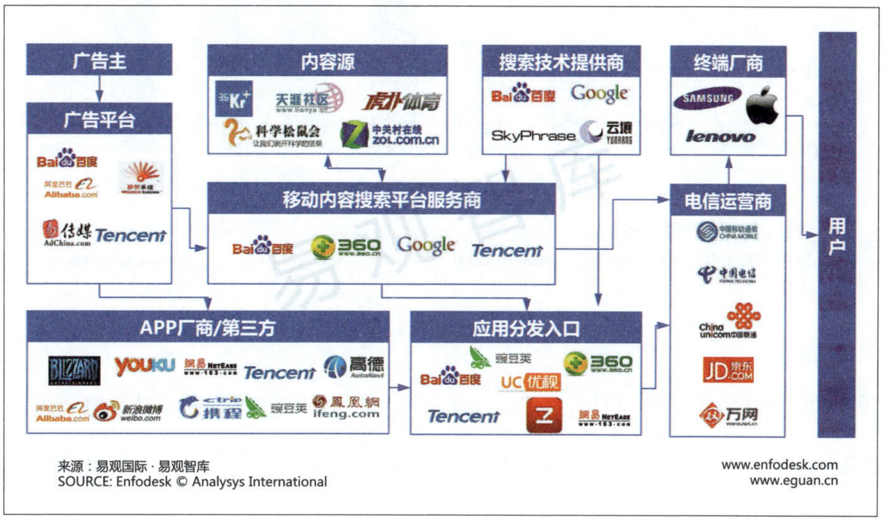

图33　中国搜索服务产业生态图

PC搜索对互联网产业而言，是最主要的用户与流量入口级业务，尽管是后向付费的模式，但依然是变现能力最强的业务之一。但在PC搜索向移动搜索发展的过程中，移动搜索只是移动互联网的入口级业务之一，流量导入能力较PC搜索变弱，移动浏览器、移动IM、新闻客户端、移动应用分发商店、移动IM、移动SNS、手机安全等业务在实际上都参与了入口的争夺，因此移动搜索的入口意义面临挑战，当前的变现能力弱于PC搜索。

PC搜索业务中，百度、谷歌中国、新搜狗、奇虎360等是主要厂商，且百度的市场领导地位非常明显，但对于移动搜索而言，市场格局尚未稳定，市场集中度也弱于PC搜索。

根据Enfodesk易观智库的监测数据，2013年，中国搜索引擎运营市场规模约为403.4亿元，同比增长40.1%。

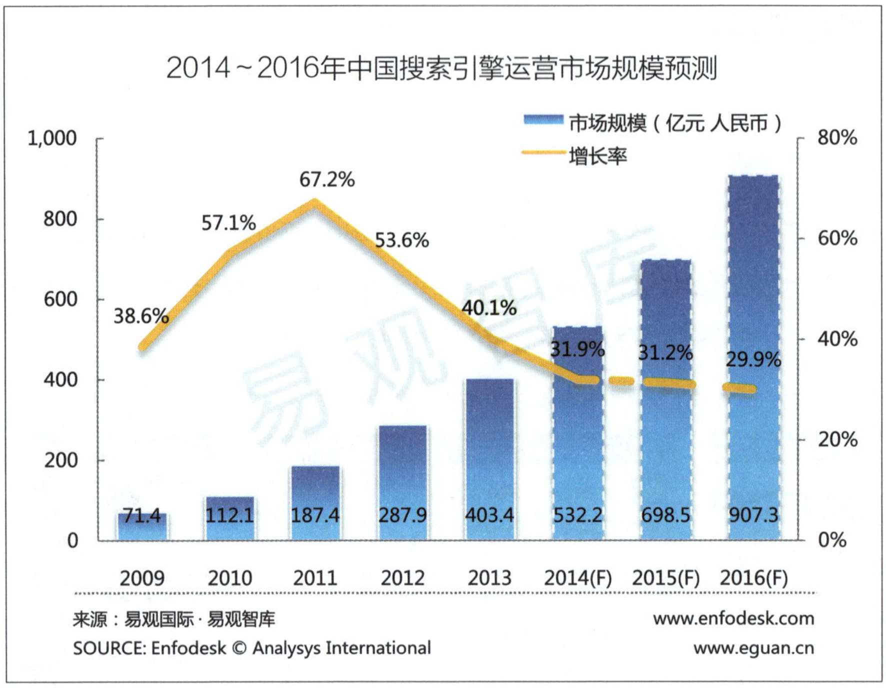

图34　2014～2016年中国搜索引擎运营市场规模预测

但根据易观发布的2013年中国移动互联网统计报告数据，移动搜索在移动互联网网民中的覆盖率为9.5%，渗透率较低，不仅低于渗透率最高的移动IM，也低于手机地图业务。从活跃度来看，移动搜索APP的启动概率是0.32%，同样低于移动IM和手机地图。

易观认为，近年来，互联网厂商对移动搜索的投入进一步加大。从2010年开始，各厂商就开始发力移动端。伴随着智能手机的普及，移动端得到了市场的重视，厂商纷纷开始跑马圈地，但目前为止，移动搜索市场还未形成定局。在移动变现方面，2014年各搜索厂商将会进一步加快移动搜索的布局。但由于移动搜索变现能力弱于互联网，而移动互联网对PC搜索形成流量分流，在这种情况下，搜索企业利润率将会受到一定影响。

从融合创新的角度，移动搜索比PC搜索更具想象力。未来，移动搜索可能将在以下方面有突破性发展。首先，由于移动设备便于携带，以及可以定位的特性，移动搜索将与位置信息融合，根据用户的地理位置提供搜索结果，从而催生更好的生活服务。其次，由于移动设备可以提供更方便的搜索服务和输入方式，未来1-2年，移动搜索的人机互动形式将变得多样。搜索引擎除了提供键入关键词的搜索方式以外，还将逐渐提供语音、手势、图片等多种搜索形式，人机互动的方式将变得更加人性和多样。

IM

IM（即时通信）是以准实时的方式在用户之间传递文本、图像、音频或视频的业务。IM 融合了固定、移动等多种通信方式，是网络融合的典型业务之一。IM是实现网络融合和业务融合的重要技术手段，它为IM 业务的部署和开展提供了良好的网络平台。移动IM可以分为个人即时通讯、企业即时通讯。其代表是短信，网站、视频即时通讯，如QQ、微信、Line等应用形式。

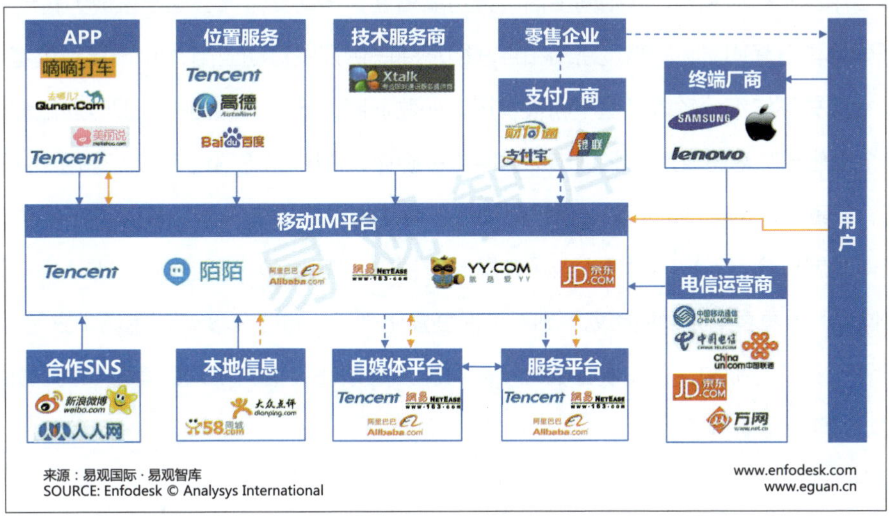

图35　中国即时通讯产业生态图

移动IM的创新发展使得其产业链也在不断发生变化。总体来看，中国移动IM产业链围绕三大环节：移动IM市场内部、基础和外部环节。内部环节包括移动IM服务运营商，由技术提供商、移动网络服务运营商和电信运营商组成，其中，网络运营商分别提供即时通讯技术和移动网络接入平台；基础环节为移动硬件供应商和移动IM平台提供商；外部环节是以用户为基础构成的多种运营平台，包括媒体平台运营商、移动广告平台运营商、移动增值平台运营商、互动营销平台运营商、移动电子商务平台运营商等。

移动IM附加的增值服务所创造的收入以及对整个通信产业链上下游的控制力备受各大服务运营商、移动IM平台供应商、技术供应商和移动硬件供应商等的关注。不管是传统的IM平台QQ、MSN，还是移动IM平台微信；不管是技术提供商Android绑定Gtalk、小米科技强推米聊，还是服务运营商中国电信与网易联合开发的易信，均可看出各厂商力争在移动IM市场中谋求发展。

2013年，中国移动IM市场迎来应用功能混战，合纵连横成趋势的原因主要有：腾讯旗下手机QQ和微信拉开差异化发展帷幕，且继续保持中国IM市场领先优势；以电信、联通为代表的运营商与互联网厂商合纵连横的跨界合作成为主要趋势；阿里巴巴自内部力推互联网厂商的IM产品来往，成为IM市场本季备受瞩目的大事件。

根据易观智库的监测，2013年第3季度，中国移动IM市场累计账户数达15.7亿，环比增长6.1%，正处于持续稳健发展阶段；同期，中国移动IM市场活跃账户数达到8.3亿，较2012年第3季度增长72.9%，正处于强势跨网阶段。

易观认为：现在，移动IM跨屏社交平台属性增强，移动IM市场细分领域差异化功能趋势明显；移动IM平台级应用基于社交元素，开始向生活服务功能拓展，移动支付、互动娱乐成为移动IM应用风向标。超级APP地位日趋明显，随着运营商和互联网厂商联合开发移动应用，IM市场新进者不断涌现，IM市场移动社交关系链细分领域价值不断被发掘，如联通腾讯沃卡、微信等。即时通讯移动社交功能日益完善，个性化趣味沟通成为本季IM市场发展的主旋律，IM产品正通过不断提高用户体验增加用户黏性。未来，各家互联网厂商的即时通讯产品通过创意功能及内容的不断完善，将在移动IM市场垂直细分领域获得发展机会。各种即时通讯应用在发展过程中，需避免功能同质化，需从用户体验出发，明确产品定位，开发垂直细分领域市场，创新个性差异化产品，方能在移动IM市场中立足并发展。

在中国移动社交行业中，各主要企业处于差异化发展阶段，具有不同的竞争实力，如Enfodesk易观智库实力矩阵图形所示：

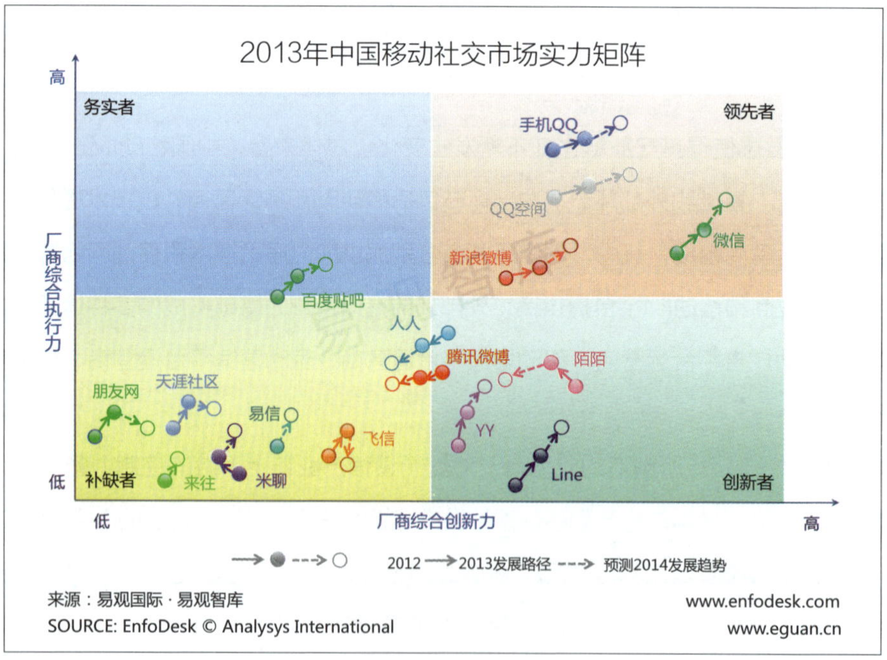

图36　2013年中国移动社交市场实力矩阵

SNS

SNS（Mobile Social Network Service）是以移动通信网络为接入载体，以所有移动通信终端使用者为目标客户，将SNS与移动通讯市场有机结合，为客户生活和工作提供随时随地随身的更好服务的网络社区平台。移动SNS不光是SNS在移动通信段的简单移植，而且是从整合化平台角度诞生的重要应用。

中国移动SNS可分为传统社交应用和新型移动社交应用。传统社交应用包括了手机BBS社区（例如汽车之家、豆瓣相册）、SNS平台的移动产品（例如QQ空间、人人网）和婚恋交友（例如世纪佳缘、百合网）；新型移动社交应用包括了以地理位置主导的移动SNS平台（例如街旁、切客）、以图片分享主导的移动SNS平台（例如微图、手机拍客）和以文字分享主导的移动SNS平台（例如YiBo微博、秘密）。

随着移动SNS的创新发展，其产业链也在不断发生变化。总体来看，中国移动SNS产业链由平台服务供应商、第三方提供商、移动SNS平台运营商、移动运营商、终端厂商和用户组成。其中，平台服务供应商、第三方提供商分别为移动社区服务提供商提供技术服务和第三方应用，移动社区服务提供商再将其主要服务提供给移动运营商，这些移动运营商会通过终端厂商的终端产品来实现其移动SNS的运营，即用户在其手机或平板电脑上的移动社交行为。

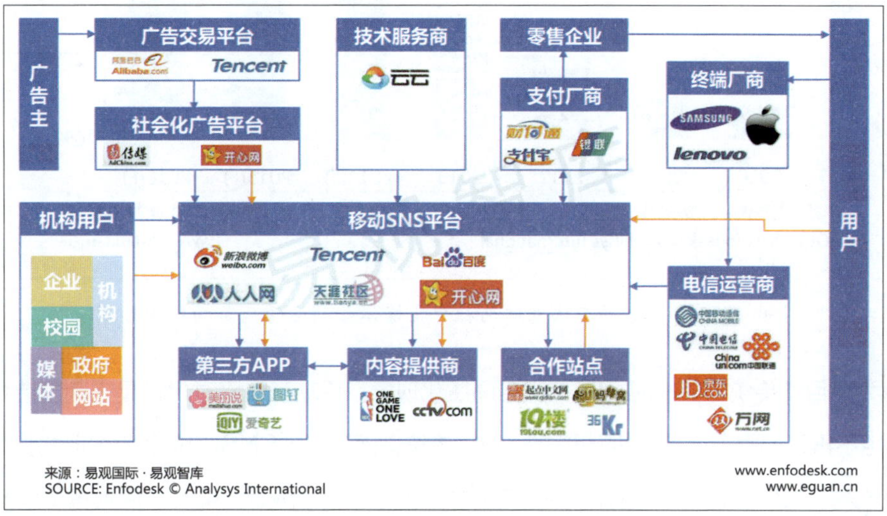

图37　中国社会化平台产业生态图

目前，SNS的参与厂商分为三类：移动端运营商、跨平台运营商和互联网平台扩展商。移动端运营商在资金实力、用户规模、应用内容体系上都与互联网厂商有较大差距，市场发展空间较小，应考虑从用户体验及特色应用开发角度维系市场空间。互联网平台拓展商在资金端、用户端和内容端拥有较大优势，但对移动互联网缺乏市场经验，需在发展前期以开发用户平台持续性为主要任务，并逐渐积累移动端流量。移动SNS的语音、增值等业务对跨平台运营商十分有利，运营商可借助广泛的市场、渠道资源以及自身运营移动通信网络的优势，成为移动SNS市场中主要的竞争者。

根据易观智库eCDC行业数据显示，2013年第三季度，中国移动SNS覆盖人群高达3.1亿，其中QQ空间以2.88亿APP覆盖人数，位居第一，占总使用人数的92.98%。近几年，移动SNS通过LBS的形式与线下企业建立合作，借助移动设备定位功能，结交周围的朋友。不但为用户增加了娱乐性，也为线下企业增添了营销途径。根据Enfodesk易观智库的监测数据，2013年中国互联网社会化媒体营销运营商市场规模约为57.3亿元，同比增长76.9%，社会化媒体营销处于高速增长状态。

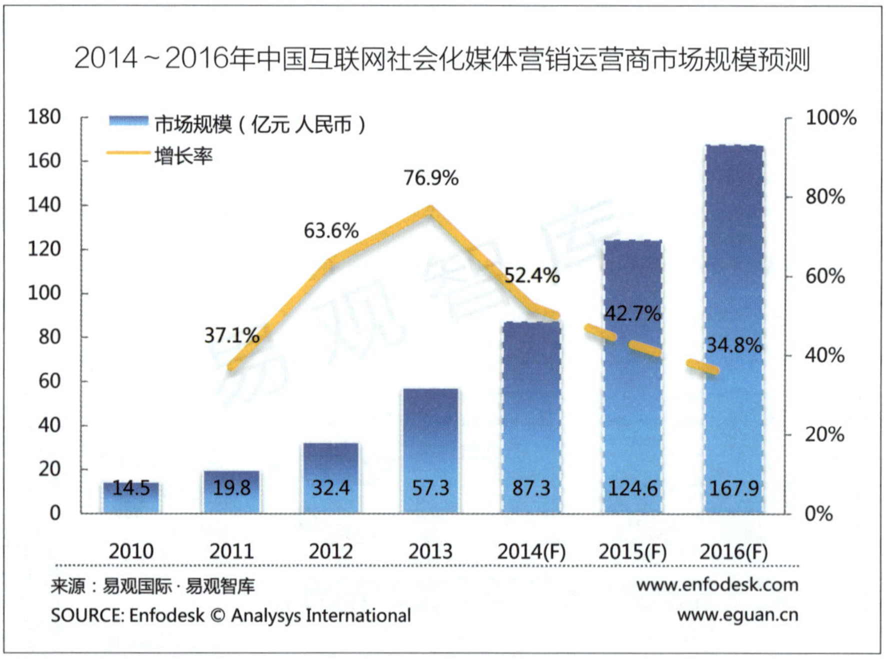

图38　2014~2016年中国互联网社会化媒体营销运营商市场规模预测

易观认为，目前传统SNS的应用存在服务同质化现象。移动互联网时代将是充满创造力的时代，其社交形式也不再只局限于传统的SNS形式。相比传统桌面形式的SNS，移动SNS形式更加丰富。目前已产生了游戏、LBS、微博等多种网络社交形式。从功能上，旅游、交友、商务等传统网站都具备进入移动SNS领域的可能。结合特色行业以及移动设备的特点，未来的移动SNS必定是以多种应用形式应用融合于各行业的移动应用。结合行业只有通过提供更深入更有价值的服务，才能形成更有效的商务模式。

浏览器

浏览器是一种用户在PC或手机终端上通过通信网络进行互联网内容浏览的移动互联网工具。其最主要的应用为网页浏览，同时也可以聚集大量的应用，如导航、社区、多媒体影音、天气、股市等，为用户提供全方位的移动互联网服务。目前手机浏览器按安装模式可分为手机内置浏览器（例如IE浏览器、苹果Safari）和第三方手机浏览器（例如手机QQ浏览器、UC浏览器）。

浏览器产业链主要是由电信运营商、手机终端提供商、内容提供商、手机浏览器厂商、搜索引擎和广告商、第三方APP、第三方站点等构成。电信运营商一方面为手机浏览器提供网络支持服务和为手机浏览器用户提供数据服务，另一方面具有较完善的用户渠道能力，保障内容服务提供商可以通过提供有偿服务实现盈利。手机终端提供商是手机浏览器的业务载体，并掌握手机浏览器的用户渠道。内容服务提供商主要为用户提供WAP和WEB双重形式的内容资讯和其他增值服务，是产业链中的生产者和手机浏览器厂商的供应商。手机浏览器厂商作为市场产业链的核心环节，主要为用户提供内容服务提供商服务的入口。搜索引擎位于整个产业链的下游，许多手机浏览器都内置了某个搜索引擎，与手机浏览器合作成为搜索引擎获得流量最直接有效的方式。广告主通过手机浏览器用户网络入口来进行广告营销，广告主包括直接广告主和间接广告主。

在产业链中，浏览器厂商与手机终端厂商、电信运营商、内容服务提供商处于竞合关系：在合作层面，手机终端厂商和电信运营商为手机浏览器厂商提供终端和网络，手机浏览器厂商为手机终端厂商和电信运营商提供相关的技术解决方案，为信息内容服务提供商提供用户渠道；在竞争层面，手机终端厂商、电信运营商和内容服务提供商，通过提供自有的浏览器参与竞争，抢夺移动互联网的入口。

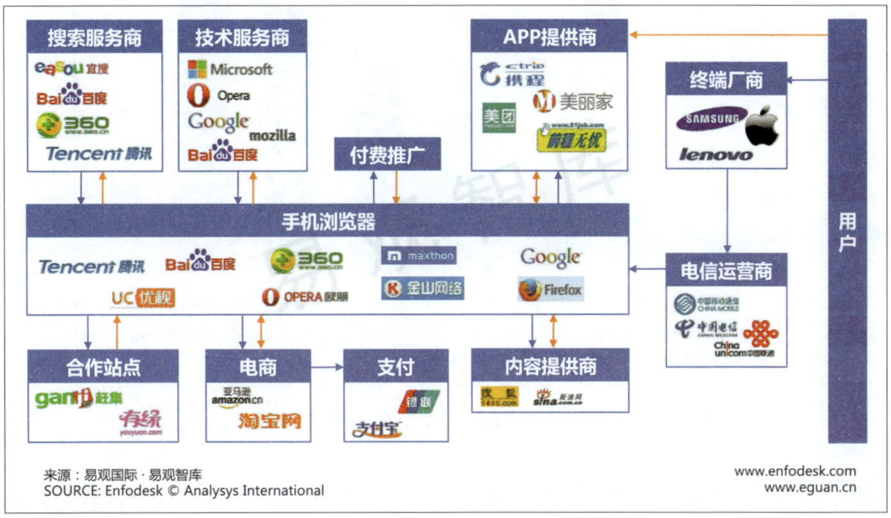

图39　中国移动浏览器产业生态图

根据EnfoDesk易观智库最新监测数据显示，2013年，中国第三方手机浏览器市场累计用户规模为9.18亿人，同比增长45.5%。

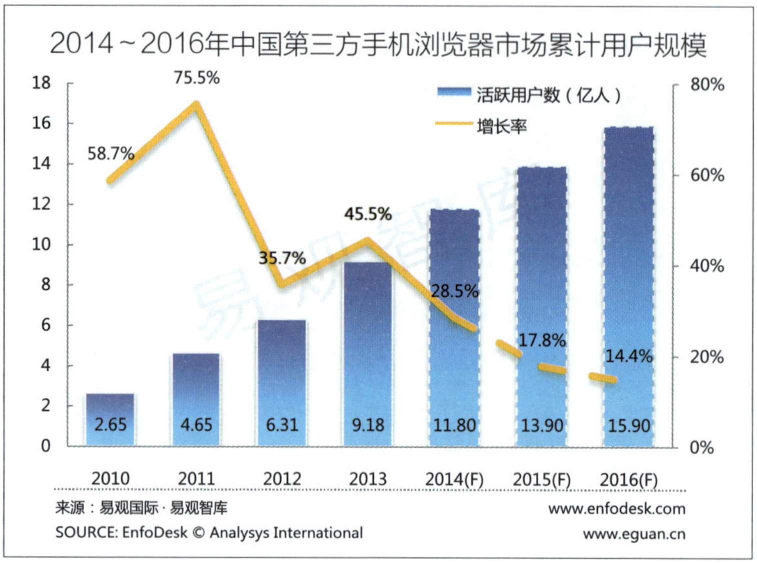

图40　2014～2016年中国第三方手机浏览器市场累计用户规模

同期，第三方手机浏览器市场活跃用户规模约为4.1亿户，同比增长57.1%。

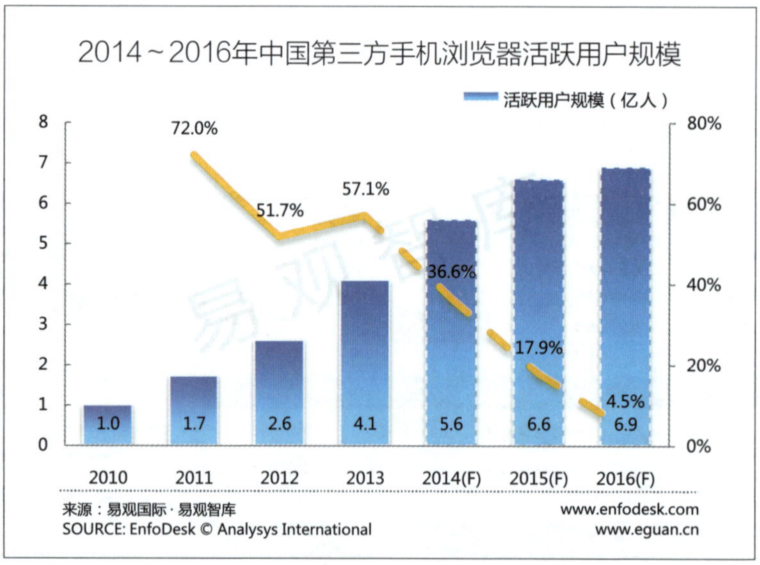

图41　2014～2016年中国第三方手机浏览器活跃用户规模

易观分析认为，目前手机端更多的应用和服务仍然由NativeApp承载，并且应用内搜索的发展也使得用户搜索内容更为聚焦，手机浏览器的泛在搜索频率逐渐下降。目前WebApp与NativeApp之争中，

WebApp显然处于下风，在一定程度上削弱了手机浏览器入口作用。未来手机浏览器的主要市场机会仍然在于服务，WebApp则作为NativeApp的补充，使手机浏览器能够成为应用的承载平台。

在中国手机浏览器行业中，各主要企业处于差异化发展阶段，具有不同的竞争实力，如Enfodesk易观智库实力矩阵图形所示：

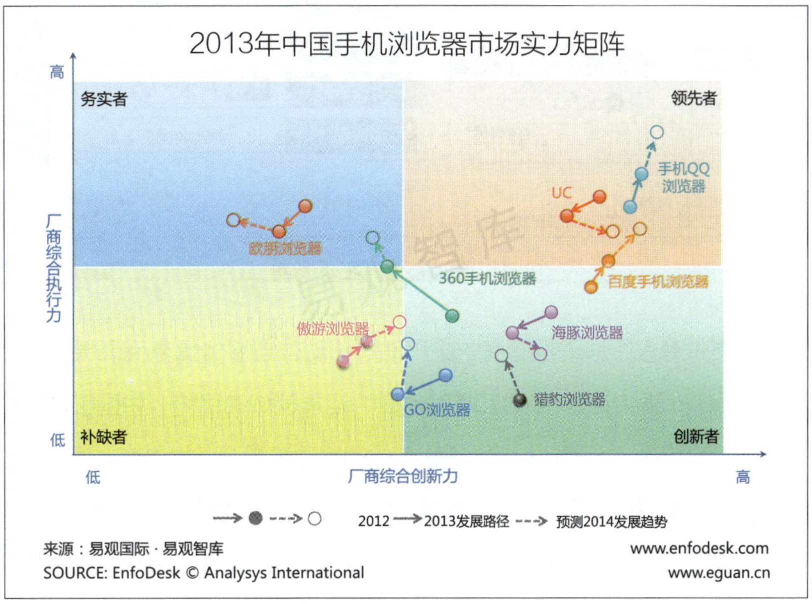

图42 2013年中国手机浏览器市场实力矩阵

LBS

位置服务（LBS，Location Based Services）是指在电子地图平台的支持下，向大众或行业用户提供的与位置相关的诸如定位、路径查询、地图查询的各种服务。目前较为普遍的面向大众的位置服务包括以下三类：自导航服务、移动位置服务、互联网地图服务。基于LBS市场蕴藏了巨大的商机，产业链中的众多参与者都积极投入其中，大力推进LBS及其应用，主要包括手机导航、位置交友、智能汽车、智能救助、智能交通、智能医疗定位和物流监控。

LBS产业链构成的移动位置服务是移动增值业务中最具吸引力的业务，同时也是产业链合作环节中最为复杂的业务之一。总体来看，LBS产业链由移动运营商、移动位置服务提供商、终端厂商、GIS开发商、应用提供商等多个环节组成。在LBS产业合作中，移动位置服务提供商和移动运营商提供支持与服务：移动运营商向移动位置服务提供商提供入网接口，而移动位置服务提供商则通过移动运营商平台为用户提供导航定位服务。随着产业链整合的趋势日益明显，移动运营商开始呈现向位置服务提供商转型的趋势；从应用产品还可以看出移动位置服务与社交网络服务的逐渐融合。

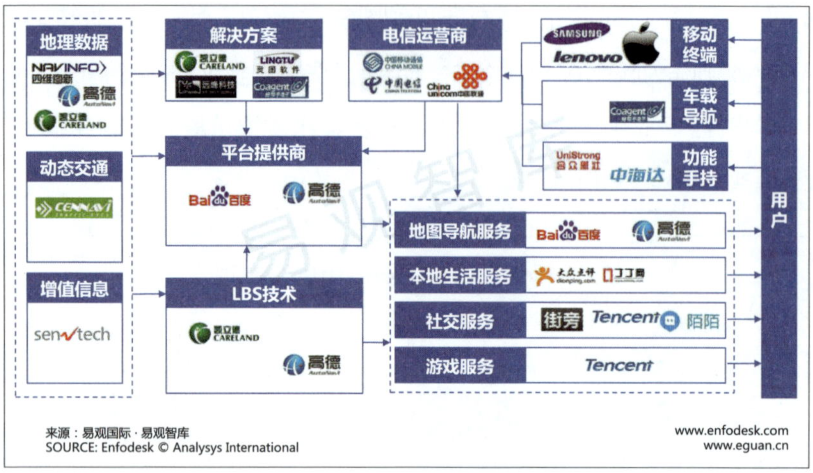

图43　中国LBS产业生态图

国内主要的LBS提供商包括移动运营商中国移动、移动位置服务提供商高德软件和位置交友服务提供商人人网。依托于在3G网络已经移动互联网建设、运营领域的优势，中国移动在移动位置服务运营商领域具有一定的竞争优势。处于国内LBS领先地位的移动位置服务提供商，高德软件在国内数字地图内容、导航软件研发以及提供位置服务解决方案等领域具有较强优势。人人网作为中国知名位置交友服务提供商，自2010年起进军位置服务领域，在其移动端产品加入“人人报到”等位置服务功能。

根据EnfoDesk易观智库产业数据显示：2013年，中国手机地图累计用户数约为93564万人，同比增长149.9%；日均活跃用户数约为2679万人，同比大增201%。

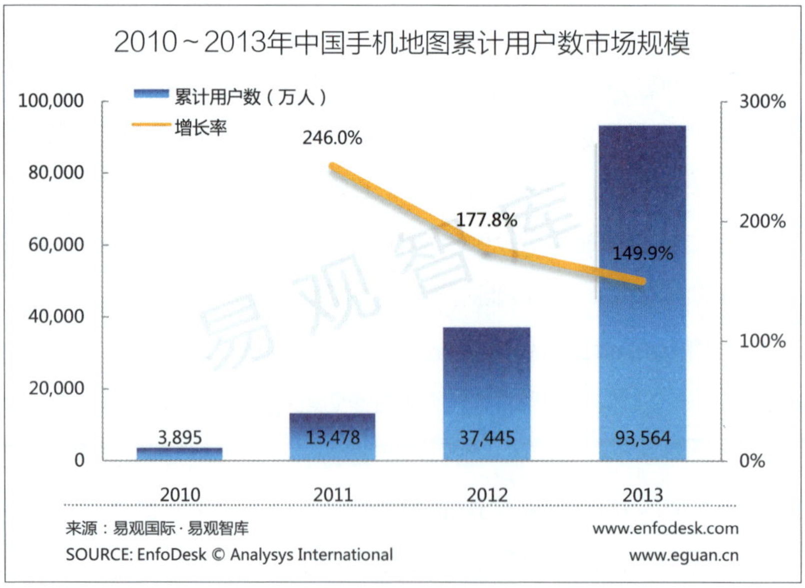

图44　2010～2013年中国手机地图累计用户数市场规模

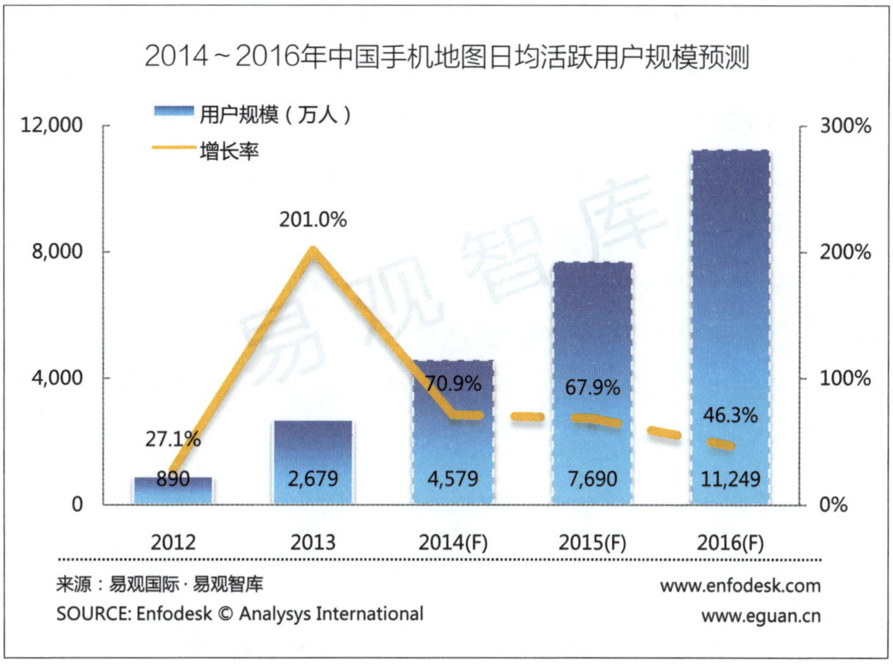

图45　2014～2016年中国手机地图日均活跃用户规模预测

同样，2013年中国手机导航累计账户数约为15532万人，同比增长52.3%。

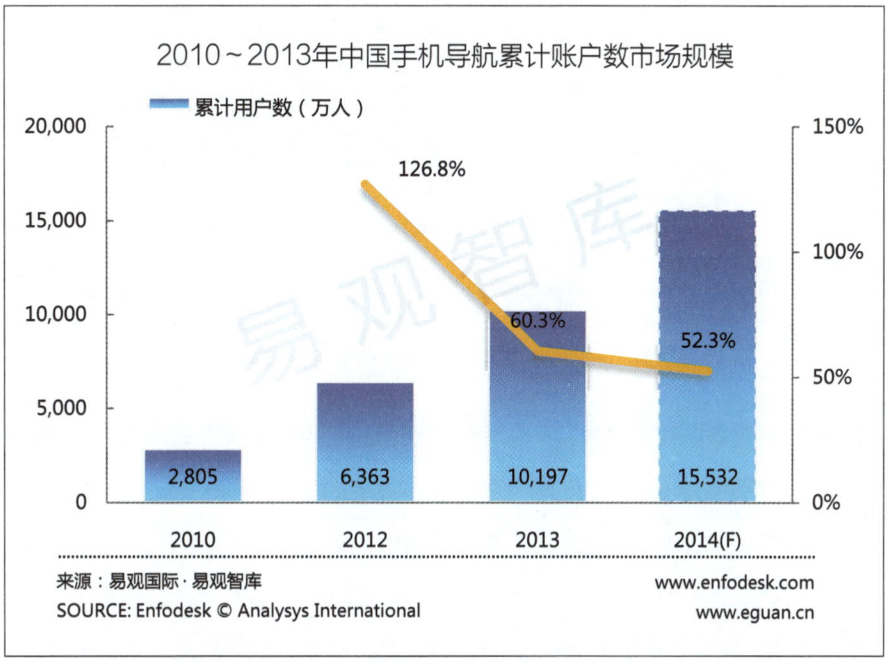

图46　2010～2013年中国手机导航累计账户数市场规模

EnfoDesk易观智库研究发现，百度、高德先后宣布手机导航免费，在一定程度上拉动整体市场增长，增速达到近一年来的最高水平。然而从产品周期来看，已经处在成熟期的本地版手机导航在免费之后面临商业模式的颠覆，原本的license预装及用户下载付费的模式逐渐不适应移动互联网的大环境，市场亟须重构商业模式。EnfoDesk易观智库分析认为，重构模式关键在于两点，首先是产品定位的变化，由导航工具提供向在线服务提供转型；其次即业务系统的变化，由原本与终端厂商以及最终用户之间的合作，转变为与服务提供商、甚至线下商家建立商务联系；最后则是盈利模式，通过手机导航平台为商家提供营销服务甚至服务分成等盈利模式。

在中国手机地图行业中，各主要企业处于差异化发展阶段，具有不同的竞争实力，如Enfodesk易观智库实力矩阵图形所示：

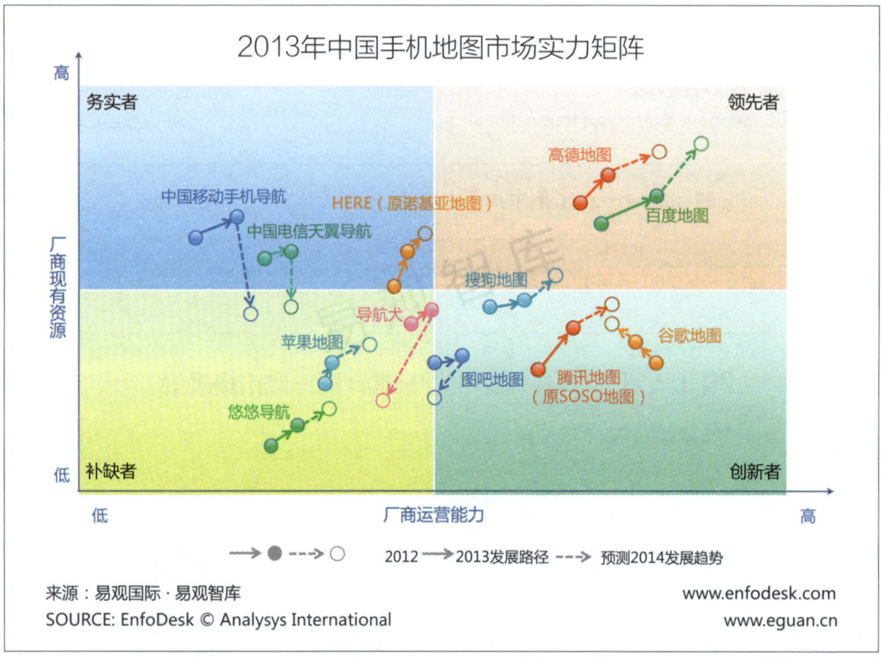

图47 2013年中国手机地图市场实力矩阵

近几年来，移动位置服务在学术界和产业界的发展引起了我国相关主管部门的高度重视，行业政策的不断完善为我国移动位置服务产业的健康发展提供了条件。移动通信网络即将进入4G时代，将带动移动互联网及其终端技术不断向前发展，移动位置服务的相关技术创新将伴随移动互联网的发展而不断增强。移动位置服务的创新增长点首先体现在用户位置信息爆发增长的背景下，做到高精度导航定位与云计算、物联网等新兴产业的融合发展，并由此产生新产品与新技术。此外，作为移动位置服务的支撑平台，移动智能终端的芯片及操作系统技术创新将成为移动位置服务相关技术演进的重要推动力量。基于移动位置服务的商业盈利模式必然依托于移动互联网应用服务，随着移动互联网技术的变革和提升，商业模式的不断成熟，以及移动应用服务开发成本的不断下降，为移动位置服务拓展其自身商业模式提供了有利条件。在产品模式方面，具备移动位置服务功能的城市生活消费信息服务平台正在逐渐成为移动互联网应用中新的“掘金点”。在营销模式方面，如何在客户端降低服务资费（甚至做到免费服务）的同时又能使移动位置服务提供商获得合理的利润已经成为目前在运营商与服务提供商之间讨论的关键问题。

应用分发

应用分发是通过应用商店、浏览器、搜索服务等各种基础应用与服务，向用户提供的App下载或使用渠道。目前，应用分发最主流的渠道是应用商店，该渠道分发量超过80%。应用商店，是以移动互联网为最主要通道所建立的应用软件市场，是面向第三方开发者与最终用户的开放式双边平台，商店中的软件一般分为免费与付费两类，用户下载付费软件后，应用商店所有者与第三方开发者进行收益分成。

应用商店作为应用分发的主要形式，其产业生态环节简单，主要有平台运营方、第三方开发者、用户三个环节。

在典型的意义上，真正移动互联网的时代，是以App为标志的，而移动互联网步入高速成长的阶段，是以苹果推出App Store作为发端的。目前，应用分发因为其典型的入口意义，一方面被各大互联网企业视为布局关键，另一方面各种主流应用也在强化应用分发功能，例如一些聚合阅读应用。目前，中国应用分发市场的主要竞争者有百度、奇虎360、豌豆荚、腾讯等。奇虎360的手机助手原本是中国最具分发能力的平台，但2013年百度通过收购91无线获取安卓市场、91助手，同时强化了百度客户端的轻应用分发，对奇虎360展开集群攻势；而腾讯也在2013年对分发能力加以整合，推出腾讯应用宝，表现出腾讯对应用分发这个入口的重视。易观分析认为，由于具备资源优势的巨头的发力，目前中国应用分发竞争格局远未大局已定，未来应用分发的争夺更将白热化。

根据EnfoDesk易观智库产业数据显示：2013年第三季度，中国移动应用全渠道分发总量达180亿次；第四季度分发总量达到226亿次，环比增长25.56%。

智能终端

移动终端

移动终端，目前主要指的是手机、平板电脑。智能手机是指具有独立的操作系统，可以由用户自行安装软件、游戏等第三方服务商提供的程序，通过此类程序来不断对手机的功能进行扩充，并可以通过移动通讯网络来实现无线网络接入的这样一类手机的总称。从大产业的发展来看，智能手机已经成为主流，渗透率正在快速提升。

智能手机产业链涉及到上游芯片厂商、操作系统提供商、技术提供商、硬件厂商、渠道代理商、终端销售商、移动运营商、应用软件提供商、用户等。平板电脑产业链与智能手机产业链类似，主要由芯片厂商、操作系统提供商、技术提供商、硬件厂商、渠道销售商、应用软件提供商、用户组成，移动运营商在其中参与较少。

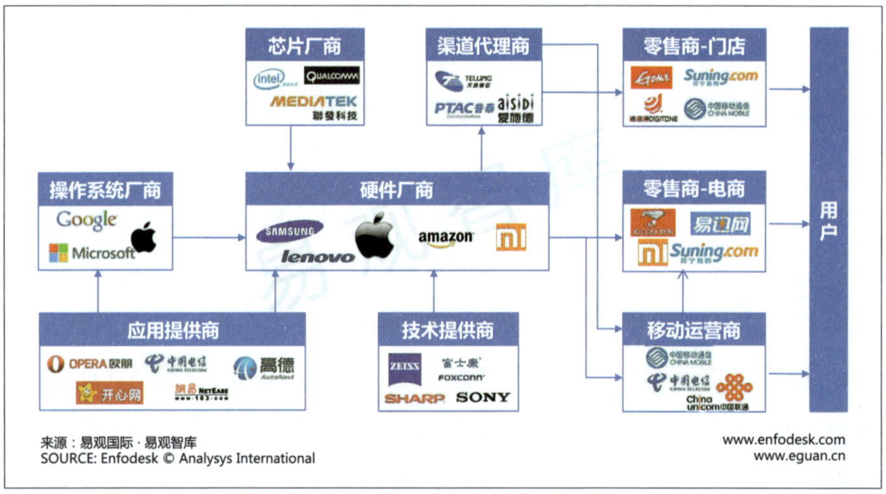

图48　中国移动终端产业生态图

易观认为，在手机向智能手机发展的竞争过程中，产业链的核心与话语权已经发生了变化。目前，智能手机产业中，居于核心地位的不再是以诺基亚、摩托罗拉、三星为代表的硬件厂商，而是掌控用户界面与应用平台的操作系统提供商，整个生态圈的竞争实质上已经演变为Android、iOS、Windows Phone为核心的三个联盟的竞争。另一方面，在国内手机生态圈中负责渠道分销的大型代理商，日益受到挑战。首先是来自于电商推动销售渠道的扁平化，成为主流销售渠道之一；另外，国内电信运营商现在均已组建终端公司，尽管在供应链与库存管理能力上仍需提升，但从硬件厂商到营业厅和线上渠道，依然打通了手机的另一个销售通路。

根据易观智库的监测，在2013年三季度，不含水货和山寨机的中国手机市场整体销量为10266万台，季度销量历史性突破1亿大关，与PC销量逐渐下滑形成鲜明对比。其中智能手机销量9308万台，销量占比已经达到90.7%。2013年全年，中国不含水货与白牌机的智能手机销量约为34047万台，同比增长94%，智能手机快速普及。

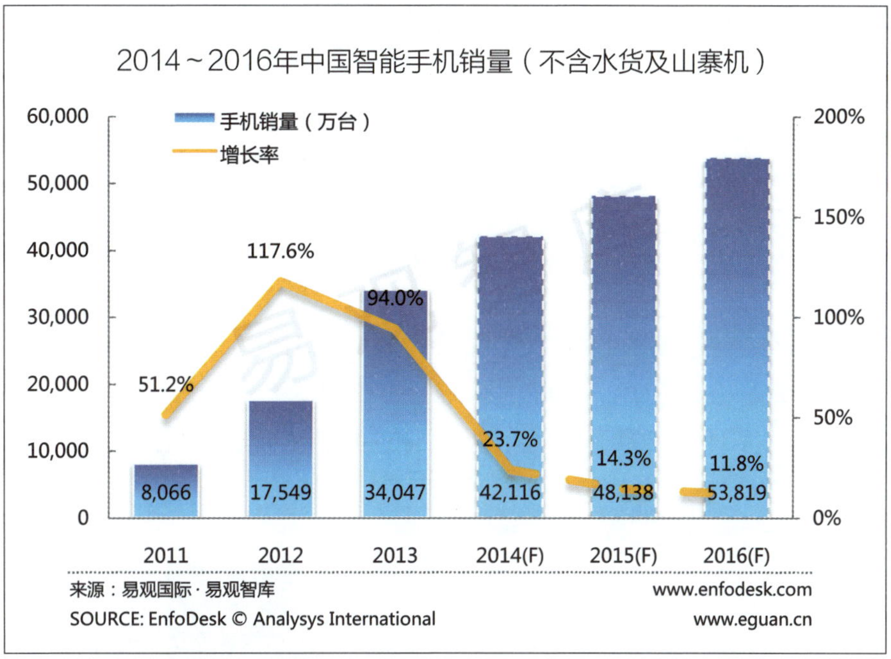

图49　2014～2016年中国智能手机销量（不含水货及山寨机）

而在不含水货与白牌机的2013年中国智能手机市场厂商份额看，三星、联想、酷派分别以17.26%，12.41%以及10.14%占据前三位。苹果和小米的份额则分别达到4.76%和3.54%，分列第六和第九位。

在中国智能手机行业中，各主要企业处于差异化发展阶段，具有不同的竞争实力，如Enfodesk易观智库实力矩阵图形所示：

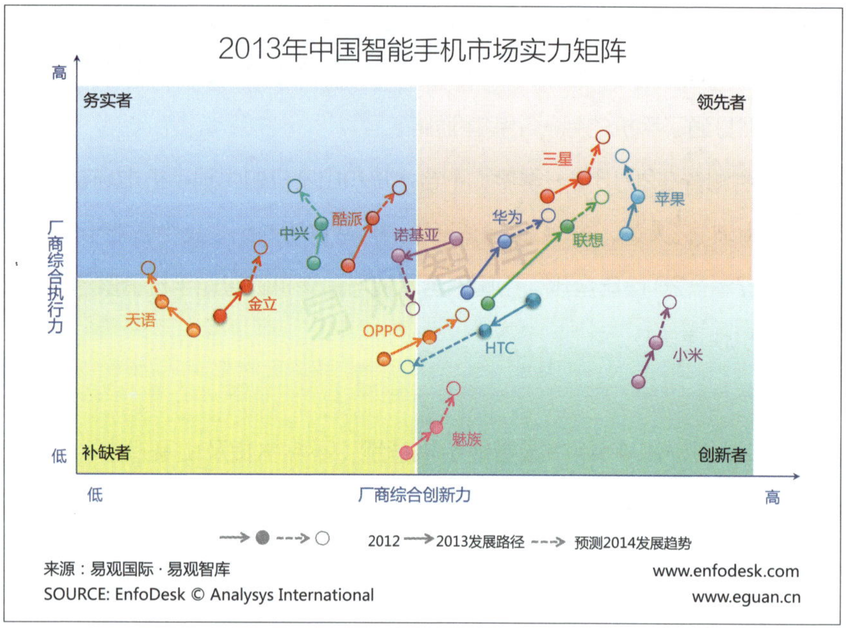

图50　2013年中国智能手机市场实力矩阵

2013年，不含水货与白牌机的中国平板电脑市场销量1718万台，同比增长66.6%。

图51　2011～2013年中国不含水货和白牌机平板电脑销量

平板电脑销量快速增长的主要原因在于Android系平板电脑销量的拉动，Android系平板电脑总份额已接近苹果。一方面，中低端产品销量增长快，联想、台电、昂达等品牌的产品以价格和性价比优势瓜分市场，另一方面三星在Android平台的高端市场不断蚕食苹果占据的高端市场份额。从市场结构看，2013年，苹果继续以68.2%的份额在品牌上遥遥领先，三星以10.66%的份额占据第二位，联想达到8.37%的份额。

智能电视

智能电视指具有全开放式平台，搭载了操作系统，使用户在欣赏普通电视内容的同时，不仅可观看互联网内容、交互式内容，也可自行安装和卸载各类应用软件，持续对功能进行扩充和升级的新电视产品。

目前的智能电视产业生态主要由芯片厂商、零部件厂商、内容提供厂商、应用服务提供商、操作系统厂商、电视机生产厂商、互联网电视牌照方、销售渠道、家庭用户等部分组成。

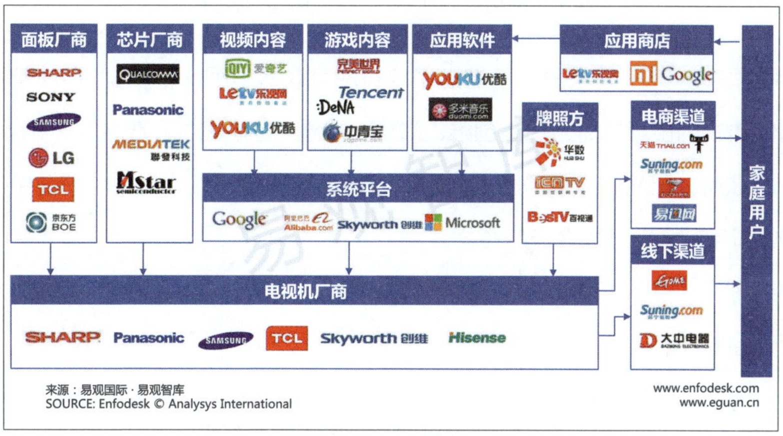

图52　中国智能电视产业生态图

易观认为，彩电行业在其互联网化进程中，使得互联网重塑智能电视产业链，重建游戏规则。在传统电视机产业链中，一般是硬件主导，生产企业与渠道掌握话语权，依靠售卖硬件终端盈利，薄利多销；而在智能电视产业链中，往往是内容驱动，内容资源积累与运营以及用户规模黏性愈发重要，增值服务等成为重要盈利方式。中国的智能电视产业正处于高速增长中，在盈利模式上，由硬件盈利逐步向内容与增值服务盈利转型，“智能”驱动电视成为家庭互联网或客厅场景的重要入口。不论是硬件厂商、广电企业还是互联网公司，都是为了占据家庭用户的客厅场景，一方面拓宽自身的盈利模式，另一方面前后向整合产业链获取范围经济。

根据Enfodesk易观智库监测数据，2013年中国智能电视销量预计为2152万台，同比增长163.7%。

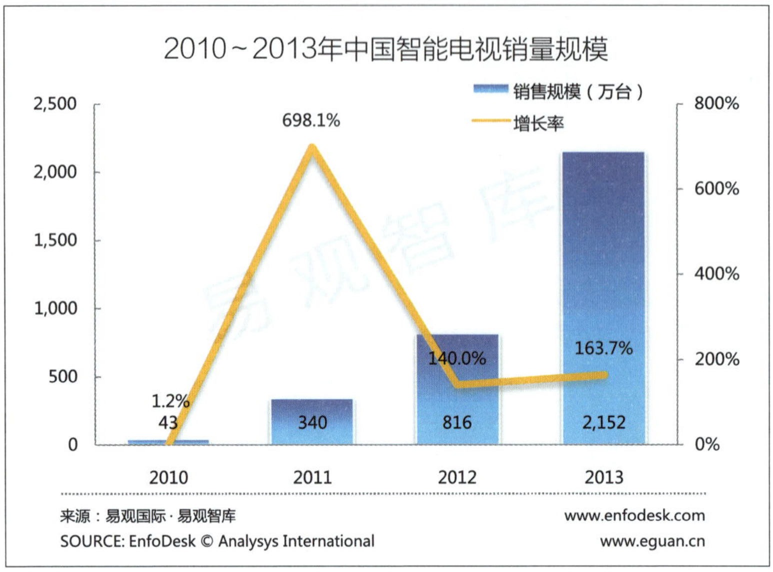

图53　2010~2013年中国智能电视销量

尽管互联网公司如小米、乐视等均已推出了自身的互联网电视，但根据2013年数据，传统彩电企业目前仍是智能电视的市场主导力量，创维、海信、康佳分别依靠17.76%、16.74%、13.92%的份额占据三甲。互联网公司从内容优势和互联网化营销思维发力切入，是这个产业生态中的创新挑战者，未来也将与传统电视企业加大合作与竞争。

在中国智能电视行业中，各主要企业处于差异化发展阶段，具有不同的竞争实力，如Enfodesk易观智库实力矩阵图形所示：

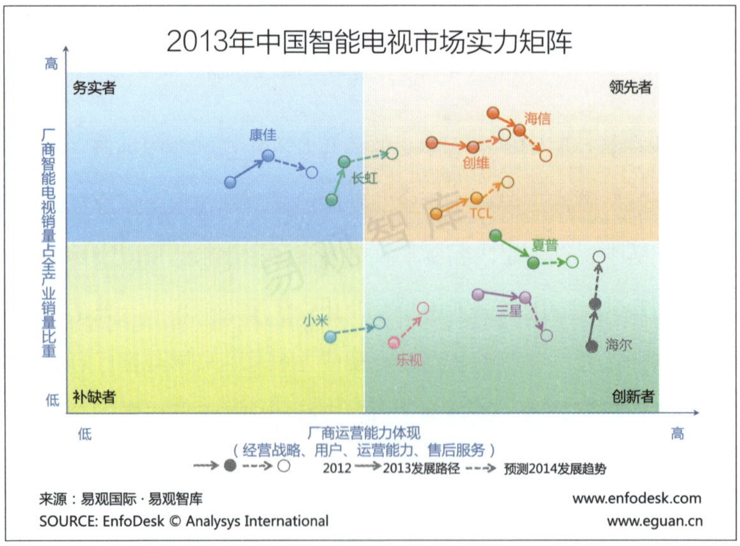

图54　2013年中国智能电视市场实力矩阵

智能可穿戴设备

智能可穿戴设备，指的是应用传感器、计算能力、联网功能等技术对日常穿戴进行智能化设计，开发出的可以进行智能人机交互的穿戴式设备，如眼镜、手套、手表、服饰及鞋等。

可穿戴设备市场产业链主要包括芯片、平台系统、解决方案、硬件、应用软件、大数据、云计算、用户等环节。在商业模式的构建上，主要有以下几种：直接卖硬件赚毛利；硬件产品上面叠加软件和互联网服务做增值收费；通过收集用户的个人相关数据，配合云计算技术，售卖云端数据进行变现。几种盈利模式可以叠加，例如针对用户的应用服务增值前向付费+针对企业的数据二次变现。平台系统环节则与其他智能终端类似，厂商倾向于主动开放接口API，鼓励第三方为其开发应用软件。

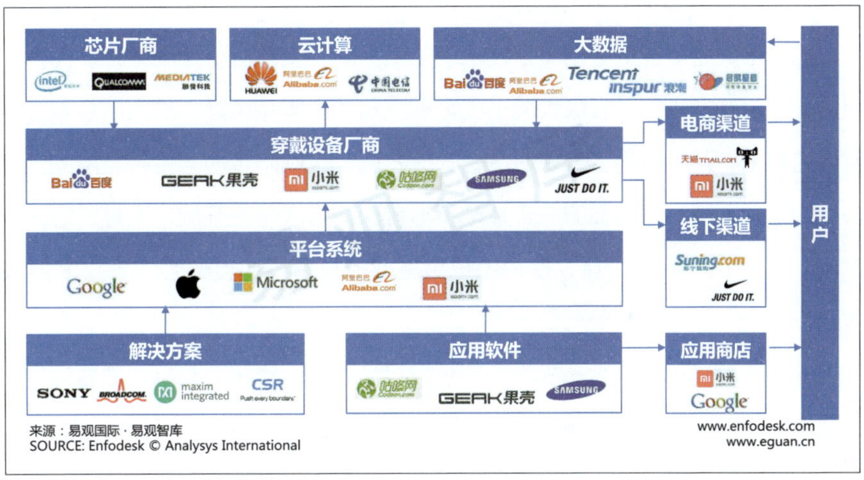

图55　中国智能可穿戴设备产业生态图

易观认为，可穿戴设备目前可分为四大类，一类是信息交互型产品，如手表、眼镜等；一类是健康监测型产品，如心率手表等；一类是体感控制类产品，如意念游戏头箍等；一类是用户行为类产品，如智能平衡车等。在这四类设备中，健康监测类产品服务相对刚需，可接受度较高。

易观认为，我国的可穿戴设备市场目前是一个概念火热，变现困难的市场，整个产业链逐渐完整但仍很不成熟，短期内不会出现大规模商业化。目前的可穿戴设备市场中既有巨头，也有很多小型创业公司都在围绕创新来竞逐这个市场。挟自身优势切入的创业公司有望在创新以及商业实践上取得突破，但由于缺乏产业链整合的资本与合作资源，无力规模化量产去推动产业质变，可能成为产业内巨头战略投资或收购的对象。大型厂商竞逐可穿戴设备市场，关键在于“软硬结合”——通过可穿戴设备中的软件应用，收集用户行为数据、位置数据、实时数据，由数据驱动二次变现价值，反哺产品创新。未来，行业巨头在软硬结合方向，中小企业在可穿戴设备应用市场都会拉开竞争帷幕。

互联网金融

互联网金融

互联网金融是指借助于互联网技术、移动通信技术实现资金融通、支付和信息中介等业务的新兴金融模式，既不同于商业银行间接融资，也不同于资本市场直接融资的融资模式。互联网金融包括三种基本的企业组织形式：网络小贷公司、第三方支付公司以及金融中介公司。当前商业银行普遍推广的电子银行、网上银行、手机银行等也属于此类范畴。

互联网金融是数据产生、数据挖掘、数据安全和搜索引擎技术在金融领域的应用，是互联网金融的有力支撑。社交网络、电子商务、第三方支付、搜索引擎等形成了庞大的数据量。云计算和行为分析理论使大数据挖掘成为可能。数据安全技术使隐私保护和交易支付顺利进行。而搜索引擎使个体更加容易获取信息。这些技术的发展极大减小了金融交易的成本和风险，扩大了金融服务的边界。其中技术实现所需的数据，几乎成为了互联网金融的代名词。互联网金融与传统金融的区别不仅仅在于金融业务所采用的媒介不同，更重要的在于金融参与者深谙互联网“开放、平等、协作、分享”的精髓，通过互联网、移动互联网等工具，使得传统金融业务具备透明度更强、参与度更高、协作性更好、中间成本更低、操作上更便捷等一系列特征。

当前互联网金融格局，由传统金融机构和非金融机构组成。传统金融机构主要为传统金融业务的互联网创新以及电商化创新等，非金融机构则主要是指利用互联网技术进行金融运作的电商企业、人人贷（P2P）模式的网络借贷平台，众筹模式的网络投资平台，挖财类的手机理财APP，以及第三方支付平台等。

根据Enfodesk易观智库监测数据，2013年中国第三方互联网支付市场交易规模达到7.18万亿人民币，同比增长187%，互联网支付市场格局基本保持稳定。截至4季度，支付宝、财付通、银联网上支付分别以46.9%、18.7%和14.5%占据市场前三位，前三家支付厂商占据整个市场80%的市场份额。

易观认为，目前在全球范围内，互联网金融已经出现了三个重要的发展趋势：第一个趋势是移动支付替代传统支付业务。随着移动通讯设备的渗透率超过正规金融机构的网点或自助设备，以及移动通讯、互联网和金融的结合，代表厂商：支付宝，银联在线，拉卡拉，中国移动支付。第二个趋势是人人贷替代传统存贷款业务，其发展背景是正规金融机构一直未能有效解决中小企业融资难问题，而现代信息技术大幅降低了信息不对称和交易成本，使人人贷在商业上成为可行。代表厂商有人人贷，你我贷。第三个趋势是众筹融资替代传统证券业务，集中大家的资金、能力和渠道，为小企业或个人进行某项活等动提供必要的资金援助，是最近2年国外最热的创业方向之一，目前代表厂商有点名时间，追梦网等。

移动支付

移动支付是指消费者以移动终端发出数字化指令，通过相关支付应用或解决方案，连通用户在金融机构或第三方支付平台中的现金资产，为其消费的商品或服务进行账单支付的方式。

移动支付可以分为近场支付和远程支付。近场支付包括银行代表的NFC手机支付和通信运营商代表的RF-SIM支付两种主要方式。近场支付产业链中主要由支付系统与通信系统两大部分组成。包括POS机厂商、卡片供应商、服务提供商（应用软件等提供）、解决方案提供商/支付平台、银行（发卡机构）、收单机构（拓展商户与账单结算）、通信运营商、移动终端厂商、商户、用户等。

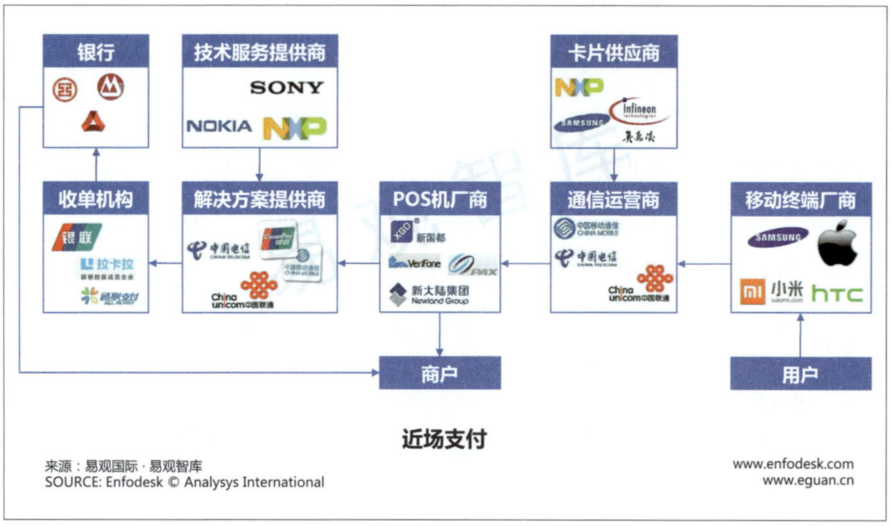

图56　中国近场支付产业生态图

远程支付主要是基于移动互联网的在线支付方式，属于第三方电子支付的一个分支，实现方式分为短信、WAP、手机客户端等方式。产业链中主要由银行、第三方移动支付平台、收单机构、互联网企业、商户、通信运营商、移动终端厂商、用户等组成。

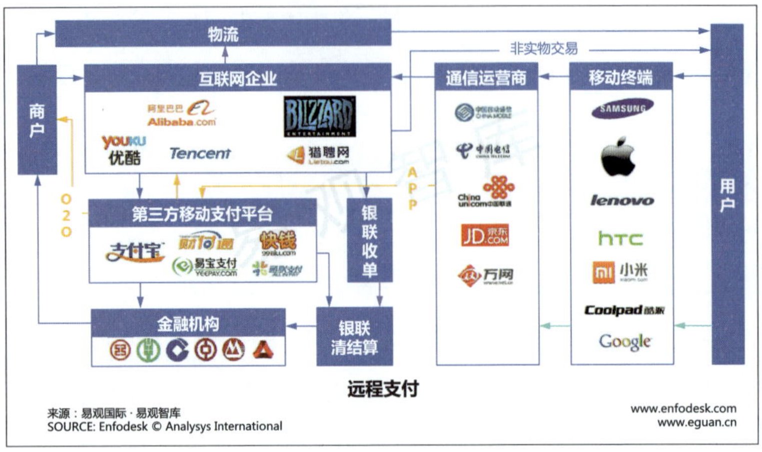

图57　中国远程支付产业生态图

近场支付多年来一直存在金融机构与通信运营商之间的标准之争，在银联主推的基于13.56MHz的NFC 技术确定为近场支付标准后，银联与中移动合推的TSM平台上线。易观认为，合力的形成有利于近场支付的推广，但随着远程支付O2O的快速发展，线上线下相融合对近场支付构成了一定竞争，近场支付的发展依赖于单纯线下场景的发展，在目前尚未形成大规模交易的情况下，在短期的未来，增长空间与速度不如远程移动支付。

移动支付中的近场支付发展迅速，但用户的移动支付使用方式以远程支付为主，根据Enfodesk易观智库最新数据，2013年全年中国非金融支付机构各类支付业务的总体交易规模达到17.9万亿。其中移动支付市场同比增长800.3%，交易规模预计为13009亿元。

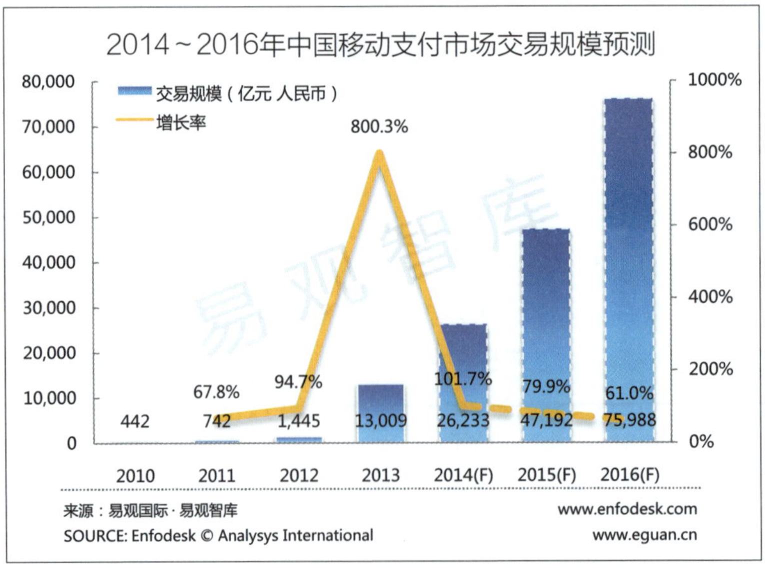

图58　2014～2016年中国移动支付市场交易规模预测

截至4季度，支付宝、拉卡拉和财付通分别为以5.92%，15.48%和 2.42%的占比位列前三。易观预计2013年中国移动支付市场注册账户规模约为2.88亿户，同比增长28.0%。

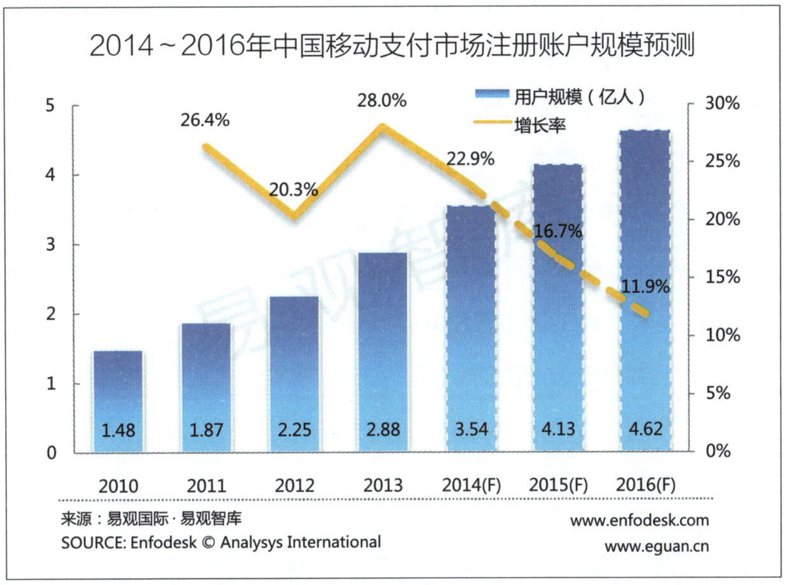

图59　2014~2016年中国移动支付市场注册账户规模预测

在远程移动支付产业中，第三方支付是最为活跃的环节，成为产业竞争的焦点环节，代表厂商包括支付宝钱包、财付通、快钱等。在近场支付中，电信运营商成为用户入口，包括中国移动手机钱包、翼支付、沃支付等，除此外，产业中还有银联移动支付、拉卡拉等重要厂商。

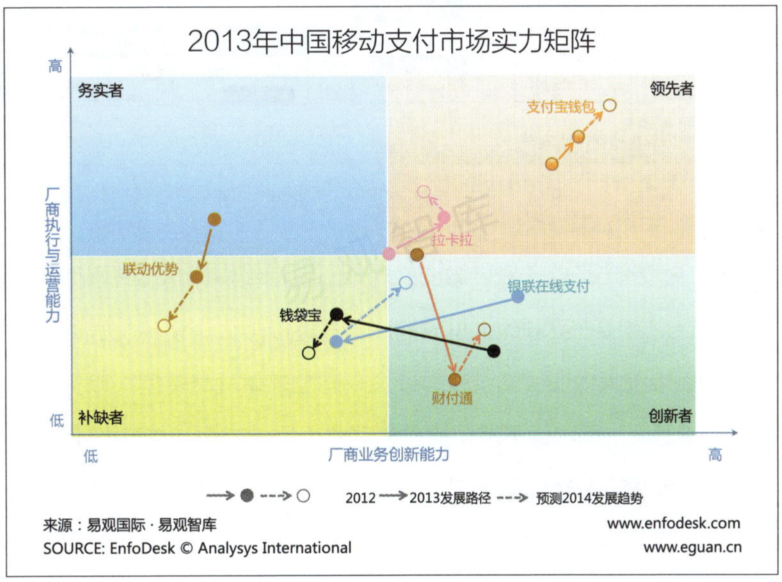

图60　2013年中国移动支付市场实力矩阵

在线营销

在线营销指的是广告主以互联网或移动互联网作为媒介开展的广告宣传与营销推广行为。根据广告的形式可以分为展示广告、富媒体广告、贴片广告、文字链广告、Email广告等形式，根据投放的载体可分为关键字搜索引擎、视频贴片、自媒体内容、户外电子屏内容等等。

在线营销产业链主要可分为广告主、广告代理公司、广告技术公司、广告平台、广告联盟/广告网络、大数据公司、受众等。广告，是互联网产业当前的核心变现模式，广告主是广告位的需求方；广告联盟/广告网络是由某家公司发起的多家站点的联盟，是广告位的供应方；广告技术公司与广告平台是以成本和效果为目的，为广告位的需求方和供应方搭建桥梁的环节。大数据公司是为了使广告投放获得更好的效果提供数据及数据分析服务的。目前，广告技术公司、广告平台正在通过加强大数据分析能力来提供更精准的广告服务，而大型互联网公司也在通过投资广告技术公司和大数据公司，提升自身广告联盟对广告主的吸引力和变现能力。

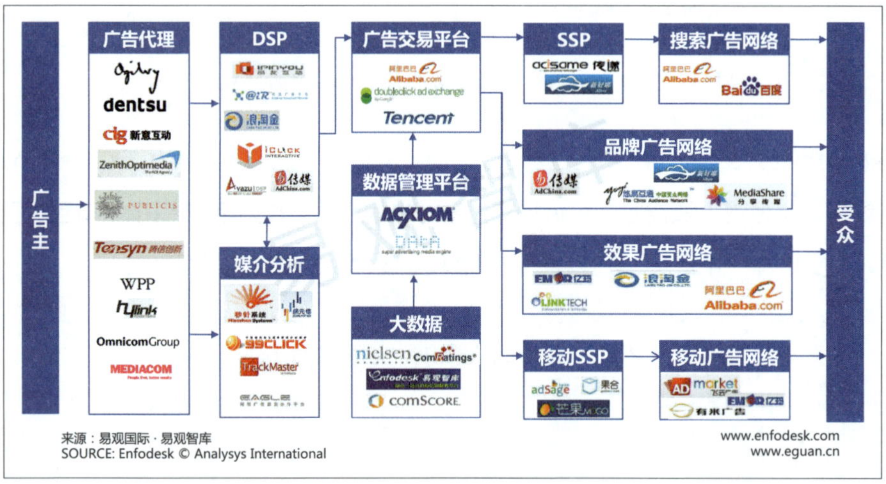

图61　中国互联网广告产业生态图

易观认为，当前在线营销市场处于跌宕激变的时期，包括新媒体与传统媒体在内的传媒市场频繁开展并购整合，一方面，广告主在互联网上投放的广告量逐渐加大，使传统媒体面临激烈挑战，电视媒体独占用户下降，因此传统媒体加快通过并购投资来向全媒体战略转型，以多屏同源的传播方式，扩展自己在传播领域的接触面从而稳固下滑中的广告营收；另一方面，传统4A代理公司面临广告技术公司的竞争。更多的互联网营销服务商会建立DSP或SSP系统平台，以RTB的形式为广告供需双方提供服务。

2013年，互联网广告的投放规模首度超过纸媒（19.1%），占比广告市场结构的20.8%，成为电视之后的第二大广告媒体。根据易观智库的监测，2013年中国互联网广告市场规模约为997.4亿元人民币，同比增长36.4%。

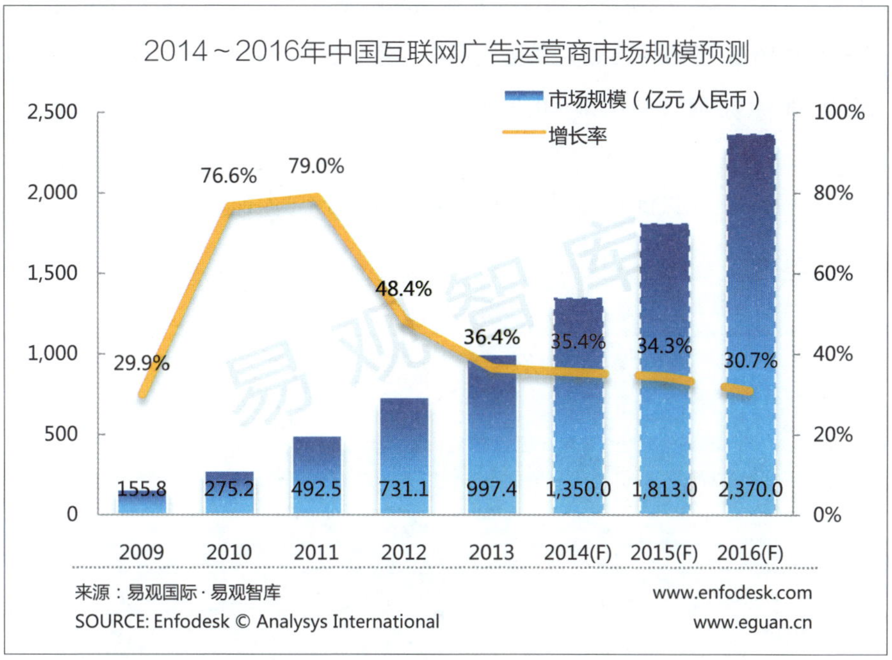

图62 2014~2016年中国互联网广告运营商市场规模预测

从份额来看，百度、阿里、谷歌中国分别以31.4%、16.2%、5.7%位居三甲。移动端广告市场规模预计达到134.3亿元，同比增长102%，保持高速增长态势；与此同时，尽管PC端广告市场规模约是移动端的8倍，但同比增速36.8%，增速放缓并慢于移动端增长态势。

户外电子屏广告业务以电子化，数字化，网络化的商业终端为主要信息传输系统，以自身所在细分户外区域内的主要人群为受众，以广告主为主要客户，为广告主营销自身的产品所进行服务活动。其包括LED大屏，航空新媒体，商业楼宇和移动电视四个部分。

2013年第3季度，中国户外电子屏广告市场规模达到24.76亿元，环比增长15.3%，同比微幅增长0.9%。从整体市场的表现情况来看，受到经济回暖的影响，广告主对中国市场信心增强，本季度进一步增加户外广告预算，从而促进了整体户外电子屏广告市场规模的环比提升；但从同比数据来看，增长基本停滞。市场份额前三位分别是分众传媒，华视传媒和航美传媒。

生活信息服务

Enfodesk认为，生活信息服务作为以本地信息为核心基础，向用户提供各类线上服务的互联网行业，目前有多个子类，如在线航旅，团购、分类信息网站等。行业内这些不同的子类有的已建立O2O闭环，有的仍停留在广告或付费增值的盈利模式。各主要企业处于差异化发展阶段，具有不同的竞争实力，如Enfodesk易观智库实力矩阵图形所示：

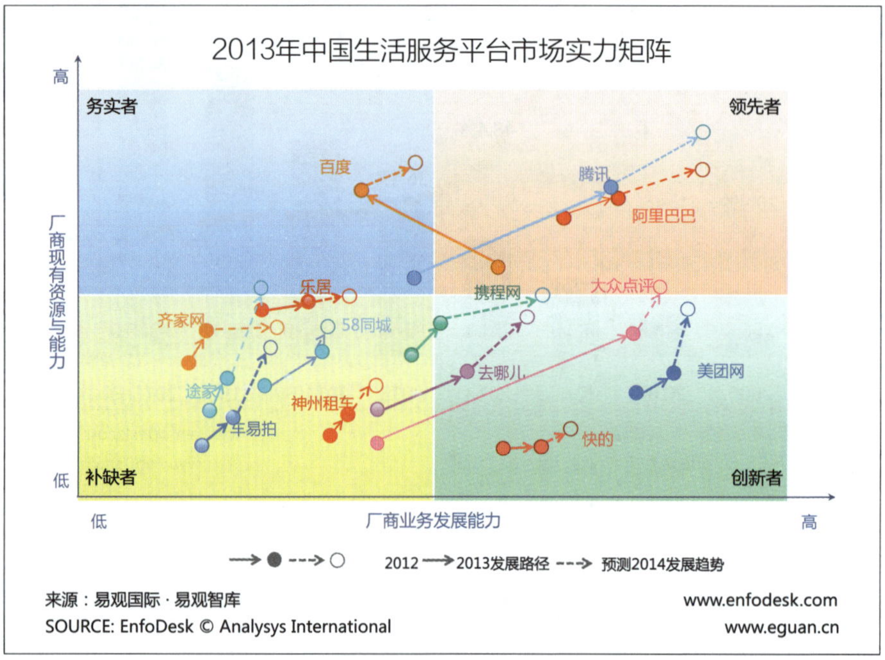

图63　2013年中国生活服务平台市场实力矩阵

在线航旅

狭义的在线航旅指的是为有出行需求的用户提供的在互联网上进行航班、旅游的信息决策比对、在线交易服务。广义的在线航旅指的是通过互联网与移动互联网载体，为用户在所在地与目的地之间提供的各类出行服务，包括交通、住宿、餐饮、旅游等。

在线航旅产业链包括用户/游客，OTA企业、流量入口站点、垂直网站、支付厂商、旅行社（组团、专线、地接）、交通企业、住宿餐饮企业、景点企业、未开发景区等。在线航旅生态包括了规划、搜索、预订、在途、目的地等环节并形成了闭环，但各个环节的发展成熟度不一，机票酒店预订市场相对最为成熟，处于红海竞争；内容类垂直网站发展成熟度相对较低。

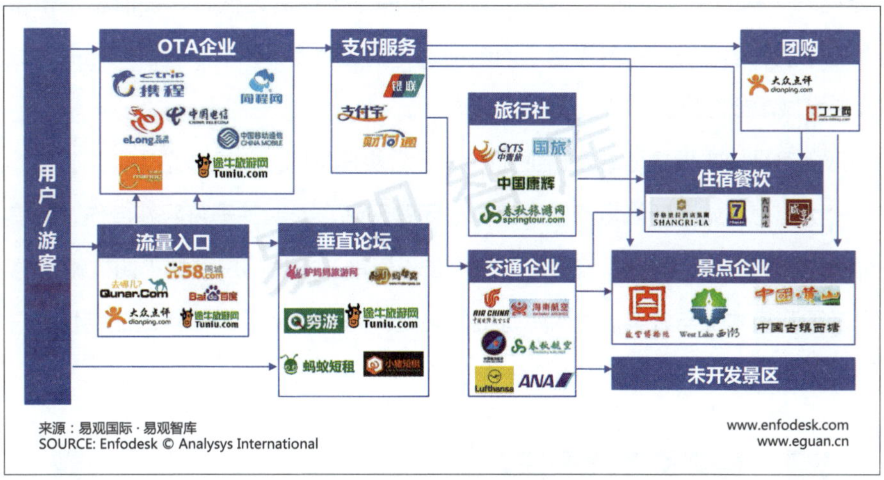

图64　中国在线航旅产业生态图

易观认为，2013年产业链各环节已加大竞合，2014年，旅游业互联网化的各产业环节仍将加速话语权的争夺。对OTA企业而言，平台化求发展，争取在出行、住宿、门票各环节把控；流量入口站点力求变信息服务者为市场参与者，参与线上卡位争夺，包括去哪儿网、淘宝旅游等在2013年都不再甘心成为用户流量分发导航的角色；支付服务的线上线下闭环已打通，更多景点已在线上以各种形式开设渠道；旅行社正在通过加大数字化营销与品牌传播，加大线上渠道建设来加速推进互联网化；交通企业与住宿餐饮业更深入地参与O2O；传统航旅企业与旅行社已开展全产业链布局。景点在渠道互联网化的同时，也通过加强C2B整合营销来改进服务；而未开发景区也随着游客UGC内容在社会化平台以及垂直门户上的互动传播，使游客自发开辟了新的线路。2014年，OTA企业将面临流量入口站点和传统航旅企业更激烈的竞争，但在旅游经济的大环境下，成长中的市场增量空间仍然巨大，OTA企业的营收、房间间夜量等主要指标仍将快速增长。

目前，对于OTA企业，携程、艺龙仍是该行业中的领导者；对流量入口站点，去哪儿、酷讯旅游是领先者；对于内容资讯类，蚂蜂窝、途牛、淘宝旅游是领先者；对于在线旅游度假类，途牛、同城、驴妈妈是重要厂商；对于新型的预订O2O短租而言，途家、蚂蚁短租、游天下等是重点厂商。

分类信息

分类信息网站，指的是以本地化为基础，以信息的分类聚合为核心，在信息发布者与需求者之间建立的各类生活便利信息资讯服务平台。通俗地说，就是将传统的线下社区广告搬到线上，从而使“社区”扩大变为城市或区县。

分类信息服务产业链主要由信息发布企业/个人、分类信息网站、合作站点、广告主、用户等环节组成。现在，分类信息网站不断拓宽流量出口，与团购网站、彩票等垂直网站合作，向其导入流量和用户。盈利模式主要是依靠会员费，流量导入与广告。目前，本地门户网站（如杭州19楼等）在信息分类的功能以及盈利模式上与分类信息网站有相似之处，同时强化了SNS互动的特性。总体来看，这是一个商业模式和产业链环节比较简单的细分行业。

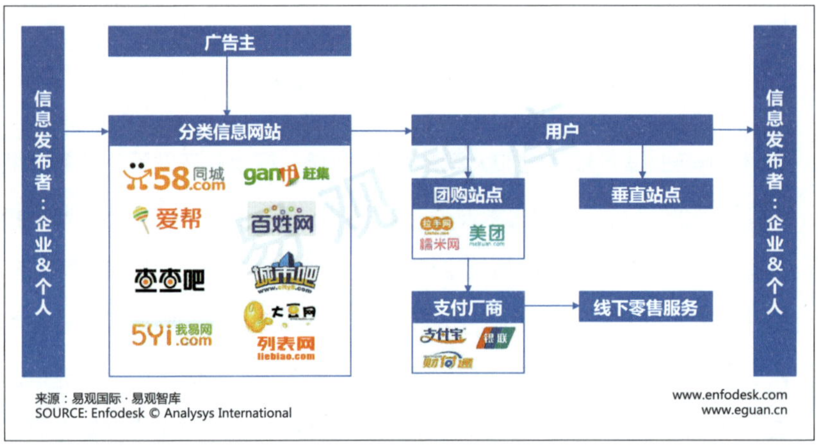

图65　中国分类信息网站产业生态图

58同城、赶集网、19楼空间等是分类信息网站中的领先者，其中58同城在2013年已经赴美上市。易观认为，分类信息网站可能将在精品信息的聚合、用户黏性、SNS互动平台传播、LBS场景精细化定位方向展开产业竞争，围绕大数据的LBS和社会化传播精细化营销有望成为重要的盈利模式。用户的信息聚合体验和虚假信息的甄别是网站本身应该持续加强的基础能力。

团购

团购，是电子商务模式的一种，由团购网站或商家组织发起，面向团体消费者，以相对较低的价格提供产品或服务，并给出购买以及使用服务的时间期限，消费者自行组团购买。团购可以分为实物团购与服务团购，其中，服务团购由于服务需要在线下完成，因此服务内容的团购是以本地化为基本特征的。

团购产业链由团购网站、团购导航网站、社会化平台（传播渠道）、支付厂商、线下服务商、批发零售企业、物流企业、用户构成。社会化平台是团购信息传播渠道中重要的一种，当然，除了社会化平台外，门户网站、分类信息网站等也是团购信息的传播渠道。

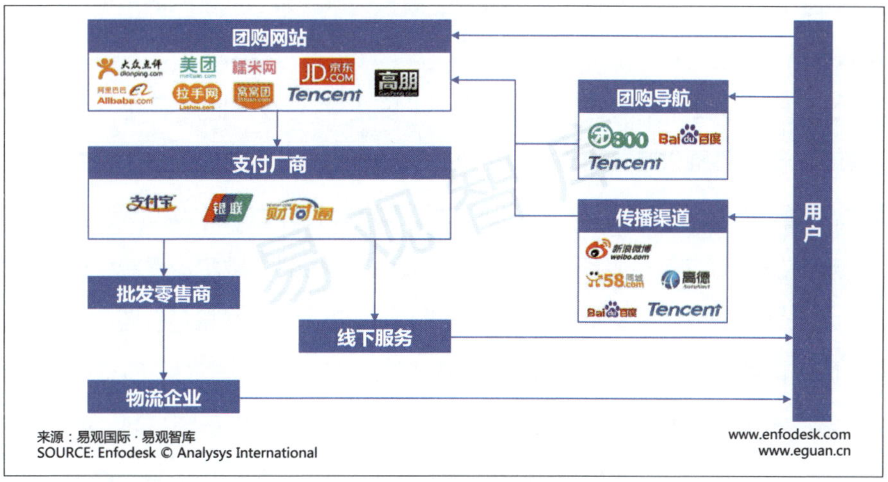

图66　中国团购产业生态图

根据易观智库的监测，2013年6月，团购行业从销售额角度领先的厂商分别为美团（9.52亿元）、大众点评团（6.30亿元）、窝窝团（3.15亿元）等，美团网与大众点评团销售额增长迅猛，分别同比增长168%和160%。

易观认为，从目前团购市场发展现状来看，团购市场马太效应凸显，第一阵营团购企业与第二阵营团购企业差距拉大。由于团购产品的同质化比较明显，因此需要比拼的是基础能力和创新能力。对于团购网站而言，高黏性用户资源、垂直领域团购项目的创新拓展、商户资源向二三四级城市的深挖，都是竞争的焦点。大量的高粘性用户、稳定的流量，无线的迁移是当前行业成功的关键因素。

新一代信息技术

大数据

大数据，或称巨量资料，指的是所涉及的资料量规模巨大到无法透过目前主流软件工具，在合理时间内达到撷取、管理、处理、并整理成为帮助企业经营决策更积极目的的资讯。

大数据主要有4个特征：数据量巨大；数据类型多；数据流动快；数据潜在价值大。

大数据产业链包括数据的捕捉、组织、分析和决策。数据的捕捉是对数据的收集以及收集后价值信息的提取；数据的组织是对数据的存储，涉及到数据仓库软硬件及技术服务支持；数据分析是数据分析工具和技术的提供以及数据咨询服务的提供；数据决策是基于数据的决策模型、决策技术及工具、决策咨询的提供。

大数据行业因其细分性，不同的细分领域有不同的厂商。数据监测厂商，如CCID、秒针和CNZZ；管理机构办公软件提供商，如SAP、Info、Salesforce、用友、金蝶、浪潮和八百客；数据仓库解决方案提供商，如Teradata、EMC、Oracle、Cisco、Infomatica和H3C；系统集成厂商，如华胜天成和神州数据；存储服务器厂商，如联想、浪潮、Cisco、戴尔、惠普、曙光；数据安全服务厂商，如Symantec、爱数；数据库技术厂商，如微软和Oracle；数据分析咨询公司，如麦肯锡、IDC中国、Gartner和易观；数据分析技术和工具提供商，如百分点、H3C、SAS、用友、英特尔、IBBD、佰步数字、泰瑞数创和友盟；Hadoop技术支持和服务商，发行版厂商，如Intel、IBM和华为；商业智能解决方案，如IBM、微软和SAP；基础设施及服务，如阿里巴巴、盛大、华为和电信运营商。

根据易观智库的监测，2012年中国大数据市场规模为43亿元，增长率达65%。到2016年，中国大数据市场规模达587.9亿元，增长率达到100%。

易观认为，大数据可分为四种方式，结构和非结构数据如文本、图片、视频等；企业内部数据和外部数据，内部数据在CRM、ERP、SCM等系统中，外部数据如宏观数据、电商平台数据等；线上和线下数据，主要借助线上的大数据激活线下的数据；位置数据和实时数据，这部分在移动互联网时代显得尤为重要。大数据应用价值在互联网的体现，一方面电商数据价值高于用户数据和搜索数据，另一方面互联网企业正在推动四类数据的多维度串联。串联形成用户三个身份数据的统一：自然身份数据、通讯身份数据、金融身份数据。国内大数据技术成熟度已经很高，当前的趋势是互联网巨头加速完善大数据结构体系，中小型BI企业向数据处理下游落地，未来将是各个行业大数据应用的爆发，尤其是在政府、医疗、物流、零售、金融和电商行业。

云计算

云计算是一种IT资源的交付和使用模式，指通过网络以按需、易扩展的方式获得所需的硬件、平台、软件及服务等资源。提供资源的网络被称为“云”，其计算能力通常是由分布式地大规模集群和服务器虚拟化软件搭建。云计算的内容主要包括：基础设施即服务（IaaS）、数据存储即服务（DaaS）、平台即服务（PaaS）、软件即服务（SaaS）、云安全和虚拟化应用等内容。云计算的5个基本特征是按需服务、宽带访问、资源池化、快速扩展和服务度量。云计算主要有3种部署模式，分别是公有云、私有云和混合云。公有云对一般公众或一个大型的行业组织公开可用，由销售云服务的组织机构所有。私有云是为一个用户/机构单独使用而构建的，可用由该用户/机构或第三方管理，存在预置或外置两个状态。混合云由两个或两个以上的云组成，它们各自独立，但通过标准化技术或专有技术绑定在一起，云之间实现了数据和应用程序的可移植性。

目前国内云计算产业链正在逐步构建中。主要产业链由云基础层、云支撑层、云服务层和用户构成。云基础层包括软件（业务平台、管理平台、系统软件【操作系统、数据库和分布式并行计算中间件】和虚拟化）、硬件（服务器、存储、网络设备和安全）、网络（IDC）和终端（WEB OS、瘦终端、上网本、智能手机和平板电脑）。云支撑层包括系统集成商、咨询服务商和整体解决方案提供商。云服务层包括IaaS服务商、PaaS服务商和SaaS服务商。用户包括普通消费者、企业和政府。

IaaS模式的云服务，是租用处理、存储、网络和其他基本的计算资源，消费者能够在上面部署和运行任意软件，包括操作系统和应用程序。消费者不管理或控制底层的云计算基础设施，但可以控制操作系统、存储和部署的应用，也有可能选择网络构建（如，主机防火墙）。

PaaS模式的云服务，是将消费者创建或获取的应用程序，利用资源提供者指定的编程语言和工具部署到云的基础设施上。消费者不直接管理或控制包括网络、服务器、运行系统、存储，甚至单个应用的功能在内的底层云基础设施，但可以控制部署的应用程序，也有可能配置应用的托管环境。

SaaS模式的云服务，是在云计算基础设施上运行的、由提供者提供的应用程序。这些应用程序可以被各种不同的客户端设备，通过像WEB浏览器（例如，基于WEB的电子邮件）这样的瘦客户端界面所访问。消费者不直接管理或控制底层云基础设施，包括网络、服务器、操作系统、存储，甚至单个应用的功能，但有限的特定于用户的应用程序配置设置则可能是个例外。

在云计算领域复杂的产业链上，芯片厂商有龙芯、君正、新岸线和北大众志。面板厂商有京东方、LG工程、Samsung工程和奇美工厂。集装箱数据中心厂商有浪潮。服务器厂商有曙光和浪潮。存储厂商有浪潮、联想和UIT。网络设备厂商有华为、中心、Tenda和TP-link。监控厂商有全球鹰、智按邦、光桥和汉王。机柜厂商有图腾和香江。精密空调厂商有阿尔西。UPS厂商有科华和Santak。

云操作系统厂商有浪潮、引跑科技和中标软件。中间件厂商有东方通、中创软件、航天信息和金蝶。安全管理厂商有奇虎360、金山、网秦和启明星辰等。海量存储厂商有浪潮和中金数据。数据库厂商有人大金仓、南大通用和武汉达梦。分布式数据库厂商有中软、天云科技。虚拟化厂商无。计费平台厂商有亚信联创、神州数码、神州泰岳和亿阳信通。游戏和动漫平台厂商有完美时空、浩方、盛大和腾讯。电子商务平台厂商有阿里巴巴和腾讯。软件运营平台厂商有伟库网、神码在线、风云在线和友商网。门户平台厂商有新浪、搜狐、百度和腾讯。位置导航平台厂商有超图、高德和凯立德。嵌入式软件厂商有航天信息。游戏和动漫软件厂商有完美时空、水晶石、九城和深圳宝德。企业管理软件厂商有用友和金蝶。个人应用软件厂商有金山和永中。通信软件厂商有中国移动、阿里旺旺和腾讯。商业智能软件厂商有用友。规划咨询厂商有易观和赛迪。云集成服务厂商有天宇科技、中金数据和软通动力。云平台开发厂商有中金动力、新浪和华为。云迁移厂商有中金数据和软通动力。云终端厂商有联想、华为、创维、中兴、汉王、爱国者、纽曼、北斗星通、合众思壮和任我游等。IaaS服务商国内典型企业有中国电信、中国联通、中金数据和世纪互联。PaaS服务商国内典型企业有百度、浪潮和用友。SaaS服务商国内典型企业有用友、八百客、神州云动、Xtools、盛大、金蝶和金算盘。

根据易观智库的数据监测，2012年中国云服务市场规模为246.4亿元，增长率达75%。预计到2016年中国云服务市场规模达到2201.3亿元，增长率达54%。

易观国际认为，国内云计算产业链将逐步完善，虚拟化、负载均衡和绿色技能等技术将逐步突破，并出现占据主导地位的厂商。但未来3-5年爆发发展在SaaS层，尤其是管理软件细分领域，已经是国内各大厂商的争夺点，同质化竞争激烈。

车联网

车联网（IOV：Internet of Vehicle）是指车与车、车与路、车与人、车与传感设备等交互，实现车辆与公众网络通信的动态移动通信系统。它可以通过车与车、车与人、车与路互联互通实现信息共享，收集车辆、道路和环境的信息，并在信息网络平台上对多源采集的信息进行加工、计算、共享和安全发布，根据不同功能需求对车辆进行有效的引导与监管，以及提供专业的多媒体与移动互联网应用服务。

其中，TSP（Telematics Service Provider）指汽车远程服务提供商，在Telematics产业链居于核心地位，上接汽车、车载设备制造商、网络运营商，下接内容提供商。Telematics服务集合了位置服务、GIS服务和通信服务等现代计算机技术，为车主和个人提供强大的服务，如导航、娱乐、资讯、安防、SNS、远程保养等。典型的TSP品牌如“Onstar”、“G-book”等。内容和定位技术提供商中的地图提供商为汽车导航提供专用的电子地图；GIS引擎提供商为导航平台运营商或用户提供GIS引擎。车联网服务（平台）提供商利用定位平台获得用户的三维位置信息，然后使用电子地图和GIS引擎将其转换成对应的地理位置。借助于移动运营商的移动网络，服务提供商可以为用户实现车载终端与监控中心之间的信息传递。此外，它还可以通过固话运营商的WEB网络，对行业用户分布式地进行监控。服务提供商通过移动产品的开放性、丰富功能及无缝对接能力，将应用与汽车厂商相结合，与汽车厂商合作布局车联网，以此来打破传统车联网的封闭性，汽车厂商借助API可快速实现互联网与汽车终端的互动。解决方案提供商为车联网服务提供商和企业提供所需的硬件、软件和整体解决方案。电信运营商将用户的请求传递给导航平台、信息平台、联网监控平台等运营商，以及将平台运营商的反馈结果传递给用户，它提供的是终端用户与服务提供商之间信息传递的通道。

内容和技术提供商包括高德、四维图新、凯立德、瑞图万方、城际高科、易图通／高德、百度、电信运营商等；解决方案提供商包括高德、瑞图万方、WirelessCar、速锐得等；车联网服务（平台）提供商包括高德、百度、车音网、安吉星、G-book等；终端厂商（导航仪、防盗器、行车记录仪等）主要是后装市场，包括征服者、e路、威仕特等；汽车厂商主要是前装市场，包括宝马、奥迪、雷克萨斯、大众汽车、通用汽车等；国内的电信运营商包括中国电信、中国移动、中国联通三家。

根据易观智库的数据监测，2012年中国车联网用户规模为600万，增长率达33.3%，预计2013年用户规模将达到880万，增长率达46.7%。

易观认为，目前的商业模式非常简单，基本是依靠硬件营销获利，产品同质化严重，服务上是定期收费，但并不具可持续性。因为从一个行业的发展规律来看，硬件的利润肯定会越来越薄，未来的利润增长点是在后面的服务，包括内容、数据等，这方面的利润增长空间潜力更大。整体来说，我国车联网市场的发展远未成熟，目前政府没有出台强制实施的车联网技术标准，车联网最大的瓶颈是商业模式，产业链各方各自为政，没有明确的分工模式，缺乏明确的行业标准与制度。

随着汽车保有量的激增、各大运营商加速3G/4G的网络建设，网络带宽的提升及国家对物联网产业高度重视，车联网在未来几年的市场是很值得关注的，且随着车联网设备的普及、市场竞争将更加充分，将逐步催生更多的服务与应用，加速车联网用户的提升及车联网的高速发展。

物联网

物联网，即通过射频识别（RFID）、红外感应器、全球定位系统、激光扫描器、气体感应器等信息传感设备，按约定的协议，把任何物品与互联网连接起来，进行信息交换和通讯，以实现智能化识别、定位、跟踪、监控和管理的一种网络。

物联网产业链主要由接入层（芯片、传感器和其他硬件）、网络设备提供商、软件及应用开发商、系统集成商、网络提供商、运营及服务提供商和用户构成。终端设备产品主要集中在数据采集层面，包括电子标签、读写器模板、读写设备、读写器天线、智能卡等提供商。我国物联网终端设备市场是较其他产业链环节发展较快的领域，企业数量较多，但以中小企业为主。

国内集成电路厂商例如上海华虹集成电路有限责任公司；通信芯片厂商有联发科、展讯等；芯片封装厂商上海贝岭、士兰微、通富微电、长电科技、华天科技、深圳先施、复旦微电子；传感器厂商例如新大陆公司；其他硬件厂商例如尚德电力；网络设备提供商有华为、中兴、大唐、烽火、三维、中天科技、亨通光电、光讯科技和芯讯通；软件与应用开发商有普华和同方；系统集成商有远望谷、新大陆、亚太安讯、航天信息、厦门信达和清华同方；运营及服务提供商有中国移动、中国联通和中国电信；网络提供商有中国移动、中国联通和中国电信。

2012年中国物联网市场规模已经达到2990亿元，增长率为20%。预计到2015年中国物联网市场规模将达到5970.4亿元，增长率为25%。

总体来说，我国物联网产业链各个环节衔接不畅，相互制约，而且产品的接口不一，导致了规模化的困难，而且产业链资金承当不同也导致了集成环节的压力并制约其发展。但未来随着智慧城市的发展、政府政策的优惠支持、产品接口的统一以及大规模成本下降，我国物联网将会爆发增长。

行业互联网化

在整个互联网浪潮下，作为一种理念与一种具象的工具，互联网与传统行业的融合既走向深入，又不断向更广阔的行业扩展。易观分析认为，不同的传统行业处于不同的互联网化的阶段，如行业互联网化的演进图所示。

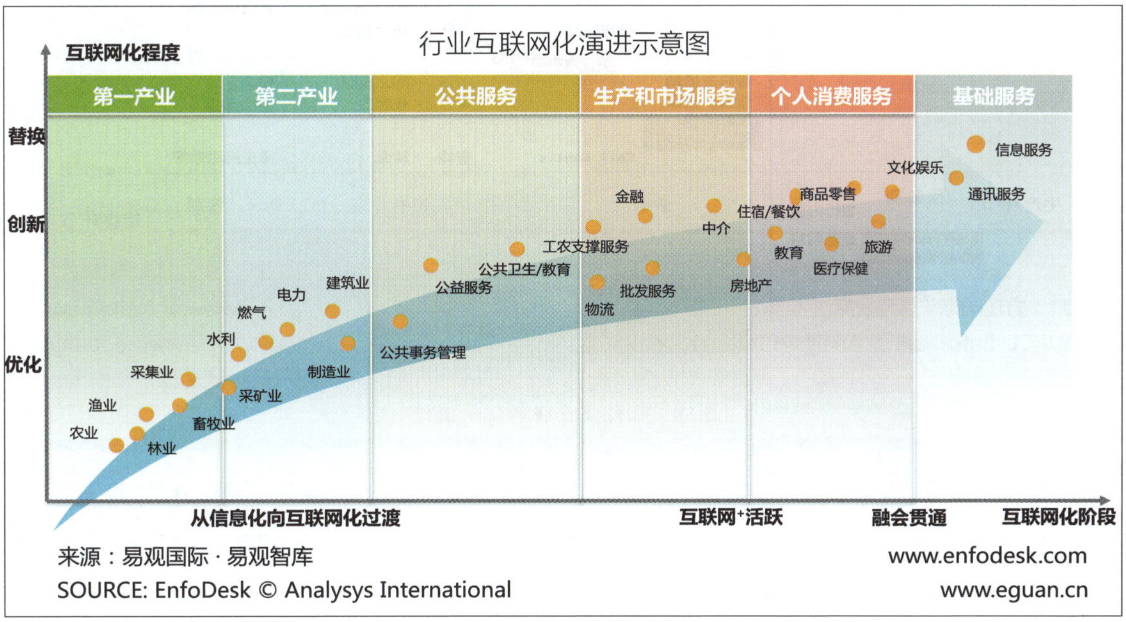

图67　行业互联网化演进示意图

我们将选取三个2013年蓬勃发展的传统行业加以分析

银行业互联网化

银行业互联网化是指通过银行各个信息系统之间的互联互通以及通过互联网方式达成银行对外的信息沟通，实现银行业务流程、营销方式、用户服务界面、内容运营方式的再造。银行业互联网化是银行业信息化的升级，旨在基于银行内核业务的基础上，利用互联网技术为客户提供新型差异化银行业服务。

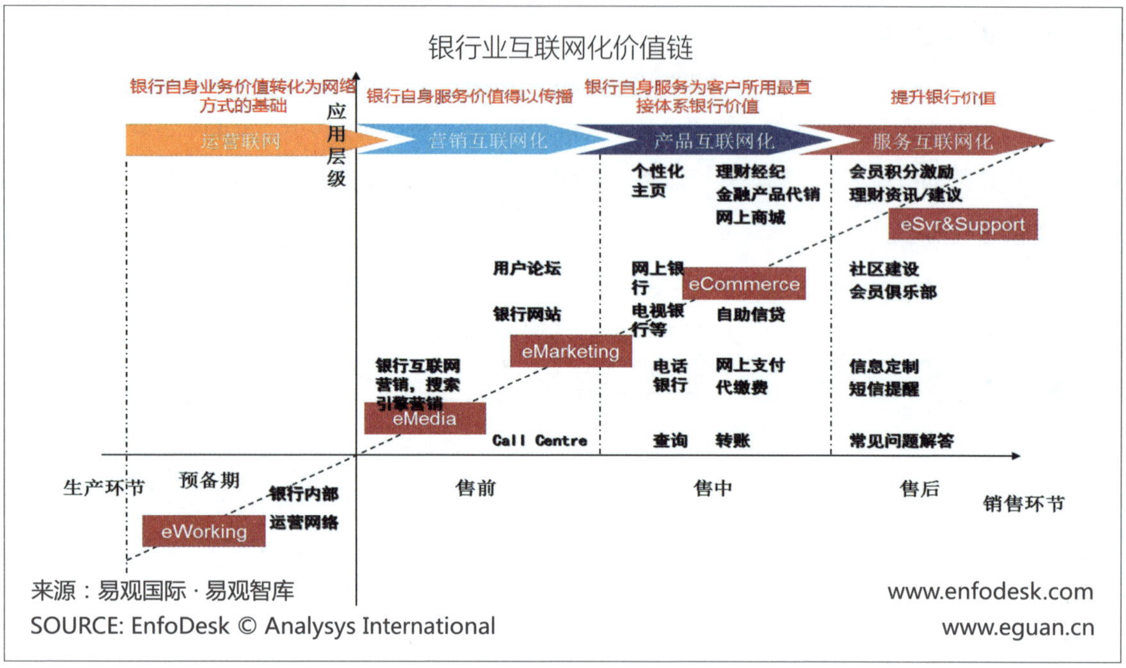

图68　银行业互联网化价值链

Enfodesk易观智库认为：银行互联网化的价值链主要分为两个环节：生产环节和销售环节。现阶段，生产环节的价值链体现在运营联网化，也是销售环节的准备期。在此期间内，银行需将自身内部运营网络搭建、完善，通过运营联网将自身业务价值转化至网络化方式，为客户提供良好服务打下基础。销售环节主要包括三个阶段：售前、售中、售后。售前主要体现在营销互联网化，通过搜索引擎、软文广告等方式进行媒体传播，采用用户论坛、银行网站对所推出产品与服务进行营销推广，是的银行自身服务价值能得以广泛传播；售中主要体现在产品互联网化，通过网络渠道销售产品、通过网上银行进行支付等行为都是产品互联网化。产品互联网化使银行自身服务真正为客户所用，体现银行价值；售后主要体现在服务互联网化，通过积分奖励、短信定制等网络化的售后服务行为提升银行价值。

银行业互联网化分成4个方面：① 产品互联网化；② 营销互联网化；③ 服务互联网化；④ 运营互联网化。

银行业产品互联网化指银行业产品网络化的过程。银行产品互联网化有几个不同的发展层次。首先是现实产品的数字化，各类金融产品的电子化。其次是票据类产品的虚拟化，银行票据的虚拟化。再次是有形产品的互联网改造，电子货币的产生。目前，银行业产品互联网化发展十分迅速。银行业在产品创新上有三个方向，一、既有产品、客户端的升级改进。即安全性、效率及功能的；二、顺应市场新趋势，推出新产品新功能，提高企业用户银行业务的管理效率和用户体验，如传统企业互联网化，小微企业，电子商务平台等；三、将更多电子银行功能，客服渠道和接口转移到社交网络和新媒体平台，增加用户的互动性，降低银行业务的门槛。银行业产品互联网化主要是将传统产品业务转移到线上。对于个人业务，包括个人的线上转账、查询等等。同时，也有相应的对公业务逐步发展，并且对公业务的重要性正在日益增加。银行业的产品创新发展迅速，国内各银行正在竞相推出创新化产品，国内银行在产品互联网化领域潜在发展空间巨大。招商银行、农业银行、工商银行、建设银行、民生银行、中信银行等都在产品互联网化方面大展宏图。

银行业营销互联网化指商业银行利用网络技术来整合多种媒体，以其强大的监控数字化的信息能力，和对特定营销产品进行需求分析、方案设计、营销实施和管理。我国商业银行已经逐渐开始重视自身网站作为营销平台的作用。目前，营销互联网化的主要方式包括关键词、搜索、网上展示等等，而且商业银行正在把重心越来越多的转向社会化媒体，我国商业银行已经初步建立起社会化营销体系。国内商业银行在开展网络营销的过程中却也存在诸多问题。一是营销理念上，尚未能真正实现由“产品为中心”向“客户为中心”的理念转型，从而导致网络用户体验较差，客户关系维护受到影响。二是品牌定位与核心价值的缺失，降低了对客户的吸引力，造成客户对银行网络品牌特点和营销定位的困惑。三是对网络营销中各方的资源整合不足，缺乏创新性的策划和营销工具运用，影响了传播效果。四是营销过程中各大银行在产品、价格、渠道、促销等方面的同质化现象严重，特色不够突出。五是部分商业银行网络公关意识和策略水平不高，对于如何利用网络建立与公众的良好关系知之甚少，以至于对银行形成了不良的影响。这些都成为商业银行未来开展网络营销过程中亟须改进和提升的方面。

银行业服务互联网化首先体现在服务渠道的多元化，其次体现在服务类型的多元化。服务渠道的多元化包括网上银行、手机银行、自助终端、短信银行等；服务类型的多元化包括网上支付、网上资讯、银行增值、网上投资、网上购物、互联网平台等服务。

商业银行运营管理涵盖了为客户提供金融服务，为股东创造财富，为自身稳健经营防范风险的全部过程。通过运营管理完成各种经营要素、经营项目的排列组合，以确保经营目标的实现。银行业运营互联网化可以帮助银行提升银行运营效率、降低银行服务成本，带来信息流和资金流，为银行运营带来价值。易观分析认为，银行业运营互联网化的主要策略一是以大数据和人机互动为方向推进信息化建设；二是借鉴O2O模式改造渠道和网点；三是关注和持续改进客户的服务体验；四是提供面向细分市场的个性化产品和服务。

彩电业互联网化

互联网化让彩电行业从原本的以产品及渠道为核心的运营转换为了真正的围绕着消费需求为核心的运营。现阶段，彩电行业互联网化对于彩电行业产生的价值主要体现在以下三点：第一，扁平化渠道缩减了渠道建设成本，减小库存压力；第二，网购渠道透明化、数据化、统一化让营销更精准；第三，交易环境及内部流程环节的数据化让运营更具弹性。

2013年彩电企业的线上品牌竞争格局、厂商产品渠道策略、运营理念与以前有了较大的不同。

企业运营：电商部门在企业所承载的责任会逐渐加重，彩电企业的电商部门不再依附于传统营销部门之下，企业会形成围绕网购业务形成一套独立的流程体系。目前彩电主要品牌企业对电商的运营分为两种方式，一种是总部统一运作，单一运营体系，明确的绩效目标。另外一种是总部与分公司共同运作，依付线下运营体系，绩效考评合并在整体考评体系中。两种运营模式体现在市场端的实际效果反映，前一种模式，能较高效的调动企业资源支撑网购业务的发展，电商的重要性被凸显。对异动事件及市场变化处理及时能更准确的又针对性的进行资源的配比跟投放；后一种模式造成流程重复及区域利益分割不清楚容易串货，并且由于流程的繁琐导致总部的管理及资源投放周期过长，对市场的变化应对滞后，耽误互联网化进程。

营销策略：未来彩电主要品牌厂商、渠道主要竞争手段还会围绕在价格上做文章，这虽然会短期内影响到整体彩电行业的利润率，但从长远来看，价格战会快速刺激市场成长，教化消费者，让网购市场的成熟度加快并带动彩电厂商的互联网化进程。

渠道策略：2013年开始，彩电主要品牌都加大了在天猫上的投入，将天猫当成了品牌厂商互联网化的推进前站，未来天猫会成为彩电企业产品品牌互联网化塑造及电商体系搭建的关键平台，但从彩电的网购销售量及彩电的目标客户群去评价，京东商城、苏宁易购、易迅、国美在线、（卓越）亚马逊仍然是彩电企业不可或缺的重要分销渠道。目前众多彩电主要厂商采取的全网布局四处开花的渠道策略将会2013年下半年底出现转变，未来彩电主要品牌厂商会结合自身资源优势及各个网购渠道不同的促销周期及营销特点进行资源投放。

产品体系：目前彩电企业主要通过双产品线来区别网购线下产品，避免串货及网购持续的价格竞争来破坏整体市场布局。但随着网购市场的发育成熟，Enfodesk易观智库分析认为：彩电企业最终的选择会是双品牌运营或双线同化，这种变化的最终决定权不取决于企业自身发展目的，而由消费者消费需求主导。

从彩电企业互联网化的角度看，各主要企业处于差异化发展阶段，具有不同的竞争实力，如Enfodesk易观智库实力矩阵图形所示：

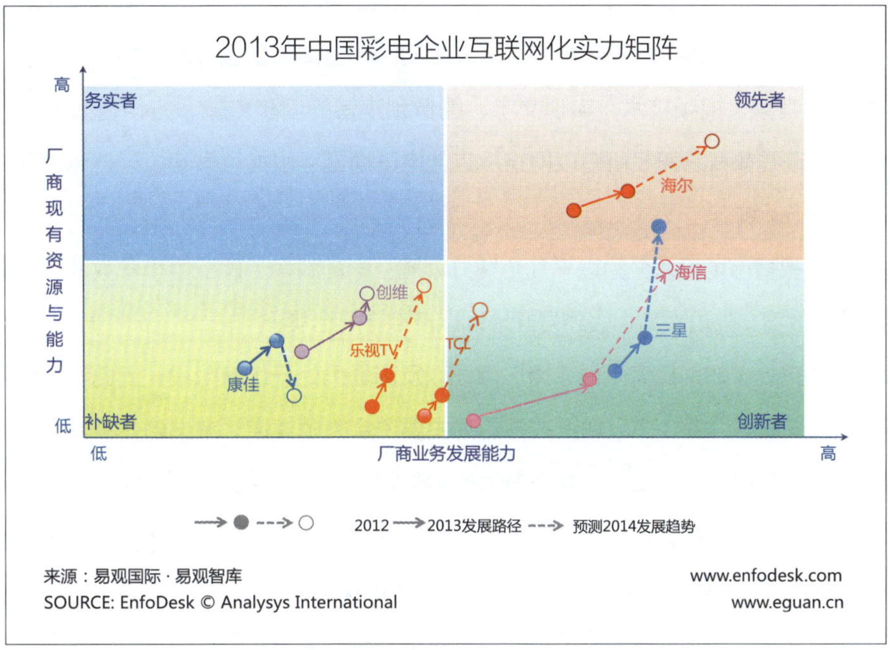

图69　2013年中国彩电企业互联网化实力矩阵

Enfodesk易观智库认为，彩电业互联网化在近期的趋势将具体表现在以下方面：

短期内中小尺寸产品（28英寸及以下）在彩电网购市场的销售份额比例值会大于在线下产品体系中的比例值，大尺寸（55英寸及以上）及重点尺寸产品（32-37英寸，40-43英寸，44-47英寸）会略小于线下市场比例值。但最终网购线下市场的产品尺寸结构应该趋同，并不会出现明显差别。这是由于网购线下市场所面对的客户群体在刚性需求上并不存在明显差异。

中国彩电行业主要品牌厂商会继续加大在智能电视、4K高清、3D显示上的投入。未来智能电视市场份额会进一步提升，LED电视市场份额逐步下降，这是由行业产品更替周期所决定的。并且互联网零售所面对的彩电消费群体（80后，26-36岁）对新概念接受程度更高，产品功能性、个性化需求更多，所以未来智能电视、4K高清会在网购市场迎来新一轮的爆发。厂商会加大对彩电网购市场各方面的投入，新机型网购市场首发现象会逐渐频繁。

教育业互联网化

在线教育或互联网教育（E-Learning），是指依托互联网和多媒体技术，以网络为介质进行的教学活动。通过计算机和互联网，学员和教师可以不受时间、空间和地点等条件的限制开展教学活动。包括先进的数字化音频、视频技术，实现文字、图像和声音的同步传输，方便有效地实现交互式教学。在中国市场，在线教育涵盖了所有以网络及其他电子通讯手段提供学习内容、运营服务、解决方案及实施咨询的市场领域。

目前中国网络教育市场可以分为以下几个细分领域：学前教育、K12中小学教育、高等教育、留学教育、职业技能教育、外语教育、兴趣爱好培训以及综合平台类。

学前教育市场仍处于初期探索阶段，用户习惯以及市场仍处于培育阶段，因此绝对大多这一细分领域企业的盈利模式尚不清晰，多以融资或并购为主要资金来源渠道。考虑到儿童便易操作的目的，绝大多数产品以移动应用为主，且企业类型多为初创阶段企业，即轻资产型企业。这种投入小、团队集中、资产较少的特点非常适合这一类型的市场，正所谓“船小好调头”，在市场、用户以及各产业链条尚未清晰的阶段，轻资产型企业的灵活性具有非常大的优势。

K12中小学教育属于中国网络教育市场中发育较早，产业集中度高且相对成熟的细分领域。相比于网络教育其他细分领域，K12教育最显著的特点之一在于这一市场的应试需求旺盛且基本为刚性需求，因此一方面，尽管市场准入门槛较低，但对于核心教育资源的要求程度较高，另一方面，市场规模巨大且稳步增加。这一市场的另一特点即其产品的标准化程度较高，产品为针对中小学课程内容辅导，大多以网校为平台，在线提供教学视频、教辅资料文本为主要的单向信息传播方式。在盈利模式上，K12中小学教育市场的大多提供商从产品/平台推出之时就建立了付费模式进入市场，这与他们因占有优势教育资源，且市场为刚需有很大关系。这一细分市场多以产业布局全面、资源丰富并已上市的线下教育机构为主。

高等教育与K12中小学教育市场发展路径具有很高的相似性。属于发育程度较高、市场成熟的刚需型教育领域。由于受到国家政策的壁垒性限制，网络高等教育市场相对于其他细分教育市场，在教育资源获取以及用户市场方面具有很强的封闭性特征。目前由教育部授权颁发高等网络学历证书的网络学院共有68所，而今年年初由国务院颁布的“取消和下放网络高等学历教育的行政审批”政策将有助于这一资源丰富、市场潜力巨大的细分教育领域的开放，这对于民间资本的入驻以及优质教育资源的再分配有着积极的推动作用。此外，2013年由美国顶尖高校联合搭建的MOOC模式三大教育平台引入中国教育市场，带动了国内一系列C2C学习交流社区以及公开课平台的兴起和发展。目前这一类以高校公开课为主要内容的公开课平台均提供免费的视频观看学习，如何实现盈利是其需要破解的难题。在网络高等教育市场新兴以移动App为主的社交应用。这类应用通常由一些背后掌握丰富校园内部教学资源并具有强社交属性。目前这一部分市场仍处于开发萌芽阶段。

由于留学热潮近年来热度不减，并呈现明显的大众化、低龄化趋势，留学教育市场属于高增长率且高毛利的领域。绝大多数留学教育机构都有自己的门户网站，但传统留学中介以及留学工作室大多以网上推广营销，地面接单的O2O方式运营。留学平台则目前阶段主要以决胜网为典型例子。但目前这类平台仍处于市场的培育期，虽据悉营收颇丰，但盈利模式不稳定。留学教育市场目前虽然前景广阔，但这个市场资源/平台提供商发展阶段参差不齐，市场缺乏统一标准，不利于形成规模化效应。

职业技能教育作为刚需型产业类型，在网络教育市场各细分领域中占据第二大份额。主要以在校大学生以及初入职场3-5年的新人为目标用户群。职业技能教育涉猎范围主要包括三类：一是以考证为目的的各项职业培训；二是外语类培育；第三类是提高IT技能的各种在线培训。由于需求各异，因此目前国内在线职业技能培训教育细分领域繁复，而且由于市场发育期不同，呈现明显的差异化发展趋势。但由于职业技能教育是大多数职场人士改变命运的第二次机会，因此可谓市场潜力巨大。但类似于网络高等教育，考试类培训所受政府政策影响明显，资源集中性强，只有少数体量大，资源基础好的大型教育机构能够从中获利。

兴趣爱好教育与学前教育市场有一定的相似性，涉猎范围广泛，但目前仍处在发展的初期阶段。这一类型教育的典型特征有：地域分布明显，属于非刚需性的慢热产业领域。但由于市场潜力巨大，因此已经受到资本市场的关注。

综合性平台目前处于市场探索启动阶段，由于综合性平台对于互联网技术以及资本的要求较高，因此现阶段的主要平台提供商为国内互联网巨头如BAT 和YY等。互联网巨头们介入综合性平台领域市场主要通过两种渠道：一是投资，即为具有市场发展潜力的创业型教育平台出资；二是独立或与其他传统线下大佬合作，搭建全领域跨度的综合性教育平台。虽全领域布局，且这些综合平台提供商都尚未找到清晰的盈利模式。

Enfodesk易观智库分析认为，为用户提供各种教育资源和平台的资源提供商处于产业链上游，在整个网络教育产业链条中处于核心地位。包含网络、设备以及支付平台的渠道供应商是实现手段。基于国内目前网络教育产业的发展现状，其产业链如下图所示：

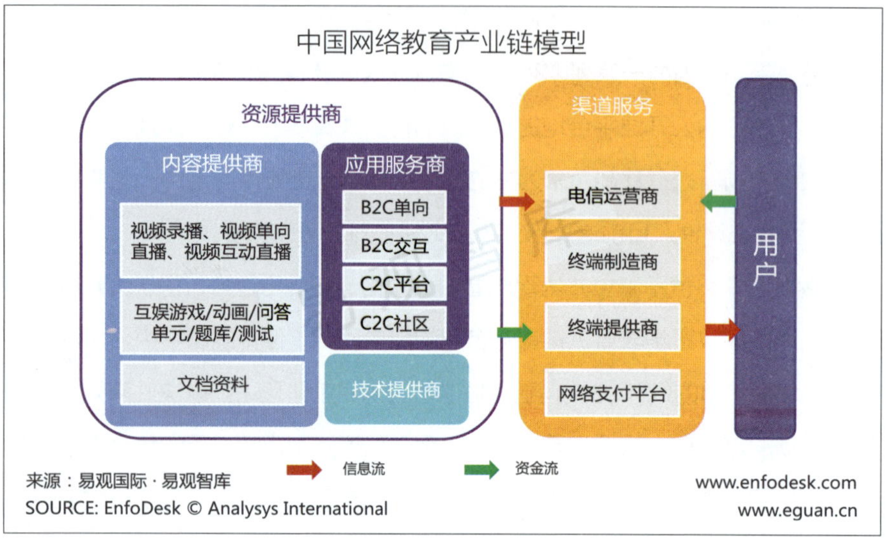

图70 中国网络教育产业链模型

2004～2012年，中国在线教育市场年平均复合增长率达到22.5%，2013年中国网络教育市场规模达到981亿元，相较2005年产业规模增长4倍，预计2015年我国的网络教育市场规模将在1600-1700亿元间，2017年将达到2860亿元。

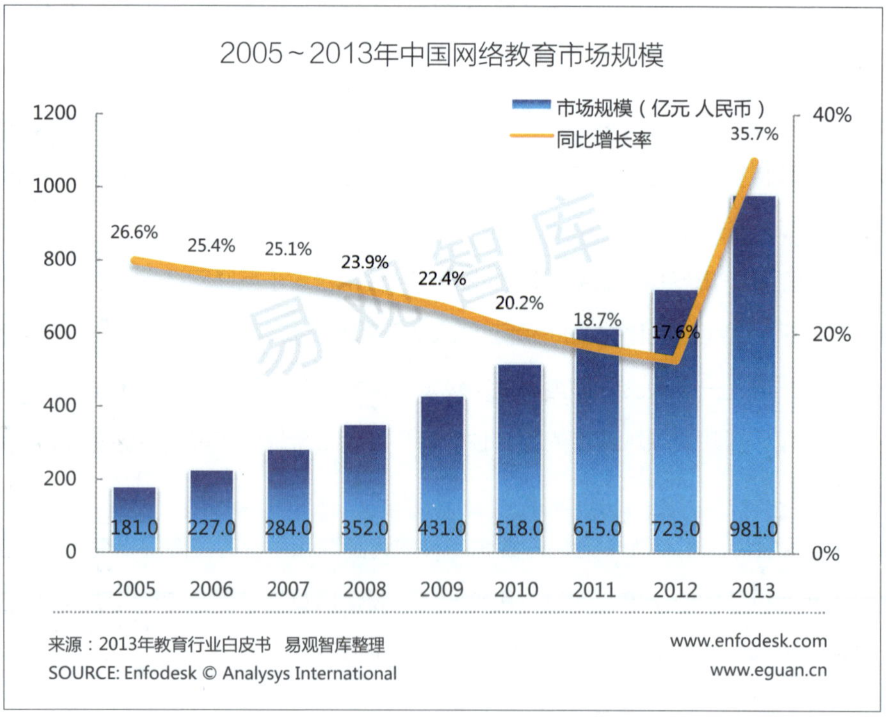

图71 2005～2013年中国网络教育市场规模

在中国教育互联网化产业中，各在线教育企业处在差异化发展的不同阶段，具有不同的竞争实力，如Enfodesk易观智库实力矩阵图形所示：

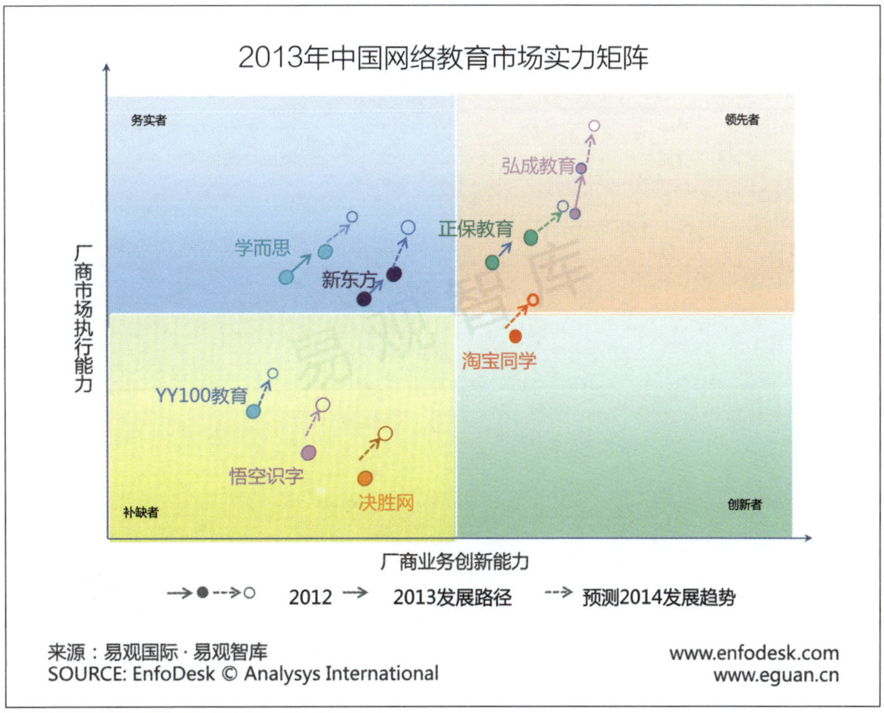

图72　2013年中国网络教育市场实力矩阵

根据目前中国网络教育市场发展现状，Enfodesk易观智库认为教育互联网化的趋势主要集中在：行业热度将在短期内迅速提升，将有大批创业企业进入该市场，竞争激烈，优胜劣汰；互联网巨头将加大入局网络教育砝码，促进该市场资源的优化整合；移动教育将实现规模化增长，成为网络教育中重要组成部分；能否建立有效的盈利模式是网络教育发展的关键；线下资源与线上平台加速融合，O2O模式实现教育资源的优化配置；具有刚性需求属性的垂直细分领域将最快实现规模化可盈利。

第伍部分

厂商分析

第五部分　厂商分析

互联网行业作为知识密集型产业，创新灵感星光灿烂。你可以在这里看到有创业的温床、成长的沃土、对峙的阵列、厮杀的战场、不甘的埋葬。每一载春秋，这里都会有万众瞩目的粉墨登场，也会有不计其数的黯然退场。沉浮是阶段存在的，更迭是永恒不变的。本部分，易观以2013年为时间点，对于在产业内所覆盖与关注的各细分领域的厂商进行了简要分析与名录摘要。如前所述，名录摘要与厂商简析是随时间而动态调整的，列于下文，以资参考。

电子商务

B2B

阿里巴巴

阿里巴巴B2B业务是集团的旗舰业务，以会员服务、供应商服务和培训、贷款服务为主，其中诚信通、网销宝、应用服务、物流服务是供应商服务的主体。近年来，电子商务B2B产业处于转型增长的时期：各厂商或将线上平台与线下产业园相融合，推动垂直电商B2B的竞争；或通过供应链金融创新，推动信息平台向服务平台与交易平台的转型。尽管如此，阿里巴巴B2B的市场领导地位仍然不可撼动。易观智库最新的监测显示：截至2013年，阿里巴巴B2B占中国电子商务B2B市场46.4%的市场份额。阿里巴巴一直占据国内B2B业务的半壁江山，自更名1688以来，经过三年的变革升级，从信息平台转向在线交易平台，16个垂直行业的专业化运营促使1688在线交易规模实现爆发式的增长。2013年，B2B平台1688日均成交额突破3亿元。

从整个布局来看，从1688到淘宝、到天猫、到聚划算，阿里希望在端到端建立一个完整的电子商务产业链，提供生产、制造、批发、零售这么一条龙的服务，一个闭环的电子商务生态链。整个1688批发主要偏向流通领域与加工制造，面对采购则偏向工厂服务领域，通过集采等方式为更多的中小企业与大型的采购企业达成一个对接，使之参与到整个供应链建设中。以商会友形式为商人建构一个信息沟通交流的平台，信息互通成为阿里的标准。

在阿里分拆为25个事业部后，形成了纵线服务体系与横向支撑体系的格局，B2B等各纵线的自主性与竞争性在年内得到加强，横向资源的支撑与协同能力如果得到集团保障，如与阿里金融、阿里云、阿里妈妈等加强协同创新，阿里巴巴B2B在产业内的相对支配地位将进一步得到稳固。同时，阿里巴巴B2B也面临推动PC向无线服务的转型，用户与服务的无线迁移是阿里在未来持续成功的关键之一。

易观分析——

阿里巴巴会在中国B2B市场将凭借庞大的用户群，遍布全球的合作伙伴，积累丰富的数据库，力求继续发挥领先者的马太效应

在当前阶段，盈利模式存在一定的转型困难，需改善付费信息效果逐渐恶化的局面

中国电子商务处于快速发展阶段，各级政府对电子商务的重视与支持不断加大，传统企业互联网化需求不断增强，将为阿里巴巴的持续发展提供良好条件

在市场不断细化与聚焦的背景下，阿里巴巴需要面临来自于交易类B2B企业的竞争与垂直品类平台的竞争

一、基础信息

1.1　基本信息

1.1.1　公司名称：阿里巴巴集团

1.1.2　成立时间：1999年

1.1.3　总部地点：中国杭州

1.1.4　上市时间：退市，计划重新上市中

1.1.5　企业性质：股份制

1.1.6　资本信息：融资、利润分配

1.1.7　联系方式：

网址：www.1688.com

地址：中国杭州市余杭区文一西路969号（311100）

电话：400-800-1688

1.2　组织信息

1.2.1　管理层：

陆兆禧　阿里巴巴集团CEO（2013年5月10日起）

马　云　阿里巴巴集团董事局主席 阿里巴巴网络有限公司主席兼非执行董事

金建杭　阿里巴巴集团资深副总裁

彭　蕾　阿里巴巴集团首席人才官

曾　鸣　阿里巴巴集团战略部总参谋长

陆兆禧　阿里巴巴集团执行副总裁淘宝网总裁

邵晓锋　阿里巴巴集团资深副总裁 支付宝总裁

王　坚　阿里巴巴集团首席架构师 阿里巴巴云计算公司总裁

卫　哲　阿里巴巴B2B公司首席执行官

1.2.2　组织架构：

阿里巴巴对集团现有业务架构和组织将进行相应调整，幻化出9个龙头老大，成立25个事业部，具体事业部的业务发展将由各事业部总裁(总经理)负责。

这25个事业部分别是：

共享业务事业部、商家业务事业部、阿里妈妈事业部（展示广告、P4P、淘客联盟）、一淘及搜索事业部、天猫事业部、物流事业部（天网）、良无限事业部、航旅事业部、类目运营事业部、数字业务事业部、综合业务事业部、消费者门户事业部、互动业务事业部、无线事业部、旺旺与客户端事业部、音乐事业部、聚划算事业部、本地生活事业部、数据平台事业部、信息平台事业部、云OS事业部、阿里云事业部、B2B中国事业部（CBU）、B2B国际事业部、B2C国际事业部

以上25个事业部分别由姜鹏、张勇、张宇、吴泳铭、张建锋、陆兆禧、王坚、叶朋、吴敏芝等九个龙头老大负责。

二、业务信息

2.1　产品及服务信息

1688、淘宝、支付宝、支付宝钱包、诚信通、阿里妈妈、一淘网、阿里云、聚划算、天猫、中国万网Vendio及Auctiva、阿里金融等

2.2　覆盖范围

2.2.1　行业：电子商务B2B及服务

2.2.2　主要客户：全国大小型商户和购买需求者

2.2.3　业务区域：全球

2.3　收入结构：国际交易市场和中国交易市场的付费会员销售会籍以及增值服务，国际交易市场又占大部分比重，总收入一半以上。

三、综合信息

3.1　发展定位：全球电子商务平台

3.2　重要合作伙伴及供应商：新浪、国际旅游岛、海尔、杭州市政府、中国电信、中国联通、义乌中国小商品城、深圳市政府

慧聪网

慧聪网通过线上的标王、买卖通、采购通等帮助买家卖家速配，同时通过线下洽谈会、交易会、会展等促进业界沟通，线上线下相结合，营销效果有成效，截至2013年，慧聪网占中国电子商务B2B市场4.4%的市场份额。慧聪网给中小企业创造了生存与发展的机遇。慧聪网买家服务则主要趋向于支撑买家服务，同时慧聪网为企业提供线上采购洽谈会，线下采购见面会，展会采购峰会等多样的采购服务。

针对中小企业贷款难的问题，慧聪2013年年初与民生银行合作，帮助企业用极其灵活的方式、极低的成本获得信贷。年底与神州数码达成协议，投资10亿元设立小贷公司，用互联网数据优势帮助企业更方便地获得需要的资金服务。同时在行业垂直领域组建专业队伍，深度服务并差异化于阿里，以线上线下相结合的O2O服务模式，在线上力推在线交易，线下做产业园。

易观分析——

慧聪网在中国B2B市场有着先入优势，将继续秉承其清晰的战略，使内贸业务保持领先

但在当前阶段，创新能力有待提升，且其战略转型业务存在风险；

中国内贸电子商务处于快速发展阶段，各级政府对电子商务的重视与支持不断加大，传统企业互联网化需求不断增强，将为慧聪网的持续发展创造条件

慧聪网所处的信息服务同质化严重，B2B企业之间竞争激烈

一、基础信息

1.1　基本信息

1.1.1　公司名称：慧聪网有限公司

1.1.2　成立时间：1992年

1.1.3　总部地点：海淀区大钟寺东路9号京仪科技大厦B座2层

1.1.4　上市时间：2003年12月香港上市

1.1.5　企业性质：有限责任公司（自然人投资或控股）

1.1.6　资本信息：注册资金：3600 万

1.1.7　联系方式

网址：http：//www.hc360.com/

邮箱：Email：ir@hc360.com

1.2 组织信息

1.2.1 人员规模：编辑团队160余人+客服团队110人+销售1500余人+买家团队及发行团队260人+职能团队。在13个城市拥有分公司，服务团队约2,883人

1.2.2 管理层：

郭 江 首席执行官

蔡卫华 行业公司总经理

杨 宁 电子商务公司总经理

耿 怡 首席人力资源官

李为旺 首席财务官

刘 军 产业园有限公司副董事长、总裁

王 宇 行业公司运营总监

1.2.3 组织架构：具体信息不详

二、业务信息

2.1 产品及服务信息

《慧聪商情广告》：商情报价、产品广告、产品技术信息为主的印刷品广告信息媒体，集上千家企业信息、上万条产品报价，发行覆盖范围广。

《中国行业资讯大全》对行业信息、产品技术、行业黄页信息进行系统化编整的行业商务年鉴

慧聪旗下网站：慧聪智能家居网、慧聪家电网、慧聪IT网、慧聪服装网、慧聪建材网、慧聪印刷网、慧聪教育装备网、慧聪五金网、慧聪汽配网、慧聪工程机械网、慧聪涂料网、慧聪酒店网、慧聪塑料网、慧聪纺织网、慧聪空调制冷网、慧聪食品工业网、慧聪化工网、慧聪广电网、慧聪音响灯光网、慧聪泵阀网、慧聪机床、慧聪LED屏网、慧聪电气网、慧聪皮革网、慧聪清洁网、慧聪通信网、慧聪净水网、慧聪出轨网、慧聪玻璃网、慧聪制药工业网、慧聪美容美发网、慧聪太阳能网、慧聪吊顶网、慧聪钢铁网、慧聪纸业网、

慧聪发发：是慧聪网发布的一款网上贸易即时沟通软件

慧付宝：支持买卖双方在线完成交易的支付服务工具，主要提供货款代收代付的服务。

买卖通：用户通过商务中心查询采购信息，订阅采购商机，在线洽谈等。企业可以建立起集合产品展示、企业推广、在线洽谈、身份认证等多种功能的网络商铺。

2.2　覆盖范围

2.2.1　行业：汽保、汽配、汽用、工程机械；广电、教育、酒店、通信；安防、消防、水工业、暖通、泵阀、热泵；涂料、表面处理、塑料、制鞋、化工；家电、专业音响灯光、影音、厨房电器、集成吊顶、家电配件、汽车电子；印刷、丝印、食品、制药、纸业；电子、IT、电气、变频器。

2.2.2　主要客户：全国各行业的企业

2.2.3　业务区域：辐射全国

2.3　收入结构：

慧聪互联网服务收入已经提升至总收入的约75%，而传统纸媒体业务收入下降到10%，另外15%则来自各类会议。

三、综合信息

3.1　发展定位：凭借专业的信息服务与先进的互联网技术，为中小型企业搭建可靠的供需平台，提供全面的商务解决方案

3.2　重要合作伙伴及供应商：招商加盟、去哪儿机票、赶集网、军事、法律网、19楼、爱卡汽车、来订吧、百战军事网、中国行业信息网、网络114、马可波罗、世界工厂网、中国供应商、法捷网、百度、谷歌、搜狗、搜搜、360搜索等搜索引擎。

环球资源网

环球资源是一家领先业界的多渠道 B2B 媒体公司，致力于促进大中华地区的对外贸易。公司的核心业务是通过一系列英文媒体，包括环球资源网站、印刷及电子杂志、采购资讯报告、“买家专场采购会”及贸易展览会，促进亚洲各国的出口贸易。截至2013年，环球资源网占中国电子商务B2B市场8.2%的市场份额。2013年6月环球资源网站主页改版，突显核心产品及服务，增加供应商的曝光机会；2013年5月环球资源启用中文版企业新标识，更加专注中国市场，携手中国供应商迎接新挑战；2013年3月中山市对外贸易经济合作局与环球资源开展战略合作，环球资源助力中山出口企业提升海外市场知名度，全面挺进国际市场；2013年1月环球资源获《财资》杂志颁发的2012年度企业大奖金奖，表彰公司在投资者关系及社会责任两个领域的卓越表现。

易观分析——

作为老牌企业，环球资源网拥有长期经营所积累运营经验以及知名度，丰富的线下资源与优质的供应商资源

目前的盈利模式缺乏创新，现有服务尚缺乏优化与突破，资费门槛较高

中国电子商务处于快速发展阶段，各级政府对电子商务的重视与支持不断加大，传统企业互联网化的需求不断增强，为环球资源网的持续发展创造条件

受全球经济与政策性影响，外贸形势不够稳定，同时大型综合外贸平台与小额外贸批发平台未来都将对环球资源网构成更强竞争

一、基础信息

1.1　基本信息

1.1.1　公司名称：环球资源

1.1.2　成立时间：1970年由贸易杂志起家

1.1.3　总部地点：深圳市益田路与福华三路交汇处深圳国际商会中心36楼

1.1.4　上市时间：2000年 美国纳斯达克

1.1.5　企业性质：外资

1.1.6　资本信息：注册资本5000万元人民币

1.1.7　联系方式

网址：http：//corporate.china.globalsources.com/

电话：(86-755) 88282888

传真：(86-755) 88282588

1.2　组织信息

1.2.1　管理层：企业法人　韩礼士

管理团队

韩礼士　执行董事长

区乃光　首席执行官

白文斌　首席运营官

赖秀琴　首席财务官

夏培德　首席信息官

裴克为　企业事务总裁兼《世界经理人》出版人

石博廉　eMedia Asia 总裁

黄谭伟　展览部总裁

王　皑　企业发展及投资部副总裁

董事会

韩礼士	执行董事长
Sarah Benecke	首席执行官
王镇和	财务总监
Roderick Chalmers	董事会成员
David Jones	董事会成员
James Watkins	董事会成员
任锦汉	董事会成员

1.2.2　组织架构：

具体信息不详

二、业务信息

2.1　产品及服务信息

2.1.1　环球资源贸易网站：帮助供应商有效传递价值，提升买家关注度及偏好度。

· 14 个行业网站涵盖业内最详尽的产品和供应商信息

· 业界独有的供应商星级排名体系，从一星到六星，星级越高，曝光越强

· 行业首创搜索结果显示“每家一行”，全面提升供应商曝光率

· “已核实供应商”体系，帮助供应商快速赢得买家信赖

2.1.2　环球资源贸易杂志：按行业划分，广告创意服务助您发掘和展示独特卖点，树立企业形象，区别于竞争对手，有效提升买家关注度及偏好度。

· 印刷版及电子版以多种形式、多种渠道发行，全面覆盖专业买家

· 电子版贸易杂志，方便买家随时随地查阅产品信息

· iPad 版电子杂志, 买家只需点击“在线查询”按钮，即可向供应商发送在线询盘

· 采购交易会专刊，帮助供应商接触高质量展会买家

· 在香港采购交易会现场开辟“星光长廊”，展示供应商杂志广告

· 专业的广告创意团队为每一位客户量身定制专业的 B2B 广告。

2.1.3 环球资源贸易展会：整合“实体展会”与“在线展会”，帮助供应商延伸参展效益，充分曝光，提升买家关注度及偏好度。

· 实体展会

选址全球各大采购枢纽，全年近 60 场专业贸易展会，覆盖 14 个热门行业，全面覆盖传统市场及新兴市场专业买家。

· 在线展会

业界首创，全新独特的推广渠道，基于实体展会，因而其内容更加可靠真实。不仅与实体展会在时间和空间上互补，还进一步扩充了推广渠道。

2.1.4 环球资源买家专场采购会：为经筛选的优质供应商提供了一个绝佳平台，帮助供应商在私密环境中面对面会晤全球顶级采购商。

· 在亚洲各大货源中心及环球资源展会现场举办

· 全球前 100 大零售商中，32 家均通过买家专场采购会寻找优质供应商

· 每场会议锁定一个产品类别或一个买家 + 买家会前甄选供应商 + 私密的洽谈环境 = 高效率的会晤。

2.1.5 环球资源专业出口系列培训：为供应商提供含金量极高的出口培训，帮助供应商提升竞争力。

· 涵盖近百个主题的实用课程，包括如何有效处理买家查询、如何有效参展等

· 在线培训灵活高效，可随时随地多人多次观看多种课程

· 面对面培训提供交流分享机会

2.1.6 环球资源专用供应商目录：为供应商度身设计的功能强大的推广信息管理后台。

· 有效管理买家查询，提升推广效果

· 随时随地，在线更新产品目录及公司信息

· 便捷注册申请参加买家专场采购会

· 获取极具价值的市场资讯

2.2 覆盖范围

2.2.1 行业：电子商务国际贸易B2B

2.2.2 主要客户：国际买家零售商、大中华地区的对外贸易企业

2.2.3 业务区域：全球

2.3 收入结构：2013年营收13.92亿元人民币，具体结构不详

三、综合信息

3.1　发展定位：以适当资讯，在适当时机，通过适当渠道，连接全球买家及供应商

3.2　重要合作伙伴及供应商

● 中国（深圳）国际品牌服装服饰交易会

● 环球资源是 Agentrics 在亚洲的唯一合作伙伴， 为其成员提供直接采购渠道，拓展在亚洲的采购活动。

● BiMBA (北大国际MBA) 环球资源与北京大学合作， 联合为中国经理人推出世界级的出口培训课程。该课程帮助中国经理人掌握最新的国际营销工具和技能，从而增强中国出口的竞争实力。

● 环球资源与必维国际检验集团（纽约泛欧证券交易所/巴黎，交易代码：BVI）合作，为环球资源社群成员提供认证服务。

● 环球资源与中欧国际工商学院联合举办出口营销管理课程。该课程专为中国出口企业的高级管理人员设计。

● 环球资源 (NASDAQ： GSOL) 与 United Business Media 的合资公司 eMedia Asia Ltd 与 Penton Media, Inc. 组成战略性联盟，联合推出《电子系统设计》(Electronic Design-China) 杂志，即 Penton 出版的顶级电子类杂志 Electronic Design 的简体中文版。这本全新的杂志将为 40,000 名我国的设计工程师及工程经理提供有关电子系统设计技术和应用方法的最新资讯。

● 环球资源与 UBM Electronics 创办合资企业 eMedia Asia。

● 环球资源与 Dun & Bradstreet合作产品与解决方案。

马可波罗网

马可波罗网，定位为全球领先的B2B精准采购搜索引擎。马可波罗按照格式化标准研发的多维精准搜索系统，首创电子商务精确广告营销模式，自马可金融于2013年3月份试运营以来，每月的客户贷款融资申请成交额以100%的速度在成长。2013年，马可金融的交易额将超过100亿元。未来马可波罗将倾力打造电子商务B2B领域的搜索引擎，致力成为一个持久的、成功的、全球最大的采购搜索引擎、交易平台、融资平台，帮助中小企业降低采购及广告投放成本；提升成交概率，获得金融服务。

易观分析——

首创了“按效果付费”的电子商务精确广告营销模式；数据已成为马可波罗网的竞争优势之一；目前基于大数据应用已有一定的技术积累；前后台信息服务技术保持与世界主流应用同步——马可波罗网的流量稳定，处于全行业前三，拥有优秀的核心创业团队

市场进入期较晚，竞争对手已经具备较大优势；网站流量的变现能力仍需进一步提升；当前的企业市场影响力明显不足

目前中国B2B在线交易习惯已逐步成熟；小微金融成为主要需求，居于B2B领域的搜索需求快速崛起，马可波罗网已为进一步发展培育了较好的土壤

其他传统B2B平台已开始对精准搜索为核心商业模式开始模仿；加上马可波罗网在融资、交易方面还不成熟，可能遭遇专业平台的竞争

一、基础信息

1.1 基本信息

1.1.1 公司名称：北京搜斗士信息技术有限公司

1.1.2 成立时间：2006年10月

1.1.3 总部地点：北京市海淀区中关村大街27号中关村大厦12层1201－1208室

1.1.4 上市时间：未上市

1.1.5 企业性质：股份制企业

1.1.6 资本信息：注册资本5000万元人民币

1.1.7 联系方式

网址：http：//china.makepolo.com/

电话：010-82855353

传真：010-82855252

1.2 组织信息

1.2.1 管理层：企业法人 苏继挺

管理团队

苏继挺 CEO

董事会

苏继挺 CEO

许小年 独立董事

刘天文 独立董事

孙晓光 独立董事

崔元然 独立董事

1.2.2 组织架构：具体信息不详

二、业务信息

2.1 产品及服务信息

- 订单通：基于多维精准搜索的电子商务精确广告营销产品

  √ 在中国市场，月覆盖中小企业主达到1200万，日发送询盘达40万次

  √ 订单通92%的使用者是被锁定的客户，搜索参数细微匹配

  √ 供应商“竞价排名”，按效果付费，只为带来的意向客户买单

  √ 竞品推荐，使用订单通的供应商广告信息直接出现在竞争对手的马可波罗店铺中，而订单通用户自身店铺不会出现广告信息

  √ 免费获得营销型商铺，更易被搜索引擎收录

  √ 即时将询盘信息与使用订单通服务的广告主的产品信息进行匹配并提供商机提醒服务

- 行业通：基于与谷歌在大中华的唯一战略合作伙伴关系，为企业用户提供品牌广告投放服务。具有客户精准、地位尊贵、资源稀缺的特点

- 信息商务服务

- 金融服务

2.2 覆盖范围

2.2.1 行业：电子商务B2B搜索运营商

2.2.2 主要客户：中国广大企业

2.2.3 业务区域：全国

2.3 收入结构：2013年营收0.87亿人民币，结构比例不详

三、综合信息

3.1 发展定位：成为全球采购用户最信赖的采购搜索及采购平台

3.2 重要合作伙伴：百度、谷歌等

我国B2B产业中的其他企业名录节选如下表：

表1　中国电子商务B2B企业名录节选

厂商	备注
阿里巴巴	简要分析见前述　　数据分析及详细分析见易观智库企业库
慧聪网	简要分析见前述　　数据分析及详细分析见易观智库企业库
环球资源网	简要分析见前述　　数据分析及详细分析见易观智库企业库
马可波罗网	简要分析见前述　　数据分析及详细分析见易观智库企业库
敦煌网	数据分析及详细分析见易观智库企业库
中国制造网	数据分析及详细分析见易观智库企业库
海虹医药网	数据分析及详细分析见易观智库企业库
国联资源网	数据分析及详细分析见易观智库企业库
金银岛	数据分析及详细分析见易观智库企业库
万国商业网	数据分析及详细分析见易观智库企业库
兰亭集势	详细分析见易观智库企业库
四海商舟	详细分析见易观智库企业库
中国网库	详细分析见易观智库企业库
网盛生意宝	详细分析见易观智库企业库
铭万中国	详细分析见易观智库企业库
建行善融商务	详细分析见易观智库企业库
锦程物流网	详细分析见易观智库企业库
沱沱网	详细分析见易观智库企业库
焦点科技	详细分析见易观智库企业库
易唐网	详细分析见易观智库企业库
深圳一达通	详细分析见易观智库企业库
一比多	详细分析见易观智库企业库
全球五金网	详细分析见易观智库企业库
东方钢铁网	详细分析见易观智库企业库
我的钢铁网	详细分析见易观智库企业库
环球财富网	详细分析见易观智库企业库
企博网	详细分析见易观智库企业库

续表

厂商	备注
第一食品网	详细分析见易观智库企业库
鄂尔多斯羊绒网	详细分析见易观智库企业库
纺织商务网	详细分析见易观智库企业库
风簸网	详细分析见易观智库企业库
服装染色网	详细分析见易观智库企业库
工艺礼品网	详细分析见易观智库企业库
工艺品交易网	详细分析见易观智库企业库
好孩儿玩具网	详细分析见易观智库企业库
华夏礼品网	详细分析见易观智库企业库
慧聪服装网	详细分析见易观智库企业库
慧聪家电网	详细分析见易观智库企业库
慧聪礼品网	详细分析见易观智库企业库
慧聪食品工业网	详细分析见易观智库企业库
家电圈	详细分析见易观智库企业库
家居在线	详细分析见易观智库企业库
金贝网	详细分析见易观智库企业库
酒代理网	详细分析见易观智库企业库
酒市网	详细分析见易观智库企业库
全球纺织品	详细分析见易观智库企业库
全球内衣交易网	详细分析见易观智库企业库
全球箱包网	详细分析见易观智库企业库
食品产业网	详细分析见易观智库企业库
食品机械网	详细分析见易观智库企业库
食品品牌网	详细分析见易观智库企业库
食品商机网	详细分析见易观智库企业库
食品商务网	详细分析见易观智库企业库
世界服装鞋帽网	详细分析见易观智库企业库
世界家具时报网	详细分析见易观智库企业库
世界鞋网	详细分析见易观智库企业库

续表

厂商	备注
童装加盟榜	详细分析见易观智库企业库
玩具巴巴	详细分析见易观智库企业库
玩具谷	详细分析见易观智库企业库
玩具基地网	详细分析见易观智库企业库
未来在线网	详细分析见易观智库企业库
温州电器网	详细分析见易观智库企业库
亚太家居网	详细分析见易观智库企业库
医护服饰网	详细分析见易观智库企业库
义乌市场网	详细分析见易观智库企业库
义乌小商品批发网	详细分析见易观智库企业库
有机食品信息网	详细分析见易观智库企业库
真玩具网	详细分析见易观智库企业库
中国冰淇淋网	详细分析见易观智库企业库
中国厨房设备网	详细分析见易观智库企业库
中国第一服装网	详细分析见易观智库企业库
中国纺织面料网	详细分析见易观智库企业库
中国纺织品网	详细分析见易观智库企业库
中国纺织商务网	详细分析见易观智库企业库
中国服饰网	详细分析见易观智库企业库
中国服装辅料网	详细分析见易观智库企业库
中国服装批发网	详细分析见易观智库企业库
中国服装网	详细分析见易观智库企业库
中国海产网	详细分析见易观智库企业库
中国海洋食品网	详细分析见易观智库企业库
中国家具行业网	详细分析见易观智库企业库
中国家具网	详细分析见易观智库企业库
中国家装家居网	详细分析见易观智库企业库
中国酒网	详细分析见易观智库企业库
中国旧衣服装网	详细分析见易观智库企业库

续表

厂商	备注
中国轻工业网	详细分析见易观智库企业库
中国日用品网	详细分析见易观智库企业库
中国食品产业网	详细分析见易观智库企业库
中国食品模具网	详细分析见易观智库企业库
中国食品饮料网	详细分析见易观智库企业库
中国丝绸网	详细分析见易观智库企业库
中国玩具网	详细分析见易观智库企业库
中国鲜花礼品网	详细分析见易观智库企业库
中国香料网	详细分析见易观智库企业库
中国游乐设备信息网	详细分析见易观智库企业库
中国枣网	详细分析见易观智库企业库
中国装饰网	详细分析见易观智库企业库
中华厨卫网	详细分析见易观智库企业库
中华古典家具网	详细分析见易观智库企业库
中华茗茶网	详细分析见易观智库企业库
中华珠宝网	详细分析见易观智库企业库
中外玩具网	详细分析见易观智库企业库
中鞋网	详细分析见易观智库企业库
中国库存网	详细分析见易观智库企业库
中国化工机械网	详细分析见易观智库企业库
中国化工网	详细分析见易观智库企业库
中国化工信息网	详细分析见易观智库企业库
中国化工仪器网	详细分析见易观智库企业库
中国化工资讯网	详细分析见易观智库企业库
中国机械设备网	详细分析见易观智库企业库
中国机械专家网	详细分析见易观智库企业库
中国科学仪器网	详细分析见易观智库企业库
中国密封网	详细分析见易观智库企业库
中国农业仪器网	详细分析见易观智库企业库

续表

厂商	备注
中国汽车零配件网	详细分析见易观智库企业库
中国汽车配件网	详细分析见易观智库企业库
中国汽摩配件交易网	详细分析见易观智库企业库
中国汽摩配件网	详细分析见易观智库企业库
中国汽配城	详细分析见易观智库企业库
中国汽配门户	详细分析见易观智库企业库
中国塑胶网	详细分析见易观智库企业库
中国塑料网	详细分析见易观智库企业库
中国万维化工网	详细分析见易观智库企业库
中国五金工具网	详细分析见易观智库企业库
中国五金商机网	详细分析见易观智库企业库
中国五金网	详细分析见易观智库企业库
中国吸塑网	详细分析见易观智库企业库
中国仪器搜索网	详细分析见易观智库企业库
中国仪器网	详细分析见易观智库企业库
中国仪器仪表网	详细分析见易观智库企业库
中国仪器之家	详细分析见易观智库企业库
中国印刷包装网	详细分析见易观智库企业库
中国印刷产品网	详细分析见易观智库企业库
中国印刷网	详细分析见易观智库企业库
中国纸箱网	详细分析见易观智库企业库
中国轴承网	详细分析见易观智库企业库
中华标准件网	详细分析见易观智库企业库
中华工控网	详细分析见易观智库企业库
中华汽配网	详细分析见易观智库企业库
中华塑料网	详细分析见易观智库企业库
中外印机网	详细分析见易观智库企业库
中原汽配网	详细分析见易观智库企业库
千汇网	详细分析见易观智库企业库

续表

厂商	备注
518汇成网	详细分析见易观智库企业库
不锈钢水箱网	详细分析见易观智库企业库
中国发电机网	详细分析见易观智库企业库
凡宇资讯网	详细分析见易观智库企业库
富宝金属网	详细分析见易观智库企业库
钢铁价格网	详细分析见易观智库企业库
光伏网	详细分析见易观智库企业库
广州苗木网	详细分析见易观智库企业库
海南黄花梨网	详细分析见易观智库企业库
好巴巴养殖网	详细分析见易观智库企业库
河北果蔬网	详细分析见易观智库企业库
红枣网	详细分析见易观智库企业库
花牛网	详细分析见易观智库企业库
华夏建材网	详细分析见易观智库企业库
慧聪建材网	详细分析见易观智库企业库
建材信息网	详细分析见易观智库企业库
建材资讯宝	详细分析见易观智库企业库
建筑建材贸易网	详细分析见易观智库企业库
金属114网	详细分析见易观智库企业库
九正建材网	详细分析见易观智库企业库
垃圾处理网	详细分析见易观智库企业库
绿色建材网	详细分析见易观智库企业库
能源在线	详细分析见易观智库企业库
农博网	详细分析见易观智库企业库
农产品信息网	详细分析见易观智库企业库
农村养殖网	详细分析见易观智库企业库
农民网	详细分析见易观智库企业库
莆商木材网	详细分析见易观智库企业库
全球花木网	详细分析见易观智库企业库

续表

厂商	备注
全球金属网	详细分析见易观智库企业库
全球铝业网	详细分析见易观智库企业库
全球新能源网	详细分析见易观智库企业库
盛丰建材网	详细分析见易观智库企业库
世界建材网	详细分析见易观智库企业库
世界建材总网	详细分析见易观智库企业库
首聚能源博览网	详细分析见易观智库企业库
蔬菜网	详细分析见易观智库企业库
太阳能网	详细分析见易观智库企业库
天工网	详细分析见易观智库企业库
土木在线	详细分析见易观智库企业库
我要油漆网	详细分析见易观智库企业库
新能源114	详细分析见易观智库企业库
养鸽子网	详细分析见易观智库企业库
冶金行业网	详细分析见易观智库企业库
亿钢网	详细分析见易观智库企业库
优倍网	详细分析见易观智库企业库
长江有色金属网	详细分析见易观智库企业库
照明信息网	详细分析见易观智库企业库
中部农产品网	详细分析见易观智库企业库
中硅信息网	详细分析见易观智库企业库
中国畜牧网	详细分析见易观智库企业库
中国废料资源网	详细分析见易观智库企业库
中国钢企网	详细分析见易观智库企业库
中国花卉王	详细分析见易观智库企业库
中国花木网	详细分析见易观智库企业库
中国化肥信息网	详细分析见易观智库企业库
中国建材采购网	详细分析见易观智库企业库
中国建材商务网	详细分析见易观智库企业库

续表

厂商	备注
中国建材网	详细分析见易观智库企业库
中国建筑装饰网	详细分析见易观智库企业库
中国金属网	详细分析见易观智库企业库
中国矿业网	详细分析见易观智库企业库
中国绿化信息网	详细分析见易观智库企业库
中国苗木网	详细分析见易观智库企业库
中国木地板网	详细分析见易观智库企业库
中国农产品网	详细分析见易观智库企业库
中国农化服务网	详细分析见易观智库企业库
中国农商网	详细分析见易观智库企业库
中国农业网	详细分析见易观智库企业库
中国树苗网	详细分析见易观智库企业库
中国水产网	详细分析见易观智库企业库
中国水产养殖网	详细分析见易观智库企业库
中国饲料网	详细分析见易观智库企业库
中国天然气网	详细分析见易观智库企业库
中国养殖网	详细分析见易观智库企业库
中国冶金网	详细分析见易观智库企业库
中国有色网	详细分析见易观智库企业库
中国照明网	详细分析见易观智库企业库
中国猪e网	详细分析见易观智库企业库

网上零售

淘宝

淘宝网是中国深受欢迎的网购零售平台，目前拥有近5亿的注册用户数，2013年手机淘宝新增用户数在1亿以上，手机淘宝的公众账号平台“微淘”的公众账号数超过100万。每天有超过6000万的固定访客，同时，日均在线商品数已经超过了8亿件，平均每分钟售出4.8万件商品。淘宝网单日交易额峰值已经超过200亿元，创造270.8万直接且充分就业机会。随着淘宝网规模的扩大和用户数量的增加，淘宝也从单一的C2C网络集市变成了包括C2C、团购、分销、拍卖等多种电子商务模式在内的综合性零售商圈。目前已经成为世界范围的电子商务交易平台之一。

淘宝依托阿里的众多资源，迅速建立起了自己专属的生态圈，在产业链的各个环节均占据了垄断地位。淘宝拥有自身的流量入口一淘、交易工具支付宝、众多快递合作伙伴，加之其正紧锣密鼓的投资物流企业、申请快递牌照，已经基本打通了从营销、支付再到物流的整个产业链条。此外，由于其吸引了大量的用户，其在内外部营销、会员管理、网站设计优化、数据商业化等方面存在明显优势。但是，由于淘宝平台模式的天然缺陷，其对供应链的控制能力，供应链响应速度方面及物流方面存在短板，未来将严重制约其发展。阿里为了解决这一短板，在2013年5月份牵头启动“中国智能骨干网”项目，并在12月份投资海尔旗下日日顺物流企业，以增强自身竞争力。

易观分析——

多年精耕细作形成强大的品牌效应与聚集效应在吸引了大量商家加入的同时也吸引了大量的消费者，已具备良好的用户基础和市场占有度。阿里巴巴强大的资金支持和其他产品如支付宝、阿里旺旺、一淘等都对淘宝构成强力支持

需要注意的是，淘宝网入驻商家鱼龙混杂且管理成本高，目前阿里巴巴对淘宝平台上的供应链方面掌控较差

我国网上零售市场正处于稳步发展阶段，淘宝网目前在此市场占据霸主地位，有利于其后期的扩大规模和抢占市场

商家监管难度大，容易出现不法行为，严重影响其发展。尤其是淘宝网对C类店铺的一些限制容易引起商家与平台间的矛盾，影响淘宝生态圈的稳定

一、基础信息

1.1　基本信息

1.1.1　公司名称：阿里巴巴集团

1.1.2　成立时间：集团（1999年）淘宝（2003年5月10日）

1.1.3　总部地点：杭州市文二路391号西湖国际科技大厦裙楼2层

1.1.4　企业性质：中外合资

1.1.5　资本信息：注册资本5000万元人民币

1.1.6　联系方式

网址：http：//www.taobao.com/

电话：

集市消费者热线	0571-88158198	7*24小时
集市商家热线	0571-88157858	7*24小时
淘宝旅行服务热线	400-1688-688	7*24小时
彩票热线	0571-85123756	周一至周日 9:00-18:00
阿里妈妈热线	0571-88157999	周一至周五 9:00-18:00
阿里旺旺热线	买家0571-88158198　卖家0571-88157858	7*24小时
房产业务热线	房产业务提供在线咨询服务	周一至周五 9:00-18:00
理财、保险业务热线	95188-1-6	7*24小时
淘宝电影业务	淘宝电影业务提供在线咨询服务	周一至周五 9:00-18:00

中国台湾热线	(886)02-7706-3088	周一至周五 9:00-18:00节假日休息
中国香港热线	(852)2215-5300	周一至周五 9:00-18:00节假日休息
淘日本热线	(86)0571-88158388	周一至周五 9:00-18:00节假日休息

1.2　组织信息

1.2.1　管理层：马　云　企业法人

淘宝事业部已被分拆，阿里巴巴集团管理团队如下

马　云　阿里巴巴集团执行主席

蔡崇信　阿里巴巴集团执行副主席

陆兆禧　阿里巴巴集团首席执行官

张　勇　阿里巴巴集团资深副总裁

武　卫　阿里巴巴集团首席财务官

曾　鸣　阿里巴巴集团总参谋长

戴　珊　阿里巴巴集团首席人才官

王　坚　阿里巴巴集团首席技术官

王　帅　阿里巴巴集团首席市场官

邵晓锋　阿里巴巴集团首席风险官兼秘书长

彭　蕾　阿里小微金融服务集团（筹）首席执行官

姜　鹏　阿里巴巴集团资深副总裁兼副首席技术官

吴泳铭　阿里巴巴集团资深副总裁

张　宇　阿里巴巴集团副总裁

张建锋　阿里巴巴集团副总裁

吴敏芝　阿里巴巴集团副总裁

张　勇　天猫总裁

1.2.2　组织架构：

2013年，淘宝事业部被分拆。共享业务事业部、商家业务事业部、阿里妈妈事业部（展示广告、P4P、淘客联盟）、一淘及搜索事业部、物流事业部（天网）、良无限事业部、航旅事业部、类目运营事业部、数字业务事业部、综合业务事业部、消费者门户事业部、互动业务事业部、无线事业部、旺旺与客户端事业部、音乐事业部、聚划算事业部、本地生活事业部、数据平台事业部、信息平台事业部等众多事业部都有原淘宝事业部的职能。

二、业务信息

2.1　产品及服务信息

C2C综合电子商务平台，最为丰富的产品平台

作为第三方平台，有线上交易、7天无理由退换货、数据统计、物流等众多针对买家与卖家的服务

2.2　覆盖范围

2.2.1　行业：互联网C2C交易平台

2.2.2　主要客户：商家和消费者

2.2.3　业务区域：全球

2.3　收入结构：淘宝网主要收入来源为广告、增值服务，2013年具体收入结构不详。

三、综合信息

3.1　发展定位：综合性线上零售商圈

3.2　重要合作伙伴及供应商：淘宝“淘拍档”有百合计划：成员有百胜软件、富润科技、管易软件、又一城软件、湖畔网络技术、禾唐科技、任我行软件、赛普软件、商通电子商务、飞速网络、商派网络、宏巍信息、万维商联、欢乐逛、派科思诺、网商软景、光云软件、暴风科技、浙江省检验检疫科学技术研究院、网萌网络等

天猫

“天猫”原名淘宝商城，是国内B2C市场份额最大的综合性购物网站。其整合数千家品牌商、生产商，为商家和消费者之间提供一站式解决方案。创造了影响力巨大的双十一购物狂欢节和全球互联网交易最高纪录。根据易观智库的监测数据：2013年第三季度天猫销售额799亿元，天猫B2C市场份额占全国B2C市场份额的49.2%。

随着人们收入水平和生活质量的不断提高，人们对品牌的认知和需求也不断加深，天猫也在品牌上投入了巨大的精力。2013年天猫调整战略方案，将入驻门槛提高，并与大量高端品牌进行合作；2013年7月推出了天猫国际频道；2014年2月与格兰仕合作，推出定制家电产品，进一步推进了以品牌为核心的战略方案。随着各大厂商都纷纷涉足O2O模式，天猫也做出了相应尝试，并取得了不错效果。2013年10月与银泰集团达成合作，通过实体店扫码预售的模式销售商品，并达成了685万的成交量；2014年2月，阿里收购高德地图，这更为后期天猫实现全面的O2O布局提供了良好基础。

天猫商城依托阿里旗下淘宝网多年积聚的用户和商户资源，在用户和商品的丰富性上处于遥遥领先的地位。此外，天猫在内外部营销、会员管理、网站设计优化、数据商业化等方面存在明显优势。但是，由于天猫联营模式的天然缺陷，天猫对供应链的控制能力、供应链响应速度方面及物流方面存在短板，未来将严重制约天猫发展。阿里为了解决这一短板，在2013年5月份牵头启动“中国智能骨干网”项目，并在12月份投资海尔旗下日日顺物流企业，以增强自身竞争力。迄今为止，天猫已经拥有4亿多买家，5万多家商户，7万多个品牌；多种新型网络营销模式正在不断被开创。

易观分析——

依托淘宝的优势资源和强大的用户群体，天猫在产品组合资源和市场知名度上有很强的优势。淘宝多年积累的用户数据库也为天猫未来的发展奠定了基础。强大的阿里集团可以给天猫稳定的资金支持。目前，天猫自身的价值能吸引大量优秀合作伙伴，为其发展提供了良好的环境。

由于依赖第三方物流，配送时间较长，天猫在同质化较高产品的销售上不占优势。在商品折扣方面相较于唯品会等同样以品牌为核心的特卖商家仍然较低，价格对用户不具备强吸引力

我国消费者对线上品牌的认知和需求大幅提高，我国网上零售B2C市场仍处于稳步增长的趋势，为大百货战略下的天猫在未来继续扩大交易规模，抢占市场份额提供了机会

过多的卖家涌入使天猫内部的生态圈环境容易恶化，过大的竞争从而引发卖家与卖家间，卖家与天猫平台间的冲突。同时，其他平台化的电商也有品牌专区，给天猫带来的威胁在增强

一、基础信息

1.1 基本信息

1.1.1 公司名称：阿里巴巴集团（天猫事业部）

1.1.2 成立时间：集团（1999年） 天猫（2008年4月）

1.1.3 总部地点：香港（国际总部） 杭州（中国总部）

1.1.4 上市时间：2007年（集团上市）

1.1.5 企业性质：股份制

1.1.6 资本信息：中外合资 具体资本不详

1.1.7 联系方式

网址 http：//www.tmall.com/

邮箱 florenceshih@hk.alibaba-inc.com

地址 浙江省杭州市余杭区文一西路969号

电话 0571-85026880

1.2 组织信息

1.2.1 管理层

马 云 阿里巴巴集团董事局主席

蔡崇信 阿里巴巴集团执行副主席

陆兆禧 阿里巴巴集团首席执行官

张 勇 天猫总裁

1.2.2 组织架构：具体信息不详

二、业务信息

2.1　产品及服务信息

2.1.1　产品信息

B2C综合商城，囊括家具、汽车、生鲜、服务等各品类产品

作为第三方平台，有正品保障、天猫智库、线上交易、7天无理由退换货、数据统计、物流、代运营接入等众多针对买家与卖家的服务

2.2　覆盖范围

2.2.1　行业：综合B2C平台

2.2.2　主要客户：全网用户

2.2.3　业务区域：国内及海外

2.3　收入结构：天猫的营收主要包括广告、交易分成、商家增值服务三部分，具体比例不详

三、综合信息

3.1　发展定位：网购世界中的第五大道或者香榭丽舍大道，中国乃至世界B2C的新地标

3.2　重要合作伙伴及供应商：优衣、卡帕、戴尔、乐扣乐扣、五粮液等

京东商城

京东商城是以3C起步的综合性网购专业平台，是中国最大的B2C企业之一。目前，已经拥有电信虚拟运营牌照、快递牌照、基金牌照，有多种业务经营权；拥有完善的仓储设施，物流供应链，能向消费者提供211限时达等完善的配送服务。根据易观智库的监测数据，截至2013年第三季度，京东B2C市场份额占我国B2C市场份额的18.3%，仅次于天猫。

京东商城发展初期的供应商资源优势主要集中在3C产品，由于降低自身毛利，使得商品价格具有较强竞争力，京东迅速获得大量活跃用户；2010年京东凭借平台的优质用户资源，转型百货，百货商品进而帮助京东发展了大量新用户。此外，京东不断升级自建物流体系，在2013年推出夜间送、极速达，物流实现“按需配送”，进一步强化了其供应链能力。供应链能力的提升一方面增强了服务客户的能力，另一方面增强了资金快速周转。

京东正向着品牌化，多元化的方向发展。2013年3月京东商城正式更名为京东，改域名为jd.com，进一步实现去商城化。同年7月，京东向POP提供信贷等金融业务。2012年京东先后上线了京东音乐、京东读书、京东云盘等相应业务和应用；2013年11月，其开发的应用商店上线，12月获得虚拟运营商牌照，为其后续发展奠定了基础。在多元化发展的同时京东也没有放松对自身电商产品

实力的增强，2014年1月其携手数十家潮流品牌打造时尚新品发布会。并与数十家国际高端品牌达成深度合作，使其入驻京东开放平台。

如今互联网BAT三足鼎立，京东想要在互联网浪潮中分一杯羹，便不能固守电商的城池，应当多元化发展，但多元化发展的同时也应注重自身规模的控制。

易观分析——

京东商城在此前几年凭借价格竞争策略已经收获了大量用户，其前期投入大量精力建设的仓储和物流网络也在后期为其留住了用户，目前已有良好的口碑和用户基础

相比市场份额更大的天猫，京东的一个短板是商品价格和种类，另外，京东的物流链在三线城市上不完善，优势难以在此类城市发挥

中国B2C市场规模仍处于稳步上升的阶段，有利于其进一步扩大市场。随着用户素质的提高越来越多的人愿意为服务付费，京东优质的服务（如211限时达，免费退换货等）可以吸引大量的用户

京东开放平台给第三方卖家的同时也对其长久积累的口碑产生了威胁，入驻卖家的资格的审查和销售过程监管如果不到位则可能会影响到其企业的信誉

一、基础信息

1.1 基本信息

1.1.1 公司名称：北京京东世纪贸易有限公司

1.1.2 成立时间：1998-6-18

1.1.3 总部地点：北京

1.1.4 上市时间：未上市

1.1.5 企业性质：民营企业

1.1.6 资本信息：注册资本1000万

1.1.7 联系方式

网址：www.jd.com

邮箱：zhouyongyue@jd.com

地址：北京市朝阳区北辰西路8号北辰世纪中心A座

电话：010-58959005

1.2　组织信息

1.2.1　管理层：

刘强东　创始人　董事长　首席执行官

赵国庆　副董事长

黄宣德　CFO

隆　雨　CHO

何　刚　副总裁　首席科学家

石　涛　副总裁

熊宇红　副总裁

王笑松　副总裁

蒉莺春　副总裁

1.2.2　组织架构：营销体系，仓储配送客服运营体系，信息系统，人事、法务和基建，财务和战略

二、业务信息

2.1　产品及服务信息

品类完善的综合商品，同时提供电子发票、极速达、夜间配、211限时达、次日达、自提、包裹实时追踪、家电上门安装等服务

2.2　覆盖范围

2.2.1　行业：综合电商平台

2.2.2　主要客户：大众

2.2.3　业务区域：截至2013年12月31日，京东在全国34座城市建立了6大物流中心，7个前端配送中心以及82个仓库。同时，还在全国460座城市拥有1453个配送站和209个自提点。

2.3　收入结构：京东商城的营收来源主要来自分成、销售返点、增值服务、交易差价等方面，具体结构不详。

三、综合信息

3.1　发展定位：京东商城是中国B2C市场最大的3C网购专业平台。是中国电子商务领域最受消费者欢迎和最具影响力的电子商务网站之一

3.2　重要合作伙伴及供应商：ACER宏碁电脑，俄罗斯的DST、老虎基金，九州通医药集团股份有限公司

苏宁云商

苏宁易购是苏宁电器旗下新一代B2C综合网上购物平台，是建立在苏宁云商长期以来积累的丰富的零售经验和采购、物流、售后服务等综合性平台上的，同时由行业内领先的合作伙伴IBM合作开发的新型网站平台。现已覆盖传统家电、3C电器、日用百货等品类。

苏宁易购的优势资源在于其强大的线下供应链资源。2013年，苏宁在营销渠道、IT技术方面大力投入。10月份，苏宁2.5亿美金战略投资PPTV，扩展了流量获取渠道，同时，视频网站丰富的内容资源为苏宁未来的精准营销奠定了基础。苏宁目前IT技术人员达三千多人，11月份，苏宁在美国硅谷启动了首个海外研究院，进一步壮大了其IT技术研发能力。

根据易观智库的监测数据，截至2013年第三季度，苏宁易购B2C市场份额占全国B2C市场份额的4.7%。

易观分析——

苏宁易购依托苏宁电器、苏宁云商的先天资源优势，在产品的价格、供应链、售后等方面上有先天的优势。苏宁的品牌价值也是其发展的优势之一。苏宁集团的实体店为其服务、供应链和仓储能力可以提供有力支持

苏宁在产品采购的优势局限于3C产品，对其他产品经验较少，产品丰富度较差。线下与线上抢夺交易份额，由于苏宁实体店员工收入与销售挂钩，所以容易出现线下恶意抢占线上销售份额情况

中国B2C市场正处于稳步发展阶段，有利于趁此进一步扩张规模，抢占市场

苏宁易购进入市场较晚，自身业务在行业中同质化严重，竞争压力大。京东天猫等其他B2C交易平台市场份份额远高于苏宁易购，在供应链、售后等服务上，目前仍更完善。另一方面，国美等其他拥有线下实体店的厂商也正快速的进军电商市场，苏宁易购的优势并不明显　，

一、基础信息

1.1　基本信息

1.1.1　公司名称：苏宁云商集团股份有限公司

1.1.2　成立时间：1990年

1.1.3　总部地点：江苏南京

1.1.4　上市时间：上市2004年7月

1.1.5　企业性质：股份制

1.1.6　资本信息：注册资金738304.31万元

1.1.7　联系方式

网址　http：//www.suning.cn　http：//www.suning.com/

邮箱　ggzx@cnsuning.com　b2b@cnsuning.com

地址　江苏省南京市玄武区徐庄软件园苏宁大道1号

电话　4008198198

1.2　组织信息

1.2.1　人员规模：8364人

1.2.2　管理层

张近东　董事长

孙为民　副董事长

金　明　总裁

孟祥胜　副总裁

任　峻　苏宁易购的执行总裁副总裁、董事会秘书

李　斌　苏宁易购常务副总经理

朱　华　现任公司财务负责人

1.2.3　组织架构：与营销总部类似，苏宁易购是苏宁云商下的一个总部。分为采销、服务、信息三大体系，市场推广、BD、人力资源、财务等职能部门。采销体系按品类细分，信息体系分为技术管理、项目管理、运维管理等，在电子商务、金融、物流、终端、ERP等虚拟产品开发领域设置专门组织体系。有物流、金融、电讯、红孩子、PPTV、Lindex等八大直属独立公司。

二、业务信息

2.1　产品及服务信息：综合，各品类产品

平台开放、在线交易、物流配送、上门安装、品牌推广等双边服务

2.2　覆盖范围

2.2.1　行业：综合电商

2.2.2　主要客户：全网用户

2.2.3　业务区域：国内及海外

2.3　收入结构：2013年，苏宁线上销售收入218.9亿元，同比增长43.86%，未合并的“红孩子”母婴、化妆品等销售收入（2013年1月1日-2013年3月31日）及开放平台业务、商旅、充值、彩票、团购等虚拟产品代售业务规模合计约为42亿元人民币。具体细分结构不详。

三、综合信息

3.1　发展定位：中国最大的3C家电B2C网站，B2C行业内最优秀的服务品牌之一。

3.2　重要合作伙伴及供应商：IBM、思科、新浪、乐峰、凡客等。

亚马逊中国

亚马逊中国，原名卓越亚马逊，是一家B2C电子商务网站，前身为卓越网，2004年8月19日亚马逊公司宣布以7500万美元收购雷军和陈年创办的卓越网，将卓越网收归为亚马逊中国全资子公司，使亚马逊全球领先的网上零售专长与卓越网深厚的中国市场经验相结合，进一步提升了客户体验，并促进了中国电子商务的成长。

亚马逊中国汲取了亚马逊集团在IT技术及物流配送方面的优势基因，提升用户体验。但是亚马逊本土化能力不足，在网站页面设计、网站运营方面不能够贴合中国消费者的使用习惯，在一定程度上制约了亚马逊中国的发展。

2012年亚马逊进入了硬件领域，先后推出了三款电子图书和平板电脑，并收购了出版公司，将应用、游戏、电子书籍、电影、音乐等均纳入销售范围中，2013年，硬件产品进入中国市场。

截至2013年第三季度，亚马逊中国B2C市场份额占全国B2C市场份额的2.7%，排名第五。

易观分析——

作为全球翘楚，亚马逊长期积累的口碑，强大的仓储、供应链；超强的IT能力和大数据分析能力，精准的产品推送都使亚马逊有大量的忠实用户和高销售额

管理决策受制于人，美国企业的发展模式在中国水土不服，其网页糟糕的用户体验使其流失了部分用户

中国B2C市场仍处于稳步发展的阶段，有助于其扩大规模，抢占市场。2013年Kindle在中国的推出使其抢占了数字图书的市场，吸引了不少高质量用户

对第三方卖家监管不严导致其品牌形象受到打击，目前国内已有多家零售B2C电商企业的市场份额已经超越亚马逊中国，本土化不力的亚马逊面临日益增大的竞争压力

一、基础信息

1.1　基本信息

1.1.1　公司名称：亚马逊（中国）公司

1.1.2　成立时间：亚马逊公司初创于1995年；卓越亚马逊成立于2000年

1.1.3　总部地点：北京市朝阳区东四环中路56号楼5层

1.1.4　上市时间：1997年5月15日

1.1.5　企业性质：外资企业

1.1.6　资本信息：225063.2 万港元

1.1.7　联系方式

网址：http：//www.amazon.cn（亚马逊中国）

邮箱：cn-cs-smfix@amazon.com

电话：（1）客服电话　400-810-5666　　（2）海外用户　86-28-65332666

1.2　组织信息

1.2.1　管理层

（1）亚马逊中国总裁：Steve Frazier。前任亚马逊全球副总裁。暂时接替前任亚马逊中国总裁王汉华的职务,直到亚马逊确定新的中国公司总裁人选。

（2）亚马逊中国副总裁：

李岩川、方淦、张建弢、张建富（产品副总裁）、石建军、许长虹、叶伟（第三方平台业务拓展）、白驹逸（Kindle业务）

1.2.2　组织架构：分为零售、第三方平台、研发、运营、Kindle、应用商店等线条以及人力资源、财务、法律与公共事务、信息系统支持、行政后勤管理等职能部门。

二、业务信息

2.1　产品及服务信息

亚马逊（中国）电子商务提供图书、音乐、影视、手机数码、家电、家居、玩具、健康、美容化妆、钟表首饰、服饰箱包、鞋靴、运动、食品、母婴、户外和休闲等32大类产品，2013年，消费电子产品Kindle家族进入中国。

2.2　覆盖范围

2.2.1　行业：综合类电商

2.2.2　主要客户：全网消费者

2.2.3　业务区域

亚马逊中国拥有业界最大最先进的运营网络之一，目前有15个运营中心，分别位于北京（2个）、苏州（2个）、广州（2个）、成都（2个）、武汉、沈阳、西安、厦门、上海、天津、哈尔滨、南宁，总运营面积超过70万平方米。其主要负责厂商收货、仓储、库存管理、订单发货、调拨发货、客户退货、返厂、商品质量安全等。同时，亚马逊中国还拥有自己的配送队伍和客服中心，为消费者提供便捷的配送及售后服务。

2.3　收入结构：具体信息不详

三、综合信息

3.1　发展定位：以最丰富的选品、最具竞争力的价格和最优质的客户体验成为中国消费者的首选网上商城。

3.2　重要合作伙伴及供应商：马可波罗，泡泡网手机频道，中国供应商网，PC HOME产品中心，珂兰钻石，公务员考试，百度乐居，一大把-家电圈，中国人民大学出版社，海词在线词典，PConline数码相机频道，杭州搜房网，91手机门户网，拉手网，麦考林，我买网，凡客诚品，糯米网，比特网，LC风格网，龙源期刊网

我国网上零售产业中的其他企业名录节选如下表：

表2　中国网上零售行业企业名录节选

厂商	备注
淘宝网	简要分析见前述　　数据分析及详细分析见易观智库企业库
天猫	简要分析见前述　　数据分析及详细分析见易观智库企业库
京东商城	简要分析见前述　　数据分析及详细分析见易观智库企业库
苏宁易购	简要分析见前述　　数据分析及详细分析见易观智库企业库
亚马逊中国	简要分析见前述　　数据分析及详细分析见易观智库企业库
1号店	数据分析及详细分析见易观智库企业库
易讯网	数据分析及详细分析见易观智库企业库
腾讯电商	数据分析及详细分析见易观智库企业库
当当网	数据分析及详细分析见易观智库企业库
凡客诚品	数据分析及详细分析见易观智库企业库

续表

厂商	备注
国美在线	数据分析及详细分析见易观智库企业库
麦考林	数据分析及详细分析见易观智库企业库
唯品会	数据分析及详细分析见易观智库企业库
新蛋	数据分析及详细分析见易观智库企业库
走秀网	数据分析及详细分析见易观智库企业库
西拓网	数据分析及详细分析见易观智库企业库
小米商城	数据分析及详细分析见易观智库企业库
红孩子	数据分析及详细分析见易观智库企业库
库巴网	数据分析及详细分析见易观智库企业库
拍拍网	数据分析及详细分析见易观智库企业库
1号药网	详细分析见易观智库企业库
99网上书城	详细分析见易观智库企业库
玛萨玛索	详细分析见易观智库企业库
银泰百货	详细分析见易观智库企业库
百联E城	详细分析见易观智库企业库
王府井百货	详细分析见易观智库企业库
乐天市场	详细分析见易观智库企业库
橡果国际	详细分析见易观智库企业库
本来生活网	详细分析见易观智库企业库
电果网	详细分析见易观智库企业库
365鲜果网	详细分析见易观智库企业库
草莓派化妆品商城	详细分析见易观智库企业库
春水堂	详细分析见易观智库企业库
珂兰钻石网	详细分析见易观智库企业库
乐友	详细分析见易观智库企业库
第九大道	详细分析见易观智库企业库
博库网	详细分析见易观智库企业库
第五大道	详细分析见易观智库企业库

续表

厂商	备注
东方CJ	详细分析见易观智库企业库
多利农庄	详细分析见易观智库企业库
高鸿商城	详细分析见易观智库企业库
贡天下	详细分析见易观智库企业库
购得乐	详细分析见易观智库企业库
好乐买	详细分析见易观智库企业库
和茶网	详细分析见易观智库企业库
胡桃夹子	详细分析见易观智库企业库
华强北商城	详细分析见易观智库企业库
佳品网	详细分析见易观智库企业库
家居就	详细分析见易观智库企业库
金象网	详细分析见易观智库企业库
酒美网	详细分析见易观智库企业库
酒仙网	详细分析见易观智库企业库
聚美优品	详细分析见易观智库企业库
聚尚网	详细分析见易观智库企业库
开心人网上药店	详细分析见易观智库企业库
酷运动	详细分析见易观智库企业库
快书包	详细分析见易观智库企业库
乐蜂网	详细分析见易观智库企业库
乐淘	详细分析见易观智库企业库
中国移动	详细分析见易观智库企业库
中国联通	详细分析见易观智库企业库
中国电信	详细分析见易观智库企业库
绿盒子	详细分析见易观智库企业库
绿森数码	详细分析见易观智库企业库
买卖宝	详细分析见易观智库企业库
美乐乐	详细分析见易观智库企业库

续表

厂商	备注
魅达网	详细分析见易观智库企业库
魅力惠	详细分析见易观智库企业库
梦露时尚	详细分析见易观智库企业库
名鞋库	详细分析见易观智库企业库
母婴之家	详细分析见易观智库企业库
甫田网	详细分析见易观智库企业库
七彩谷	详细分析见易观智库企业库
千腾网	详细分析见易观智库企业库
俏物悄语	详细分析见易观智库企业库
屈臣氏	详细分析见易观智库企业库
趣玩网	详细分析见易观智库企业库
瑞宝仕	详细分析见易观智库企业库
上海药房网	详细分析见易观智库企业库
上品折扣	详细分析见易观智库企业库
尚品网	详细分析见易观智库企业库
顺丰优选	详细分析见易观智库企业库
丝芙兰	详细分析见易观智库企业库
寺库	详细分析见易观智库企业库
淘鞋网	详细分析见易观智库企业库
天品网	详细分析见易观智库企业库
天天果园	详细分析见易观智库企业库
天天网	详细分析见易观智库企业库
沱沱工社	详细分析见易观智库企业库
哇塞网	详细分析见易观智库企业库
万表网	详细分析见易观智库企业库
网易商城	详细分析见易观智库企业库
西街	详细分析见易观智库企业库
可得眼镜网	详细分析见易观智库企业库

续表

厂商	备注
大童网	详细分析见易观智库企业库
新七天电器网	详细分析见易观智库企业库
药房网	详细分析见易观智库企业库
也买酒	详细分析见易观智库企业库
依谷网	详细分析见易观智库企业库
移淘	详细分析见易观智库企业库
易果网	详细分析见易观智库企业库
优菜网	详细分析见易观智库企业库
优集品	详细分析见易观智库企业库
优雅100	详细分析见易观智库企业库
优众网	详细分析见易观智库企业库
悠品	详细分析见易观智库企业库
佑一良品	详细分析见易观智库企业库
珍品网	详细分析见易观智库企业库
正大天地	详细分析见易观智库企业库
知我药妆网	详细分析见易观智库企业库
中粮我买网	详细分析见易观智库企业库
珠宝网	详细分析见易观智库企业库
左岸女人	详细分析见易观智库企业库
NALA	详细分析见易观智库企业库
NO.5时尚广场	详细分析见易观智库企业库
SaSa	详细分析见易观智库企业库
钻石小鸟	详细分析见易观智库企业库
周大福	详细分析见易观智库企业库
周生生	详细分析见易观智库企业库

服务电商

大众点评

大众点评2003年年初创立于上海，提供商户信息及点评服务，信息已覆盖全国2300多个城市及数十个海外国家和地区，收录超过800万家商户，并同时提供优惠券、团购和移动端业务产品。十年深耕本地生活，形成了推广服务、电子商务与导购三位一体的盈利模式。2009年底，大众点评推出第一版手机APP。截至2013年第四季度，移动端的独立用户约9000万，浏览量已经超过了75%。团购业务2013年前11个月实现成交额71.77亿元，行业排名第二位。独立APP“点评团”2012年8月上线，贡献交易额已过半。

导购服务即电子会员卡与预约预定功能。如果说优惠券和团购的作用是为商户带来新客户，那么电子会员卡就是为商家留住老客户。电子会员卡目前向注册商户免费开放，消费者成为商户会员后可在客户端内展示会员卡以获得优惠。电子会员卡背后所承载的会员管理体系有可能成为大众点评在未来的一个较大的盈利点。

预定包括餐馆订位和酒店预定，酒店预定又分为本站团购和导购：本站团购是酒店直接向点评团提供酒店库存，用户可以直接在点评团下订单；导购则导向携程和艺龙两家OTA网站。餐厅预订是大众点评深耕本地生活的又一力举。截至2013年12月底，餐厅在线预订总订单超过120万。

易观分析——

通过十年来对本地生活的深耕，已养成用户习惯，产品定位明确，消费者黏度高，线下商户服务经验丰富，大众点评网在其自身领域已具有领先优势

无门槛点评模式下的信息质量存疑。此外，作为本地生活服务电商，大众点评网在一二线城市以外的渗透率低，推广成本较高

目前移动互联网已处于加速发展与用户渗透阶段，可借力移动互联网拓展新的业务和盈利点，推动会员管理系统产品化

作为独立的本地生活服务电商，面对BAT三大巨头越来越大的竞争，尤其是自身在地图、支付环节等依赖其他公司，产业链占位少

一、基础信息

1.1　基本信息

1.1.1　公司名称：大众点评网

1.1.2 成立时间：2003年

1.1.3 总部地点：上海

1.1.4 上市时间：未上市

1.1.5 企业性质：民营

1.1.6 资本信息：从2003年成立至今，大众点评网共经历了四轮融资。2014年，腾讯入股大众点评网，持有20%股份。

1.1.7 联系方式

网址 http：//www.dianping.com

地址 上海市长宁区安化路492号“易园”C座2楼

电话 400 820 5527

1.2 组织信息

1.2.1 管理层

创始人 张 涛

其他创始团队成员包括联合创始人李璟、张波、叶树蕻和龙伟

1.2.2 组织架构：具体信息不详

二、业务信息

2.1 产品及服务信息

2.1.1 对商户：全面整合营销解决方案，6大推广方式量身定制：

团 购：高效的短期营销工具

优惠券：精确传递优惠信息，持续刺激消费欲望

关键词：潜在客户找商家，首先看到

签 到：签到推广活动，让顾客帮忙打广告

城市通：个性化页面，及时市场反馈

互动性：通过消费者拍照点评，让消费者有更好的选择

2.1.2 对用户：大众点评不仅提供商户信息、消费点评及消费优惠等信息服务，同时亦提供团购、电子会员卡及餐厅预订等O2O交易服务。

2.2 覆盖范围

2.2.1 行业：服务电商/本地信息及交易平台

2.2.2 主要客户：本地全网用户

2.2.3　业务区域：目前，除上海总部之外，大众点评已经在北京、广州、天津、杭州、南京、深圳、苏州、无锡、宁波、成都、重庆、武汉、西安、郑州、济南、青岛、沈阳、大连、长沙、哈尔滨、厦门、福州、合肥、常州、佛山和太原等30多座城市设立分支机构。

2.3　收入结构：大众点评网目前营收来源主要是广告服务、商户服务、团购、品牌推广，具体结构不详

三、综合信息

3.1　发展定位：城市消费体验的沟通和聚合

3.2　重要合作伙伴及供应商：中国国际航空、携程、新浪网、盛大网络、新华网、东方CJ、中国联通、中国移动、金羊网等

美团网

根据易观智库的监测数据，2013年10月，美团团购活跃用户数1644.0万，月人均启动15.2次，活跃用户数排名第一，超过聚划算等后四名总和。美团网在千团大战胜出之后，未来的业绩增量来自于品类的扩张，包括电影，酒店团购以及餐饮预定，在扩张过程中，由于战线的拉长，各业务层面对不同层面竞争，在电影层有豆瓣，格瓦拉，在酒店层面有携程，去哪儿，以及在预定层面有大众点评以及淘宝点点，市场竞争存在变量。

易观分析——

美团网在团购行业中具有先发优势，是最早上线的团购之一；创业团队互联网经验丰富；管理团队建立了狼性的企业文化，运营效率强

流量更多地基于自身，在获取流量层面依托自有资源，存在变量

在新兴团购领域以及以二三线城市为主的新兴区域中，仍存在很大市场空间

团购业务本身市场规模依赖整体电商规模的扩展；一方面需要关注互联网巨头的横向扩展，另一方面需要提升运营规范以应对持续完善的行业规范

一、基础信息

1.1　基本信息

1.1.1　公司名称：北京三快科技有限公司

1.1.2　成立时间：2010年3月4日

1.1.3 总部地点：北京

1.1.4 上市时间：未上市

1.1.5 企业性质：民营

1.1.6 资本信息：不详

1.1.7 联系方式

网址：http：//www.meituan.com/

地址：北京市海淀区北四环西路67号1522室　　电话：400-660-5335

1.2 组织信息

1.2.1 管理层：

总　裁　王　兴　人人网、海内网、饭否网创始人

副总裁　王慧文　等

1.2.2 组织架构：具体信息不详

二、业务信息

2.1 产品及服务信息：PC及移动端App

美食、酒店、电影、休闲娱乐、生活服务、购物、美容、旅游等八大品类的团购产品及服务

2.2 覆盖范围

2.2.1 行业：服务电商/本地团购生活信息与交易

2.2.2 主要客户：互联网、移动用户

2.2.3 业务区域：全国

2.3 收入结构：美团网主要营收来源为团购产品、广告等，具体结构不详

三、综合信息

3.1 发展定位：为消费者发现值得信赖的商家，让消费者享受超低折扣的优质服务；为商家找到合适的消费者，给商家提供优质的互联网技术服务

3.2 重要合作伙伴及供应商：万达影城等超过30万家合作商家

糯米网

糯米网是千橡集团推出的团购网站，2010年6月23日正式上线。糯米在被百度收购之后，拥有了百度地图的入口级资源，对于糯米获取自然订单方面有独家优势，间接可以降低营销推广费用，专注与商户的拓展以及服务的保障，但是在本身落后于市场竞争的情况下，并没有在业务增量上进行布局，随着市场马太效应的加剧，一旦资源整合不顺畅，也存在着被边缘化的可能性。

易观分析——

糯米具有丰富的媒体资源传递信息

在团购整体产业链上不具备资源优势

对接百度资源后在流量以及订单获取层面将有更大拓展空间

业务整合存在磨合期，市场竞争激烈

一、基础信息

1.1　基本信息

1.1.1　公司名称：糯米网（隶属于千橡互动集团）

1.1.2　成立时间：2010年6月23日

1.1.3　总部地点：北京

1.1.4　上市时间：未上市

1.1.5　企业性质：私营

1.1.6　资本信息：无

1.1.7　联系方式

网址：www.nuomi.com

邮箱：help@nuomi.com

地址：北京市朝阳区北三环东路8号静安中心23层

电话：4006-888-887

1.2　组织信息

1.2.1　管理层：

陈一舟　千橡互动集团董事长兼CEO

刘　健　首席运营官(COO)

江志强　首席营销官(CMO)

黄　辉　首席财务官(CFO)

黄　辉　CFO

1.2.2　组织架构：具体信息不详

二、业务信息

2.1　产品及服务信息：PC及移动App

团购、身边、购物、电影、美食、娱乐、生活、酒店旅游

2.2　覆盖范围

2.2.1　行业：服务电商/本地团购生活服务信息与交易

2.2.2　主要客户：互联网、移动用户

2.2.3　业务区域：全国

2.3　收入结构：糯米网主要营收来源为团购产品、广告，具体收入结构不详

三、综合信息

3.1　发展定位：通过团购的方式向消费者推荐高折扣的本地精品生活服务

3.2　重要合作伙伴及供应商：应届生校招网 人人逛街 56网 车问网 经纬网 北京演出票务网 57团等

我国服务电商领域其他厂商名录节选如下：

表3　中国服务电商行业企业名录节选

领域	厂商	备注
综合	大众点评网	简要分析见前述　　数据分析及详细分析见易观智库企业库
团购	美团网	简要分析见前述　　数据分析及详细分析见易观智库企业库
团购	糯米网	简要分析见前述　　数据分析及详细分析见易观智库企业库
综合	阿里巴巴	数据分析及详细分析见易观智库企业库
综合	腾讯	数据分析及详细分析见易观智库企业库
综合	百度	数据分析及详细分析见易观智库企业库
综合	京东商城	数据分析及详细分析见易观智库企业库
综合	街旁网	详细分析见易观智库企业库
综合	丁丁网	详细分析见易观智库企业库
电影	布丁电影票	详细分析见易观智库企业库

续表

领域	厂商	备注
电影	豆瓣电影	详细分析见易观智库企业库
电影	格瓦拉电影	详细分析见易观智库企业库
电影	猫眼电影	详细分析见易观智库企业库
电影	时光网	详细分析见易观智库企业库
餐饮	到家美食会	详细分析见易观智库企业库
餐饮	上海邦助信息技术有限公司	详细分析见易观智库企业库
餐饮	饿了么	详细分析见易观智库企业库
餐饮	番茄快点	详细分析见易观智库企业库
餐饮	美食杰	详细分析见易观智库企业库
餐饮	淘宝网	详细分析见易观智库企业库
餐饮	易淘星空网络科技(北京)有限公司	详细分析见易观智库企业库
团购导航	奇虎360	详细分析见易观智库企业库
团购	58团购	详细分析见易观智库企业库
团购	Google	详细分析见易观智库企业库
团购	like团	详细分析见易观智库企业库
团购	腾讯	详细分析见易观智库企业库
团购	百度	详细分析见易观智库企业库
团购	嘀嗒网	详细分析见易观智库企业库
团购	点评团购	详细分析见易观智库企业库
团购	高朋团购	详细分析见易观智库企业库
团购	拉手网	详细分析见易观智库企业库
团购	满座网	详细分析见易观智库企业库
团购	美团网	详细分析见易观智库企业库
团购	糯米网	详细分析见易观智库企业库
团购	品质团	详细分析见易观智库企业库
团购导航	团800	详细分析见易观智库企业库
团购	团购王	详细分析见易观智库企业库
团购	窝窝团	详细分析见易观智库企业库

续表

领域	厂商	备注
位置服务	高速助手	详细分析见易观智库企业库
位置服务	哪儿堵	详细分析见易观智库企业库
医药	春雨掌上医生	详细分析见易观智库企业库
医药	好大夫无线	详细分析见易观智库企业库
医药	平安1号药	详细分析见易观智库企业库
医药	掌握健康	详细分析见易观智库企业库
用车	嘀嘀打车	详细分析见易观智库企业库
用车	嘟嘟租车	详细分析见易观智库企业库
用车	快的	详细分析见易观智库企业库
用车	摇摇招车	详细分析见易观智库企业库
用车	易到	详细分析见易观智库企业库
在线教育	51talk	详细分析见易观智库企业库
在线教育	91外教网	详细分析见易观智库企业库
在线教育	CNTV公开课	详细分析见易观智库企业库
在线教育	Eico design	详细分析见易观智库企业库
在线教育	YY教育	详细分析见易观智库企业库
在线教育	爱课程	详细分析见易观智库企业库
在线教育	八迪动漫单词	详细分析见易观智库企业库
在线教育	北大网络教育	详细分析见易观智库企业库
在线教育	北京四中网校	详细分析见易观智库企业库
在线教育	步步高	详细分析见易观智库企业库
在线教育	传课网	详细分析见易观智库企业库
在线教育	电大在线	详细分析见易观智库企业库
在线教育	东奥会计在线	详细分析见易观智库企业库
在线教育	多贝网络课程	详细分析见易观智库企业库
在线教育	番薯学院	详细分析见易观智库企业库
在线教育	粉笔网	详细分析见易观智库企业库
在线教育	凤凰公开课	详细分析见易观智库企业库

续表

领域	厂商	备注
在线教育	好知网	详细分析见易观智库企业库
在线教育	洪恩	详细分析见易观智库企业库
在线教育	沪江网校	详细分析见易观智库企业库
在线教育	华尔街英语	详细分析见易观智库企业库
在线教育	环球网校	详细分析见易观智库企业库
在线教育	环球雅思学校	详细分析见易观智库企业库
在线教育	巨人	详细分析见易观智库企业库
在线教育	开讲啦	详细分析见易观智库企业库
在线教育	柠檬岛互动设计	详细分析见易观智库企业库
在线教育	尚德机构	详细分析见易观智库企业库
在线教育	淘宝	详细分析见易观智库企业库
在线教育	腾讯	详细分析见易观智库企业库
在线教育	中国人民大学	详细分析见易观智库企业库
在线教育	网易	详细分析见易观智库企业库
在线教育	我要自学网	详细分析见易观智库企业库
在线教育	我赢职场	详细分析见易观智库企业库
在线教育	新东方	详细分析见易观智库企业库
在线教育	新航道	详细分析见易观智库企业库
在线教育	新华电脑教育	详细分析见易观智库企业库
在线教育	新浪	详细分析见易观智库企业库
在线教育	学而思	详细分析见易观智库企业库
在线教育	英孚教育	详细分析见易观智库企业库
在线教育	优米网视频	详细分析见易观智库企业库
在线教育	猿题库	详细分析见易观智库企业库
在线教育	正保远程教育	详细分析见易观智库企业库
在线教育	中国远程教育网	详细分析见易观智库企业库
在线教育	中华会计网校	详细分析见易观智库企业库

电商服务厂商

我国电商服务领域厂商名录节选如下：

表4　中国电商服务领域企业名录节选

领域	厂商	备注
物流配送	Amazon社区服务站	详细分析见易观智库企业库
物流配送	datamax	详细分析见易观智库企业库
物流配送	Honeywell	详细分析见易观智库企业库
物流配送	intermec	详细分析见易观智库企业库
物流配送	TGW	详细分析见易观智库企业库
物流配送	unitech	详细分析见易观智库企业库
物流配送	zebra	详细分析见易观智库企业库
物流配送	阿里巴巴物流	详细分析见易观智库企业库
物流配送	爱彼西	详细分析见易观智库企业库
物流配送	安博	详细分析见易观智库企业库
物流配送	安能物流	详细分析见易观智库企业库
物流配送	百利威	详细分析见易观智库企业库
物流配送	邦德物流	详细分析见易观智库企业库
物流配送	菜鸟	详细分析见易观智库企业库
物流配送	城市之星	详细分析见易观智库企业库
物流配送	大隆物流	详细分析见易观智库企业库
物流配送	大田陆运	详细分析见易观智库企业库
物流配送	大洋物流	详细分析见易观智库企业库
物流配送	德邦	详细分析见易观智库企业库
物流配送	德马泰克	详细分析见易观智库企业库
物流配送	递四方信息	详细分析见易观智库企业库
物流配送	东红物流	详细分析见易观智库企业库
物流配送	凡客如风达	详细分析见易观智库企业库
物流配送	飞远配送	详细分析见易观智库企业库

续表

领域	厂商	备注
物流配送	凤凰通达	详细分析见易观智库企业库
物流配送	共速达	详细分析见易观智库企业库
物流配送	好友汇	详细分析见易观智库企业库
物流配送	华创货运	详细分析见易观智库企业库
物流配送	汇通天下	详细分析见易观智库企业库
物流配送	佳吉	详细分析见易观智库企业库
物流配送	京东物流	详细分析见易观智库企业库
物流配送	聚创物流	详细分析见易观智库企业库
物流配送	昆山华宏物流	详细分析见易观智库企业库
物流配送	蓝海宏业	详细分析见易观智库企业库
物流配送	立象	详细分析见易观智库企业库
物流配送	路易通	详细分析见易观智库企业库
物流配送	明亮物流	详细分析见易观智库企业库
物流配送	摩托罗拉	详细分析见易观智库企业库
物流配送	南京福佑	详细分析见易观智库企业库
物流配送	能安物流	详细分析见易观智库企业库
物流配送	宁波中通	详细分析见易观智库企业库
物流配送	鹏程货运	详细分析见易观智库企业库
物流配送	普洛斯	详细分析见易观智库企业库
物流配送	赛澳递	详细分析见易观智库企业库
物流配送	圣安物流	详细分析见易观智库企业库
物流配送	苏宁易购配送	详细分析见易观智库企业库
物流配送	穗佳物流	详细分析见易观智库企业库
物流配送	泰利物流	详细分析见易观智库企业库
物流配送	天地华宇	详细分析见易观智库企业库
物流配送	天天快递	详细分析见易观智库企业库
物流配送	网阔专线宝	详细分析见易观智库企业库
物流配送	五洲在线	详细分析见易观智库企业库

续表

领域	厂商	备注
物流配送	小红帽	详细分析见易观智库企业库
物流配送	欣技	详细分析见易观智库企业库
物流配送	新邦	详细分析见易观智库企业库
物流配送	新蛋软件	详细分析见易观智库企业库
物流配送	兴铁物流	详细分析见易观智库企业库
物流配送	亚马逊物流	详细分析见易观智库企业库
物流配送	义乌金驰	详细分析见易观智库企业库
物流配送	易迅物流	详细分析见易观智库企业库
物流配送	永和迅物流	详细分析见易观智库企业库
物流配送	远成物流	详细分析见易观智库企业库
物流配送	韵达快运	详细分析见易观智库企业库
物流配送	中良物流	详细分析见易观智库企业库
物流配送	中铁快运	详细分析见易观智库企业库
物流配送	中铁物流	详细分析见易观智库企业库
物流配送	中通速递	详细分析见易观智库企业库
物流配送	中一行物流	详细分析见易观智库企业库
代运营	北京北联伟业电子商务有限公司	详细分析见易观智库企业库
代运营	北京古星互联电子商务有限公司	详细分析见易观智库企业库
代运营	北京瑞金麟网络技术服务有限公司	详细分析见易观智库企业库
代运营	北京新七天科技有限公司	详细分析见易观智库企业库
代运营	北京兴长信达科技发展有限公司	详细分析见易观智库企业库
代运营	北京亿动电子商务有限公司	详细分析见易观智库企业库
代运营	常熟市畅享计算机信息技术有限公司	详细分析见易观智库企业库
代运营	成都浩瑞贸易有限公司	详细分析见易观智库企业库
代运营	成都奇赢网络科技有限公司	详细分析见易观智库企业库
代运营	东莞市乐其网络科技有限公司	详细分析见易观智库企业库
代运营	方为电子商务	详细分析见易观智库企业库
代运营	易观国际	详细分析见易观智库企业库

续表

领域	厂商	备注
代运营	佛山市小冰火人网络科技有限公司	详细分析见易观智库企业库
代运营	福建省速利电子商务有限公司	详细分析见易观智库企业库
代运营	广州加关注网络科技有限公司	详细分析见易观智库企业库
代运营	广州青木信息科技有限公司	详细分析见易观智库企业库
代运营	广州市百库电子科技有限公司	详细分析见易观智库企业库
代运营	广州营易网络技术有限公司	详细分析见易观智库企业库
代运营	杭州不争科技有限公司	详细分析见易观智库企业库
代运营	杭州多赢网络科技有限公司	详细分析见易观智库企业库
代运营	杭州恩昊网络科技有限公司	详细分析见易观智库企业库
代运营	杭州构想网络科技有限公司	详细分析见易观智库企业库
代运营	杭州麦旺电子商务有限公司	详细分析见易观智库企业库
代运营	杭州商聪信息技术有限公司	详细分析见易观智库企业库
代运营	杭州网营科技有限公司	详细分析见易观智库企业库
代运营	杭州悠可化妆品有限公司	详细分析见易观智库企业库
代运营	吉首市盘古电子商务有限公司	详细分析见易观智库企业库
代运营	嘉兴乐淘网络科技有限公司	详细分析见易观智库企业库
代运营	建宜信息技术（上海）有限公司	详细分析见易观智库企业库
代运营	蓝火翼	详细分析见易观智库企业库
代运营	青岛良品生活电子商务有限公司	详细分析见易观智库企业库
代运营	赛五洲	详细分析见易观智库企业库
代运营	山东雅诺达电子商务有限公司	详细分析见易观智库企业库
代运营	上海百秋网络科技有限公司	详细分析见易观智库企业库
代运营	上海宝尊电子商务有限公司	详细分析见易观智库企业库
代运营	上海茶马古道电子商务有限公司	详细分析见易观智库企业库
代运营	上海帝奕电子商务有限公司	详细分析见易观智库企业库
代运营	上海峻昵电子商务有限公司	详细分析见易观智库企业库
代运营	上海凯淳实业有限公司	详细分析见易观智库企业库
代运营	上海乐丽电子商务服务有限公司	详细分析见易观智库企业库

续表

领域	厂商	备注
代运营	上海丽人丽妆化妆品有限公司	详细分析见易观智库企业库
代运营	上海青桐网络技术有限公司	详细分析见易观智库企业库
代运营	上海尚展网络科技发展有限公司	详细分析见易观智库企业库
代运营	上海汤民电子商务有限公司	详细分析见易观智库企业库
代运营	上海淘喆电子商务有限公司	详细分析见易观智库企业库
代运营	上海网渠电子商务有限公司	详细分析见易观智库企业库
代运营	上海悦维广告有限公司	详细分析见易观智库企业库
代运营	上海智驭电子商务有限公司	详细分析见易观智库企业库
代运营	深圳市红火网电子商务有限公司	详细分析见易观智库企业库
代运营	深圳市里德海司科技有限公司	详细分析见易观智库企业库
代运营	深圳市联创纵横科技有限公司	详细分析见易观智库企业库
代运营	深圳市直接电子商务有限公司	详细分析见易观智库企业库
代运营	苏州易康萌思商务信息咨询有限公司	详细分析见易观智库企业库
代运营	淘金信息科技江苏有限公司	详细分析见易观智库企业库
代运营	天润控股	详细分析见易观智库企业库
代运营	图派科技	详细分析见易观智库企业库
代运营	象翌微链科技发展有限公司	详细分析见易观智库企业库
代运营	亿家联合环保设备(北京)有限公司	详细分析见易观智库企业库
代运营	易积	详细分析见易观智库企业库
代运营	翼商网络	详细分析见易观智库企业库
代运营	浙江邦淘电子商务有限公司	详细分析见易观智库企业库
代运营	浙江速网电子商务有限公司	详细分析见易观智库企业库
代运营	中山市暴风科技有限公司	详细分析见易观智库企业库
代运营	重庆网爵科技有限公司	详细分析见易观智库企业库
电商培训	网策咨询	详细分析见易观智库企业库
电商培训	易观国际	详细分析见易观智库企业库
电商网站优化	Adobe	详细分析见易观智库企业库
电子商务咨询	IBM	详细分析见易观智库企业库

续表

领域	厂商	备注
电子商务咨询	埃森哲	详细分析见易观智库企业库
电子商务咨询	易观国际	详细分析见易观智库企业库
管理软件	360shop	详细分析见易观智库企业库
管理软件	管易软件	详细分析见易观智库企业库
管理软件	光云软件	详细分析见易观智库企业库
管理软件	赛普软件	详细分析见易观智库企业库
管理软件	商派	详细分析见易观智库企业库
管理软件	又一城软件	详细分析见易观智库企业库
数据分析	易观国际	详细分析见易观智库企业库
数据分析	杭州数云	详细分析见易观智库企业库
数据分析	酷宝数据	详细分析见易观智库企业库
数据分析	量子恒道统计	详细分析见易观智库企业库
数据分析	淘宝数据魔方	详细分析见易观智库企业库
数据分析	小艾分析	详细分析见易观智库企业库
推荐引擎	百分点科技	详细分析见易观智库企业库

内容消费

网络视频

优酷土豆

自2012年8月合并后，优酷土豆一直占据中国网络视频市场的领先位置。优酷土豆合并以来，截至2013年第三季度，优酷土豆占中国网络视频市场20.06%的市场份额。现阶段，优土整合已基本完成，优酷、土豆网两个品牌在成本和收入方面的协同效应逐渐明显。2013年优酷土豆以“优酷出品”、“土豆映像”、“优酷自制综艺”为依托发展自制内容。营销方案则包含广告、产品广告和内容广告三种模式。2013年第二季度，优土移动日VV突破2亿。二季度优土启动了多屏营销，吸引了包括Intel、三星、高通、上海大众等各行业多家广告主进行规模化的跨屏广告投放。移动视频商业化成果初显，广告模式仍在探索中。随着移动端设备的普及和移动互联网的迅速发展，移动端对PC端网络视频的分流效应逐渐凸显。优酷土豆在三季度发布了移动应用中心，并计划于第四季度发布游戏中心，以期望加速实现移动货币化。优土现已在双平台差异化发展、多屏合一、移动商业化这三个方面展开了战略布局，这三大战略将会引领优土未来的发展。

易观分析——

优酷土豆合并后规模一直在市场份额中占据首位；通过差异化定位使优酷土豆服务多元化，能够多角度满足用户需求，同时双平台的差异化能为客户实现跨屏多元化的广告投放

优酷土豆的视频播放的清晰度等体验仍需完善，另一方面，与迅雷、乐视网、江苏电视台等多家视频、电视媒体存在版权纷争，在版权市场正在规范过程中，版权归属机制亟待解决

随着移动端设备的普及和移动互联网的迅速发展，移动视频的迅速发展为优酷土豆带来发展新机，4G的发展会提升移动广告的变现能力

碎片化阅读的趋势中，视频内容的更新和创造速度慢于文本和图片的速度，对汇集碎片视频内容的优酷造成一定冲击，视频行业对资本需求量大，优土作为上市的独立视频企业，在行业内不具备资本优势

一、基础信息

1.1　基本信息

1.1.1　公司名称：优酷股份有限公司

1.1.2　成立时间：2006年

1.1.3　总部地点：北京

1.1.4　上市时间：2010年

1.1.5　企业性质：上市公司

1.1.6　联系方式

网址：http：//www.youku.com/

邮箱：ent@youku.com

地址：北京市海淀区海淀大街8号中钢国际大厦11层

电话：（010）58851881

1.2　组织信息

1.2.1　管理层

古永锵　优酷创始人、CEO

刘德乐　CFO兼高级副总裁

姚　键　CTO

1.2.2　组织架构：具体不详

二、业务信息

2.1　产品及服务信息

产品：资讯中心、娱乐中心、生活中心、优酷拍客、优酷牛人、优酷PC客户端、优酷App、优酷拍客App

服务：广告服务、用户上传/下载、视频推广/宣传、开放平台服务、VIP会员服务、平台社区

2.2　覆盖范围

2.2.1　行业：互联网视频及内容行业

2.2.2　主要客户：喜欢视频的用户群

2.2.3　业务区域：全球，主要是华语地区

2.3　收入结构：广告收入、视频推广/宣传、会员服务，具体结构不祥

三、综合信息

3.1　发展定位：实践“三网合一”，贯通视频内容制作、播出、发行三大环节，成为真正意义上的互联网电视媒体，引领视频行业格局及全媒时代的大格局。

3.2　重要合作伙伴及供应商：湖南卫视、北京电视台、辽宁卫视、安徽卫视、广东卫视、天津卫视、黑龙江卫视、山东卫视、吉林卫视、安徽电视台、浙江卫视、广西电视台、贵州电视台、辽宁电视台、东南卫视、湖南财经视频、湖南娱乐、辽宁台都市、广西卫视、湖北电视台、湖北卫视、MTV中文、嘉佳卡通卫视、欧洲体育新闻、东方卫视、金藏卡通卫视、新娱乐在线、中国达人秀、江苏卫视非诚勿扰、综艺最爆点、看东方、都市热线、今日一线、旅游卫视等。

爱奇艺PPS

爱奇艺是中国国内起步较晚的娱乐视频网站，2013年5月7日爱奇艺与PPS合并。

根据易观智库最新的监测数据，截至2013年第三季度，爱奇艺占中国网络视频市场10.03%的市场份额，目前在中国网络视频中排名第二。爱奇艺的迅速发展得益于其背后依托百度引擎和流量的支持，且确定了视链广告和正版经营的发展战略。爱奇艺将以稳固市场为主，并尝试在其他领域实现突破，包括移动端的商业变现以及桌面端的商业模式创新等。爱奇艺深入探索广告营销模式，以“SWS”（“Search(搜索)”-“Watch(观看)”-“Share(分享)”）为核心竞争力，在用户关注、兴趣、搜索、观看至分享的观影全程中自然融入广告主营销诉求，为品牌广告主提供高品质、高性价比的视频营销服务。爱奇艺通过提高贴片广告的时长来提升整体广告库存，带动了移动视频市场广告收入的增长。爱奇艺与PPS的合并成为2013年为数不多能够影响行业格局的大事件之一，爱奇艺5月宣布与PPS合并，合并后采用双品牌并存模式运营，爱奇艺主打综合视频，PPS则专注年轻化、娱乐化市场。而随着移动视频商业化进程的加快，未来，在移动视频营销服务不断优化的驱动下，将会吸引更多广告主投入预算，移动视频广告市场将实现快速成长。

易观分析——

爱奇艺PPS依托百度资本、流量、平台和品牌知名度的强有力支持；目前通过PGC自制剧以及版权内容独播资源采购方面提升自己在视频市场的话语权，收购PPS后使自身的移动广告变现能力在业内处于比较领先的地位

由于进入市场时间较晚，先入者已经积累了大量的用户数据资源；高清视频对于带宽要求较高，增加了带宽成本，同时也存在带宽不足的用户观看体验下降的风险

在中国版权市场还不够成熟的情况下抢占先机，可以获得更大的市场，同时和国内外商家建立良好的合作关系，更快更好的获得第一手视频资源；移动互联网给UGC视频带来的新机遇可加以探索

网络视频市场竞争的整合，将使视频市场的竞争日益加剧

一、基础信息

1.1　基本信息

1.1.1　公司名称　北京爱奇艺科技有限公司

1.1.2　成立时间　2010年4月22日

1.1.3　总部地点　北京

1.1.4　上市时间　未上市

1.1.5　企业性质　私营·股份制企业

1.1.6　联系方式

网址：http：//www.iqiyi.com

邮箱：Edison@qiyi.com

地址：海淀区海淀北一街2号鸿诚拓展大厦17层

电话：+86 10 62677171

1.2　组织信息

1.2.1　管理层

龚　宇　创始人　总裁

耿晓华　段有桥　杨向华　李亦鹏　副总裁

1.2.2　组织架构：具体架构不详

二、业务信息

2.1　产品及服务信息

长视频、自制视频内容、合作伙伴视频内容；

版权采购分析系统：涵盖电影、电视剧、综艺、动漫、纪录片等多十余种类型的国内首家正版视频内容库；

多端移动广告系统

2.2　覆盖范围

2.2.1　行业：互联网/视频

2.2.2　主要客户：全网用户

2.2.3　业务区域：全国

2.3　收入结构：爱奇艺营收主要来源是视频广告，增值服务。具体结构不详

三、综合信息

3.1 发展定位：为用户提供更丰富的视频内容和更优质的观看体验，实现用户、视频网站、合作方、广告客户的多方共赢。

3.2 重要合作伙伴及供应商

影视机构如光线影业、星美影业、海润影视等

电视台如东南卫视、湖南卫视、浙江卫视等

平面媒体如北京青年报、齐鲁晚报、羊城晚报、南风窗等

网站如人民网、新华网、豆瓣等

导航网站如hao123、QQ导航、遨游导航等

其他如中信银行、新东方英语、中国音协等

搜狐视频

搜狐视频是搜狐网站的视频频道，是中国第一家以正版高清长视频为优势的综合视频网站，凭借巨大的影视剧库，特别是美剧，发展迅速。截至2013年第三季度，搜狐视频占中国网络视频市场10.33%的市场份额。搜狐有来自搜狐资本和平台的强有力支持，在影视剧存量方面具有比较优势，特别是美剧与美国电影选材上独具慧眼。随着搜狐视频抢得《中国好声音》第二季的新媒体独播权而大赚之后，话题性强、留存度高，热度持续时间长的热播综艺节目成为国内视频网站另一个争夺热点。此外，搜狐视频与终端厂商合作，将其内容深入内置终端产品，欲抢占移动端第一入口。在线视频行业从2005年发展至今，关于正版和盗版的博弈从未中断。2009年9月，搜狐视频主导发起“中国网络视频反盗版联盟”，这是迄今为止国内网络视频行业最广泛的反盗版统一战线，推动了此后中国网络视频行业史无前例的正版化革命全面到来。2013年11月，以搜狐为代表的国内数十家正版视频网站和版权方发起“中国网络视频反盗版联合行动”，对百度影音和快播的盗版采取了技术反制和法律诉讼。从2013年视频网站自制剧的表现来看，视频网站自制剧质量在提高，拥有专业制作团队的视频网站，有望做出更好的内容来。接下来搜狐视频将在2014年重点打造自制内容新格局，真正引领行业开启“自制元年”。同时，搜狐视频还将在国产影视剧、综艺、动漫和美剧等领域进行最大覆盖和占有独家精品，在多屏全时的平台支持下，开展互动营销，坚持高品质差异化的内容和品牌策略。

易观分析——

搜狐视频目前已是搜狐旗下最高战略级的业务线，在PGC自制剧方面具有业内领先的用户流量资源

搜狐视频在美剧领域具有领先优势，但市场现状是大陆剧仍是流量第一的分类，在这个领域搜狐视频并不具备优势，且正在受到竞争对手从综艺、独播大剧资本投入的冲击

与网络运营商的营销合作力度在加强，模式在拓宽，在移动视频领域有用户争夺的机会与空间

视频行业进入更大规模的资本竞争阶段，无论是行业内整合还是内容的资本竞争，都将使搜狐面临更严峻的局面

一、基础信息

1.1 基本信息

1.1.1 公司名称：搜狐集团-搜狐视频

1.1.2 成立时间：2004年底，搜狐视频的前身搜狐宽频成立

1.1.3 总部地点：集团总部在北京 搜狐视频在天津

1.1.4 上市时间：搜狐视频未上市。2000年7月12日，搜狐公司正式在美国纳斯达克挂牌上市。2009年4月2日，搜狐旗下子公司搜狐畅游在美国纳斯达克全球精选市场成功上市。

1.1.5 企业性质：股份制

1.1.6 联系方式

网址：http：//tv.sohu.com/ 邮箱：kf@vip.sohu.com

地址：北京市海淀区科学院南路2号院3号楼 搜狐媒体大厦

电话：95105959

1.2 组织信息

1.2.1 管理层

张朝阳 董事局主席兼首席执行官

王 昕 联席总裁兼首席运营官

余楚媛 联席总裁兼首席财务官

王小川 搜狗公司CEO

方 刚 产品副总裁

周　霖　技术副总裁

邓　晔　娱乐传媒副总裁兼搜狐视频COO

崔莉莉　广告营销副总裁

施丽莉　广告营销副总裁

张雪梅　人力资源及行政副总裁

1.2.3　组织架构：具体信息不详

二、业务信息

2.1　产品及服务信息：以正版高清长视频，尤其是美剧为优势。电视剧、电影、搜狐出品、综艺、动漫、音乐、拍客/空间、精选台、开放平台、指数、排行榜、移动客户端、搜狐影音、音乐台

开放平台服务、VIP会员服务、空间、积分商城

2.2　覆盖范围

2.2.1　行业：互联网视频/内容

2.2.2　主要客户：互联网用户

2.2.3　业务区域：全国

2.3　收入结构：广告、会员增值服务、版权分发，具体结构不祥

三、综合信息

3.1　发展定位：100%正版在线观看高清电影、高清电视剧、高清纪录片的综合视频网站

3.2　重要合作伙伴及供应商：万达、迪斯尼、hao123、Tao123等

乐视网

乐视凭借点播视频和版权分销，成为第一个实现盈利的网络视频网站，其广告营收得到爆发式增长，也使其广告收入跃居网络视频第一阵营，在中国拥有最大的版权库。截至2013年第三季度，乐视占中国网络视频市场7.9%的市场份额。乐视网在2012年也加大其创新能力的研发，相继推出了移动端、电视机顶盒以及智能电视的研发，使其一时间成为网络视频企业在产品创新端影响力最大的企业。2013年乐视致力于打造“内容+平台+终端+应用”的业务体系。2013年5月，乐视推出超级电视，随着乐视超级电视的发布，客厅屏幕智能化初步开始，乐视超级电视的电视商业模式创新，对电视产业在价格体系和盈利模式上的影响将逐渐显现。乐视超级电视是对“低价硬件终端+付费内容服务”商业模式的探索，2014年，随着乐视产品不断推出，其在其他领域的变现能力也将受到考验，预

计其商业模式的价值拓展将成为其明年稳定发展的重点。

易观分析——

乐视在行业内外进行密切合作；在版权储量方面具有相对优势，从版权分销获得较大收入；通过公开上市获得大量资本，是目前已经盈利的视频网站；作为中国首家进军互联网机顶盒与互联网电视的互联网公司，随着互联网电视的发展，乐视网在未来的跨屏竞争中可能建立优势

随着越来越多的视频网站开始进行版权购买投资，版权分销的利润空间越来越小；承受较大的盗版风险

围绕家庭娱乐中心的乐视互联网产品超级电视等终端持续放量；多屏互动使得移动端价值提升；视频市场内容战略持续领先，大力发展自制内容将为乐视网吸引更多受众

爱奇艺、腾讯视频、搜狐视频三大市场资本巨头开始重视网络视频及移动视频业务，网络视频市场竞争者的实力不断增强

一、基础信息

1.1　基本信息

1.1.1　公司名称：北京乐视无限信息技术有限公司

1.1.2　成立时间：2011年成立

1.1.3　总部地点：北京

1.1.4　上市时间：未上市

1.1.5　企业性质：私营企业

1.1.6　联系方式

网址：http：//www.letv.com/

地址：北京市朝阳区大望路东方梅地亚C座16层

1.2　组织信息

1.2.1　管理层（乐视影业）

张　昭　乐视影业CEO、执行董事

黄紫燕　乐视影业市场营销副总裁

单东炳　乐视影业国际合作副总裁

陈　肃　乐视影业社会化营销总策划兼宣传部总经理

汪 浚 乐影网络信息（天津）有限公司CEO

Michael Andreen 安骏仁 乐视影业洛杉矶分部负责人（国际顾问）

张艺谋 乐视影业签约导演兼艺术总监

1.2.2 组织架构：具体信息不详

二、业务信息

2.1 产品及服务信息：产品覆盖PC端，网页端，移动端

电影资讯、约看活动、票务服务、线上营销活动、O2O营销支持、观影vip订制服务、电影全流程体验等。

2.2 覆盖范围

2.2.1 行业：传媒行业

2.2.2 主要客户：互联网用户

2.2.3 业务区域：全球

2.3 收入结构：乐视的营收来源主要为广告、版权分发、增值服务等，具体结构不祥

三、综合信息

3.1 发展定位：互联网时代的电影公司，为观众提供从线上到线下全方位的观影及增值服务，为国产电影保驾护航。

3.2 重要合作伙伴及供应商：足球比分、金鹰网、VeryCD、网酒网、暴风影音、中国娱乐网、NBA直播、搜狗视频、爱卡汽车、搜视网、51.com、一搜视频、直播吧、中国电视网、京华网、电影网、114啦影视等。

我国网络视频内容产业中的其他企业名录节选如下表：

表5 中国视频内容产业机构名录节选

厂商	备注
优酷土豆	简要分析见前述 数据分析及详细分析见易观智库企业库
爱奇艺PPS	简要分析见前述 数据分析及详细分析见易观智库企业库
搜狐视频	简要分析见前述 数据分析及详细分析见易观智库企业库
乐视网	数据分析及详细分析见易观智库企业库
CNTV	数据分析及详细分析见易观智库企业库

续表

厂商	备注
腾讯视频	数据分析及详细分析见易观智库企业库
PPTV	数据分析及详细分析见易观智库企业库
56网	数据分析及详细分析见易观智库企业库
凤凰视频	数据分析及详细分析见易观智库企业库
风行在线	数据分析及详细分析见易观智库企业库
激动网	数据分析及详细分析见易观智库企业库
酷6	数据分析及详细分析见易观智库企业库
新浪视频	数据分析及详细分析见易观智库企业库
迅雷看看	数据分析及详细分析见易观智库企业库
UUSEE	数据分析及详细分析见易观智库企业库
V电影网	详细分析见易观智库企业库
爱微电影网	详细分析见易观智库企业库
安徽网络电视台	详细分析见易观智库企业库
芭乐网	详细分析见易观智库企业库
暴风影音	详细分析见易观智库企业库
爆米花	详细分析见易观智库企业库
北京网络广播电视台	详细分析见易观智库企业库
第一视频	详细分析见易观智库企业库
湖南广播电视台	详细分析见易观智库企业库
华数在线	详细分析见易观智库企业库
黑龙江网络广播电视台	详细分析见易观智库企业库
江苏网络电视台	详细分析见易观智库企业库
六间房	详细分析见易观智库企业库
芒果TV	详细分析见易观智库企业库
深圳市快播科技有限公司	详细分析见易观智库企业库
上海文广	详细分析见易观智库企业库
山东电视台	详细分析见易观智库企业库
浙江卫视	详细分析见易观智库企业库
直播吧	详细分析见易观智库企业库

移动音乐

酷狗科技

酷狗音乐以PC端音乐播放端为主的中国在线音乐服务商。移动互联网爆发后，酷狗快速应对市场变化，发力移动端，在市场发展初期占据了较大领先优势，为日后发展打下坚实用户基础。随着智能手机的发展和普及，除了继续扩充曲库，完善音乐播放器基本功能外，满足用户个性化听歌体验成为未来的趋势和方向。一方面，通过对移动音乐大数据的应用，判断歌曲走势，分析用户特征，进一步强化用户体验。另一方面，通过增加社交功能加强用户间互动，提升用户黏性，试图通过精准营销和社会化营销，探索用户付费之外的商业模式。这些都是移动音乐未来的发展趋势。目前，根据易观《2013第三季度中国移动音乐客户端累计用户市场份额 》显示，酷狗音乐以21.6%的市场份额位列市场第一。

易观分析——

酷狗在PC端已经实现盈利，PC端收入以广告为主以及部分游戏联运，以PC端补贴移动端，在预装渠道投放资源较多，移动端已经积累了很多用户，市场份额较大；重视与业界的合作发展

移动端盈利还较为薄弱，移动端的用户体验和口碑弱于酷我

移动音乐将会逐步以手机为核心向多屏全网跨平台全面渗透，云音乐将成为移动音乐的标配，致力于云音乐平台的酷狗可以据此做好产品的用户体验

在产品方面的投入较少，未来竞争中容易在产品体验环节被竞争对手冲击

一、基础信息

1.1　基本信息

1.1.1　公司名称：广州酷狗计算机科技有限公司

1.1.2　成立时间：2006年2月20日

1.1.3　总部地点：广州

1.1.4　上市时间：未上市

1.1.5　企业性质：有限责任公司

1.1.6　联系方式

公司网址：http：//www.kugou.com/

商务合作

唱片公司合作邮箱：market@kugou.com

市场合作

邮箱：songshu@kugou.com

联系人：王晓倩

电话：010-65814277-825

广州总部地址：广州市天河区科韵路广州信息港B1栋13楼

北京总部地址：北京市朝阳区光华路甲8号和乔大厦B座208

1.2 组织信息

1.2.1 人员规模：500人

1.2.2 管理层：法定代表人 谢振宇

1.2.3 组织架构：总裁谢振宇、副总裁伍巧思、酷狗繁星网、酷狗音乐互动事业部、酷狗音乐营销事业部、市场部

二、业务信息

2.1 产品及服务信息

PC：酷狗2013windows版、酷狗Mac版；

手机：酷狗安卓版、酷狗iphone版；

Pad：酷狗音乐iPad版、酷狗安卓iPad版；

其他：酷狗收音机、酷狗游戏盒、酷狗繁星安卓版、酷狗说吧、酷小狗等

2.1.1 服务信息

音乐播放器提供在线音乐播放、本机音乐播放、网络收藏音乐、一键分享音乐等服务。

酷狗音乐网站提供乐库、电台、MV、资讯、美女秀场、音乐达人、歌友会、VIP中心 等服务。

2.2 覆盖范围

2.2.1 行业：数字音乐行业

2.2.2 主要客户：互联网用户

2.2.3 业务区域：全国

2.3 收入结构：

收入来源为在线广告（目前已弱化广告，为了保证用户体验）、增值业务（与游戏联合运营，把一些流量导入到网络游戏里，去和游戏厂商联合运营）、推广收入（推广换版权）、向用户收费；酷狗近四年每年营业收入增长率均在100%以上。量化收入结构不详。

三、综合信息

3.1 发展定位：P2P音乐共享软件

3.2 重要合作伙伴及供应商

合作伙伴：大国文化、EEG、华友飞乐、鸟人艺术、网络秀、太格印象、NMG、天娱传媒、乐海盛世、先之唱片、东方盛唐、dmg、爱美网、央视网综艺频道、华数唱片、乐华娱乐、汽车论坛、豆丁网、太平洋下载、pps影音、手机浏览器、IT之家、iPhone游戏、旅游攻略、永乐票号、优酷、07073网页游戏、杂碎音乐、5sing、新浪下载、酷6网、孔雀唱片、CUTV、环球音乐、音著协、手机之家、中国票为在线、ELLE、大麦网、娱乐星闻、兄弟网、音悦台、365音乐网、我要玩网页游戏、海报时尚网、PC下载、站长之家、巴士玩、妆品网、乐蜂网、华体网、悠视网等。

多米音乐

2013年移动音乐依旧在盈利模式困境中徘徊，各家厂商在探索新的模式同时也在继续加强用户体验及品牌塑造。音乐App社交化日趋明显，多米音乐是国内首家以“音乐云”为核心，又是音乐社交概念较早提出者，向音乐用户提供个性化音乐需求，提供便捷智能、跨终端于一体的专业数字音乐服务提供商。多米充分将场景、情感、社交融为一起，以歌单、音乐圈打造独有的特色内容及模式。此外，多米也向移动游戏学习，开始尝试运营商合作，联合联通等运营商推出多米用户8块钱包流量听歌的方式，免除用户流量瓶颈问题。目前，根据易观《2013第三季度中国移动音乐客户端累计用户市场份额》显示，多米音乐以18.1%的市场份额位列市场第二。

易观分析——

多米商业模式主要是为用户提供基于歌单的音乐社交服务，并实现多终端的云音乐服务。音乐内容的组织加工方式贴合用户需求，作为移动音乐的先驱者，移动端用户资源丰富，黏性高，处于业内领先水平；音乐运营能力强，产品创新能力突出，拥有较强的渠道发行能力，云端布局，多终端优势地位明显

运营主要靠风险投资和运营商增值服务、移动端广告收入较少，用户前向付费规模不大

未来随着移动终端渗透率的提高，增量市场空间结束，对用户需求把控的准确性将成为核心的竞争能力，而这正是多米音乐的核心优势

随着版权环境的规范化，需要多米在内容方面加大支出，而这需要多米拓宽盈利模式和营收规模

一、基础信息

1.1 基本信息

1.1.1 公司名称：多米音乐

1.1.2 成立时间：2009年2月28日

1.1.3 总部地点：北京

1.1.4 上市时间：未上市

1.1.5 企业性质：私营企业

1.1.6 联系方式

网址：http：//www.duomi.com/

媒体及市场活动

联系人：张小姐　邮箱：market@duomi.com

广告合作

联系人：徐先生　邮箱：ad@duomi.com　联系电话：010-57385272

手机客户端商务合作

联系人：熊小姐　邮箱：BD-Mobile@duomi.com

版权合作

联系人：张先生　邮箱：copyright@duomi.com

总部地址：北京朝阳区高碑店惠河南街1008-B四惠大厦3009E

1.2 组织信息

1.2.1 管理层：CEO石建平

1.2.2 组织架构：董事长刘晓松、CEO石建平、副总裁奉佑生、副总裁郑天云

二、业务信息

2.1 产品及服务信息

覆盖手机、PC、PAD、互联网HIFI音响、智能电视等多类终端，手机版客户端，包括安卓、IOS、塞班、Windows Phone、Java版本

多米电台、多米DJ、多米音乐APP

2.2 覆盖范围

2.2.1 行业：数字音乐服务

2.2.2 主要客户 互联网用户

2.2.3 业务区域：全国

2.3 收入结构：收入于源为用户收费，广告和增值服务。量化收入结构不详。

三、综合信息

3.1 发展定位：以“音乐云”为核心，提供便捷智能、跨终端于一体的专业数字音乐服务提供商

3.2 重要合作伙伴及供应商：沃音乐、LG、ZTE中兴、三星、摩托罗拉、索尼、诺基亚、酷派、天语、TCL、Hisense、金立、SHARP、E人E本、高通（Qualcomm）、MediaTek、华为

酷我科技

酷我音乐由“酷我音乐盒”发展而来，集成了PC端搜索、下载和流媒体视听与播放功能，在PC端音乐播放器混战格局的年代，酷我音乐完善的功能和粗放式的推广，迅速击败了以千千静听为代表的老牌本地播放器。在移动端，酷我音乐的商业模式仍旧处在探索期主要收入仍旧来自显示广告和游戏联运，付费等增值服务的尝试并未取得明显效果。除了来自巨头进入从而不断加剧的行业竞争，酷我自身功能堆砌，产品过重，差异化不足等一系列问题也未能得到有效解决，随着数字音乐领域整合大幕的拉开，未来酷我或将面临来自同行的整合。根据易观《2013第三季度中国移动音乐客户端累计用户市场份额》显示，酷我音乐以17.9%的市场份额位列市场第三。

易观分析——

酷我拥有大量音乐内容，版权曲库处于行业领先水平，同时内容不局限于音乐，包括相声、听书等多元化内容；注重产品经验打造，产品更新快；在云端布局，PC端有较大的优势地位

预装渠道方面投入的资源不多，移动端安卓用户的使用量相对酷狗来说并不高

随着多终端设备的发展以及普及云音乐将成为必然的趋势，酷我拥有用户使用习惯的优势，相对来说较为容易发展云音乐，并较易形成规模

PC端补贴移动端的模式随着移动化的深入将难以复制，需要拓宽盈利模式，拓展移动端盈利规模

一、基础信息

1.1 基本信息

1.1.1 公司名称：北京酷我科技有限公司

1.1.2　成立时间：2005年8月

1.1.3　总部地点：北京

1.1.4　上市时间：未上市

1.1.5　企业性质：有限责任公司

1.1.7　联系方式

网址：http：//yinyue.kuwo.cn/

酷我音乐盒意见反馈：Support@kuwo.cn　010-82601782-847

商务合作：ning.wang@kuwo.cn　010-82601782-823

数字音乐部：kun.lv@kuwo.cn

人事部：hr.list@kuwo.cn

游戏运营部：hui.zhi@kuwo.cn

微博：http：//www.weibo.com/ikuwo

地址：北京市海淀区知春路106号皇冠假日酒店写字楼8层

客服电话：(010)82601782-847

商务合作电话：(010)82601782-823

广告部

北京电话：(010)82601782-809

上海电话：(021)60950131

广州电话：(020)38031011

1.2　组织信息

1.2.1　管理层：法定代表人 雷鸣

1.2.3　组织架构：具体信息不详

二、业务信息

2.1　产品及服务信息

产品信息：酷我音乐盒、酷我音乐播放器、酷我K歌软件

酷我音乐盒同时提供在线MV、同步歌词、明星图片秀、明星新闻和个性歌曲推荐等增值服务。

酷我K歌软件拥有多种音效、四大录制模式（拥有摄像头录制、歌曲mv录制、mp3录制、相册录制等四种录制模式），可将录制的卡拉OK作品上传到唱吧。

酷我音乐网站提供各类排行榜榜单、中国好声音节目、歌手、分类歌曲、专辑、酷我爱听、酷我

唱吧、酷我秀场美女直播、娱乐资讯、在线游戏、一淘网购物、酷我VIP、酷我音乐软件下载、酷我答疑吧等服务。

2.2 覆盖范围

2.2.1 行业：数字音乐行业

2.2.2 主要客户：互联网用户

2.2.3 业务区域：全国

2.3 收入结构：收入来源有广告，游戏联运。具体量化结构不详。

三、综合信息

3.1 发展定位：发展以音乐为核心的数字娱乐服务，为互联网民提供一站式数字娱乐体验的应用软件公司。

3.2 重要合作伙伴及供应商

合作伙伴： 安智网、XDA智能手机网、宝瓶网、魅族m9 726网址导航、中国电信爱动漫、爬爬宝、360可信导航、激动网娱乐、粉丝网、9abc比价网、A5下载、手机之家、265导航、华体网、遨游今日、互动百科、多特软件站、天山网、哈秀时尚网、9553软件下载、单机游戏下载、特产优联、安卓网、PPTV网络电视、新浪下载、爱帮生活搜索、掌上应用汇、天极网、优酷视频、瑞星杀毒、腾讯下载、IT世界软件新闻、155生活娱乐导航、豆丁网、手机之家、手机软件、360安全中心、360安全网址、粉娱中国、秋水共长天、风行电影、软吧手机软件、十字猫手机资源、ZDNet下载、zol软件下载、91手机娱乐门户、大街网、呱呱视频社区、酷米、泡椒网、百信手机下载、N多网、Pchome下载中心、绿色下载吧、中国娱乐网、365日历网、泡泡网软件频道、永乐票务、UUSee网络电视、驱动之家、北方网IT频道、123网址之家等

我国移动音乐内容与应用产业中的其他企业名录节选如下表：

表6 中国移动音乐内容与应用产业中企业名录节选

厂商	备注
酷狗	简要分析见前述　　数据分析及详细分析见易观智库企业库
多米	简要分析见前述　　数据分析及详细分析见易观智库企业库
酷我	简要分析见前述　　数据分析及详细分析见易观智库企业库
QQ音乐	数据分析及详细分析见易观智库企业库
百度音乐	数据分析及详细分析见易观智库企业库

续表

厂商	备注
天天动听	数据分析及详细分析见易观智库企业库
中国电信	数据分析及详细分析见易观智库企业库
中国联通	数据分析及详细分析见易观智库企业库
中国移动	数据分析及详细分析见易观智库企业库
365音乐	详细分析见易观智库企业库
80音乐论坛	详细分析见易观智库企业库
A8音乐网	详细分析见易观智库企业库
GOOGLE音乐商店	详细分析见易观智库企业库
iTunes	详细分析见易观智库企业库
Jing.FM	详细分析见易观智库企业库
TOM在线	详细分析见易观智库企业库
爱国者音乐网	详细分析见易观智库企业库
爱音乐	详细分析见易观智库企业库
北京酷智科技有限公司	详细分析见易观智库企业库
楚天之声	详细分析见易观智库企业库
叮当音乐网	详细分析见易观智库企业库
豆瓣	详细分析见易观智库企业库
华友世纪	详细分析见易观智库企业库
京东	详细分析见易观智库企业库
九酷音乐	详细分析见易观智库企业库
九天音乐网	详细分析见易观智库企业库
空中网	详细分析见易观智库企业库
龙腾阳光	详细分析见易观智库企业库
麦克疯	详细分析见易观智库企业库
咪咕音乐	详细分析见易观智库企业库
人人	详细分析见易观智库企业库
搜狗音乐	详细分析见易观智库企业库
搜狐	详细分析见易观智库企业库

续表

厂商	备注
淘宝	详细分析见易观智库企业库
完美音乐在线	详细分析见易观智库企业库
网易云音乐	详细分析见易观智库企业库
虾米	详细分析见易观智库企业库
新浪音乐网	详细分析见易观智库企业库
炫音音乐论坛	详细分析见易观智库企业库
亚马逊	详细分析见易观智库企业库
一听音乐网	详细分析见易观智库企业库
音乐巴士	详细分析见易观智库企业库
音悦台	详细分析见易观智库企业库
掌上灵通	详细分析见易观智库企业库
中国原创音乐	详细分析见易观智库企业库

移动阅读

掌中浩阅

掌中浩阅是一家专业从事手机软件开发及无线娱乐运营的科技公司。以移动端书城起家，进入移动阅读领域较早，在Java时代即进行移动阅读的布局，多年来积累了大量的阅读用户以及海量的内容合作方，从而建立起在移动阅读领域的竞争壁垒，相继推出了手机阅读、手机音乐、手机安全等多个系列产品，并与多国众多品牌手机厂商达成了战略合作。因其海量的用户，使得其在中国移动阅读领域占据20%的市场份额。

易观分析——

掌中浩阅的iReader在软件操作及交互性方面有优秀的用户体验；图书资源丰富，与多家出版社及网络原创文学厂商有合作；商业模式较为成熟，与内容提供商合理分成；手机应用预装渠道能力强大；用户规模庞大，移动阅读客户端市场份额处于领先地位

只提供移动端业务，用户获取内容的渠道有限；作为独立型公司，资本实力在巨头开展泛娱乐产业一体化的趋势下显得较为有限

阅读的精品化发展将有利于掌中浩阅争夺持续竞争优势
有必要加强网络原创文学的投入，获取原创内容话语权，应对巨头产业扩张的挑战

一、基础信息

1.1 基本信息

1.1.1 公司名称：北京掌中浩阅科技有限公司

1.1.2 成立时间： 2008年

1.1.3 总部地点：北京

1.1.4 上市时间：未上市

1.1.5 企业性质：私营企业

1.1.7 联系方式

网址：www.zhangyue.com

地址：北京市朝阳区四惠东通惠河南岸四惠大厦2层2029E

总机： 010-59231388

商务合作

联系人：贾生亭

电话：010-59231388

邮箱：jiashengting@zhangyue.com

产品推广合作

联系人：王超

电话：15653239610 QQ：285168174

E-mail：wangchao@zhangyue.com

版权合作

联系人：吴贲

电话：13811785860

邮箱：wuben@zhangyue.com

1.2 组织信息

1.2.1 管理层：总裁成湘均、张凌云、高级副总裁韩晓波、副总经理王良

1.2.2 组织架构：具体信息不详

二、业务信息

2.1　产品及服务信息：

产品：

掌阅杂志，掌阅听书，掌阅动漫，掌阅书城，iReader

服务：

每天提供海量网络原创文学、畅销书、出版物阅读。

授权热门小说连载，快速同步更新。

提供部分免费图书，阅读版式不断优化。

满足个性阅读需要，自定义主题、全文搜索、护眼模式等。

网络书架邮件传书，方便地将图书从电脑传到手机上阅读。

支持微博分享、短信互动等多种好友互动。

2.2　覆盖范围

2.2.1　行业：数字阅读

2.2.2　主要客户：移动互联网用户

2.2.3　业务区域：全国

2.3　收入结构：收入来源于广告费、用户付费、增值服务等。收入结构不详。

三、综合信息

3.1　发展定位：无线互联网领域的领导者，国内领先的移动娱乐平台服务商

3.2　重要合作伙伴及供应商：中国移动、中国联通、中国电信、诺基亚、三星、HTC、摩托罗拉、SONY、LG、华为、步步高、天语、OPPO音乐手机、酷派、HOSIN、AUX、朵唯、华勤通讯、HEDY、亿通、邦华等。

腾讯文学

腾讯文学由QQ阅读背靠腾讯在2013年加以资源整合而来，依靠手机QQ及微信，拥有大量的用户，与此同时，QQ阅读推出的时间也相对较早，建立了先期的品牌知名度与用户认知。在2013年，盛大文学旗下的起点中文网团队出走加入腾讯，建立创世中文网，由此腾讯基本建立了网络文学的内容与渠道一体化架构，而QQ阅读的地位在未来将得到更加重要的凸显。

易观分析——

腾讯文学整合后具有庞大的用户规模，新获取的创世中文网有行业资深的运营团队；泛娱乐战略打通产业链各环节，形成闭环生态链

但腾讯文学在文学领域的起步较晚，积累不足；体系较为封闭，相对依赖于腾讯内部的资源运作

数字阅读产业发展迅猛，用户的移动阅读习惯的进一步培育，版权保护力度逐步加强，同时用户对内容付费接受度的提高都将给资源扩张中的腾讯文学创造整体机遇

其他巨头也纷纷强化阅读业务，腾讯不能一家独美，同时将面临电信运营商对内容提供商和服务提供商的挤压

一、基础信息

1.1　基本信息

1.1.1　公司名称：腾讯控股有限公司

1.1.2　成立时间：1998年11月

1.1.3　总部地点：深圳

1.1.4　上市时间：2004年6月16日

1.1.5　企业性质：股份制

1.1.6　联系方式

网址：http：//qqreader.qq.com/

地址：深圳市南山区科技园飞亚达大厦

1.2　组织信息

1.2.1　管理层

马化腾：主要创办人，首席执行官

刘炽平：总裁

张志东：主要创办人，首席技术官

许晨晔：主要创办人，首席信息官

任宇昕：首席运营官，兼互动娱乐事业群总裁、移动互联网事业群总裁

James Mitchell：首席战略官，集团高级执行副总裁

刘胜义：网络媒体事业群总裁，集团高级执行副总裁

汤道生：社交网络事业群总裁，集团高级执行副总裁

1.2.3 组织架构：腾讯划分成企业发展事业群（CDG）、互动娱乐事业群（IEG）、移动互联网事业群（MIG）、网络媒体事业群（OMG）、社交网络事业群（SNG）、技术工程事业群（TEG），及腾讯电商控股公司（ECC）。

腾讯文学包括：创世中文网，腾讯文学网、读书频道及移动产品QQ阅读。

二、业务信息

2.1 产品及服务信息

QQ阅读是腾讯公司开发的一款手机看书软件，在Android/iPhone/iPad/Symbian/Kjava等多手机平台上，全面支持TXT、UMD、HTML、EPUB、DOC等多种电子书格式，还可在QQ书城免费下载最新热门小说。海量图书资源、全新阅读模式、极速软件引擎、个性界面设计带给您最舒适的阅读体验。

服务：海量书城在线资源、全平台多格式支持、个性化阅读模式、先进阅读内核引擎、舒适美观界面设计、贴心细致辅助功能。支付方式有Q币、充值卡、QQ卡、银行卡、话费这五种。几乎平均每两周进行一次基于用户体验的版本更新，对用户体验的不断追求。

2.2 覆盖范围

2.2.1 行业：泛娱乐-数字阅读

2.2.2 主要客户：互联网用户

2.2.3 业务区域：全国

2.3 收入结构：收入来源于会员增值、付费阅读。延伸至音乐、影视、文学、动漫、出版和周边制造等多个产业。具体的量化收入结构不详。

三、综合信息

3.1 发展定位：以网络文学版权为轴心的跨领域，多平台数字娱乐提供者。

3.2 合作伙伴与供应商：华谊兄弟等

盛大文学

盛大文学是盛大集团的主要产品线，也是中国较早的在线文学服务提供商，盛大集团围绕文学开放平台打造了图书数字全产业生态链。在游戏业务取得高速发展的同时，盛大一直努力进行阅读领域的布局，通过收购整合的方式，基本打造了线上的具有垄断地位的阅读内容提供商，旗下拥有起点中文网、晋江原创网等多个文学原创网站，旗下大量的签约作者，使得其在内容方面占据90%左右的市场份额。但是在移动阅读时代，盛大的移动端布局缓慢，造成其在移动端没有内容的承接，这是其在未来的发展过程中面临的巨大风险。2013年起点中文网团队的出走在阅读行业内部造成较大的震动，起点中文网团队及其部分资源的流失，削弱了盛大文学在业内的市场地位。

易观分析——

盛大文学起步较早，有极深的行业积累，在行业中具有话语权，阅读产业链非常完整；作者与版权作品数量占优绝对优势；面对不同细分市场的多品牌网络文学网站运作，抗风险能力强；开放战略能提升作者的主观能动性，迅速提高作品数量

多品牌运作分散了集团资源，开放战略相对重内容轻作者，自有渠道的拓展对合作伙伴利益有所损害

是电信运营商阅读基地最大的内容提供商，除自身外，也能随电信运营商的发展而发展，移动端收入已经超越PC端，在移动化趋势和用户付费趋势下有再乘东风的基础

开放平台战略下，当合作伙伴利益受损后容易另寻合作，动摇盛大文学自身阵营，尤其是在其他资本实力强大的互联网巨头加大文学业务投入的情况下

一、基础信息

1.1　基本信息

1.1.1　公司名称：盛大文学有限公司

1.1.2　成立时间：2008年7月

1.1.3　总部地点：上海

1.1.4　上市时间：未上市

1.1.5　企业性质：民营企业

1.1.6　联系方式

网址：http：//www.cloudary.com.cn

地址：上海市浦东新区张衡路666弄1号

邮编：201203

总机：021-61870500

传真：021-61870501

1.2 组织信息

1.2.1 管理层

邱文友 盛大文学董事长，盛大网络总裁

侯小强 盛大文学首席执行官

梁晓东 盛大文学首席财务官

林　华 盛大文学首席开放战略官、副总裁

崔　嵬 盛大文学副总裁

1.2.2 组织架构：具体信息不详

二、业务信息

2.1 产品及服务信息

盛大文学涉及线上阅读、移动阅读、广告投放、版权销售、线下出版等全产业链

盛大文学运营起点中文网、红袖添香网、小说阅读网、榕树下、言情小说吧、潇湘书院、晋江文学城等原创文学网站及天方听书网、悦读网。同时还拥有华文天下、中智博文和聚石文华三家图书策划出版公司。

旗下原创文学网站：

起点中文网

起点中文网（www.qidian.com）创立于2002年5月，是国内最大的原创网络文学网站。起点中文网以推动中国原创文学事业为宗旨，长期致力于原创文学作者的挖掘与培养，并取得了巨大成果。2003年10月，起点中文网首创“在线收费阅读”服务，成为真正意义上的网络文学盈利模式的先锋之一，奠定了原创文学的行业基础。

起点女生网

成立于2009年11月，其前身是“起点女生频道”，致力于对女性网络原创文学及作者的培养和挖掘。依托起点中文网的成熟运作机制，实现了女性网络原创文学的商业化发展模式。起点女生网首创阶梯型写作全勤制度，在针对知名作者进行全方位宣传和包装的同时，兼顾对新进作者的培养。无论是知名作者还是新人写手，均享有签约作者的专属人身保险计划、VIP作品基本福利计划、分类优秀作品奖励计划、小众类型作品的扶持计划等。版权运作方面，起点女生网的海量女性题材小说成为了

影视改编剧的剧本摇篮，囊括多部热门影视剧的原著小说版权。起点女生网依托领先的电子原创阅读平台，继续引入移动阅读、实体出版、影视改编等多元拓展渠道，建立海量版权交易库，形成一个集版权运作、原创阅读为一体的综合性女性原创文化品牌。

起点文学网

集创作、培养、销售于一体，开拓传统类现实题材小说的新平台，同时拥有庞大的网络注册用户和丰富的出版渠道，是现实类原创小说门户网站之一。

红袖添香

创办于1999年，隶属于“北京红袖添香科技发展有限公司”，红袖添香为用户提供涵盖小说、散文、杂文、诗歌、歌词、剧本、日记等体裁创作和阅读服务，拥有技术领先的在线阅读、创作、投稿、签约、互动、稿酬结算系统，通过付费阅读、移动阅读、实体图书出版、影视版权输出等多形态文化产品打造立体化版权运营。

小说阅读网

创立于2004年，按内容分为"女生版"、"男生版"和"校园版"三个分站，主要提供海量言情类女性文学、青春校园及仙侠玄幻类男性文学作品。2009年4月开始推出VIP阅读计划，目前网站各项社区功能和激励计划日趋成熟，2011年又提供了下载和听书的新功能，现已成为国内功能最完善的原创文学网站之一。

榕树下

创办于1997年。2009年，“盛大文学”控股后经过全新打造，成为一个以传播原创文学作品为基础、通过全版权运作模式打造的多领域文化传播平台。网站开发了多种使用功能并推出“榕树下私家书”等个性化产品。

言情小说吧

成立于2005年，秉承着为用户提供最好的言情小说阅读体验平台、打造全球华语言情小说阅读基地的信念，在网络文学界走专业化的独特发展道路。2009年7月，言情小说吧推出付费阅读业务。

潇湘书院

创建于2001年，是最早发展女生网络原创文学的网站之一，也是最早实行女生原创文学付费阅读的网站之一。潇湘书院自2007年起实行收费阅读，2009年潇湘带领女性文学向玄幻作品市场进军，打破了玄幻作品由男性文学一统天下的格局。2010年问世的潇湘导购系统为读者提供“免费”阅读的绿色通道。除了提供在线阅读，潇湘书院以自有网站平台www.xxsy.net为基础，自有WAP站点及Android、iphone客户端为辅助，并与移动、联通、电信以及腾讯、百度、新浪、搜狐、网易等多方合作，为读者提供无线手机阅读平台。

晋江文学城

成立于2003年，是全球最大女性文学基地。拥有在线作品65万部，包括：穿越、言情、影视、都市爱情、职场婚姻、青春校园、武侠仙侠、耽美同人、玄幻、网游、传奇、奇幻、悬疑推理、科幻、历史、散文诗歌等多种类型。

有声读物网和数字期刊网站

天方听书网

创建于2004年，专注于有声读物的研发和市场运作，为广大听友提供最时尚最前沿的听书资讯和听书内容。网站内容涉及经济管理、中外文学、古典文学、现代文学、儿童文学、探案悬疑、科幻文学、百科知识等近20个大类。天方听书网为广大听众提供便捷的下载服务，同时，天方听书网积极开拓无线增值服务领域。

悦读网

创建于2005年，是中国最具创新力的数字出版发行平台之一。2012年，悦读网与苹果App store应用商店合作，在报刊杂志里面上线了大量的国内主流知名杂志。网站与众多刊社、出版机构正规签约上线，内容涵盖财经、管理、时事、时尚、汽车、家居、体育、数码等30多种类型。

三家图书策划出版公司

华文天下

盛大文学旗下图书出版公司之一，专业从事图书策划、营销推广和发行代理的民营图书企业。2009年，公司成功引进盛大文学的战略投资，强强联合，成立天津华文天下图书有限公司。

聚石文华

成立于2009年，主要包括图书的策划、出版及发行，其规模居于全国民营出版公司前列。 出版领域涉及小说、励志、社科、生活、少儿等多个产品线。

中智博文

成立于2003年，2010年成为盛大文学旗下成员，是一家专业从事图书策划、营销推广和发行代理的民营图书企业。公司发行的图书内容涵盖史地文化、少儿百科、经管励志、健康生活、学生读物、世界名著等诸多方面。

2.2　覆盖范围

2.2.1　行业：文学阅读——运营商一数字阅读服务全产业提供商

2.2.2　主要客户：互联网用户

2.2.3　业务区域：全国

2.3　收入结构：收入来源于线上付费、无线业务、授权许可收入和第三方游戏等，量化收入结构不详。

三．综合信息

3.1　发展定位：社区驱动型网络文学平台，以“一次生产、多次销售”的独有商业模式，打造全版权运营基地。

3.2　重要合作伙伴及供应商：新华社、文汇报、CCTV、人民文学出版社、作家出版社、长江文艺出版社、磨铁文化、支付宝、凤凰网、搜狐读书、网易读书等

百度—91熊猫看书

91熊猫看书是百度91无线自主研发并出品的一款免费的移动阅读产品，打造其在移动端的阅读书城业务，其优势在于背靠91手机助手的强大渠道，强大的移动端入口在其发展的初期提供了重要的用户规模优势，成为91旗下重要的垂直型应用，2013年91无线被百度收购，91熊猫看书背靠百度的流量可能取得更加重要的发展。

一、基础信息

1.1　基本信息

1.1.1　公司名称：百度—91无线网络有限公司

1.1.2　成立时间：2010年9月

1.1.3　总部地点：福州

1.1.4　上市时间：未上市

1.1.5　企业性质：私营企业

1.1.7　联系方式

网址：http：//ks.sj.91.com/　　投稿邮箱：501362895@qq.com

地址：福州市经济开发区君竹路148号三层339室

联系人电话：0591-87509392

QQ：1530370651

邮箱：1530370651@qq.com

1.2　组织信息

1.2.1　管理层：CEO胡泽民

1.2.2　组织架构：具体信息不详

二、业务信息

2.1　产品及服务信息

产品信息

集成91助手、安卓市场、91移动开放平台、91熊猫看书、91熊猫桌面、安卓桌面、91手机娱乐和安卓网等强势产品为内容端口的完整移动互联应用产品群，适用于Phone，Android，Windows Mobile，Symbian S60，M8和Kjava等多个手机平台。

服务信息

资讯合作：共享双方的资讯渠道和新闻信息，扩大双方的资讯范围和媒体影响力。

软件发布：为智能手机软件开发者提供一个发布平台，并对优秀软件给予财力物力上的支持。

增值服务：共同为用户提供视频，音频，图书等具有自主版权的资源增值服务。在专注离线阅读功能的同时，为给用户提供更加方便的阅读方式和丰富的阅读资源，软件增加海量的在线小说、杂志、漫画、新闻等功能，坚持提供免费模式。

2.2　覆盖范围

2.2.1　行业：移动互联网

2.2.2　主要客户：移动互联网用户

2.2.3　业务区域：全国

2.3　收入结构：收入来源于原创内容、广告费、游戏植入等，量化结构不详

三、综合信息

3.1　发展定位：国内最大、最具影响力的智能手机服务平台

3.2　重要合作伙伴及供应商：凤鸣轩小说网、i悦读、红袖添香、潇湘书院、3G书城、看书网、沃阅读、小说阅读网、中文在线、纵横中文网

我国移动阅读内容与应用产业中的其他企业名录节选如下表：

表7　中国移动阅读内容与应用产业企业名录节选

厂商	备注
掌中浩阅	简要分析见前述　　数据分析及详细分析见易观智库企业库
腾讯文学	简要分析见前述　　数据分析及详细分析见易观智库企业库
盛大文学	简要分析见前述　　数据分析及详细分析见易观智库企业库

续表

厂商	备注
百度-91熊猫看书	简要分析见前述　　　数据分析及详细分析见易观智库企业库
17k小说网	数据分析及详细分析见易观智库企业库
3G门户	数据分析及详细分析见易观智库企业库
Anyview	数据分析及详细分析见易观智库企业库
北大方正集团有限公司	数据分析及详细分析见易观智库企业库
汉王科技	数据分析及详细分析见易观智库企业库
书旗免费小说	数据分析及详细分析见易观智库企业库
中国移动	数据分析及详细分析见易观智库企业库
中国联通	数据分析及详细分析见易观智库企业库
开卷有益	数据分析及详细分析见易观智库企业库
塔读文学网	数据分析及详细分析见易观智库企业库
天翼阅读	数据分析及详细分析见易观智库企业库
云中书城	数据分析及详细分析见易观智库企业库
3G书城	数据分析及详细分析见易观智库企业库
iReader	数据分析及详细分析见易观智库企业库
i悦读	数据分析及详细分析见易观智库企业库
QQ阅读	数据分析及详细分析见易观智库企业库
艾利和Story	数据分析及详细分析见易观智库企业库
爱国者电纸书	数据分析及详细分析见易观智库企业库
百阅	数据分析及详细分析见易观智库企业库
多看阅读	数据分析及详细分析见易观智库企业库
津科翰林	数据分析及详细分析见易观智库企业库
开卷有益	数据分析及详细分析见易观智库企业库
空中网阅读业务	数据分析及详细分析见易观智库企业库
纽曼电子书	数据分析及详细分析见易观智库企业库
盛大bambook	数据分析及详细分析见易观智库企业库
手机QQ阅读	数据分析及详细分析见易观智库企业库
台电电子书	数据分析及详细分析见易观智库企业库

续表

厂商	备注
万物青毕升	数据分析及详细分析见易观智库企业库
维旺明	数据分析及详细分析见易观智库企业库
欣博阅电子阅读器	数据分析及详细分析见易观智库企业库
亦墨电子书	数据分析及详细分析见易观智库企业库
易博士	数据分析及详细分析见易观智库企业库
易万卷Mos	数据分析及详细分析见易观智库企业库
掌上书院	数据分析及详细分析见易观智库企业库
掌讯书苑	数据分析及详细分析见易观智库企业库
掌讯通	数据分析及详细分析见易观智库企业库
百度文学	详细分析见易观智库企业库
Google reader	详细分析见易观智库企业库
Instapaper	详细分析见易观智库企业库
南京掌门科技有限公司	详细分析见易观智库企业库
半壁江中文网	详细分析见易观智库企业库
博库网	详细分析见易观智库企业库
畅听王	详细分析见易观智库企业库
超星电子书	详细分析见易观智库企业库
创世中文网	详细分析见易观智库企业库
豆瓣	详细分析见易观智库企业库
亚马逊中国	详细分析见易观智库企业库
当当网	详细分析见易观智库企业库
京东商城	详细分析见易观智库企业库
飞库网	详细分析见易观智库企业库
凤鸣轩小说网	详细分析见易观智库企业库
华为技术有限公司	详细分析见易观智库企业库
幻剑书盟	详细分析见易观智库企业库
晋江文学城	详细分析见易观智库企业库
看书网	详细分析见易观智库企业库

续表

厂商	备注
空中网	详细分析见易观智库企业库
酷听网	详细分析见易观智库企业库
连城读书	详细分析见易观智库企业库
连城书盟	详细分析见易观智库企业库
中国电信	详细分析见易观智库企业库
磨铁中文网	详细分析见易观智库企业库
陌上香坊文学网	详细分析见易观智库企业库
蔷薇书院	详细分析见易观智库企业库
青年文摘	详细分析见易观智库企业库
书生	详细分析见易观智库企业库
书香电子书	详细分析见易观智库企业库
搜娱电子书	详细分析见易观智库企业库
天下电子书	详细分析见易观智库企业库
天下书盟	详细分析见易观智库企业库
铁血读书	详细分析见易观智库企业库
听中国	详细分析见易观智库企业库
万方	详细分析见易观智库企业库
网易云阅读	详细分析见易观智库企业库
小说之家	详细分析见易观智库企业库
新浪读书	详细分析见易观智库企业库
烟雨红尘原创文学小说网	详细分析见易观智库企业库
亿部书城	详细分析见易观智库企业库
悦读纪文化传媒有限责任公司	详细分析见易观智库企业库
中文在线	详细分析见易观智库企业库
逐浪小说网	详细分析见易观智库企业库
纵横中文网	详细分析见易观智库企业库

内容消费产业其他厂商

泛内容产业其他环节厂商名录节选：

表8　中国泛内容产业各环节厂商名录节选

领域	厂商	备注
唱片公司	EQ	详细分析见易观智库企业库
唱片公司	爱贝克斯艾回	详细分析见易观智库企业库
唱片公司	橙天娱乐	详细分析见易观智库企业库
唱片公司	大国文化	详细分析见易观智库企业库
唱片公司	福茂唱片	详细分析见易观智库企业库
唱片公司	滚石	详细分析见易观智库企业库
唱片公司	海蝶音乐	详细分析见易观智库企业库
唱片公司	华纳	详细分析见易观智库企业库
唱片公司	华研国际	详细分析见易观智库企业库
唱片公司	华谊兄弟	详细分析见易观智库企业库
唱片公司	环球	详细分析见易观智库企业库
唱片公司	金牌大风	详细分析见易观智库企业库
唱片公司	索尼	详细分析见易观智库企业库
唱片公司	太合麦田	详细分析见易观智库企业库
唱片公司	天娱传媒	详细分析见易观智库企业库
唱片公司	英皇	详细分析见易观智库企业库
唱片公司	种子音乐	详细分析见易观智库企业库
影视发行商	博纳影业	详细分析见易观智库企业库
影视发行商	电广传媒	详细分析见易观智库企业库
影视发行商	光线传媒	详细分析见易观智库企业库
影视发行商	华夏电影	详细分析见易观智库企业库
影视发行商	华谊兄弟	详细分析见易观智库企业库
影视发行商	乐视影业	详细分析见易观智库企业库
影视发行商	天策传媒	详细分析见易观智库企业库

续表

领域	厂商	备注
影视发行商	中影集团	详细分析见易观智库企业库
互联网电视	安徽卫视	详细分析见易观智库企业库
互联网电视	百事通	详细分析见易观智库企业库
互联网电视	北京华夏安业科技有限公司	详细分析见易观智库企业库
互联网电视	电影网	详细分析见易观智库企业库
互联网电视	湖南电视台	详细分析见易观智库企业库
互联网电视	江苏卫视	详细分析见易观智库企业库
互联网电视	南方传媒	详细分析见易观智库企业库
互联网电视	山东卫视	详细分析见易观智库企业库
互联网电视	上海文广	详细分析见易观智库企业库
互联网电视	央视国际	详细分析见易观智库企业库
互联网电视	中国国际广播电台	详细分析见易观智库企业库
互联网电视	中国国际广播电台	详细分析见易观智库企业库
互联网电视	中央人民广播电台	详细分析见易观智库企业库
互联网电视	中央人民广播电台	详细分析见易观智库企业库
影视内容牌照	CNTV	详细分析见易观智库企业库
影视内容牌照	电影网	详细分析见易观智库企业库
影视内容牌照	杭州华数	详细分析见易观智库企业库
影视内容牌照	湖南电视台	详细分析见易观智库企业库
影视内容牌照	江苏电视台	详细分析见易观智库企业库
影视内容牌照	南方传媒（优朋普乐提供运营支撑）	详细分析见易观智库企业库
影视内容牌照	上海文广新闻传媒集团	详细分析见易观智库企业库
影视内容牌照	浙江电视台	详细分析见易观智库企业库
影视内容牌照	中国国际广播电台CIBN	详细分析见易观智库企业库
影视内容牌照	中央人民广播电台	详细分析见易观智库企业库
内容制作	八一电影制片厂	详细分析见易观智库企业库
内容制作	保利博纳	详细分析见易观智库企业库
内容制作	北京吉安永嘉影视	详细分析见易观智库企业库
内容制作	北京荣信达	详细分析见易观智库企业库

续表

领域	厂商	备注
内容制作	北京中北电视艺术中心	详细分析见易观智库企业库
内容制作	北京紫禁城影业	详细分析见易观智库企业库
内容制作	博纳国际	详细分析见易观智库企业库
内容制作	橙天娱乐	详细分析见易观智库企业库
内容制作	慈文影视天娱传媒	详细分析见易观智库企业库
内容制作	大业传媒	详细分析见易观智库企业库
内容制作	东方神龙影业	详细分析见易观智库企业库
内容制作	东娱传媒	详细分析见易观智库企业库
内容制作	广西电影制片厂	详细分析见易观智库企业库
内容制作	海润影视	详细分析见易观智库企业库
内容制作	横店集团	详细分析见易观智库企业库
内容制作	华夏视听	详细分析见易观智库企业库
内容制作	华亿联盟	详细分析见易观智库企业库
内容制作	环球传媒	详细分析见易观智库企业库
内容制作	寰亚电影	详细分析见易观智库企业库
内容制作	黄金档影视	详细分析见易观智库企业库
内容制作	金英马影视	详细分析见易观智库企业库
内容制作	乐视花儿	详细分析见易观智库企业库
内容制作	派格国际	详细分析见易观智库企业库
内容制作	山西电影制片厂	详细分析见易观智库企业库
内容制作	上海电影集团	详细分析见易观智库企业库
内容制作	太合影视	详细分析见易观智库企业库
内容制作	唐德国际	详细分析见易观智库企业库
内容制作	小马奔腾影视文化发展有限公司	详细分析见易观智库企业库
内容制作	新画面电影	详细分析见易观智库企业库
内容制作	鑫宝源影视	详细分析见易观智库企业库
内容制作	星壳传媒微电影工厂	详细分析见易观智库企业库
内容制作	星美传媒	详细分析见易观智库企业库
内容制作	银都机构	详细分析见易观智库企业库

续表

领域	厂商	备注
内容制作	泽东电影	详细分析见易观智库企业库
内容制作	长春电影集团	详细分析见易观智库企业库
内容制作	中博世纪	详细分析见易观智库企业库
内容制作	中国电影集团	详细分析见易观智库企业库
内容制作	中国电影集团-北京电影制片厂	详细分析见易观智库企业库
内容制作	中国电影集团-北京影视制作基地	详细分析见易观智库企业库
内容制作	中国电影集团-儿童电影制片厂	详细分析见易观智库企业库
内容制作	中国国际微电影有限公司	详细分析见易观智库企业库
有线电视网络	百事通	详细分析见易观智库企业库
有线电视网络	歌华有线	详细分析见易观智库企业库
有线电视网络	广电网络	详细分析见易观智库企业库
有线电视网络	湖南广电	详细分析见易观智库企业库
有线电视网络	华数传媒	详细分析见易观智库企业库
有线电视网络	吉视传媒	详细分析见易观智库企业库
院线	广东大地院线	详细分析见易观智库企业库
院线	金逸珠江院线	详细分析见易观智库企业库
院线	上影联合院线	详细分析见易观智库企业库
院线	四川太平洋院线	详细分析见易观智库企业库
院线	万达院线	详细分析见易观智库企业库
院线	新影联院线	详细分析见易观智库企业库
院线	浙江横店院线	详细分析见易观智库企业库
院线	浙江时代电影院线	详细分析见易观智库企业库
院线	中影南方新干线	详细分析见易观智库企业库
院线	中影星美院线	详细分析见易观智库企业库
动漫	翔通动漫集团	详细分析见易观智库企业库
动漫	131漫画	详细分析见易观智库企业库
动漫	178动漫	详细分析见易观智库企业库
动漫	acfun弹幕视频网	详细分析见易观智库企业库
动漫	哔哩哔哩	详细分析见易观智库企业库

续表

领域	厂商	备注
动漫	爱漫画网	详细分析见易观智库企业库
动漫	海贼王中文网	详细分析见易观智库企业库
动漫	酷米网	详细分析见易观智库企业库
动漫	漫客网	详细分析见易观智库企业库
动漫	天上人间动漫网	详细分析见易观智库企业库
动漫	有妖气原创漫画梦工厂	详细分析见易观智库企业库

游戏

腾讯游戏

手机游戏已成为游戏行业的新趋势，腾讯游戏不仅在手机游戏领域有明显市场优势，在游戏领域也为翘楚。不仅如此，腾讯在游戏领域全面制霸的情况，依旧体现在网页游戏运营平台市场方面。依靠QQ空间、朋友网及自身门户网站的流量，加之其多年积累的用户关系链和账号体系，使腾讯页游平台成为一个竞争壁垒极高的用户资源平台。易观《2013第三季度中国网页游戏运营平台竞争格局 》显示，腾讯也以29.3%的市场份额一家独大。一方面QQ空间作为国内流量最大的社交平台，成为轻度社交游戏最后的阵线；另一方面，腾讯强势的渠道地位，使其能够储备充足的拳头产品。其诞生以来打造了多款吸金产品，包括《七雄争霸》、《TNT》、《洛克王国》等。除了开放平台的贡献之外，腾讯自研页游产品同样强势，以2013年大量购买动漫IP为标志，腾讯更进一步通过泛娱乐矩阵布局进一步为其精品化路线铺路，在游戏行业，腾讯的领导地位、话语权、对中小游戏厂商的影响力仍将延续。根据易观智库2013年第四季度客户端网络游戏监测结果，腾讯游戏以50.53%的市场占有率排名第一。

易观分析——

腾讯积累的用户规模庞大，用户黏性高，QQ与微信是腾讯游戏的重要入口，能为其持续带来可观流量，渠道能力强。凭借微信这张移动互联网船票，在腾讯移动游戏平台上推出的游戏无论是用户量、转化率还是营收在整体移动游戏市场中的地位无法被撼动，微信已成为整个腾讯游戏平台中最重要的一环

自研能力一般，侧重于休闲竞技类市场

游戏用户在向移动端迁移，这种用户及市场变化对QQ和微信占移动入口绝对优势的情况下，利于腾讯继续确立手游市场的优势。未来逐步引进第三方游戏后，凭借输出的巨量用户和社交链条，能为移动游戏未来创造无限想象空间

玩家的口味与习惯在发生变化，相对于页游和端游，手游用户虽多，但付费用户转化率低，ARPU值较低，腾讯游戏收入的增速已经呈现比较明显的放缓趋势。未来进军海外市场将面对Line、Kaokao等本土移动通信软件的竞争

一、基础信息

1.1　基本信息

1.1.1　公司名称：腾讯控股有限公司

1.1.2　成立时间：2000年2月

1.1.3　总部地点：深圳

1.1.4　上市时间：2004年在香港上市

1.1.5　企业性质：上市公司

1.1.6　资本信息：注册资金8000万元

1.1.7　联系方式

网址：http：//game.qq.com/index.shtml　　邮箱：10000@qq.com

地址：深圳市福田区赛格科技园2栋东403号

电话：0755-86013666

1.2　组织信息

1.2.1　管理层：

马化腾　主要创办人，首席执行官

刘炽平　总裁

张志东　主要创办人，首席技术官

许晨晔　主要创办人，首席信息官

任宇昕　首席运营官，兼互动娱乐事业群总裁、移动互联网事业群总裁

James Mitchell　首席战略官，集团高级执行副总裁

刘胜义　网络媒体事业群总裁，集团高级执行副总裁

汤道生　社交网络事业群总裁，集团高级执行副总裁

1.2.2 组织架构：

腾讯划分成企业发展事业群（CDG）、互动娱乐事业群（IEG）、移动互联网事业群（MIG）、网络媒体事业群（OMG）、社交网络事业群（SNG）、技术工程事业群（TEG），及腾讯电商控股公司（ECC）。

腾讯游戏具体组织架构不详。

二、业务信息

2.1 产品及服务信息

网络游戏的研发、出版、发行、运营

穿越火线 地下城与勇士 英雄联盟 斗战神 剑灵 上古世纪怪物猎人OL 刀剑Ⅱ 新天堂Ⅱ 天涯明月刀 御龙在天 轩辕传奇 第九大陆 QQ仙灵 QQ封神记 QQ三国 QQ西游 QQ仙侠传 QQ华夏 寻仙 自由幻想 幻想世界 大明龙权 小熊梦工厂 七雄争霸 天堂 魔幻大陆 蜀山传奇 QQ炫舞 QQ飞车 QQ堂 QQ音速 NBA2K OL 自由足球 炫斗之王 逆战 战地之王 生化战场 烈焰行动 战争前线CODOL现代战争 QQ炫舞2 新天堂2 霸三国 魂之猎手疾风之刃fifa online3

2.2 覆盖范围

2.2.1 行业：泛娱乐 在线游戏

2.2.2 主要客户：互联网用户

2.2.3 业务区域：全国

2.3 收入结构：游戏运营费、增值收入

三、综合信息

3.1 发展定位：围绕泛娱乐战略，通过对版权的运营，打造最大的娱乐平台

3.2 重要合作伙伴及供应商：暴雪、WeMade、Electronic Arts等

网易游戏

网易游戏是中国网络游戏原创力量的典型企业，在2003年成功推出MMORPG类游戏《梦幻西游》，目前这一产品已经成为中国市场中最成功的网络游戏，运营至今10年的时间，持续为网易游戏贡献大部分营收。与此同时，网易游戏也是中国市场中有较强原创能力的网络游戏企业，旗下产品布局完善，以精品化的产品为主。根据易观智库2013年第四季度客户端网络游戏监测结果，网易游戏以15.91%的市场占有率排名第二。

易观分析——

有强大的自主研发能力，多年的游戏品牌积累，完善的游戏产品线，经典作品的二次包装能力强，端游业务的表现尚属稳健，在细分类型的产品布局上与腾讯具有对垒态势

对游戏单品也存在依赖性，游戏的生命周期偏长。在移动游戏的布局上较其他综合型厂商来看显得最为缓慢，手游产品极端匮乏

市场及用户的变化已使行业正在经历转型期，整个移动游戏市场有精品化趋势，网易慢工细活出精品的战略值得期待

外部对手的竞争，尤其是手握大量用户资源的入口型企业加剧行业争夺，网易在流量入口方面受到的冲击已经变大

一、基础信息

1.1　基本信息

1.1.1　公司名称：广州网易计算机系统有限公司

1.1.2　成立时间：1997年6月24日

1.1.3　总部地点：北京市海淀区中关村东路1号院清华科技园

8号楼启迪科技大厦(火炬大厦)D座26层

1.1.4　上市时间：2000年6月30日

1.1.5　企业性质：私营 自然人投资控股

1.1.6　资本信息：注册资本2000万人民币

1.1.7　联系方式

网址：http：//www.163.com/

客服热线：020－83568090

1.2　组织信息

1.2.1　管理层：

丁　磊　网易CEO

王　怡　黄　卓　等网易游戏副总裁

1.2.2　组织架构：具体信息不详

二、业务信息

2.1 产品及服务信息

网络游戏的研发、出版、发行、运营

大型在线网络游戏：大话西游2、梦幻西游、大唐、飞飞、泡泡、天下贰、大话西游3等

2.2 覆盖范围

2.2.1 行业：在线游戏

2.2.2 主要客户：互联网用户

2.2.3 业务区域：全国

2.3 收入结构：游戏运营费、游戏增值收入

三、综合信息

3.1 发展定位：中国领先的在线游戏平台

3.2 重要合作伙伴及供应商：暴雪 Funnybee EA等

搜狐畅游

搜狐畅游背靠搜狐集团，旗下主要产品为《天龙八部》，依靠金庸小说的经典IP，为其公司贡献巨大价值，除此之外，畅游积极拓展新的产品类型，包括FPS、MOBA等等，但是企业在自主研发能力是其发展过程中的一个短板，在转型移动游戏的过程中，搜狐畅游一直未能有优质的产品推出，也使得团队的研发能力面临考验，未来畅游的移动战略为自研与代理相结合的方式。根据易观智库2013年第四季度客户端网络游戏监测结果，搜狐畅游以5.65%的市场占有率排名第五。

易观分析——

在产品研发与运营方面有多年积累，母公司以及自有游戏门户的资源为其游戏的运营带来较大的优势，搜狐畅游在业内的综合实力正在提升

重型产品比例大，产品数量偏少，对少数产品的依赖型为其运营中的投资回报带来一定的风险，移动端表现和地位目前尚不如PC端

用户需求及口味发生变化，游戏争夺用户时，越来越强调渠道及入口，发行商的地位正在强化，可以发挥全产业链优势

手游的运营模式与PC游戏存在差异性，搜狐畅游应加速提升手游的综合实力，应对巨头的竞争，特别是流量入口的冲击增大

一、基础信息

1.1 基本信息

1.1.1 公司名称：北京畅游时代数码技术有限公司

1.1.2 成立时间：2007年8月

1.1.3 总部地点：北京

1.1.4 上市时间：2009年在美国纳斯达克上市

1.1.5 企业性质：上市公司

1.1.6 资本信息：注册资金1000万元

1.1.7 联系方式

网址：http：//www.changyou.com/

邮箱：hotline@cyou-inc.com

地址：北京市石景山区万达广场

电话：（8610）68613533

1.2 组织信息

1.2.1 管理层：

王 滔 CEO

陈德文 总裁

何 捷 CFO

洪晓健 COO

1.2.2 组织架构：具体信息不详

二、业务信息

2.1 产品及服务信息：互联网游戏的研发、出版、发行、运营

《新天龙八部》、《新水浒Q传》、《暗影之剑》、《斗破苍穹OL》、《轩辕剑7》、《鹿鼎记》、《刀剑英雄》等

2.2 覆盖范围

2.2.1 行业：网络游戏

2.2.2 主要客户：互联网用户

2.2.3 业务区域：全国

2.3 收入结构：游戏运营费

三、综合信息

3.1　发展定位：国内领先的在线游戏平台

3.2　重要合作伙伴及供应商：Palmple、广州谷得、NEOWIZ、EyaSoft等

盛大游戏

盛大游戏是中国网络游戏的开端型企业，2001年代理运营韩国网络游戏《传奇》的中国运营，从此开始了中国网络游戏的市场，至目前为止，《传奇》系列依然是盛大游戏主要营收来源，但是盛大在自主研发方面，一直未能有所建树，也使得其企业在发展过程中面临巨大风险。移动游戏时代，盛大游戏较早实现转型，通过并购与发行建立初期优势，但是在移动游戏业务发展过程中，依然面临研发能力薄弱的挑战。2013年，盛大游戏被搜狐畅游超越，从而从中国游戏行业前三甲的宝座跌落。根据易观智库2013年第四季度客户端网络游戏监测结果，盛大以6.39%的市场占有率排名第三。

易观分析——

强大的产品运营能力与后期执行力，游戏领域多年运营积累的品牌影响力

产品研发能力有所欠缺，内部动荡致使市场拓展面临困难，端游业务持续萎靡，整体来看这一阶段缺乏新产品的助力

在移动化趋势下，盛大在移动端布局较早，拥有一定的先发优势，手游业务已经进入收获期，目前手游业务的投入正在加大

网游市场人口红利逐步消失，用户获取难度持续加大，市场推广及营销成本不断上升。以内容代理为主的厂商，渠道是核心能力，但会受到巨型流量入口厂商的强冲击，目前盛大在端游方面强调合作联运抵抗风险

一、基础信息

1.1　基本信息

1.1.1　公司名称：上海盛大网络发展有限公司

1.1.2　成立时间：1999年12月

1.1.3　总部地点：上海

1.1.4　上市时间：2009年在美国纳斯达克上市

1.1.5　企业性质：有限责任公司

1.1.6　资本信息：注册资金2000万元

1.1.7 联系方式

网址：http：//www.shandagames.com/web/index.html

邮箱：PR@shandagames.com

地址：上海市浦东新区张江路727号402－B室

电话：021-50504740

1.2 组织信息

1.2.1 管理层：陈天桥（法定代表人）

1.2.2 组织架构：盛大游戏隶属于盛大网络

二、业务信息

2.1 产品及服务信息：网络游戏的研发、出版、发行、运营

产品：热血传奇，传奇世界，永恒之塔，星辰变，龙之谷，英雄年代2，传世英雄传，魔界2，猎天，决战双城

2.2 覆盖范围

2.2.1 行业：在线游戏

2.2.2 主要客户：游戏开发商，代理商，游戏玩家

2.2.3 业务区域：全国

2.3 收入结构：游戏运营费、游戏增值收入 版权费

三、综合信息

3.1 发展定位：在线游戏平台

3.2 重要合作伙伴及供应商：盛大网络

完美世界

完美世界是中国主要网络游戏开发商和运营商。完美世界主要基于自主研发的游戏引擎和游戏开发平台开发网络游戏。凭借强大的技术能力及富有创意的游戏设计能力，加之对游戏市场的深刻理解和丰富的经验，使公司能够不断迅速推出广受大众欢迎的游戏，以迎合日益变化的用户需求及市场发展。

完美世界至今自主开发的网络游戏包括大型多人网络角色扮演游戏：《完美世界》、《武林外传》、《完美世界国际版》、《诛仙》、《赤壁》、《口袋西游》、《神鬼世界》、《神鬼传奇》和《梦幻诛仙》，以及一款休闲类网络游戏《热舞派对》。大部分收益来自中国国内市场，同时其游戏

也授权至包括亚洲、欧洲及南美洲的多个国家和地区的主要游戏运营商，还通过在北美地区运营游戏产生收入。

根据易观智库2013年第四季度客户端网络游戏监测结果，完美世界以5.75%的市场占有率排名第四，处于六大厂商之一，完美世界可以凭借以下战略脱颖而出：① 保持线上运营中游戏的游戏品质，采取稳健运营的策略，保证定期的新资料片、新内容更新，提高了用户存留，延长了游戏生命周期。② 发挥长期积累的自身自主研发能力优势，在新推出的武侠、玄幻类题材游戏上积极创新，突破现有同质化现象严重的行业氛围。③ 大胆尝试新类型的游戏，摆脱当下自身游戏题材单一的局限，从代理国外精品游戏逐步过渡到自主研发。对去年代理的竞技游戏《DOTA2》应加强本地化力度，努力探索适合中国市场的商业模式，并深化其在电子游戏竞技领域的影响力。④ 加快布局移动游戏业务，通过自主研发、投资、代理等多种渠道迅速抢占移动游戏市场，并借助自身海外游戏业务的优势，实施国际化布局的战略，打造全球化的移动游戏品牌。

易观分析——

具有强大的产品研发能力以及良好的产品持续性，产品更新换代节奏较好，对于海外市场的拓展能力强

产品快进快出特点明显，产品生命周期较短，现有的持续研发能力仍显得不足

移动化趋势下，用户需求正在向休闲竞技类产品转移

同样受到巨型流量入口类厂商的冲击，自身的渠道话语权在削弱

一、基础信息

1.1 基本信息

1.1.1 公司名称：完美世界（北京）网络技术有限公司

1.1.2 成立时间：2004年3月10日

1.1.3 总部地点：北京市

1.1.4 上市时间：2007年7月26日在纳斯达克上市

1.1.5 企业性质：外资

1.1.6 资本信息：注册资本1500万人民币

1.1.7 联系方式

网址：http：//www.wanmei.com/

邮箱：info@wanmei.com

电话：（8610）57801100　　传真：（8610）57801400

地址：北京市海淀区上地东路1号院1号楼E701

1.2　组织信息

1.2.1　管理层：企业法人 池宇峰

1.2.2　组织架构：具体信息不详

二、业务信息

2.1　产品及服务信息：主要基于自主研发的Angelica 3D游戏引擎、Cube引擎以及Eparch 2D引擎为平台开发各类网络游戏，陆续推出了《完美世界》、《武林外传》、《完美世界国际版》、《诛仙》、《赤壁》、《热舞派对》、《口袋西游》、《神鬼传奇》、《梦幻诛仙》、《降龙之剑》、《神魔大陆》、《神鬼世界》、《倚天屠龙记》、《神雕侠侣》、《圣王》、《圣斗士星矢online》等网络游戏产品。

服务包括以下几种

充值服务：游戏点券充值服务，用以购买游戏中的付费服务。

会员服务：账号管理、充值管理、账号安全等一系列会员服务

完美商城：游戏周边、个性定制、数字商城等与完美相关的商城服务。

客户服务：修改密码、清空仓库密码、密保卡绑定、邮箱修改、密码保护、账号被盗、传真查询、服务跟踪等游戏客户服务。

2.2　覆盖范围

2.2.1　行业：互联网游戏行业

2.2.2　主要客户：全球游戏玩家

2.2.3　业务区域：全球

2.3　收入结构：2013年三季度，在线游戏营收占90%

三、综合信息

3.1　发展定位：网络游戏开发商和运营商

3.2　重要合作伙伴及供应商：迅雷网络、麦当劳、康师傅、凡客诚品、Hilton、雷蛇、华硕、VISION、三星、苏宁电器、玩家口袋、Thermaltake（曜越科技）、游戏城、中国文化传媒网、木蚂蚁、八目鱼、Chinajoy、微信海、wonderad、多玩游戏、太平洋游戏网、搜狐星座、新浪游戏、电玩巴士、网易游戏、17173、可口可乐、178、360、腾讯游戏、人民网游戏频道

我国在线游戏产业中的其他企业名录节选如下表：

表9　中国网络游戏产业中企业名录节选

领域	厂商	备注
综合	腾讯游戏	简要分析见前述　　数据分析及详细分析见易观智库企业库
综合	搜狐畅游	简要分析见前述　　数据分析及详细分析见易观智库企业库
综合	网易游戏	简要分析见前述　　数据分析及详细分析见易观智库企业库
综合	盛大游戏	简要分析见前述　　数据分析及详细分析见易观智库企业库
综合	完美世界	简要分析见前述　　数据分析及详细分析见易观智库企业库
开发商	人人游戏	数据分析及详细分析见易观智库企业库
客户端游戏	光宇在线	数据分析及详细分析见易观智库企业库
客户端游戏	金山游戏	数据分析及详细分析见易观智库企业库
客户端游戏	九城	数据分析及详细分析见易观智库企业库
客户端游戏	久游网	数据分析及详细分析见易观智库企业库
客户端游戏	巨人网络	数据分析及详细分析见易观智库企业库
客户端游戏	空中网	数据分析及详细分析见易观智库企业库
客户端游戏	联众	数据分析及详细分析见易观智库企业库
客户端游戏	麒麟游戏	数据分析及详细分析见易观智库企业库
客户端游戏	世纪天成	数据分析及详细分析见易观智库企业库
客户端游戏	网龙	数据分析及详细分析见易观智库企业库
客户端游戏	游戏蜗牛	数据分析及详细分析见易观智库企业库
客户端游戏	中华网	数据分析及详细分析见易观智库企业库
网页游戏	YY游戏	数据分析及详细分析见易观智库企业库
开发商	掌趣科技-动网先锋	数据分析及详细分析见易观智库企业库
开发商	Forgame	数据分析及详细分析见易观智库企业库
开发商	骏梦游戏	数据分析及详细分析见易观智库企业库
开发商	昆仑在线	数据分析及详细分析见易观智库企业库
网页游戏	360游戏	数据分析及详细分析见易观智库企业库
网页游戏	37wan	数据分析及详细分析见易观智库企业库
网页游戏	51wan	数据分析及详细分析见易观智库企业库

续表

领域	厂商	备注
网页游戏	7k7k	数据分析及详细分析见易观智库企业库
网页游戏	91wan	数据分析及详细分析见易观智库企业库
网页游戏	PPS网页游戏	数据分析及详细分析见易观智库企业库
网页游戏	起点游戏	数据分析及详细分析见易观智库企业库
网页游戏	趣游	数据分析及详细分析见易观智库企业库
网页游戏	迅雷游戏	数据分析及详细分析见易观智库企业库
网页游戏	百度游戏	数据分析及详细分析见易观智库企业库
网页游戏	第七大道	数据分析及详细分析见易观智库企业库
网页游戏	风行游戏	数据分析及详细分析见易观智库企业库
网页游戏	烽火战国	数据分析及详细分析见易观智库企业库
网页游戏	九娱网络	数据分析及详细分析见易观智库企业库
网页游戏	恺英网络	数据分析及详细分析见易观智库企业库
网页游戏	蓝港在线	数据分析及详细分析见易观智库企业库
网页游戏	墨麟	数据分析及详细分析见易观智库企业库
网页游戏	锐战网络	数据分析及详细分析见易观智库企业库
网页游戏	上海江游	数据分析及详细分析见易观智库企业库
网页游戏	淘米	数据分析及详细分析见易观智库企业库
网页游戏	天神互动	数据分析及详细分析见易观智库企业库
网页游戏	心动游戏	数据分析及详细分析见易观智库企业库
网页游戏	要玩娱乐	数据分析及详细分析见易观智库企业库
网页游戏	游戏谷	数据分析及详细分析见易观智库企业库
网页游戏	游族网络	数据分析及详细分析见易观智库企业库
开发商	互爱科技	详细分析见易观智库企业库
开发商	淘米	详细分析见易观智库企业库
开发商	游戏谷	详细分析见易观智库企业库
开发商	掌趣科技	详细分析见易观智库企业库
客户端游戏	中青宝	详细分析见易观智库企业库
网页游戏	百度游戏	详细分析见易观智库企业库

续表

领域	厂商	备注
网页游戏	风行网页游戏	详细分析见易观智库企业库
手游开发商	艾格拉斯	详细分析见易观智库企业库
手游开发商	博雅互动	详细分析见易观智库企业库
手游开发商	呈天游	详细分析见易观智库企业库
手游开发商	触控科技	详细分析见易观智库企业库
手游开发商	广州谷得	详细分析见易观智库企业库
手游开发商	互爱科技	详细分析见易观智库企业库
手游开发商	辉悦天成	详细分析见易观智库企业库
手游开发商	拉阔游戏	详细分析见易观智库企业库
手游开发商	蓝港在线	详细分析见易观智库企业库
手游开发商	美峰数码	详细分析见易观智库企业库
手游开发商	美通无线	详细分析见易观智库企业库
手游开发商	摩卡世界	详细分析见易观智库企业库
手游开发商	慕和网络	详细分析见易观智库企业库
手游开发商	品志文化	详细分析见易观智库企业库
手游开发商	神奇时代	详细分析见易观智库企业库
手游开发商	随手互动	详细分析见易观智库企业库
手游开发商	顽石互动	详细分析见易观智库企业库
手游开发商	象形科技	详细分析见易观智库企业库
手游开发商	华谊兄弟-银汉科技	详细分析见易观智库企业库
手游开发商	掌趣科技	详细分析见易观智库企业库
手游开发商	掌上明珠	详细分析见易观智库企业库
手游开发商	掌上世界	详细分析见易观智库企业库
手游开发商	掌中酷袖	详细分析见易观智库企业库
手游开发商	中国手游娱乐集团	详细分析见易观智库企业库
手游发行商	触控科技	详细分析见易观智库企业库
手游发行商	掌趣科技	详细分析见易观智库企业库
手游发行商	中国手游娱乐集团	详细分析见易观智库企业库

续表

领域	厂商	备注
手游平台商	爱游戏	详细分析见易观智库企业库
手游平台商	当乐	详细分析见易观智库企业库
手游平台商	多酷	详细分析见易观智库企业库
手游平台商	机锋	详细分析见易观智库企业库
手游平台商	九游	详细分析见易观智库企业库
手游平台商	斯凯	详细分析见易观智库企业库
手游平台商	小米	详细分析见易观智库企业库
手游平台商	中国移动	详细分析见易观智库企业库
手游平台商	中国电信	详细分析见易观智库企业库
手游平台商	中国联通	详细分析见易观智库企业库

基础应用与服务

搜索

百度搜索

百度在综合搜索、无线搜索等领域均占据显著优势。根据易观智库监测数据，2013年第二季度，百度无线搜索搜索量份额占59.7%，位居搜索请求量首位。无线搜索站点PV份额达到59.6%。移动搜索量的提升取决于百度在2013年加大移动端的战略布局。2013年，一方面，百度在移动端形成了包括移动搜索客户端、应用分发产品以及百度地图三大类产品布局，移动端产品布局逐渐完善；另一方面，百度移动端商业化初探，2013第二季度财报数据显示移动营收占比超过10%，客户持续加大投入。未来发展潜力巨大。在移动搜索领域，百度面临着360、新搜狗以及宜搜的强劲挑战，未来移动搜索市场会是一个群雄角逐的市场。

易观分析——

百度仍是中国最大的流量分发公司，移动端产品布局相对较为完善，搜索入口的掌控使得对其他业务的资源协同与支撑力度大，中间页战略使得百度对垂直行业的掌控力度不断提升

PC端优势不能完全迁徙到移动端，应用内搜索创新形式需要进一步挖掘探索，前向业务的变现能力仍然不足，O2O闭环生态弱于其他互联网巨头

移动搜索领域是潜力巨大的新兴市场，百度在移动搜索领域已展开实质动作，具有一定的先发优势

其他互联网巨头的战略布局加速完善并向移动端延伸，百度的全终端步伐仍需加快

一、基础信息

1.1　基本信息

1.1.1· 公司名称：百度在线网络技术有限公司

1.1.2　成立时间：2000年1月

1.1.3　总部地点：北京市海淀区上地十街10号

1.1.4　上市时间：2005年上市

1.1.5　企业性质：股份制

1.1.6　资本信息：注册资本4520万美元

1.1.7　联系方式

网址：http：//home.baidu.com/index.html

邮箱：百度无线：mbaidu@baidu.com

百度大厦：北京市海淀区上地十街10号

首创办公区：北京市海淀区东北旺西路8号 中关村软件园12号

奎科办公区：北京市海淀区上地信息路甲9号

鹏寰办公区：北京市海淀区上地1号院 盈创动力园区D栋 鹏寰国际大厦

1.2　组织信息

1.2.1　人员规模 员工人数超过17000人

1.2.2　管理层

李彦宏　百度创始人、董事长兼首席执行官

李昕晢　首席财务官

向海龙　副总裁

李明远　副总裁

王　湛　副总裁

王　劲　技术副总裁

朱　光　副总裁

刘　辉　人力资源副总裁

梁志祥　副总裁

孙云丰　百度Fellow

1.2.3　组织架构：搜索事业群、前向业务事业群、移动云事业部、LBS事业部、国际化事业部

二、业务信息

2.1　产品及服务信息

搜索的用户产品：网页搜索、知心搜索、百度客户端、开放平台等

涉及搜索的商业产品：网盟推广、搜索推广、移动应用广告平台、鸿媒体、BES等

2.2　覆盖范围

2.2.1　行业：搜索引擎为核心

2.2.2　主要客户：全网用户与组织机构

2.2.3 业务区域：辐射全国

2.3 收入结构：百度公司2013年度总营收为人民币319.44亿元，较2012年同比增长43.2%。按PC与移动划分，移动营收占比超过20%，按收入来源划分，在线营销占比超过99%

三、综合信息

3.1 发展定位：为用户提供“简单，可依赖”的互联网搜索产品及服务

3.2 重要合作伙伴及供应商：新浪微博、搜房、CBSi集团、盛拓传媒、天极传媒、凤凰新媒体、盛大、CNTV、新东方在线、百合网、去哪儿、拉手网等

奇虎360

奇虎360在中国搜索领域属于创新者。360搜索是奇虎的“三级火箭”中的第三级，肩负着前端变现的使命。其“三级火箭”战略的执行不可谓不成功，自从2012年4季度宣布搜索商业化以来，一年来取得了可观的成绩，在综合搜索领域，向着自身提出的流量份额三年每年提升10个百分点的目标而努力。2013年凭借自身的技术和平台优势在搜索领域取得了可观的流量份额，显著提升了广告变现能力。截至2013年第三季度，奇虎搜索广告收入为8700万元，尽管在收入份额上的比重还较小，但由于其3721时代的代理商资源、经验等方面的积累，未来360搜索在商业化变现速度上将加快。目前，360搜索70%以上的流量来自于客户端引流，用户主动搜索的占比仍然较小。搜索前端客户端产品的使用情况，很大程度上决定了360搜索能否进一步取得更好的市场占有率。

易观分析——

安全产品与桌面产品为奇虎360打下了雄厚的后台用户基础，作为搜索广告的后入者，在广告市场给予广告主搅动市场的议价能力

百度在搜索领域巨大的领先优势使其在商业产品上容易成为客户的优先选择，360的产品线相对狭窄，百度围绕搜索形成的资源协同能力更强更广泛，在垂直领域的合作也更为广泛

在PC向无线搜索转型的过程中，可以通过无线领域的发力与合作，加速拓展用户，弯道超车，以创新和用户体验动摇市场格局

奇虎的三级火箭策略在小白越来越少的背景下，用户拓展的效果将会逐步放缓，竞争将回归用户体验本身；同时，作为挑战者，引发的互联网领域的合纵连横策略容易被反噬

一、基础信息

1.1　基本信息

1.1.1　公司名称：奇虎360科技有限公司

1.1.2　成立时间：2005年

1.1.3　总部地点：北京

1.1.4　上市时间：2011年3月30日 纳斯达克

1.1.5　企业性质：上市公司

1.1.6　资本信息：股本1.23亿

1.1.7　联系方式

网址：http：//www.360.cn/

地址：北京朝阳区中关村电子城国际电子总部

电话：86-10-5878-1000

1.2　组织信息

1.2.1　管理层：目前奇虎董事会成员包括：奇虎董事长兼首席运营官周鸿祎、奇虎总裁齐向东、红杉资本沈南鹏、奇虎总工程师曹曙、鼎晖创投王功权、奇虎首席财务官William Mark、财务副总裁姚珏、技术副总石晓红、高原资本Hong Chuan Thor。

1.2.2　组织架构

无线安全业务线（手机卫士事业部、手机助手事业部、手机核心安全事业部、无线安全研究院、通讯安全产品部、手机桌面产品部）

PC安全业务线（安全卫士事业部、杀毒事业部、一对一服务事业部）

二、业务信息

2.1　产品及服务信息

个人与企业泛安全、搜索、桌面工具应用、移动应用工具、游戏平台、智能硬件等

360特供机、360搜索、360网址导航、360影视、360小游戏、360学院、360电脑专家、360初见、360软件宝库、360私有云安全、360安全卫士、360网购保镖、360网购敢赔、360手机云盘、360隐私保险箱、360游戏保险箱、360锁屏、360文件管理器、360刷机助手、360平板卫士、360安全浏览器、360电脑门诊电脑门诊、360网盾、360壁纸、360游戏盒子、360压缩、360木马防火墙、360急救盘、360系统重装大师、360企业版、鲁大师、360驱动大师、360手机卫士、360跑分王、360云盘、360杀毒、360游戏浏览器、360浏览器极速版、360手机助手、360省电王、360美化桌

面、360优化大师、360手机/Pad浏览器、360手机桌面、360安全通讯录、360系统急救箱。

2.2 覆盖范围

2.2.1 行业：互联网泛安全、电脑软件、手机软件、智能硬件

2.2.2 主要客户：全网用户

2.2.3 业务区域：全球，以中国为主，拓展海外

2.3 收入结构：奇虎360第三季度收入为1.879亿美元，相比2012年第三季度8400万美元增长124%，主要由在线广告和互联网增值服务构成

在目前奇虎360的收入结构中，在线广告约占2/3，互联网增值服务约占1/3

三、综合信息

3.1 发展定位：全球最受网民尊敬的互联网安全服务公司

3.2 重要合作伙伴及供应商：中国移动、微软、中国电信、谷歌、英特尔、域名行业发展联盟、中国国家漏洞库

新搜狗

搜狗的发展战略是“三级火箭”模式，依次是后台到前端到变现的输入法、浏览器和变现业务。现阶段，搜狗在无线搜索领域还在进行布局中。尽管搜狗的规模和份额比重较小，但仍是搜索领域一个非常重要的力量。2013年，搜狗曾引起多家互联网公司的觊觎，希望对其进行投资，最终腾讯战略入股搜狗，搜狗获得腾讯移动社交产品群资源。在移动端用户流量提升方面，希望通过“浏览器+移动应用渠道+泛腾讯应用分发渠道”三方面抢占移动端入口，提升用户流量；并会根据移动设备特性来进行移动搜索形态的新的创新，从而提升用户体验。未来，搜狗无线将移动端作为自身主要的竞争机会点。

易观分析——

三级火箭战略下对移动端后台的占领也存在些许优势，搜索技术本身在行业内有独到之处

整体搜索的市场格局目前已基本确定，新搜狗目前难以改变当前竞争格局

搜索移动化过程中的技术创新使搜狗的智慧搜索存在一定空间；另一方面，腾讯的社交产品体系能对搜狗或多或少提供资源支持

移动搜索变现能力仍不够强，而领先的竞争对手已纷纷发力移动搜索商业体系的建立，新搜狗在移动搜索商业化领域也将面临严峻形势

一、基础信息

1.1 基本信息

1.1.1 公司名称：北京搜狗网络技术有限公司（搜狐、腾讯投资）

1.1.2 成立时间：2004年8月3日

1.1.3 总部地点：北京

1.1.4 上市时间：未上市

1.1.5 企业性质：有限责任公司(台港澳法人独资)

1.1.6 资本信息：注册资本10万美元

1.1.7 联系方式：

网址：http：//www.sogou.com/

地址：北京市海淀区中关村东路1号院9号楼威新国际大厦

电话：010-62728080

1.2 组织信息

1.2.1 管理层：

王小川：搜狗CEO

茹立云：搜狗科技副总裁、搜狗搜索事业部总经理。

1.2.3 组织架构： 具体信息不详

二、业务信息

2.1 产品及服务信息

网页应用以网页搜索为核心，在音乐、图片、新闻、地图领域提供垂直搜索服务，通过说吧建立用户间的搜索型社区；

桌面应用则旨在提升用户的使用体验：搜狗工具条帮助用户快速启动搜索，拼音输入法帮助用户更快速地输入，PXP加速引擎帮助用户更流畅地享受在线音视频直播、点播服务。

2.2 覆盖范围

2.2.1 行业：互联网应用工具、搜索引擎、LBS

2.2.2 主要客户：全网用户

2.2.3 业务区域：全国

2.3 收入结构：搜狗营收来源主要是在线广告、流量分发、增值服务。具体结构不详

三、综合信息

3.1　发展定位：无线搜索领先者，PC搜索三分天下

3.2　重要合作伙伴及供应商：58同城、人民网、米尔网、中国新闻网、猫扑、豆丁、Hudong、中彩网等

我国搜索产业中的其他企业名录节选如下表：

表10　中国搜索服务产业中运营企业名录节选

领域	厂商	备注
搜索	百度	简要分析见前述　　　数据分析及详细分析见易观智库企业库
搜索	奇虎360	简要分析见前述　　　数据分析及详细分析见易观智库企业库
搜索	新搜狗	简要分析见前述　　　数据分析及详细分析见易观智库企业库
搜索	Google	数据分析及详细分析见易观智库企业库
搜索	网易有道搜索	数据分析及详细分析见易观智库企业库
搜索	搜搜	数据分析及详细分析见易观智库企业库
搜索	中搜	详细分析见易观智库企业库
搜索	易查搜索	详细分析见易观智库企业库
搜索	盘古搜索	详细分析见易观智库企业库
搜索	必应	详细分析见易观智库企业库
搜索比价	一淘网	详细分析见易观智库企业库
搜索比价	Google	详细分析见易观智库企业库
搜索比价	网易惠惠	详细分析见易观智库企业库

移动IM

腾讯——QQ

手机QQ是腾讯旗下移动端即时通讯软件，于2005年推出，经过多年发展积累了大量用户，目前在移动IM市场排名第一。截至2013年第三季度，手机QQ在中国移动IM市场累计账户份额达到47%，活跃账户数份额达到45.1%。手机QQ基于PC端即时通讯积累了庞大的用户资源，随着产品的迭代，手机QQ功能日益丰富，日趋生活化。为适应移动互联网时代下用户的移动即时通讯需求，手机QQ开

始陆续变革应用功能，从重新设计应用架构到头像取消在线显示，均为更加适应移动互联网新特性。在产品形态、功能方面，手机QQ在2013年着重逐渐挖掘移动场景中用户的使用需求，增加了基于地理位置的群组功能并继续强化以聊天表情、社交游戏等用户增值服务。随着QQ从PC端向移动终端的延展，腾讯移动互联网生态体系逐渐建立，业务线日趋饱满，手机QQ成为承载腾讯未来发展的重要元素。目前，手机QQ产品定位不清晰，如何在同类产品迅速发展的情况下，走差异化发展之路是手机QQ未来主要面临的问题。

易观分析——

腾讯在中国互联网市场最大的优势在于账号体系，而QQ是账号体系的核心。QQ以腾讯作为强大的支撑，资源丰富，有深厚的技术积累与产品关注；与通讯录对接，在用户资源上具有巨大优势；具有极高的品牌认可度、良好的用户口碑

腾讯和社交网络的功能与微信，腾讯微博交叉重合，品牌自我斗争；需要网络，即时性差；没有运营商身份，无权经营VoIP业务

移动互联网快速普及以及手机终端智能化使腾讯可以深度做好QQ账号体系，用户多元沟通需求强烈；用户体验和功能创新还有待加强

运营商持股的易信以及其他即时通讯进入市场，还有来自腾讯旗下同类产品微信的竞争，手机QQ需要与微信变互博为互相促进，走出与微信不同的差异化发展路径

一、基础信息

1.1　基本信息

1.1.1　公司名称：腾讯控股有限公司——社交网络事业群SNG

1.1.2　成立时间：1998年成立　2012年调整为社交网络事业群

1.1.3　总部地点：深圳

1.1.4　上市时间：2004年6月16日　港股

1.1.5　企业性质：上市公司

1.1.6　资本信息：注册资金8000万元

1.1.7　联系方式

网址：http：//weixin.qq.com

邮箱：cosec@tencent.com

地址：深圳市南山区高新科技园中区一路腾讯大厦

电话：（86-755）86013388 转 88668

1.2　组织信息

1.2.1　管理层

马化腾　创始人

刘炽平　总裁

张志东　首席技术官

许晨晔　首席信息官

任宇昕　首席运营官

刘胜义　集团高级执行副总裁

汤道生　集团高级执行副总裁

卢　山　集团高级执行副总裁

吴肖光　集团高级执行副总裁

网大为（美）　集团高级执行副总裁

张小龙　集团高级执行副总裁

汤道生　事业群负责人

1.2.2　组织架构

企业发展事业群（CDG）、互动娱乐事业群（IEG）、移动互联网事业群（MIG）、网络媒体事业群（OMG）、社交网络事业群（SNG）、技术工程事业群（TEG）

二、业务信息

2.1　产品及服务信息

产品信息：PC版、手机QQ、iPad版 企业QQ

QQ作为腾讯核心级用户产品与入口级应用，集成了多种服务，如QQ空间、腾讯游戏、腾讯文学、腾讯微博、应用宝、QQ音乐、腾讯视频、QQ浏览器、电脑管家、腾讯电商、生活优惠信息等多项服务，是各类服务的主要入口之一。

2.2　覆盖范围

2.2.1　行业：互联网/即时通讯

2.2.2　主要客户：企业和个人

2.2.3　业务区域：影响力遍及中国大陆、香港、台湾、东南亚，海外华人聚集地和少数西方人。

2.3　收入结构：

营收主要凭借增值服务，如QQ会员体系中的各种增值服务等，具体结构不详。

三、综合信息

3.1 发展定位：成为最受尊敬的互联网企业，通过互联网服务提升人类生活品质

3.2 重要合作伙伴及供应商：开放账号体系 第三方接入合作

腾讯——微信

微信是腾讯布局移动互联网的明星产品，于2011年推出，经过快速迭代迅速积累用户，目前在移动IM市场排名第二。截至2013年第三季度，微信在中国移动IM市场累计账户份额达到30.3%，活跃账户数份额达到35.9%。微信2011年11月的用户数是5000万，2012年3月突破1亿，2012年9月突破2亿。腾讯2013第三季度财报的数据表明，微信月活跃账户数达到2.719亿，并依然保持快速增长趋势。此外，微信每一次版本更新都带来功能性的突破，1.0版本是语音、2.0是群聊、3.0是陌生人交友、4.0是开放平台、4.3是公共账号平台、5.0是支付和游戏大厅。微信自2011年1月21日发布1.0测试版开始，进行了近10版的更新迭代，逐渐完成了从即时通讯工具到平台的初步进阶，以及从2C到2B的进阶，商业化的价值逐步凸显，经过持续迭代，微信的生态体系逐渐完善。2013年微信的发展策略除了功能性的创新外，还有在移动互联网环境下对其商业化的探索，并逐渐向增值服务、移动游戏、O2O等方向发力。目前第三方与微信平台尝试合作挖掘企业价值，微信的企业级应用如营销、CRM、O2O、远程智能等将会是未来微信的发展方向。

易观分析——

依托腾讯庞大用户基数；微信集成腾讯网、微博、邮箱等应用，集成平台满足用户多元化需求；微信持续迭代，生态体系逐渐完善；微信公共平台为企业提供应用价值

UI触控体验流畅度越来越差，消息详情层次越来越深不利于操控

随着移动互联网创新应用和新型智能终端的大量涌现，微信的多方面协同功能突出；微信为企业布局移动互联网业务提供了平台

各类IM产品纷纷抢占市场，如何应对易信和来往等同类产品的竞争也是重要考虑因素；微信对运营商传统业务造成了一定程度的冲击，与运营商之间的矛盾亟待解决

一、基础信息

1.1 基本信息

1.1.1 公司名称：腾讯控股有限公司——微信团队

1.1.2 成立时间：2011年1月21日

1.1.3　总部地点：深圳

1.1.4　上市时间：2004年6月16日

1.1.5　企业性质：股份制

1.1.6　资本信息：注册资本8000万元

1.1.7　联系方式

网址：http：//weixin.qq.com

邮箱：cosec@tencent.com

地址：深圳市南山区高新科技园中区一路腾讯大厦

电话：（86-755）86013388 转 88668

1.2　组织信息

1.2.1　管理层

马化腾　创始人

刘炽平　总裁

张志东　首席技术官

许晨晔　首席信息官

任宇昕　首席运营官

刘胜义　集团高级执行副总裁

汤道生　集团高级执行副总裁

卢　山　集团高级执行副总裁

吴肖光　集团高级执行副总裁

网大为（美）　集团高级执行副总裁

张小龙　集团高级执行副总裁

汤道生　事业群负责人

1.2.2　组织架构

企业发展事业群（CDG）、互动娱乐事业群（IEG）、移动互联网事业群（MIG）、网络媒体事业群（OMG）、社交网络事业群（SNG）、技术工程事业群（TEG）

二、业务信息

2.1　产品及服务信息

微信5.0.3（iPhone）微信5.0.2 (Android)、5.0（iOS）、4.2（Symbian）、4.1（Windows

Phone 8）、1.5（诺基亚S40）、3.0（BlackBerry）、2.0（BlackBerry 10）。

微信公众平台

分为订阅号与服务号。开放了部分高级接口和开放者问答系统。此次微信开放的高级接口权限包括：语音识别、客服接口、OAuth2.0网页授权、生成带参数二维码、获取用户地理位置、获取用户基本信息、获取关注者列表、用户分组接口等8项。

微信网页版

通过手机微信（4.2版本以上）的二维码识别功能在网页上登陆微信，能实现和好友聊天，传输文件等功能，但不支持查看附近的人以及摇一摇等功能。

2.2　覆盖范围

2.2.1　行业：互联网/即时通讯

2.2.2　主要客户：企业和个人

2.2.3　业务区域：影响力遍及中国大陆、香港、台湾、东南亚，海外华人聚集地和少数西方人。

2.3　收入结构：手机游戏，增值服务等。具体结构不详

三、综合信息

3.1　发展定位：成为最受尊敬的互联网企业，通过互联网服务提升人类生活品质。

3.2　重要合作伙伴及供应商：公众平台、财付通、KFC等

中国移动——飞信

飞信是中国移动提供的移动综合通信服务，是移动与互联网的互通平台。自2007年正式商用以来，飞信就肩负着运营商踏进互联网领域的历史使命，飞信借着免费短信的势头一举击败MSN成为国内IM软件第二，成为仅次于腾讯QQ的沟通工具。截至2013年第三季度，手机飞信在中国移动IM市场累计账户份额达到10.9%，活跃账户数份额达到7.2%。建设和维护基础通信网，向用户提供语音、短信等基础服务，然后从用户身上收取费用，是运营商传统商业模式的简单描述。但这一模式在移动互联网时代正遭遇巨大冲击，短信和语音服务在一定程度上被其他服务替代，随着更多即时通讯移动应用的快速崛起，飞信存在着巨大的竞争压力。智能终端的发展和4G商用为飞信带来了发展契机，从飞信的系列改进中，可以看出中国移动此举旨在把握4G商用带来的市场机遇，打造差异化的融合通信入口，沉淀和整合社交关系，将飞信打造为“通信+社交+商业”的互联网平台。但是，与敏捷反应、快速迭代的移动互联网公司相比，新版飞信最大的难题或许是如何打造良好的用户体验，更快速扩大用户规模，以在硝烟四起的移动即时通讯市场占据一席之地。

易观分析——

中国移动自主开发的IM软件，拥有与运营商终端和号段绑定的独特优势，将手机与电脑有机结合，打破了互联网与手机通讯之间的网络限制；基于中国移动用户群为发展基础，用户群庞大且稳定；飞信的“短信群发”及“定时短信功能”是其区别于其他IM产品的特殊功能

飞信软件功能还有待完善，在运营机制本身的互联网化程度低，使得难以很好满足快速迭代和用户互动等关键运营要求，难以与其他领先IM产品竞争

定制智能终端出货量的加大以及4G商用的逐渐铺开是飞信创新的机会，但同时也是竞品的机会

面临着IM市场激烈的OTT产品竞争压力；电信网易联合推出的同类产品易信，与其说影响QQ和微信，不如说是更接近于飞信的竞争对手

一、基础信息

1.1 基本信息

1.1.1 公司名称：中国移动集团——飞信

1.1.2 成立时间：飞信成立时间2011年9月28日

1.1.3 总部地点：北京

1.1.4 上市时间：1997年10月23日

1.1.5 企业性质：国有

1.1.6 联系方式

网址：http：//feixin.10086.cn/

地址：北京市西城区金融大街29号

电话：10086

1.2 组织信息

1.2.1 管理层

奚国华　中国移动通信集团公司董事长、党组书记

李　跃　集团董事、总裁、党组成员

黄文林　董事、纪检组长、公会主席、党组成员

赵吉斌　薛涛海　黄文林　李正茂　沙跃家　刘爱力　李慧镝　副总裁、党组成员

1.2.2 组织架构：不详

二、业务信息

2.1　产品及服务信息：PC飞信（PC2013版，mac2.3版）、无线飞信（Android V5.3　iOS V3.4）、网页飞信、飞信交友（Android、iOS）、公众平台、会员增值服务

2.2　覆盖范围

2.2.1　行业：即时通讯

2.2.2　主要客户：互联网用户

2.2.3　业务区域：全国

2.3　收入结构：飞信具体营收结构不详

三、综合信息

3.1　发展定位：无障碍沟通工具

3.2　重要合作伙伴及供应商：沃达丰、凤凰、浦发银行、苹果、华为、中兴、爱立信、联想等

我国即时通讯产业中的其他企业名录节选如下表：

表11　中国即时通讯产业中平台企业名录节选

领域	厂商	备注
即时通讯	腾讯QQ	简要分析见前述 数据分析及详细分析见易观智库企业库
即时通讯	腾讯微信	简要分析见前述 数据分析及详细分析见易观智库企业库
即时通讯	中国移动飞信	简要分析见前述 数据分析及详细分析见易观智库企业库
即时通讯	阿里巴巴	数据分析及详细分析见易观智库企业库
即时通讯	小米	数据分析及详细分析见易观智库企业库
即时通讯	雅虎	数据分析及详细分析见易观智库企业库
即时通讯	PICA	数据分析及详细分析见易观智库企业库
即时通讯	飞聊	数据分析及详细分析见易观智库企业库
即时通讯	手机MSN	数据分析及详细分析见易观智库企业库
即时通讯	翼聊	数据分析及详细分析见易观智库企业库

续表

领域	厂商	备注
即时通讯	Skype	数据分析及详细分析见易观智库企业库
即时通讯	网易泡泡	数据分析及详细分析见易观智库企业库
即时通讯	新浪UC	数据分析及详细分析见易观智库企业库
即时通讯	北京陌陌科技有限公司	详细分析见易观智库企业库
即时通讯	咔咕	详细分析见易观智库企业库
即时通讯	NHN公司	详细分析见易观智库企业库
即时通讯	Google	详细分析见易观智库企业库
即时通讯	诺基亚	详细分析见易观智库企业库
即时通讯	苹果	详细分析见易观智库企业库
即时通讯	盛大网络	详细分析见易观智库企业库
即时通讯	奇虎360	详细分析见易观智库企业库
即时通讯	微软	详细分析见易观智库企业库
即时通讯	友加游网络科技有限公司	详细分析见易观智库企业库
即时通讯	中国电信集团公司	详细分析见易观智库企业库
即时通讯	中国联合网络通信集团有限公司	详细分析见易观智库企业库
即时通讯	三星电子	详细分析见易观智库企业库
即时通讯	Kakao Talk	详细分析见易观智库企业库
即时通讯	广州多玩信息技术有限公司	详细分析见易观智库企业库
即时通讯	爱聊公司	详细分析见易观智库企业库
即时通讯	百度网络技术有限公司	详细分析见易观智库企业库

社会化

新浪微博

新浪微博是一个由新浪网推出，提供微型博客服务的类Twitter网站，新浪微博于2009年8月14日开始内测，并于2012年正式启动商业化。据新浪微博官方数据显示，截至2013年6月底，微博的日活跃用户数达到5400万，在微博市场占据较大优势。商业化进程更是日渐加速，取得了良好效果，财报数据显示，新浪微博2013年4季度总营收为7140万美元，其中微博广告营收为5600万美元，同比增长163%；增值业务营收为1540万美元，同比增长114%，微博首次实现盈利。现阶段面对微信等移动社交外部的竞争，加上微博商业化对用户体验的挑战，平衡自身商业化和用户体验是关键问题。

易观分析——

新浪微博具有市场先入优势，运营经验日趋成熟；庞大的用户资源和广告主资源；较高的品牌认可度，目前商业化进程领先，已经步入盈利通道

现阶段有“僵尸粉”、“小广告”等问题；商业化与用户体验的平衡的协调

移动互联网发展快速，为布局移动端业务铺路；用户的分享及参与意愿需求强烈；广告主对社会化营销的认知逐渐加强；大数据、行为定向等技术助力为社会化营销发展都为新浪微博的下一步发展创造了机会

微信等社交应用的移动布局快速，在媒体传播属性上对微博已出现替代危机；需要在社会化平台领域加大创新力度

一、基础信息

1.1　基本信息

1.1.1　公司名称：新浪微博

1.1.2　成立时间：2009年8月

1.1.3　总部地点：北京

1.1.4　上市时间：2000年4月13日

1.1.5　企业性质：上市公司　股份制

1.1.6　联系方式

网址：www.weibo.com

邮箱：sinamedia@vip.sina.com

地址：北京市北四环西路58号理想国际大厦20层

电话：（86-10）82628888

1.2　组织信息

1.2.1　管理层

曹国伟：新浪首席执行官兼董事长　新浪微博负责人

杜　红：新浪首席运营官兼联席总裁

许良杰：新浪首席技术官兼联席总裁

余正钧：新浪首席财务官

陈　彤：总编辑　新浪执行副总裁

王高飞：新浪高级副总裁　新浪微博事业部总经理

1.2.3　组织架构：门户板块、微博板块、其他板块（辅助门户和微博两大板块）

二、业务信息

2.1　产品及服务信息

（1）新浪微博客户端

（2）新浪微博企业版：提供品牌形象展示、数据评估功能以及应用扩展服务。

（3）新浪微博广告中心-微博"粉丝通"：基于微博海量用户，把企业信息广泛传递给粉丝和潜在粉丝的营销产品。它会根据用户属性和社交关系将信息精准投放给目标人群，同时微博粉丝通也具有普通微博的全部功能，如转发、评论、收藏、赞等。

（4）新浪微博开放平台：新浪微博 API，覆盖了新浪微博的全部功能，可以通过 API 发微博，传照片，加关注，甚至搜索等全部功能。

2.2　覆盖范围

2.2.1　行业：互联网/社会化平台

2.2.2　主要客户：互联网用户

2.2.3　业务区域：全国

2.3　收入结构：广告收入（78%）；非广告收入（22%）

三、综合信息

3.1　发展定位：开放性互动媒体

3.2　重要合作伙伴及供应商

媒体合作伙伴

人民网、生活周刊、时尚、中国计算机报、京报网、体坛网、CCTV1、FT、金和时报

无线互联合作伙伴

科健、KONKA、LG、NEC、TCL、摩托罗拉、诺基亚、三星、中国电信、中国联通、中国移动通信

腾讯——QQ空间

腾讯是中国社会化领域无可争辩的领导者，优势巨大。QQ空间，即Qzone，是腾讯公司于2005年开发出来的多媒体空间博客。QQ空间分为主页、说说、日志、音乐盒、相册、个人档案、个人中心、分享、好友秀、好友来访、投票、城市达人、秀世界、视频、游戏等。依托腾讯QQ庞大的用户基础，2013年第3季度QQ空间活跃账户数达到6.233亿，同时根据易观智库数据，QQ空间手机端第3季度活跃用户数已超过2.8亿，稳居移动SNS平台的第一位。坐拥庞大的用户规模，QQ空间在移动端着重强化了移动这一特性，并完善了基于移动化社交化的一系列社区内容。目前商业模式方面，QQ空间拥有用户产品和营销产品两种付费产品。用户产品部分，以消费增值服务为主，包括游戏等，并针对移动端做创新优化；营销产品部分，腾讯旗下“广点通”推广力度的加大，持续吸引更多广告主增加广告预算，广点通移动端布局也已上线，QQ空间打造跨终端多屏整合以及基于大数据的精准营销随之展开。

易观分析——

腾讯账号体系的用户及流量支撑，在社会化营销上品牌知名度高，已积累成功经验；同时，腾讯丰富的产品及服务对其有协同支撑力度

作为社会化平台，与新浪微博相比，QQ空间开放性不足，与微信朋友圈相比，移动化体验不够，用户活跃度已不在峰值

广告主对社会化营销的认知逐渐加强，腾讯数据挖掘等技术的发展促进了广告与QQ空间的结合

微信等社交应用的移动布局快速，在媒体传播属性上对微博已出现替代危机；需要在社会化平台领域加大创新力度

一、基础信息

1.1　基本信息

1.1.1 公司名称：腾讯控股有限公司

1.1.2 成立时间：腾讯公司成立于1998年11月　腾讯空间（Qzone）发行于2005年4月

1.1.3 总部地点：深圳

1.1.4 上市时间：2004年6月16日

1.1.5 企业性质：股份制

1.1.6 联系方式

网址：http://www.qq.com/

地址：中国广东省深圳市南山区深南大道10000号腾讯大厦

电话：0755-83768988

1.2 组织信息

1.2.1 管理层

马化腾：主要创办人，董事会主席、执行董事兼首席执行官

刘炽平：腾讯公司总裁

张志东：主要创办人，首席技术官

许晨晔：主要创办人，首席信息官

任宇昕：首席运营官，兼互动娱乐事业群总裁、移动互联网事业群总裁

James Mitchell：首席战略官，集团高级执行副总裁

刘胜义：网络媒体事业群总裁，集团高级执行副总裁

汤道生：社交网络事业群总裁，集团高级执行副总裁

卢　山：技术工程事业群总裁，集团高级执行副总裁

吴宵光：腾讯电商控股公司CEO，集团高级执行副总裁

网大为：集团高级执行副总裁

张小龙：集团高级副总裁

马晓轶：集团高级副总裁

罗硕瀚：首席财务官，集团高级副总裁

郭凯天：集团高级副总裁

奚　单：集团高级副总裁

1.2.3 组织架构：企业发展事业群（CDG）、互动娱乐事业群（IEG）、移动互联网事业群（MIG）、网络媒体事业群（OMG）、社交网络事业群（SNG）、技术工程事业群（TEG）

二、业务信息

2.1　产品及服务信息：QQ空间网页端　　QQ空间移动客户端

QQ空间分为主页、说说、日志、音乐盒、相册、个人档案、个人中心、分享、好友秀、好友来访、投票、城市达人、秀世界、视频、游戏等。

2.2　覆盖范围

2.2.1　行业：互联网、社会化平台

2.2.2　主要客户：互联网用户

2.2.3　业务区域：全球

2.3　收入结构：增值服务、广告、游戏（量化结构不详）

三、综合信息

3.1　中国最大的互联网综合服务提供商，把为用户提供“一站式在线生活服务”作为战略目标。

3.2　重要合作伙伴及供应商：万科、小米科技等

百度——贴吧

百度在社会化领域的核心用户产品是百度贴吧。作为百度旗下的社区平台，成立于2003年。传统的论坛模式为百度贴吧赢得稳定的用户基础，百度贴吧数据显示，截至2013年，百度贴吧拥有6亿注册用户，800万个兴趣贴吧，日均话题总量近亿，浏览量超过20亿次。在移动端，百度贴吧移动社交依然以兴趣和帖子为核心向用户提供开放交流平台，虽然移动端增加了语音聊天以及拍照等功能，但其社交模式更偏于PC段迁移。百度贴吧产品投放资源较少，核心内容形式单一，急需要探索更多元的商业模式并增强用户基于百度贴吧的社交关系和使用黏性。

易观分析——

百度集团的品牌影响力较大；百度集团在流量、用户等资源的优势带动；成立时间较早，拥有丰富的运营经验；贴吧具有先入优势，在用户规模，用户黏性与活跃度等方面都十分可观

商业模式单一，未形成前向付费气候，需加强独立品牌的树立及商业模式的探索

技术创新促进功能的持续优化，百度前向业务群的建立可能会给贴吧带来更好的协同发展效应

品牌广告主对论坛广告的投放意愿不高

一、基础信息

1.1 基本信息

1.1.1 公司名称：百度

1.1.2 成立时间：2000年1月

1.1.3 总部地点：北京市海淀区上地十街10号

1.1.4 上市时间：2005年上市

1.1.5 企业性质：股份制

1.1.6 资本信息：注册资本4520万美元

1.1.7 联系方式

网址：http：//home.baidu.com/index.html

百度大厦：北京市海淀区上地十街10号

首创办公区：北京市海淀区东北旺西路8号 中关村软件园12号

奎科办公区：北京市海淀区上地信息路甲9号

鹏寰办公区：北京市海淀区上地1号院 盈创动力园区D栋 鹏寰国际大厦

电话总机：（+86 10）5992 8888

1.2 组织信息

1.2.1 人员规模：员工人数超过17000人

1.2.2 管理层

李彦宏 百度创始人、董事长兼首席执行官

李昕晢 首席财务官

向海龙 副总裁

李明远 副总裁

王 湛 副总裁

王 劲 技术副总裁

朱 光 副总裁

刘 辉 人力资源副总裁

梁志祥 副总裁

孙云丰 百度Fellow

1.2.3 组织架构：搜索事业群、前向业务事业群、移动云事业部、LBS事业部、国际化事业部

二、业务信息

2.1　产品及服务信息

2.1.1　产品信息

贴吧产品

贴吧主题列表页和内容页

帖吧直播/访谈贴

图片贴吧

贴吧手机智能版

贴吧手机客户端

2.2　覆盖范围

2.2.1　行业：互联网

2.2.2　主要客户：互联网用户

2.2.3　业务区域：全国

2.3　收入结构：百度公司2013年度总营收为人民币319.44亿元，较2012年同比增长43.2%。按PC与移动划分，移动营收占比超过20%，按收入来源划分，在线营销占比超过99%

贴吧收入来源为广告、其他收入（量化结构不详）

三、综合信息

3.1　发展定位：全球最大中文社区

3.2　重要合作伙伴及供应商：新浪微博、搜房、CBSi集团、盛拓传媒、天极传媒、凤凰新媒体、盛大、CNTV、新东方在线、百合网、去哪儿、拉手网等

人人

人人网，原名校内网，创办于2005年12月，2009年8月改称人人网。人人网是以学生为主要用户群，也正是因人群定位限制，即使经历了品牌更换的战略调整，在其营销价值和后期的服务扩张方面未能实现良好的表现，人人网的整体用户规模和盈利能力都出现大幅下滑。另一方面，人人网在移动端发展起步也相对较晚，用户规模远低于微信、微博等竞争对手。人人网在移动社交方面仍着重强调“学生群体”以在移动社交环境下保持其发展空间，然而人人的移动社交成长空间有限，用户潜力挖掘能力相对局限。人人的业务也处于收缩的态势。

易观分析——

成立时间较早，早期发展快速，仍有相当规模的学生人群具有较高黏度

收缩下的战略转型并未成功；用户规模及活跃度持续下滑；定位学生人群的潜力挖掘显现疲态

社会化营销的价值认可度提升，为人人提供了可以利用的机遇

同质化产品和服务多，用户人气下滑直接意味着社会化网站的商业价值下滑

一、基础信息

1.1 基本信息

1.1.1 公司名称：北京人人网有限公司

1.1.2 成立时间：校内网创办于2005年12月，创办人是来自清华大学和天津大学的王兴、王慧文、赖斌强和唐阳等几位大学生。2006年10月被千橡互动集团收购。同年底，千橡公司的5Q校园网与校内网合并完成。2009年8月4日，校内网改称人人网。

1.1.3 总部地点：北京

1.1.4 上市时间：2011年

1.1.5 企业性质：股份制

1.1.6 联系方式

网址：http://zhan.renren.com

地址：北京市朝阳区北三环东路8号静安中心23层

电话：（86 10）84481818（北京总部）

传真：（86 10）51085666（北京总部）

1.2 组织信息

1.2.1 管理层：

陈一舟 董事长兼首席执行官

刘 建 执行董事

黄 辉 首席财务官

黄 晶 人人网事务副总裁

何　川　人人游戏业务高级副总裁

周　娟　56网副总裁

刘　京　人力资源高级副总裁

1.2.2　组织架构：人人网事业部、无线业务事业部、游戏事业部、56网事业部

二、业务信息

2.1　产品及服务信息

人人网：前身为校内网，成立于2005年，是中国领先的实名制的SNS网络平台。通过每个人真实的人际关系，满足各类用户对社交、资讯、娱乐等多方面的沟通需求。

人人游戏是全国领先的网络游戏平台，也是中国最大的手机游戏及跨平台游戏研发运营商之一。

56网：创办于2005年4月，是中国领先的视频分享网站，为网民提供视频的存储、上传和分享服务。

2.2　覆盖范围

2.2.1　行业：IT/互联网

2.2.3　业务区域：全国

2.3　收入结构：广告收入、游戏收入、其他收入（量化结构不详）

三、综合信息

3.1　发展定位：中国领先的实名制SNS社交网络

3.3　重要合作伙伴及供应商信息：奇虎360、中国电信、优酷土豆等。具体信息不详。

天涯社区

天涯社区创办于1999年3月，老牌社区，在中国老牌网民以及高等教育人群中有着颇为巨大的影响力，伴随着一代互联网用户的成长。长期以来，天涯论坛都是“高手在民间”这一论断的有力支撑，人数众多，在微博诞生之前，是“意见领袖”的重要聚集场所。经过15年的发展，依靠用户创造内容带来巨大的访问量，在中国网络论坛市场中拥有较高的影响力。天涯的用户相对较为活跃，但商业模式较为单一。同时，天涯在移动端的业务表现方面发展较慢，面对竞争对手的庞大用户量，天涯需加强服务及产品的优化，提升竞争力。

易观分析——

中国网络论坛中较早成立者，在高校具有较大影响力

商业模式单一；品牌印象对其营销价值产生负面影响；移动端表现欠佳

移动互联网发展快速，移动市场拥有新机遇

网络舆论监管力度不断强化，此模式易面临政策风险

一、基础信息

1.1 基本信息

1.1.1 公司名称：天涯社区公司

1.1.2 成立时间：1999年3月

1.1.3 总部地点：海南

1.1.4 上市时间：无

1.1.5 企业性质：民营

1.1.6 资本信息：不详

1.1.7 联系方式

网址：www.tianya.cn

客服邮箱：service@tianya.cn

天涯总部地址：海南省海口市滨海大道珠江广场帝都大厦8层　邮编：570125

北京公司地址：北京海淀区中关村东路1号院科技大厦B座（赛尔大厦）26层

邮编：100084

1.2 组织信息

1.2.1 管理层

邢　明　董事长

李胜兵　执行总裁

陈　勇　王俊峰等　副总裁

1.2.2 组织架构：无

二、业务信息

2.1　产品及服务信息

天涯微博　和网友快速分享交流的平台

天涯聚焦　全民话题，天涯制造！任何星星之火，可以燎原

天涯论坛　全球最大的中文论坛！进入版块列表

天涯博客　是国内极具影响力的博客网站之一

天涯部落　以话题和关系为纽带，满足用户多种需求

天涯问答　问问题，找答案；答题传播知识，赢取手机话费

分类信息　个人生活信息的免费发布平台

分社区

天涯民生　民生话题，草根制造，你我共同的家园

天涯文学　引领人文思想，荟萃风雅华章

天涯财经　你的私人经济顾问

天涯汽车　最具人文情怀的汽车平台

天涯娱乐　全民娱乐风向标

天涯体育　比他们有趣

天涯图片　完全开放视角，延伸网络视界

天涯游戏　不和陌生人打架

天涯时尚　护肤彩妆、服饰搭配，分享你的、欣赏TA的

天涯视频　天涯视频 给你好看

天涯情感　爱上“情感”，情动天涯

天涯IT数码　纵览IT风云，尽享快乐数码生活

天涯旅游 无处不在相逢

2.2　覆盖范围

2.2.1　行业：网络社交

2.2.2　主要客户：互联网用户

2.2.3　业务区域：全国

2.3　收入结构：广告收入

三、综合信息

3.1　发展定位：华语圈首屈一指的网络事件与网络名人聚焦平台，最具影响力的全球华人网上家园。

3.2　重要合作伙伴及供应商：山西卫视、广州电视台、南方电视台、海南交通广播、第一财经、湖南卫视、世界新闻报、世界经理人、世界博览、ELLE、华尔街中文报、南都周刊等

19楼

19楼是一个地方性互联网社区网站。是杭州都快网络媒体有限公司旗下的一个专注于提供本地生活消费（柴米油盐、吃喝玩乐、衣食住行、生老病死）和情感问题自由交流的平台。专注于为网友提供本地生活交流服务，是中国OTO业务模式领先的实践者之一。目前已有一亿多用户，成为全国覆盖最广、渗透最深的城市社区网站。

易观分析——

资源优势。由杭州日报报业集团和都市快报新媒体战略重要组成部分。政府集团的支撑使得资金充足；具有强大的产品和技术团队，产品定位精准

目前19楼的盈利模式过于单一。其收入绝大部分来自互动广告，销售分成和平台授权收入占比还非常小，且没有触及商务交易的环节，尚未建立起社区电子商务

紧跟O2O大趋势潮流，主打本地化、社交化，开始进驻移动端

地域扩张时由于需要考虑差异化，使得19楼在扩张时面临风险

一、基础信息

1.1　基本信息

1.1.1　公司名称：杭州十九楼网络股份有限公司

1.1.2　成立时间：2006年10月

1.1.3　总部地点：浙江省杭州市

1.1.4　上市时间：未上市

1.1.5　企业性质：民营

1.1.6　资本信息：合资

1.1.7　联系方式

网址：http：//www.19lou.com/

邮箱：kefu@19lou.com

地址：浙江省杭州市文三路90号东部软件园创新大厦B座2楼

电话：0571-85211919

1.2　组织信息

1.2.1　管理层

林　煜　CEO、创始人

1.2.3　组织架构：具体信息不详

二、业务信息

2.1　产品及服务信息：论坛、我的空间、好点、大婚日、我的宝宝、跳蚤市场、19楼客户端、搜索、19楼诊所、其他产品、爱情幸运号、战略合作、19楼故事等

2.2.1　行业：互联网　论坛门户

2.2.2　主要客户：核心用户群是18到45岁间的城市女性

2.2.3　业务区域：全国

2.3　收入结构：广告收入、其他收入（具体量化结构不详）

三、综合信息

3.1　发展定位：致力于为各地用户提供便捷的生活交流空间和体贴的本地生活服务

3.3　重要合作伙伴及供应商：华数数字电视、商业资讯、虾米网、新文化网、华声论坛、阿里生意经、烟台论坛、baby169、亲子论坛、上虞论坛等

我国泛社会化网络产业中的其他企业名录节选如下表：

表12　中国泛社会化网络产业中企业名录节选

领域	厂商	备注
微博	新浪微博	简要分析见前述 数据分析及详细分析见易观智库企业库
社交网站	腾讯QQ空间	简要分析见前述 数据分析及详细分析见易观智库企业库
综合论坛	百度——贴吧	简要分析见前述 数据分析及详细分析见易观智库企业库
社交网站	人人	简要分析见前述 数据分析及详细分析见易观智库企业库
综合论坛	天涯	简要分析见前述 数据分析及详细分析见易观智库企业库
社交网站	豆瓣网	详细分析见易观智库企业库
社交网站	开心网	详细分析见易观智库企业库
社交网站	朋友网	详细分析见易观智库企业库
社交网站	赛我网	详细分析见易观智库企业库
博客	blogbus	详细分析见易观智库企业库
博客	搜狐	详细分析见易观智库企业库
博客	网易	详细分析见易观智库企业库
博客	新浪	详细分析见易观智库企业库
婚恋交友	百合网	详细分析见易观智库企业库
婚恋交友	红娘网	详细分析见易观智库企业库
婚恋交友	深圳浩天投资有限公司	详细分析见易观智库企业库
婚恋交友	世纪佳缘	详细分析见易观智库企业库
婚恋交友	速配网	详细分析见易观智库企业库
婚恋交友	网易公司	详细分析见易观智库企业库
婚恋交友	珍爱网	详细分析见易观智库企业库
婚恋交友	有缘网	详细分析见易观智库企业库
企业社交	腾讯	详细分析见易观智库企业库
企业社交	北京慧聪国际资讯有限公司	详细分析见易观智库企业库

续表

领域	厂商	备注
企业社交	上海万企明道软件有限公司	详细分析见易观智库企业库
企业社交	金蝶	详细分析见易观智库企业库
轻博客	点点	详细分析见易观智库企业库
轻博客	人人	详细分析见易观智库企业库
轻博客	网易	详细分析见易观智库企业库
轻博客	搜狐	详细分析见易观智库企业库
轻博客	新浪	详细分析见易观智库企业库
商务社交	LinkedIn	详细分析见易观智库企业库
商务社交	经纬网	详细分析见易观智库企业库
商务社交	若邻网	详细分析见易观智库企业库
商务社交	天际网	详细分析见易观智库企业库
商务社交	优士网	详细分析见易观智库企业库
社会化分享	bshare	详细分析见易观智库企业库
社会化分享	jia this	详细分析见易观智库企业库
社会化内容聚合	zaker	详细分析见易观智库企业库
社会化内容聚合	腾讯	详细分析见易观智库企业库
社会化内容聚合	网易	详细分析见易观智库企业库
社会化内容聚合	鲜果	详细分析见易观智库企业库
社会化阅读	Gozap	详细分析见易观智库企业库
社会化阅读	九点网	详细分析见易观智库企业库
社会化阅读	抓虾网	详细分析见易观智库企业库
社会化书签	腾讯	详细分析见易观智库企业库
社会化书签	百度	详细分析见易观智库企业库
社会化问答	知乎	详细分析见易观智库企业库
社会化问答	百度	详细分析见易观智库企业库
社会化问答	新浪	详细分析见易观智库企业库
社会化问答	天涯	详细分析见易观智库企业库
社会化营销服务	1024互动营销	详细分析见易观智库企业库

续表

领域	厂商	备注
社会化营销服务	Netconcepts	详细分析见易观智库企业库
社会化营销服务	Social Touch	详细分析见易观智库企业库
社会化营销服务	上海秉钧网络科技有限公司	详细分析见易观智库企业库
社会化营销服务	博邦尚林	详细分析见易观智库企业库
社会化营销服务	传驰网络	详细分析见易观智库企业库
社会化营销服务	口碑互动	详细分析见易观智库企业库
社会化营销服务	千里目标	详细分析见易观智库企业库
社会化营销服务	北京瑞意恒动科技有限公司	详细分析见易观智库企业库
社会化营销服务	上海瀚宣文化传播	详细分析见易观智库企业库
社会化营销服务	随视传媒简介	详细分析见易观智库企业库
社会化营销服务	北京天下秀科技有限公司	详细分析见易观智库企业库
社会化营销服务	腾讯	详细分析见易观智库企业库
社会化营销服务	西美互动	详细分析见易观智库企业库
社会化营销服务	映盛中国	详细分析见易观智库企业库
社会化营销服务	中海互动	详细分析见易观智库企业库
社会化营销服务	河南众品食业股份有限公司	详细分析见易观智库企业库
社区软件	康盛创想（北京）科技有限公司	详细分析见易观智库企业库
社区软件	iwebsns	详细分析见易观智库企业库
社区软件	天乙软件	详细分析见易观智库企业库
视频交友	浙江天格信息技术有限公司	详细分析见易观智库企业库
视频交友	56网	详细分析见易观智库企业库
视频交友	上海聚力传媒技术有限公司公司	详细分析见易观智库企业库
视频交友	六间房秀场	详细分析见易观智库企业库
图片分享	嘀咕网	详细分析见易观智库企业库
图片分享	堆糖网	详细分析见易观智库企业库
图片分享	翻东西	详细分析见易观智库企业库
图片分享	花瓣网	详细分析见易观智库企业库
图片分享	厦门美图网科技有限公司	详细分析见易观智库企业库

续表

领域	厂商	备注
图片分享	拼范网	详细分析见易观智库企业库
图片分享	优美图片网	详细分析见易观智库企业库
微博	搜狐	详细分析见易观智库企业库
微博	腾讯	详细分析见易观智库企业库
微博	网易	详细分析见易观智库企业库
位置签到服务	街旁网	详细分析见易观智库企业库
位置签到服务	苏州贝多科技有限公司	详细分析见易观智库企业库
位置签到服务	切客	详细分析见易观智库企业库
文档分享	百度	详细分析见易观智库企业库
文档分享	豆丁网	详细分析见易观智库企业库
消费评论	爱帮网	详细分析见易观智库企业库
消费评论	大众点评	详细分析见易观智库企业库
消费评论	饭统网	详细分析见易观智库企业库
消费评论	口碑网	详细分析见易观智库企业库
在线百科	MBAlib	详细分析见易观智库企业库
在线百科	百度	详细分析见易观智库企业库
在线百科	互动在线（北京）科技有限公司	详细分析见易观智库企业库
在线百科	腾讯	详细分析见易观智库企业库
综合论坛	搜狐	详细分析见易观智库企业库
综合论坛	白社区	详细分析见易观智库企业库
综合论坛	大旗网	详细分析见易观智库企业库
综合论坛	华声论坛	详细分析见易观智库企业库
综合论坛	凯迪社区	详细分析见易观智库企业库
综合论坛	猫扑网	详细分析见易观智库企业库
综合论坛	天涯社区	详细分析见易观智库企业库
综合论坛	西祠胡同	详细分析见易观智库企业库

手机浏览器

腾讯——QQ浏览器

QQ浏览器是腾讯公司推出的浏览器，有PC和移动版本。凭借产品和技术创新、细分市场的营销落地及社交体系的资源优势转换，qq浏览器在第三方手机浏览器市场占据重要地位。易观智库2013年第三季度手机浏览器报告中显示，qq浏览器在覆盖人群数和使用时长稳居第一。这一现象主要是源于手机QQ浏览器通过与腾讯旗下其他移动产品(腾讯新闻、微信、QQ空间等)的有效整合，让用户通过QQ浏览器浏览的内容能够简便地分享到社交圈子，而QQ一号通的登录方式,不仅省去了用户“新注册”的繁琐操作，更打通了各产品间的接口，跨屏穿越、微收藏等多平台、多应用的互通不仅为用户带来了实用的功能，更通过腾讯App群的力量加强了用户黏性。同时手机QQ浏览器定位年轻化，产品对于自身品牌、功能、用户群体的准确定位，加之品牌形象代言人等对于市场的推广力度，使得个体产品所聚集的用户影响到了整个App群。虽然腾讯旗下产品曾经凭借QQ一款App而茁壮成长，但不得不承认如今的腾讯旗下，不止一款App受到用户青睐。而产品间的相互共存共进体系，使得手机QQ浏览器保持了如今的领先地位。

根据易观智库发布数据，截至2013年12月底，QQ浏览器占第三方手机浏览器活跃用户35.3%的市场份额。

易观分析——

依托腾讯社交体系的高黏度庞大用户量，丰富的渠道资源，重视技术和产品对产业发展的核心驱动价值

产品承载过多功能，繁琐累赘

移动互联网的飞速发展，用户群体日益增长，浏览器作为移动端入口级别应用受到重视

一方面PC时代的核心入口地位在移动时代已被削弱；另一方面大量竞争者进入该领域，蓝海迅速变红海

一、基础信息

1.1　基本信息

1.1.1　公司名称：腾讯控股有限公司

1.1.2　成立时间：1998年11月

1.1.3　总部地点：深圳

1.1.4　上市时间：腾讯于2004年6月16日上市

1.1.5　企业性质：集团控股

1.1.7　联系方式

网址：mail.qq.com

地址：中国广东省深圳市高新科技园北区深圳腾讯大厦

电话：（86-755）86013388

1.2　组织信息

1.2.1　管理层

马化腾　董事会主席、执行董事兼首席执行官

任宇昕　移动互联网事业群总裁

1.2.3　组织架构：

企业发展事业群（CDG）、互动娱乐事业群（IEG）、移动互联网事业群（MIG）、网络媒体事业群（OMG）、社交网络事业群（SNG）、技术工程事业群（TEG）

二、业务信息

2.1　产品及服务信息

iPhone，Android，windows版手机浏览器产品

2.2　覆盖范围

2.2.1　行业：互联网

2.2.2　主要客户：移动互联网用户

2.2.3　业务区域：全球

2.3　收入结构：流量分发、广告

三、综合信息

3.1　发展定位：不详

3.3　重要合作伙伴及供应商：开放平台，合作伙伴有手机起点网、17K等

优视

UC进入手机浏览器市场较早，当时的移动网络以2G为主，带宽低资费高，智能手机系统以塞班为主，终端性能较低，UC浏览器以节省流量、运行速度为核心竞争力，短时间内积累了大量用户，迅速成为市场的霸主。但随着互联网企业进入手机浏览器市场并快速发展，UC浏览器市场份额处于下降趋势，受到QQ浏览器和百度浏览器的双重威胁。UC浏览器在2013年获得阿里注资，在综合能力方面或将得到提升，未来，UC浏览器重视多屏战略，构建多屏生态（手机屏、电脑屏、电视屏），将辐射更多硬件、场景和服务，并看重云服务能力对手机浏览器发展的促进作用。

根据易观智库发布数据，截至2013年12月底，UC浏览器占第三方手机浏览器活跃用户34.8%的市场份额。

易观分析——

有市场领先优势，拥有较好用户基础和口碑；作为国内首家拥有自主内核技术的移动浏览器，具有一定的技术积累和云服务优势；与大量网站及应用开发商合作，其网页应用数量占优势

产品创新乏力，先发优势逐渐被QQ和百度浏览器等竞争对手蚕食；运行时占内存较大；作为独立的手机浏览器厂商，多屏战略相对滞后；相比百度和QQ浏览器有生态劣势，预借收购PP助手和发布PC及TV版浏览加以弥补

借现有Web APP平台吸引并整合更多优质Web APP资源；整合UCWeb和支付宝，并促成了UC与阿里集团下多款产品的合作，将推动UC浏览器的发展；UC联合Camera360、迅雷等厂商强化自身插件系统、完善下载技术，在娱乐影音方面有望凸显差异化优势

内容过于庞杂，没能深耕用户需求，图大求全，缺乏明确定位

一、基础信息

1.1　基本信息

1.1.1　公司名称：优视科技有限公司

1.1.2　成立时间：2004

1.1.3　总部地点：广东

1.1.4　上市时间：无

1.1.5　企业性质：股份公司

1.1.7　联系方式

网址：http://www.ucweb.com

地址：广东省广州市中山大道西天河科技园建中路36号裕桥商务大厦5楼

1.2 组织信息

1.2.1 人员规模：公司员工接近2000人，产品研发人员比例超过80%

1.2.2 管理层：首席执行官俞永福

1.2.3 组织架构：具体信息不详

二、业务信息

2.1 产品及服务信息：iPhone，Android，windows版手机浏览器产品

2.2 覆盖范围

2.2.1 行业：移动互联网

2.2.2 主要客户：移动互联网大众用户

2.2.3 业务区域：全球

2.3 收入结构：优视科技主要营收来源是广告，游戏 广告收入占比75%

三、综合信息

3.1 发展定位：移动互联网浏览入口平台

3.3 重要合作伙伴及供应商：阿里巴巴、HTC、联想等

360浏览器

浏览器属于奇虎三级火箭的第二级，结合PC与手机整体市场，目前，360手机浏览器处于市场第二梯队。虽然360在现阶段并没有把过多的资源投入手机浏览器，但仍然看好手机浏览器搜索功能的前景，另外由于360占据移动互联网的强势入口，如360手机助手和360手机卫士等，也带动了其手机浏览器的用户下载，使用户规模保持快速增长。

根据易观智库发布数据，截至2013年12月底，360浏览器占第三方手机浏览器活跃用户7.6%的市场份额。

易观分析——

360强势的入口地位，有助于手机浏览器的用户提升；界面简洁、少跳转，用户体验良好；国内首家支持WebP技术的浏览器，提升整体下载速度，网速大幅提升

软件更新速率慢；360系列的手机软件争议较大，口碑两极分化严重

手机浏览器已经开始注重功能细节方面的创新，轻与重成为手机浏览器的不同发展方向，奇虎360的手机浏览器可以通过差异化创新争夺市场

UC、QQ和百度手机浏览器纷纷加大对市场的投入，海豚浏览器转战国内市场，在丰富社交、个人定制化方面有所加强，凭借其在海外市场的成功经验，成为威胁360发展又一竞争对手

一、基础信息

1.1 基本信息

1.1.1 公司名称：奇虎360科技有限公司

1.1.2 成立时间：2005年

1.1.3 总部地点：北京

1.1.4 上市时间：2011年3月30日

1.1.5 企业性质：上市公司

1.1.6 联系方式

网址：http：//www.360.cn/

地址：北京朝阳区中关村电子城国际电子总部　　电话：86-10-5878-1000

1.2 组织信息

1.2.2 管理层

目前奇虎董事会成员包括：奇虎董事长兼首席运营官周鸿祎、奇虎总裁齐向东、红杉资本沈南鹏、奇虎总工程师曹曙、鼎晖创投王功权、奇虎首席财务官William Mark、财务副总裁姚珏、技术副总石晓红、高原资本Hong Chuan Thor。

1.2.3 组织架构

无线安全业务线（手机卫士事业部、手机助手事业部、手机核心安全事业部、无线安全研究院、通讯安全产品部、手机桌面产品部）

PC安全业务线（安全卫士事业部、杀毒事业部、一对一服务事业部）

二、业务信息

2.1 产品及服务信息：Android，windows版手机浏览器产品

2.2 覆盖范围

2.2.1 行业：移动互联网

2.2.2 主要客户：移动互联网大众用户

2.2.3 业务区域：以中国为主的中文使用者

2.3 收入结构：广告，搜索，增值服务

3.1 发展定位：成为全球最受网民尊敬的互联网安全服务公司360

3.3 重要合作伙伴及供应商：中国移动、微软、中国电信、谷歌、英特尔、域名行业发展联盟、中国国家漏洞库

我国第三方浏览器产业中的其他企业名录节选如下表：

表13 中国第三方浏览器产业中企业名录节选

厂商	备注
腾讯	简要分析见前述　数据分析及详细分析见易观智库企业库
优视	简要分析见前述　数据分析及详细分析见易观智库企业库
奇虎360	简要分析见前述　数据分析及详细分析见易观智库企业库
百度	数据分析及详细分析见易观智库企业库
网易有道	数据分析及详细分析见易观智库企业库
搜狗	数据分析及详细分析见易观智库企业库
百纳信息技术有限公司	详细分析见易观智库企业库
金山网络	详细分析见易观智库企业库
Opera	详细分析见易观智库企业库
华为技术有限公司	详细分析见易观智库企业库
点指科技	详细分析见易观智库企业库
Mozilla Firefox	详细分析见易观智库企业库
网际傲游(北京)科技有限公司	详细分析见易观智库企业库
上海2345网络科技有限公司	详细分析见易观智库企业库
Google	详细分析见易观智库企业库

LBS

百度地图

2012年10月，百度宣布分拆地图业务，成立了LBS事业部。百度地图从部门到事业部的升级是百度在组织架构层面的重大调整与升级，直接将LBS事业部提升到与移动云事业部同等的地位，形成云＋端的移动战略布局。而百度地图本身也从出行工具，转身升级为本地生活服务平台。2013年，百度收购91助手和糯米网，增强其移动分发渠道和本地生活服务商户资源。

根据易观智库发布的数据，截至2013年9月底，百度地图占中国手机地图累计用户市场26.6%的份额，百度导航的市场份额为3.8%。

易观分析——

借助长期以来积累的品牌形象、庞大稳定的流量导向，良好的运营平台，较强的技术实力，长期的经验积累及丰富的合作伙伴资源，为百度地图在未来的发展奠定了良好的基础

在产品及服务方面，不具有差异化优势及不可替代性，盈利模式有待于深化，基于地图的O2O业务仍处于探索期，有待于进一步细化

随着移动互联网的深层次发展，手机地图融合生活服务的趋势将更加明显，这使其未来功能的商业发展空间还将继续扩大，用户需求和用户认可度也将随之增长。而地图应用使软件开发商、线下厂商、手机厂商以及互联网企业之间的联系也将进一步深化。地图服务已经成为移动互联网的一款入口级平台化的产品

各个厂商纷纷发力掀起了对地图这一移动互联重要入口的争夺，腾讯、阿里等巨头纷纷发力布局移动端位置服务应用。O2O市场尚不成熟，需要继续投入

一、基础信息

1.1　基本信息

1.1.1　公司名称：百度LBS事业部（百度在线网络技术有限公司下属事业部）

1.1.2　成立时间：2012年

1.1.3　总部地点：北京

1.1.4　上市时间：2005年

1.1.5　企业性质：私营

1.1.6 联系方式：

网址：http：//map.baidu.com

地址：北京市海淀区中关村软件园12号

电话：（+86 10）5992 8888

1.2 组织信息

1.2.2 管理层：刘 骏 百度LBS事业部副总裁 兼任糯米网CEO

刘骏本科就读于复旦大学无线电工程专业，1991年毕业于Steven Institute of Technology,NJ获得电子工程硕士学位。2010年刘骏创办云云网并担任CEO，期间兼任人民搜索首席科学家。在此之前，他曾服务于谷歌(微博)，担任谷歌中国工程研究院副院长兼全球工程技术总监，负责谷歌的中文搜索服务及工程团队的组建与研发工作，并带领团队发布了一系列针对中国用户的整合搜索产品与功能；刘骏曾在微软美国总部工作11年，历任软件开发经理、总监等高级职务，领导研发了用于Windows、 Office 和MSN 的自然语界面平台等多项核心技术。2013年9月，刘骏正式加盟百度。

1.2.3 组织架构

LBS地图基础业务部 LBS搜索部 LBS商务合作部 LBS产品市场部

LBS业务发展部 质量部 运维部

二、业务信息

2.1 产品及服务信息

手机地图：百度地图

LBS开放平台

本地版手机导航：百度导航

2.2 覆盖范围

2.2.1 行业：互联网

2.2.2 主要客户：互联网用户

2.2.3 业务区域：全国

2.3 收入结构：百度公司2013年度总营收为人民币319.44亿元，较2012年同比增长43.2%。按PC与移动划分，移动营收占比超过20%，按收入来源划分，在线营销占比超过99%

LBS收入结构具体不详。

三、综合信息

3.1　发展定位：移动生活服务平台

3.3　重要合作伙伴及供应商：去哪儿、携程、艺龙、同程、订餐小秘书、万达电影、网票网、大麦网、格瓦拉、嘀嘀打车、快的打车

高德软件

公司于2002年成立，2010年登陆美国纳斯达克全球精选市场，2011年转型移动互联网，并且于2013年获阿里巴巴集团2.94亿美元投资。根据易观智库发布的数据，截至2013年9月底，高德地图占中国手机地图累计用户市场的31.3%（含iOS苹果地图6.1%），高德导航占中国本地版手机导航累计用户市场的32.6%。

高德拥有导航电子地图甲级测绘资质、测绘航空摄影甲级资质和互联网地图服务甲级测绘资质“三甲”资质，电子地图数据库成为公司的核心竞争力。高德业务覆盖三大领域，包括车载（车联网）服务、互联网和移动互联网服务、政企行业应用。高德业务能力覆盖移动地图和导航全产业链，成型的业务架构是较难被复制的核心能力之一。

易观分析——

借助长期以来积累的品牌形象、庞大稳定的流量导向，良好的运营平台，较强的技术实力，长期的经验积累及丰富的合作伙伴资源，为百度地图在未来的发展奠定了良好的基础作为纳斯达克上市公司，长期塑造良好的品牌形象，并且具有较高的市场占有率和影响力，良好的渠道关系网络；依托于阿里平台，商业化前景广阔

高德软件营收结构过于单一，对前装车载导航收入的依赖使得企业缺乏足够能力抵御汽车市场波动带来的风险，未来通过积极的移动互联网战略有望改善此项问题

北斗卫星导航系统作为十二五规划中的重点项目，在相关各类项目应用中都具有广泛前景，此外物联网同样是未来发展的重心，车联网作为其概念落地的先锋市场，潜力较为广阔。GIS行业需求不断增大

盗版电子地图数据较为泛滥，对高价正版产品形成挤压。四维图新在前装车载导航和车联网相关项目积极的商业拓展对高德软件而言存在一定隐患。国家测绘机构加强市场监管力度,对数据产品提出更高要求，从而可能引起业务拓展方面的障碍

一、基础信息

1.1　基本信息

1.1.1　公司名称：高德软件有限公司

1.1.2　成立时间：2002

1.1.3　总部地点：北京

1.1.4　上市时间：2010年登陆美国纳斯达克全球精选市场

1.1.5　企业性质：有限公司

1.1.6　联系方式

网址：http：//www.autonavi.com/

邮箱：amap01@autonavi.com

地址：北京市朝阳区望京阜通东大街方恒国际中心A座16层

电话：010-8410-7000

1.2　组织信息

1.2.1　人员规模：1000+

1.2.2　管理层

成从武　董事长兼CEO

张　勤　总裁兼COO

姜德荣　副总裁

唐希勇　副总裁

杨永琦　执行副总裁

马　骥　CFO

郄建军　副总裁

金　俊　副总裁兼CMO

郑绍辉　人力资源副总裁

1.2.3　组织架构

政企应用业务群

汽车应用事业部

移动应用业务群

运营商业务群

数据产品中心

集团市场公关部

技术支持平台

二、业务信息

2.1 产品及服务信息

1.汽车导航

2.政府和企业应用

3.互联网及移动互联网位置服务

2.2 覆盖范围

2.2.1 行业：位置服务

2.2.2 主要客户：互联网移动互联网用户

2.2.3 业务区域：全国

2.3 收入结构：2013年第3季度，高德总营收3766万美元，其中车载导航占比51.5%，移动及互联网位置服务占比39.3%，政府及企业应用占比9.3%。

三、综合信息

3.1 发展定位：中国领先的数字地图内容、导航和位置服务解决方案提供商

3.2 重要合作伙伴及供应商

车载导航应用合作伙伴：宝马、奔驰、大众、奥迪、丰田、广汽、上海通用、尼桑、长安标致雪铁龙、别克、雪佛兰、沃尔沃、斯巴鲁、斯柯达、路虎、凯迪拉克、荣威、雷诺、讴歌、捷豹、兰博基尼、中国一汽、上汽集团、北汽集团、广汽集团、长安汽车、比亚迪、吉利、观致汽车、AW、阿尔派、德尔福、哈曼、博世、安吉星、东软

车联网合作伙伴：奥迪、宝马、奔驰、大众、上海通用汽车、上汽集团、福特、讴歌、斯巴鲁、长安标致雪铁龙、北汽集团、continental、富士康、95190、inkaNet、安吉星、e路享

互联网及移动互联网位置服务合作伙伴：苹果、三星、摩托罗拉、联想、LG、HTC、飞利浦、oppo、华为、中兴、戴尔、步步高、纽曼、华硕、索尼、万事通、智器、海尔

政府和企业应用合作伙伴：谷歌、新浪网、微软、阿里巴巴、京东、腾讯、苏宁易购、石化盈科、国家电网、北京交通大学、中国移动通信、中国电信、中国联通、中国烟草、中国工商银行、中国银行、中国民生银行、中国农业银行、交通银行、中信银行、顺丰速运、快易通、韵达快运、圆通速递。

凯立德

凯立德是电子地图、导航系统和动态位置服务提供商，为汽车制造厂商、汽车电子厂商、便携导航设备厂商、手机厂商、电信运营商、互联网及移动互联网企业提供互联网地图、导航电子地图、导航软件、移动位置服务平台等各类产品及服务。根据易观智库发布的数据显示，截至2013年9月底，凯立德导航占据中国本地手机导航累计用户市场23.5%的市场份额，并且在中国后装车载导航图资出货量市场中占70%的份额。

易观分析——

借助长期以来积累的品牌形象，凯立德渗透后装车载导航及PND导航市场拥有了垄断性的市场份额和业界影响力。与众多消费电子厂商的良好关系也维持了凯立德在上述市场的领先地位

无论是后装车载导航、PND导航还是手机导航产品，凯立德业务线始终围绕导航类应用展开，缺乏横向拓展业务的能力

北斗卫星导航系统作为十二五规划中的重点项目，在相关各类项目应用中都具有广泛前景，尤其是已经具备服务能力和开展试运行的2012年，将是基建部分发展最为迅速的一年。物联网同样是未来发展的重心，车联网作为其概念落地的先锋市场，潜力较为广阔。位置服务随着智能终端在移动互联网用户群中进一步普及，已经成为一类必需品，积极响应市场机遇将是凯立德未来发展的关键

盗版电子地图数据较为泛滥，对高价正版产品形成挤压。受前装车载导航及车联网应用的扩张，PND导航市场不断萎缩。国家测绘机构加强市场监管力度,对数据产品提出更高要求，从而可能引起业务拓展方面的障碍

一、基础信息

1.1　基本信息

1.1.1　公司名称：深圳市凯立德科技股份有限公司

1.1.2　成立时间：1997年12月22日

1.1.3　总部地点：深圳

1.1.4　上市时间：2014年1月在新三板挂牌

1.1.5　企业性质：股份公司

1.1.6　联系方式：

网址：http：//www.careland.com.cn

邮箱：kefu@careland.com.cn

地址：深圳市深南大道6023号创建大厦26楼（邮编：518042）

电话：+86-755-82882889 客服电话：400-789-0118

深圳市总部：

地址：深圳市深南大道6023号创建大厦26楼（邮编：518042）

电话：+86-755-82882889

传真：+86-755-83434619

客服电话：400-789-0118

客服邮箱：kefu@careland.com.cn

1.2 组织信息

1.2.1 人员规模 677人

1.2.2 管理层

张文星 总经理

杨玉荣 副总经理

张 剑 副总经理

陈琦胜 副总经理/财务总监

1.2.3 组织架构：管理中心 软件及地图研发中心 智能终端研发中心

平台技术研发中心 互联网运营中心 营销中心

二、业务信息

2.1 产品及服务信息

卫星导航软件系统

便携式智能终端产品，包括PND、行车记录仪、预警仪及各类配件

车联网和移动互联网服务

基于海量用户的大数据及云服务

行业应用的技术开发及服务

2.2 覆盖范围

2.2.1 行业：位置服务

2.2.2 主要客户：汽车制造厂商、汽车电子厂商、便携导航设备厂商、手机厂商、电信运营商、互联网及移动互联网企业提供互联网地图、导航电子地图、导航软件、移动位置服务平台、车主

2.2.3 业务区域：全国

2.3 收入结构

卫星导航软件产品及服务授权使用费

PND等硬件智能终端销售收入

具体收入不详

三、综合信息

3.1 发展定位：公司是以车载导航为核心的汽车消费电子软硬件产品及服务的提供商，具有自主品牌，并进行自主研发和销售

3.2 重要合作伙伴及供应商：E道航、万禾、任e游、易行者、互联移动、智能现代导航、北斗E路航、现代E陆航、京华数码、征服者、昂达、Intel、微软、中国电信、中国移动、苹果、诺基亚、摩托罗拉、中国联通、华为、联想、路畅科技、路特仕、图音、飞歌、征路者

四维图新

北京四维图新科技股份有限公司成立于2002年，是数字地图内容提供商、动态交通信息服务提供商、车联网服务提供商，具有国家甲级导航电子地图测绘资质。

四维图新通过多个子公司承担不同地域渠道销售、产品研发和产业合作的方式降低了企业运营的风险。有助于和汽车制造商、电信运营商等行业关键厂商合作服务于国内市场，对海外相关公司如Mapscape B.V.的收购实现了四维图新对国际市场的顺利进军。

易观分析——

借助长期以来积累的品牌形象，四维图新渗透市场拥有了较为领先的市场份额和业界影响力。四维图新良好的政企关系、与研究机构的合作对未来产品和商业模式具有明显推动作用。作为中航科技集团旗下企业，四维图新采取的多个（合资、控股、独立）子公司策略对其在不同细分市场的商业拓展、产业链式的技术开发提供支持。四维图新作为上市公司，透明的财务监管对企业融资能力也起到一定程度的提升

四维图新营收结构较为单一，尽管通过消费电子业务线分散了单极支柱的高风险，但过于集中在B2B的订单销售对企业抗压能力建设而言依然是不利因素。另一方面，由于缺少自有品牌拓展终端应用市场，四维图新距最终用户始终有一段距离，不利于及时响应市场反馈进行产品更新和研发

北斗卫星导航系统作为十二五规划中的重点项目，在相关各类项目应用中都具有广泛前景，尤其是已经具备服务能力和开展试运行的2012年，将是基建部分发展最为迅速的一年。物联网同样是未来发展的重心，车联网作为其概念落地的先锋市场，潜力较为广阔。位置服务随着智能终端在移动互联网用户群中进一步普及，已经成为一类必需品，实时交通信息服务的需求也随之被挖掘出来，预计将成为四维图新业务的新增长点

盗版电子地图数据较为泛滥，对高价正版产品形成挤压。竞争对手如高德软件、凯立德对互联网和移动互联网细分市场消费者的需求进行挖掘，会阻碍四维图新在此领域的多元战略。国家测绘机构加强市场监管力度,对数据产品提出更高要求，从而可能引起业务拓展方面的障碍

一、基础信息

1.1　基本信息

1.1.1　公司名称：北京四维图新科技股份有限公司

1.1.2　成立时间：2002年

1.1.3　总部地点：北京

1.1.4　上市时间：2010-05-18

1.1.5　企业性质：国有

1.1.6　资本信息：注册资本69,160万元

1.1.7　联系方式

网址：www.navinfo.com/

邮箱：info@navinfo.com

地址：北京市朝阳区曙光西里甲5号北京凤凰置地广场A座写字楼16-17层

北京市朝阳区望京利泽东园308号博泰嘉华大厦1-3层

电话：+86 10 82306399　　400-810-0880

1.2　组织信息

1.2.1　人员规模 2474人

1.2.2　管理层：

孙玉国　总经理

程　鹏　副总经理

张亚非　副总经理

曹晓航　副总经理

何　凌　副总经理

郭民清　副总经理及财务总监

1.2.3　组织架构

二、业务信息

2.1　产品及服务信息

2.1.1　产品信息

数字地图产品

地图编译服务

动态交通信息服务

车联网服务

互联网及移动互联网

政府及企业GIS业务

2.2　覆盖范围

2.2.1　行业：导航

2.2.2　主要客户：LBS企业

2.2.3　业务区域：全球

2.3　收入结构：2013年上半年，导航电子地图收入占比58%，综合地理信息服务占比42%

三、综合信息

3.1　发展定位：数字地位内容提供商、动态交通信息服务提供商、车联网服务提供商

3.2　重要合作伙伴及供应商：宝马、大众、奔驰、通用、诺基亚、三星、中国联通、百度、谷歌、中国电信、中国移动、UPS等

我国LBS产业中的其他企业名录节选如下表：

表14　中国位置服务产业中企业名录节选

领域	厂商	备注
平台商	百度	简要分析见前述　　数据分析及详细分析见易观智库企业库
全产业	高德	简要分析见前述　　数据分析及详细分析见易观智库企业库

续表

领域	厂商	备注
全产业	凯立德	简要分析见前述　数据分析及详细分析见易观智库企业库
全产业	四维图新	简要分析见前述　数据分析及详细分析见易观智库企业库
数据提供商	凯立德	数据分析及详细分析见易观智库企业库
数据提供商	四维图新	数据分析及详细分析见易观智库企业库
导航软件及解决方案提供商	凯立德	数据分析及详细分析见易观智库企业库
导航软件及解决方案提供商	灵图	数据分析及详细分析见易观智库企业库
服务提供商	丁丁网	数据分析及详细分析见易观智库企业库
服务提供商	腾讯	数据分析及详细分析见易观智库企业库
服务提供商	大众点评网	数据分析及详细分析见易观智库企业库
服务提供商	嘀嘀打车	数据分析及详细分析见易观智库企业库
服务提供商	快的打车	数据分析及详细分析见易观智库企业库
数据提供商	世纪高通	详细分析见易观智库企业库
导航软件及解决方案提供商	好帮手	详细分析见易观智库企业库
导航软件及解决方案提供商	远峰科技	详细分析见易观智库企业库
终端设备提供商	北斗星通	详细分析见易观智库企业库
终端设备提供商	德赛	详细分析见易观智库企业库
终端设备提供商	国腾电子	详细分析见易观智库企业库
终端设备提供商	好帮手	详细分析见易观智库企业库
终端设备提供商	合众思壮	详细分析见易观智库企业库
终端设备提供商	华力创通	详细分析见易观智库企业库
终端设备提供商	路畅	详细分析见易观智库企业库
终端设备提供商	苹果	详细分析见易观智库企业库
终端设备提供商	三星	详细分析见易观智库企业库
终端设备提供商	中海达	详细分析见易观智库企业库
服务提供商	街旁网	详细分析见易观智库企业库

应用分发

百度

2013年7月百度以19亿美元收购了91无线，形成了百度手机助手、91助手、安卓市场三品牌联合布局移动应用商店的格局。除此之外，百度还利用其在搜索领域的绝对优势，通过搜索引擎进行应用的分发，也为其提供了大量的用户下载量。使其成为了全渠道、跨终端的应用分发平台，整体应用分发能力市场领先。

易观分析——

应用分发渠道多样化（APP、搜索引擎、手机浏览器等）；在搜索领域具有绝对优势，为应用分发提供了大量的流量资源

移动端应用分发布局较晚，收购91无线后使其融入百度体系还需长时间的磨合

百度集团内部其他领域移动化成效的提升，对吸引开发者，促进自身分发能力有积极作用

腾讯2013年整合推出应用宝，以腾讯的移动互联资源，对分发市场格局可能产生影响；奇虎360也可能将加大其他产品对应用分发的联合推广

一、基础信息

1.1　基本信息

1.1.1　公司名称：百度在线网络技术有限公司

1.1.2　成立时间：2000年1月

1.1.3　总部地点：北京市海淀区上地十街10号

1.1.4　上市时间：2005年上市

1.1.5　企业性质：股份制

1.1.6　资本信息：注册资本4520万美元

1.1.7　联系方式

网址：http：//home.baidu.com/index.html　邮箱：百度无线：mbaidu@baidu.com

百度大厦：北京市海淀区上地十街10号

首创办公区：北京市海淀区东北旺西路8号 中关村软件园12号

奎科办公区：北京市海淀区上地信息路甲9号

鹏寰办公区：北京市海淀区上地1号院 盈创动力园区D栋 鹏寰国际大厦

1.2 组织信息

1.2.1 人员规模 员工人数超过17000人

1.2.2 管理层

李彦宏 百度创始人、董事长兼首席执行官

李昕晢 首席财务官

向海龙 副总裁

李明远 副总裁

王 湛 副总裁

王 劲 技术副总裁

朱 光 副总裁

刘 辉 人力资源副总裁

梁志祥 副总裁

孙云丰 百度Fellow

1.2.3 组织架构：搜索事业群、前向业务事业群、移动云事业部、LBS事业部、国际化事业部

二、业务信息

2.1 产品及服务信息：百度客户端、百度手机助手、91助手、安卓市场等

2.2 覆盖范围

2.2.1 行业：搜索引擎为核心

2.2.2 主要客户：全网用户与组织机构

2.2.3 业务区域：辐射全国

2.3 收入结构：百度公司2013年度总营收为人民币319.44亿元，较2012年同比增长43.2%。按PC与移动划分，移动营收占比超过20%，按收入来源划分，在线营销占比超过99%。

应用分发收入结构不详。

三、综合信息

3.1 发展定位：最大的应用分发平台

3.2 重要合作伙伴及供应商：新浪微博、搜房、CBSi集团、盛拓传媒、天极传媒、凤凰新媒体、盛大、CNTV、新东方在线、百合网、去哪儿、拉手网等

奇虎360

360在移动互联网领域布局较早，其最开始借助360安全卫士迅速占领移动互联网入口，由此促使其360手机助手能够迅速渗透，成为国内市场中Android平台最大的第三方应用商店APP。同时360也通过手机安全、手机浏览器、搜索引擎等途径为用户提供下载，在应用分发市场中有极强的市场竞争力。

易观分析——

移动互联网布局较早，对移动互联网入口有较强的把控能力；应用商店APP用户规模市场领先，应用分发能力极强

与传统互联网巨头的整体体量存在较大差距，容易受到互联网巨头的围堵

其他渗透率较高的产品资源加大对分发的协同推广力度

百度和腾讯的分发能力都将得到提升，可能对360在分发领域的份额造成蚕食的风险

一、基础信息

1.1　基本信息

1.1.1　公司名称：奇虎360科技有限公司-无线安全事业线

1.1.2　成立时间：2005年

1.1.3　总部地点：北京

1.1.4　上市时间：2011年3月30日

1.1.5　企业性质：上市公司

1.1.6　资本信息：股本1.23亿

1.1.7　联系方式

网址：http：//www.360.cn/

地址：北京朝阳区中关村电子城国际电子总部

电话：86-10-5878-1000

1.2　组织信息

1.2.1　管理层：周鸿祎　负责无线安全

目前奇虎董事会成员包括：奇虎董事长兼首席运营官周鸿祎、奇虎总裁齐向东、红杉资本沈南鹏、奇虎总工程师曹曙、鼎晖创投王功权、奇虎首席财务官William Mark、财务副总裁姚珏、技术副总石晓红、高原资本Hong Chuan Thor。

1.2.2 组织架构

无线安全业务线（手机卫士事业部、手机助手事业部、手机核心安全事业部、无线安全研究院、通讯安全产品部、手机桌面产品部）

PC安全业务线（安全卫士事业部、杀毒事业部、一对一服务事业部）

二、业务信息

2.1 产品及服务信息

个人与企业泛安全、搜索、桌面工具应用、移动应用工具、游戏平台、智能硬件等

在应用分发领域有360手机助手、360浏览器等产品。

2.2 覆盖范围

2.2.1 行业：移动互联网

2.2.2 主要客户：全网用户

2.2.3 业务区域：全网，以中国为主

2.3 收入结构

奇虎360第三季度收入为1.879亿美元，相比2012年第三季度8400万美元增长124%，主要由在线广告和互联网增值服务构成。

在目前奇虎360的收入结构中，在线广告约占2/3，互联网增值服务约占1/3。

移动应用分发收入结构信息不详。

三、综合信息

3.1 发展定位

最大的移动应用分发平台

3.2 重要合作伙伴及供应商

中国移动、微软、中国电信、谷歌、英特尔、域名行业发展联盟、中国国家漏洞库

豌豆荚

豌豆荚定位于应用搜索，为用户提供PC版以及手机版的应用商店，是“创新工场”首批孵化的项目，2011年走出创新工场。其在移动应用分发领域入手较早，在市场中一直保持领先的市场地位。2014年1月获得了1.2亿美元的B轮融资，由此增强了其综合市场竞争力。豌豆荚的产品不断创新，其目前重点研发和推广应用内搜索功能，搜索内容包括视频、应用、游戏、视频、电子书、壁纸等，在行业内独树一帜。在不断创新中，豌豆荚虽然没有背靠大树，但依然占据市场前列。

易观分析——

进入市场时间较早，创新能力以及技术开发能力较强，目前处于市场领先地位

与其他主要竞争对手相比，缺乏互联网巨头背景，市场资源相对弱势

创新能力与用户体验是豌豆荚值得关注的发展机会点，例如应用内搜索

市场地位、创新能力、分发能力的综合，将使得互联网巨头觊觎公司本身，成为巨头改变市场格局的重要资源

一、基础信息

1.1　基本信息

1.1.1　公司名称：北京卓易讯畅科技有限公司

1.1.2　成立时间： 2009 年 12 月

1.1.3　总部地点：北京

1.1.4　上市时间：未上市

1.1.5　企业性质：民营

1.1.6　资本信息：不详

1.1.7　联系方式

网址：www.wandoujia.com

地址： 北京市西城区新街口外大街28号

电话：400-652-8707

1.2　组织信息

1.2.1　管理层：具体信息不详

1.2.2　组织架构：具体信息不详

二、业务信息

2.1 产品及服务信息

2.1.1 产品信息：豌豆荚云备份、云相册、豌豆荚 Android 版、手机版、应用安装器 Mac 版、International: SnAppea、Alfred 2 Workflow

2.2 覆盖范围

2.2.1 行业：应用搜索与移动分发

2.2.2 主要客户：全网

2.2.3 业务区域：全国

2.3 收入结构：具体信息不详

三、综合信息

3.1 发展定位：手机娱乐中心

3.2 重要合作伙伴及供应商：魅族、LINE、91无线等

腾讯

腾讯在应用分发领域入手较晚，目前其主要依靠应用宝、微信、手机QQ、手机浏览器进行游戏和应用的分发。2013年第四季度腾讯应用宝产品在中国移动应用商店APP市场中份额近8%，处于第二阵营，市场竞争力稍弱。但是，腾讯依靠其海量的用户资源，如微信和手机QQ用户，大力推广手机游戏，在游戏的分发上占据市场领先地位。其手机浏览器产品也占据市场领先地位，通过手机浏览器进行应用的分发，为其带来了可观的下载量。

易观分析——

依靠腾讯系庞大的用户基础，为游戏及应用的分发带来了强大的资源支持

其应用商店APP的市场占有率较低，与第一阵营产品有较大的差距

百度系与奇虎360在分发领域的针锋相对使腾讯可以低调发力

腾讯其他产品线或内部资源对应用分发的支撑力度不足，协同可能带来发展不力的风险

一、基础信息

1.1 基本信息

1.1.1 公司名称：腾讯控股有限公司

1.1.2　成立时间：1998年11月

1.1.3　总部地点：深圳

1.1.4　上市时间：2004年6月16日上市

1.1.5　企业性质：集团控股

1.1.6　资本信息：8000万元

1.1.7　联系方式

网址：mail.qq.com

地址：中国广东省深圳市高新科技园北区深圳腾讯大厦

电话：（86-755）86013388

1.2　组织信息

1.2.2　管理层

马化腾　主席兼执行董事

马化腾　行政总裁

张志东　执行董事

刘炽平　执行董事

Charles St Leger Searle　非执行董事

1.2.3　组织架构

腾讯应用分发，隶属于腾讯移动互联网事业群下的移动应用平台部

互动娱乐事业群、社交网络事业群、移动互联网事业群、网络媒体事业群、企业发展事业群、技术工程事业群、腾讯电商控股公司

二、业务信息

2.1　产品及服务信息

腾讯系涉及应用分发的产品与服务包括，iPhone及Android版的腾讯应用宝、QQ浏览器、新搜狗客户端

2.2　覆盖范围

2.2.1　行业：移动互联网

2.2.2　主要客户：大众

2.2.3　业务区域：全球

2.3　收入结构：推广、流量分发，具体结构信息不详

三、综合信息

3.1 发展定位

发力占据应用分发下载量更大的份额

3.2 重要合作伙伴及供应商

同腾讯控股有限公司

我国应用分发商店产业中的其他企业名录节选如下表：

表15 中国应用分发产业中企业名录节选

厂商	备注
百度	简要分析见前述　　数据分析及详细分析见易观智库企业库
奇虎360	简要分析见前述　　数据分析及详细分析见易观智库企业库
豌豆荚	简要分析见前述　　数据分析及详细分析见易观智库企业库
腾讯	简要分析见前述　　数据分析及详细分析见易观智库企业库
Google	详细分析见易观智库企业库
苹果	详细分析见易观智库企业库
诺基亚	详细分析见易观智库企业库
微软	详细分析见易观智库企业库
三星电子	详细分析见易观智库企业库
北京力天无限网络技术有限公司	详细分析见易观智库企业库
爱施德股份有限公司	详细分析见易观智库企业库
中国电信	详细分析见易观智库企业库
中国移动	详细分析见易观智库企业库
中国联通	详细分析见易观智库企业库
威锋网	详细分析见易观智库企业库
小米科技	详细分析见易观智库企业库
搜狗	详细分析见易观智库企业库
北京掌汇天下科技有限公司	详细分析见易观智库企业库
UC优视	详细分析见易观智库企业库
联想集团	详细分析见易观智库企业库

续表

厂商	备注
华为技术有限公司	详细分析见易观智库企业库
深圳市奥软网络科技有限公司	详细分析见易观智库企业库
北京易天新动网络科技有限公司	详细分析见易观智库企业库
苏宁电器	详细分析见易观智库企业库

移动互联网基础应用厂商

我国其他移动互联网基础应用厂商的企业名录节选如下表：

表16　中国移动互联网基础应用产业厂商名录节选

领域	厂商	备注
个人邮箱	中国移动	详细分析见易观智库企业库
个人邮箱	中国电信	详细分析见易观智库企业库
个人邮箱	中国联通	详细分析见易观智库企业库
个人邮箱	谷歌	详细分析见易观智库企业库
个人邮箱	微软	详细分析见易观智库企业库
个人邮箱	Microsoft office	详细分析见易观智库企业库
个人邮箱	腾讯	详细分析见易观智库企业库
个人邮箱	雅虎	详细分析见易观智库企业库
个人邮箱	网易	详细分析见易观智库企业库
个人邮箱	盛大	详细分析见易观智库企业库
输入法	搜狗	详细分析见易观智库企业库
输入法	腾讯	详细分析见易观智库企业库
输入法	微软	详细分析见易观智库企业库
输入法	百度	详细分析见易观智库企业库
输入法	谷歌	详细分析见易观智库企业库
输入法	清华紫光	详细分析见易观智库企业库
输入法	南京七巧工作室	详细分析见易观智库企业库
输入法	科大讯飞	详细分析见易观智库企业库

续表

领域	厂商	备注
网址导航	5566	详细分析见易观智库企业库
网址导航	9495	详细分析见易观智库企业库
网址导航	上海2345网络科技	详细分析见易观智库企业库
网址导航	奇虎360	详细分析见易观智库企业库
网址导航	百度hao123	详细分析见易观智库企业库
网址导航	搜狗	详细分析见易观智库企业库
网址导航	金山网络	详细分析见易观智库企业库
网址导航	二六五网络技术（北京）有限公司	详细分析见易观智库企业库
网址导航	北京瑞星信息技术有限公司	详细分析见易观智库企业库

智能终端

移动终端

三星电子

三星智能手机在中国市场中，一直处于领先地位，其智能手机2013第四季度在中国市场的销量份额达到16.8%。三星智能手机的用户品牌认知度高，具有较强的线下渠道销售能力以及运营商关系。其产品覆盖低中高端，产品线丰富，覆盖受众人群广泛。三星还涉及显示屏、存储器、处理器等智能手机产业链中的上游产业，对其控制供应链风险、保证产量、降低成本、提高利润提供了坚实的后盾。依托于此，三星智能手机不论在国内市场还是在全球市场，都稳坐头把交椅。

易观分析——

品牌认知度高，产品的用户口碑较好；线下渠道布局合理，与国内三家运营商合作紧密；产品线丰富，产品受众覆盖广泛；把控产业链上游配件生产环节，在产业中有较强的话语权

此前的产品创新力度在用户认知层面弱于在国内的市场地位，线上销售渠道布局处于劣势

中国原本很多终端渠道分销商开展虚拟运营业务，对三星提供了机会

三星原本与中国移动开展终端深度合作，现苹果推出TD版手机，对三星在中国市场的中高端构成竞争

一、基础信息

1.1　基本信息

1.1.1　公司名称：三星（中国）投资有限公司

1.1.2　成立时间：1938年

1.1.3　总部地点：韩国

1.1.4　上市时间：1989年

1.1.5　企业性质：股份制

1.1.6　资本信息：不详

1.1.7　联系方式

网址：http：//www.samsung.com/cn/

地址：北京朝阳区建国路118号招商局大厦

电话：400-810-5858

1.2　组织信息

1.2.1　人员规模：在华员工 2.3万

1.2.2　管理层

创始人李秉喆任首任会长，逝世后由其次子出任。

目前的集团领导人已传至李氏第三代，李健熙任集团会长，其子李在镕任三星电子副会长。

权五铉博士(Dr. Oh-Hyun Kwon) 三星电子首席执行官、副会长

1.2.3　组织架构

三星集团包括众多的国际下属企业，旗下子公司包含：三星电子、三星SDI、三星SDS、三星电机、三星康宁、三星网络、三星火灾、三星证券、三星物产、三星重工、三星工程、三星航空、三星军工和三星生命等，业务涉及电子、金融、机械、化学等众多领域。

二、业务信息

2.1　产品及服务信息

2.1.1　产品信息：智能手机、平板电脑、智能电视、智能相机、智能手表、黑色家电、白色家电、各种产品配件及耗材等

2.2　覆盖范围

2.2.1　行业：多元化集团

2.2.2　主要客户：消费者、企业

2.2.3 业务区域：全球

2.3 收入结构：具体结构不详

三、综合信息

3.1 发展定位：激励世界，创造未来

3.2 重要合作伙伴及供应商：十家韩国银行

苹果

苹果是智能手机潮流的引领者，其产品定位高端，使用自主开发的iOS智能操作系统，其用户体验获得良好的市场口碑。2013年第四季度苹果手机在中国智能手机市场的销量占4.8%。苹果智能手机的成功源于创新，是其重新定义了触屏智能手机，但是其后续的创新能力不足，导致其市场地位逐渐下滑。苹果具有完整独立的生态体系，包括多屏终端、操作系统、应用平台等，促使其在市场中依然具有较强的竞争力。

易观分析——

作为新型智能手机的定义者和开创者，具有极高的品牌价值与用户口碑，并有庞大的“粉丝”群体；具有完整独立的生态体系

产品创新能力有所下滑，产品型号迭代周期较长，随着市场中智能手机生命周期不断缩短，在其推出新型号之前难以维持较高的销量水平；产品线单一，覆盖用户范围较窄

终于与中国移动合作推出TD手机，中国移动的用户规模对苹果扩大市场份额非常有利；另一方面，计划推出大屏手机，有望争夺此前失去的大屏细分市场

自身产品在用户层面已经形成的高期望值，对持续创新能力提出了更高的要求，特别是在其他厂商创新能力增强，以生态模式来提高性价比的情况下

一、基础信息

1.1 基本信息

1.1.1 公司名称：苹果公司

1.1.2 成立时间：1976年4月1日

1.1.3 总部地点：美国加利福尼亚库比蒂诺

1.1.4 上市时间：1980年

1.1.5　企业性质：上市公司

1.1.6　联系方式

网址：http：//www.Apple.com/cn/

邮箱：ccaballero@Apple.com

总部

地址：1 Infinite Loop, Cupertino, CA 95014, United States

电话：+ 1-408-996-1010

传真：+ 1-408-996-0275

1.2　组织信息

1.2.1　人员规模：80000人

1.2.2　管理层：蒂姆 · 库克　首席执行官

1.2.3　组织架构：具体信息不详

二、业务信息

2.1　产品及服务信息

2.1.1　产品信息

主要的硬件产品有：

个人数字音乐播放器：iPod classic、iPod、iPod nano、iPod shuffle、iPod mini、iPod Hi-Fi、iPod touch

笔记本电脑：MacBook Pro、MacBook Air、PowerBook

台式机：Mac Pro、iMac

小型桌面电脑：Mac mini

显示屏：Apple Cinema Display、Apple Thunderbolt Display

服务器：Mac Pro server、Mac mini server

电脑视频配件：iSight（Webcam）

网络链接设备：AirPort Extreme

智能手机：iPhone

平板电脑：iPad、iPad mini iPad Air

家庭视听网络连接器：Apple TV

主要软件产品

操作系统：OS X，erver 1.0 "Hera"、Public Beta "Kodiak"、10.0 "Cheetah"、10.1 "Puma"、10.2 "Jaguar"、10.3 "Panther"、10.4 "Tiger"、10.5 "Leopard"、10.6 "Snow Leopard"、10.7 "Lion"、10.8 "Mountain Lion"、10.9 "Mavericks"。iOS，iPhone OS 1、ihone OS 2、iPhone OS 3、iOS 4、iOS 5、iOS 6、iOS 7.

软件：iLife，iTunes（iLife’06版本之后，iTunes移出iLife软件包，提供独立下载）、iPhoto、iMovie、iDVD、GarageBan、iWeb、iWork，Keynote、Pages、Numbers、Safari、QuickTime播放程序、iCloud网络服务、Final Cut Studio、Logic Pro、Aperture等

2.2 覆盖范围

2.2.1 行业：消费电子、移动通信、互联网等行业

2.2.2 主要客户：终端产品的消费者、小型和中型商业机构、教育、政府和艺术创造性用户等全球电子产品消费者。

2.2.3 业务区域：全球

2.3 收入结构：2013年苹果公司营收1709.10亿美元。以2013年第四财季为例，在苹果公司的营收中，Mac占比约15%；iPod占比约1.5%；iPhone占比约52.0%；iPad占比16.5%；外设占比3.5%；软件及服务占比11.4%

三、综合信息

3.1 发展定位：电子科技产品公司

3.3 重要合作伙伴及供应商：合作伙伴：中国电信、中国联通、中国移动、富士康、facebook、twitter等。

联想集团

联想智能手机在中国市场处于整体市场第二的位置，其2013年第四季度销量份额占比11.9%。联想继续稳步执行“PC+”战略，其移动设备(包括智能手机和平板电脑)的出货量已超过PC，移动互联和数字家庭（MIDH）业务的强势增长，联想智能手机凭借在中国市场的精准定位，发展势头强劲。联想于2014年1月30日宣布以29亿美元左右的价格购买谷歌的摩托罗拉移动智能手机业务，并将全面接管摩托罗拉移动的产品规划，以此进入欧美市场。其产品定位逐渐从中低端向高端转化，产品线也逐渐丰富。

易观分析——

“PC+”战略转型成功，在中国智能手机市场具有较强的品牌认知度；具有良好的运营商关系，依托定制机型扩展其市场份额

智能手机品牌定位较低；对运营商渠道的依赖度较高；目前主要依靠国内市场，对海外市场的拓展不足

生态逐渐完善，生产能力日益强大，有国内市场及渠道作为后盾

在中低端向高端的转型中，创新与产品的用户体验与联想的生产能力并未形成正比

一、基础信息

1.1 企业基本信息

1.1.1 公司名称：联想控股有限公司

1.1.2 成立时间：1984年11月9日

1.1.3 总部地点：北京市海淀区

1.1.4 上市时间：未上市

1.1.5 企业性质：集团控股

1.1.6 联系方式：

联想控股：http：//www.legendholdings.com.cn/Pages/Index.aspx。

联想中国：http：//www.lenovo.com.cn/

地址：北京市中关村科学院南路2号，融科资讯中心A座10层（100190）

电话：010－62509999

传真：010－62561056

1.2 组织信息

1.2.1 人员规模：60026人

1.2.2 管理层：

杨元庆　CEO

柳传志　董事长（法定代表人）

柳传志　邓麦村　王 津　卢志强　朱立南　赵令欢　董事会董事

李 勤　监事长

李　勤　王　琪　齐子鑫　监事会监事

朱立南　总裁

赵令欢　常务副总裁

陈绍鹏　唐旭东　宁　旻　高级副总裁

1.2.3　组织架构：笔记本电脑线条，台式电脑线条，移动互联及数字家庭线条

二、业务信息

2.1　产品及服务信息

产品系列包括：Thinkpad、Lenovo品牌商用PC、Idea 品牌的消费PC、服务器、工作站以及包括平板电脑和智能手机等的一系列移动互联网终端，移动应用、移动操作系统等

控股公司服务包括：

增益供应链：整合物流、信息流、资金流和商流的现代综合物流服务商。

安信颐和：健康养老产业基金管理、健康养老项目开发运营和健康养老机构运营

神州租车控股有限公司：汽车租赁服务

弘基企业：商业地产运营服务和咨询

北京联合保险经纪有限公司：全国性专业保险经纪

拉卡拉支付有限公司：线下支付公司

正奇安徽金融控股有限公司：中小企业融资服务与类金融业务

2.2　覆盖范围

2.2.1　行业：多元化集团

2.2.2　主要客户：全体消费者

2.2.3　业务区域：全国

2.3　收入结构：

笔记本电脑占联想集团总销售额52%，台式电脑占联想集团总销售额28%，移动互联及数字家庭总体营收占比14%，其他占比6%

三、综合信息

3.1　发展定位：围绕“高科技、服务、国际化”做到多行业领先，具有世界影响力的IT公司

3.3　重要合作伙伴及供应商：用友软件、VISA、京东方、AMD、中国邮政、腾讯、EMC、国际奥委会

小米科技

小米智能手机开创了互联网化运作智能手机产品的先河，其销量份额在不到3年时间内，窜升至2014年第四季度的6.4%。其经过多次融资，估值已超百亿美金，创造了手机历史上的奇迹。其产品主要定位为“发烧”用户，以高性价比获得用户的青睐，随着其实力不断壮大，其产品线也逐渐丰富，中高端手机向低端延伸。小米的成功源于互联网化的创新，利用互联网的思维模式来运作手机产品，其中包括品牌、产品、营销、渠道的互联网化。

易观分析——

以高性价比吸引用户，有较强的品牌认知度以及用户口碑，拥有规模庞大的忠实“粉丝”；以互联网思维运作产品，高效低成本的扩大市场影响力以及产品市场占有率

线下渠道能力较弱，主要依靠运营商渠道；售后服务能力有待提高

围绕互联网思维拓展的产业生态逐步完善，粉丝文化的形成

终端运营中除了营销推广环节外，其他能力较为薄弱，有可能被广义竞争对手卡位威胁

一、基础信息

1.1　基本信息

1.1.1　公司名称：北京小米科技有限责任公司

1.1.2　成立时间：2010年4月

1.1.3　总部地点：北京

1.1.4　上市时间：未上市

1.1.5　企业性质：股份制

1.1.6　资本信息：合资

1.1.7　联系方式

网址：http：//www.xiaomi.com

地址：北京市海淀区清河中街68号 华润五彩城写字楼

电话：400-100-5678

1.2　组织信息

1.2.1　人员规模：200人左右

1.2.2 管理层

雷　军　主要创始人、董事长兼CEO

林　斌　联合创始人兼总裁

黎万强　周光平　黄江吉　刘　德　洪　锋　联合创始人及副总裁

1.2.3 组织架构

二、业务信息

2.1 产品及服务信息

软件产品

米聊、MIUI（米柚）、迷人浏览器、小米读书、小米分享、小米便签、小米商城、小米社区、小米桌面、小米小说、多看阅读、小米应用商店、小米盒子、小米手机助手

电子产品

红米手机、小米手机3、小米电视、小米路由等智能设备

服务信息

小米防垃圾电话、短信功能、小米防盗功能、小米通讯录备份功能、小米云服务

2.2 覆盖范围

2.2.1 行业：互联网/通信设备

2.2.2 主要客户：全网用户，尤其是渗透小米文化的用户

2.2.3 业务区域：全国

2.3 收入结构：具体结构不详

三、综合信息

3.1 发展定位：专注于“发烧”专业人群的智能手机自主研发的移动互联网企业

3.3 重要合作伙伴及供应商：北京银行等

我国移动终端产业中的其他企业名录节选如下表：

表17　中国移动终端产业中企业名录节选

厂商	备注
三星电子	简要分析见前述　　数据分析及详细分析见易观智库企业库
苹果	简要分析见前述　　数据分析及详细分析见易观智库企业库
联想集团	简要分析见前述　　数据分析及详细分析见易观智库企业库
小米科技	简要分析见前述　　数据分析及详细分析见易观智库企业库
HTC	数据分析及详细分析见易观智库企业库
OPPO	数据分析及详细分析见易观智库企业库
黑莓	数据分析及详细分析见易观智库企业库
宏基	数据分析及详细分析见易观智库企业库
华硕	数据分析及详细分析见易观智库企业库
华为	数据分析及详细分析见易观智库企业库
金立	数据分析及详细分析见易观智库企业库
康佳	数据分析及详细分析见易观智库企业库
酷比	数据分析及详细分析见易观智库企业库
摩托罗拉	数据分析及详细分析见易观智库企业库
诺基亚	数据分析及详细分析见易观智库企业库
天语	数据分析及详细分析见易观智库企业库
微软	数据分析及详细分析见易观智库企业库
壹人壹本	数据分析及详细分析见易观智库企业库
中兴	数据分析及详细分析见易观智库企业库
紫光	数据分析及详细分析见易观智库企业库
索尼	数据分析及详细分析见易观智库企业库
LG	数据分析及详细分析见易观智库企业库
纽曼	数据分析及详细分析见易观智库企业库
昂达	数据分析及详细分析见易观智库企业库
戴尔	数据分析及详细分析见易观智库企业库
爱国者	数据分析及详细分析见易观智库企业库
微软	数据分析及详细分析见易观智库企业库

续表

厂商	备注
艾利和Story	数据分析及详细分析见易观智库企业库
方正电子书	数据分析及详细分析见易观智库企业库
国美FlyTouch	数据分析及详细分析见易观智库企业库
汉王TouchPad	数据分析及详细分析见易观智库企业库
汉王电纸书	数据分析及详细分析见易观智库企业库
津科翰林	数据分析及详细分析见易观智库企业库
蓝魔音悦汇	数据分析及详细分析见易观智库企业库
皮尔卡丹平板电脑	数据分析及详细分析见易观智库企业库
七喜Winpad	数据分析及详细分析见易观智库企业库
盛大bambook	数据分析及详细分析见易观智库企业库
台电电子书	数据分析及详细分析见易观智库企业库
台电平板电脑	数据分析及详细分析见易观智库企业库
天宇朗通	数据分析及详细分析见易观智库企业库
万利达Zpad	数据分析及详细分析见易观智库企业库
万物青毕升	数据分析及详细分析见易观智库企业库
欣博阅电子阅读器	数据分析及详细分析见易观智库企业库
亦墨电子书	数据分析及详细分析见易观智库企业库
易博士	数据分析及详细分析见易观智库企业库
易万卷Mos	数据分析及详细分析见易观智库企业库
宇龙酷派	数据分析及详细分析见易观智库企业库
原道平板电脑	数据分析及详细分析见易观智库企业库
努比亚	详细分析见易观智库企业库
原道	详细分析见易观智库企业库
台电	详细分析见易观智库企业库
酷派	详细分析见易观智库企业库
魅族	详细分析见易观智库企业库
点心	详细分析见易观智库企业库
OMS	详细分析见易观智库企业库
大显	详细分析见易观智库企业库

续表

厂商	备注
金圣达	详细分析见易观智库企业库
TCL	详细分析见易观智库企业库
三盟	详细分析见易观智库企业库
垦鑫达	详细分析见易观智库企业库
飞利浦	详细分析见易观智库企业库
亿城	详细分析见易观智库企业库
Vivo	详细分析见易观智库企业库
乐丰	详细分析见易观智库企业库
嘉源	详细分析见易观智库企业库
欧奇	详细分析见易观智库企业库
乐目	详细分析见易观智库企业库
海信	详细分析见易观智库企业库
新中桥	详细分析见易观智库企业库
传奇	详细分析见易观智库企业库
夏新	详细分析见易观智库企业库
夏朗	详细分析见易观智库企业库
贝尔丰	详细分析见易观智库企业库
BIHEE	详细分析见易观智库企业库
凯利通	详细分析见易观智库企业库
天时达	详细分析见易观智库企业库
为美	详细分析见易观智库企业库
中诺	详细分析见易观智库企业库
长虹	详细分析见易观智库企业库
爱意通	详细分析见易观智库企业库
Forme	详细分析见易观智库企业库
微诺	详细分析见易观智库企业库
葳朗	详细分析见易观智库企业库
小辣椒	详细分析见易观智库企业库
宸通	详细分析见易观智库企业库

续表

厂商	备注
SOSMART	详细分析见易观智库企业库
21克	详细分析见易观智库企业库
科铭	详细分析见易观智库企业库
锋达通	详细分析见易观智库企业库
英特奇	详细分析见易观智库企业库
优思	详细分析见易观智库企业库
波导	详细分析见易观智库企业库
创维	详细分析见易观智库企业库
奥克斯	详细分析见易观智库企业库
奥乐	详细分析见易观智库企业库
Unistar	详细分析见易观智库企业库
七喜	详细分析见易观智库企业库
朗界	详细分析见易观智库企业库
康佳	详细分析见易观智库企业库
百分百	详细分析见易观智库企业库
信得乐	详细分析见易观智库企业库
爱贝多	详细分析见易观智库企业库
宝方	详细分析见易观智库企业库
lovme	详细分析见易观智库企业库
乐派	详细分析见易观智库企业库
YAS	详细分析见易观智库企业库
荣事达	详细分析见易观智库企业库
易百年	详细分析见易观智库企业库
东信	详细分析见易观智库企业库
西维	详细分析见易观智库企业库
三普	详细分析见易观智库企业库
德赛	详细分析见易观智库企业库
朵唯	详细分析见易观智库企业库
SUGAR	详细分析见易观智库企业库

续表

厂商	备注
世纪天元	详细分析见易观智库企业库
职业者	详细分析见易观智库企业库
斐讯	详细分析见易观智库企业库
中维恒泰	详细分析见易观智库企业库
COOBE	详细分析见易观智库企业库
广信	详细分析见易观智库企业库
海尔	详细分析见易观智库企业库
普莱达	详细分析见易观智库企业库
奥洛斯	详细分析见易观智库企业库
三巨网	详细分析见易观智库企业库
大可乐	详细分析见易观智库企业库
大显启辰	详细分析见易观智库企业库
大Q	详细分析见易观智库企业库
阿尔卡特	详细分析见易观智库企业库
美图	详细分析见易观智库企业库
EXUN	详细分析见易观智库企业库
卓比	详细分析见易观智库企业库
果冻	详细分析见易观智库企业库
优购	详细分析见易观智库企业库
MANN	详细分析见易观智库企业库
联合时代	详细分析见易观智库企业库
NUU	详细分析见易观智库企业库
酷美	详细分析见易观智库企业库
威铂	详细分析见易观智库企业库
易丰	详细分析见易观智库企业库
瑞恒	详细分析见易观智库企业库
天迈	详细分析见易观智库企业库
派信	详细分析见易观智库企业库
现代	详细分析见易观智库企业库

续表

厂商	备注
里奥	详细分析见易观智库企业库
朗格	详细分析见易观智库企业库
恒宇丰	详细分析见易观智库企业库
唐为	详细分析见易观智库企业库
欧蓓	详细分析见易观智库企业库
青橙	详细分析见易观智库企业库
HIKE	详细分析见易观智库企业库
基伍	详细分析见易观智库企业库
newcall	详细分析见易观智库企业库
语音王	详细分析见易观智库企业库
首信	详细分析见易观智库企业库
ATET	详细分析见易观智库企业库
铂乐	详细分析见易观智库企业库
酷道	详细分析见易观智库企业库
酷显	详细分析见易观智库企业库
万利达	详细分析见易观智库企业库
福中福	详细分析见易观智库企业库
博沃	详细分析见易观智库企业库
迪士尼	详细分析见易观智库企业库
UU	详细分析见易观智库企业库
华唐时代	详细分析见易观智库企业库
摩奇	详细分析见易观智库企业库
原点	详细分析见易观智库企业库
尼凯恩	详细分析见易观智库企业库
关爱行	详细分析见易观智库企业库
美菱	详细分析见易观智库企业库
亿和源	详细分析见易观智库企业库
圣柏	详细分析见易观智库企业库
影驰	详细分析见易观智库企业库

续表

厂商	备注
E派	详细分析见易观智库企业库
欧恩	详细分析见易观智库企业库
卓普	详细分析见易观智库企业库
devov	详细分析见易观智库企业库
芭比	详细分析见易观智库企业库
VOTO	详细分析见易观智库企业库
华纳威秀	详细分析见易观智库企业库
中国联通	详细分析见易观智库企业库
中国移动	详细分析见易观智库企业库
美翼	详细分析见易观智库企业库
coolgen	详细分析见易观智库企业库
mjxy	详细分析见易观智库企业库
迪美	详细分析见易观智库企业库
innos	详细分析见易观智库企业库
蓝魔	详细分析见易观智库企业库
酷比魔方	详细分析见易观智库企业库
七彩虹	详细分析见易观智库企业库
普奈尔	详细分析见易观智库企业库
惠普	详细分析见易观智库企业库
南都派	详细分析见易观智库企业库
半岛铁盒	详细分析见易观智库企业库
清华同方	详细分析见易观智库企业库
五元素	详细分析见易观智库企业库
读书郎	详细分析见易观智库企业库
海尔	详细分析见易观智库企业库
富士通	详细分析见易观智库企业库
明基	详细分析见易观智库企业库
汉王	详细分析见易观智库企业库
小霸王	详细分析见易观智库企业库

续表

厂商	备注
AOC	详细分析见易观智库企业库
微星	详细分析见易观智库企业库
乐彩	详细分析见易观智库企业库
三浦	详细分析见易观智库企业库
小菜	详细分析见易观智库企业库
麦格菲斯	详细分析见易观智库企业库
瀚斯宝丽	详细分析见易观智库企业库
和冠	详细分析见易观智库企业库
龙酷	详细分析见易观智库企业库

智能电视

海信集团

根据EnfoDesk易观智库数据显示，2013年海信在中国智能电视市场销量为360万台，占比16.74%。海信在2013年下半年推出的VIDAA智能电视将4k显示技术和智能操作系统融合为一，在领域里率先打出一张创新牌。海信早在2012年便打造了中国智能电视第一个标准化软件应用平台——“海安”操作系统。2013年 CES上海信更是凭借XT880和XT780两个系列的智能电视斩获了“设计与工程创新大奖”，可见海信的科技创新能力还处于行业中的领先地位。

易观分析——

海信有其良好的科技创新能力。持续上升的市场份额预示着海信在领域中有着良好的社会认知度。在超高清领域海信智能电视走在了行业领先位置，对硬件研发的热衷度依然高居不下

2013年的互联网厂商介入传统家电领域，海信在这一方面并没有表现出一种积极应对的态势。硬件驱动时代已经转变至内容驱动时代，海信在内容创新上稍显乏力。应对互联网企业产品的低价冲击，海信并没有做出有效调整

海信凭借自己厂商在传统行业中的优势，可以凭借互联网渠道在消费者群体中实现快速渗透，扩大自身的影响力，进一步抢占市场份额

传统电视厂商现在纷纷触网进行合作，不但丰富了自身产品的科技含量，还能同时借助互联网企业优势增加自身的市场影响力。海信对此应该采取适当的应对方案以免在智能电视发展成熟之时被市场边缘化

一、基础信息

1.1　基本信息

1.1.1　公司名称：海信集团有限公司

1.1.2　成立时间：1969年

1.1.3　总部地点：山东

1.1.4　上市时间：1997年4月22日

1.1.5　企业性质：股份制

1.1.6 联系方式

网址：http：//www.hisense.com/

人力资源部：jtrzb@hisense.com

品牌管理部：ppglb@hisense.com

信息技术中心：master@hisense.com

用户服务中心：service@hisense.com

地址：青岛市东海西路17号

电话：（+86 532）83878888

1.2 组织信息

1.2.1 管理层

1.2.2 组织架构

海信拥有海信电器（600060）和海信科龙电器（000921）两家在沪、深、港三地的上市公司，同时成为国内唯一一家持有海信（Hisense）、科龙（Kelon）和容声（Ronshen）三个中国驰名商标的企业集团。海信电视、海信空调、海信冰箱、海信手机、科龙空调、容声冰箱全部当选中国名牌，海信电视、海信空调、海信冰箱全部被评为国家免检产品，海信电视首批获得国家出口免检资格。

在南非、埃及、阿尔及利亚等地拥有生产基地，在全球设有20余个海外分支机构，产品远销130多个国家和地区。

海信董事会下设战略发展部、营销中心、海外发展部、经济管理研究中心、人力资源部、技术质量推进部等6大重要部门。

二、业务信息

2.1 产品及服务信息

个人消费品：电视、I'TV、I'BOX、冰箱冷柜、空调、洗衣机、手机、生活电器

商用产品：酒店电视、家用中央空调、商用中央空调、机顶盒、智能商用设备、商用解决方案、交互电视系统解决方案、移动终端产品解决方案、光通信技术产品解决方案、智能交通解决方案、模具解决方案、工业设计解决方案

相关服务：相关下载、产品注册、在线报修、手机服务商

2.2 覆盖范围

2.2.1 行业：家电行业

2.2.2 主要客户：电视消费者

2.2.3　业务区域：全球

2.3　收入结构：海信电视机收入1238232.48万元，占比97.14%，其他收入为36416.48万元，占比2.86%。

三、综合信息

3.1　发展定位：以数字多媒体技术、现代通信技术、智能信息系统技术、制冷技术为支撑，涵盖多媒体、家电、通信、智能信息系统和现代地产的产业格局。

3.2　重要合作伙伴及供应商：谷歌、高通、联合国环境署

创维集团

根据EnfoDesk易观智库数据显示，2013年全年创维智能电视产量呈现一个稳步增长的态势，全年智能电视产量382万台，以17.76%的份额位列市场第一。创维在2013年积极投入到云电视，超高清电视的研发生产当中，并且斩获众多大奖。创维智能电视销量的稳步增长预示着创维在电视生产制造层面具有较好的社会认知度，品牌效益进一步彰显。创维积极与智能电视产业链上的内容供应商和系统提供商阿里巴巴进行密切合作，2013年第三季度推出创维阿里酷开电视。从酷开电视双十一数万台的销量便可看出消费者对于智能电视的认可度。

易观分析——

创维电视在业界有良好的口碑支撑，产能充足，创新力趋前。2013年更是相继与阿里巴巴，爱奇艺，微信等互联网厂商深度合作，打造了众多智能电视产品，大幅度提升了创维产品的竞争力

从创维的市场动作来看，创维是寄希望于联合互联网企业去快速布局智能电视市场，教化消费者的认知。但是创维首先合作的均是以生活服务类服务为主的互联网企业，日后创维如何在内容上做得更加出色目前仍然没有显著优势

创维电视此次借势互联网浪潮谋求企业转型已见成效，日后创维更有可能走高性价比智能电视产品。在2013年末创维协同阿里再推4K智能电视，以此判断创维与互联网日后的合作将会更加紧密，新型产品线也会愈加丰富。且阿里巴巴在背后作为创维强大的品牌推广渠道更有利于创维提升市场渗透率

电视操作系统或将成为创维短板。创维推出的酷开电视操作系统是以Linux平台为主，相比Android的开放平台操作系统，Linux普及度较低，在用户体验层面上仍需时间验证。一旦用户体验不被消费这买账，那么创维将需要重新定位自己的商业模式，或者在操作系统层面进行深度变革

一、基础信息

1.1 基本信息

1.1.1 公司名称：创维集团深圳创维-RGB电子有限公司

1.1.2 成立时间：2006年10月

1.1.3 总部地点：深圳

1.1.4 上市时间：未上市

1.1.5 企业性质：私营企业

1.1.6 联系方式

网址：http：//www.coocaa.com/

邮箱：无

地址：深圳市南山区高新南一道创维大厦A座13-16层

1.2 组织信息

1.2.1 管理层：张学斌 创维集团董事局主席兼CEO

1.2.2 组织架构：创维集团下属彩电事业本部、数字技术、液晶器件、电器科技、群欣安防、建设事业部、无线技术等7大事业部

二.业务信息

2.1 产品及服务信息

产品：云电视系列、3D电视系列、2D电视系列

服务：酷开公司经营范围主要包括：计算机网络技术开发与服务；家电产品研发与销售；计算机软件开发与销售，广告业务等

2.2 覆盖范围

2.2.1 行业：电视机与家电设备/数字电视设备

2.2.2 主要客户：全国消费者

2.2.3 业务区域：全国

2.3 收入结构：电视产品销售收入占比76.97%，数字机顶盒收入占比10.79%，白电销售收入占比5.6%

三、综合信息

3.1 发展定位：自主研发的、行业领先的互联网电视硬件、以酷开智能平台为基础提供多媒体内容集成和运营服务

3.2 重要合作伙伴及供应商：广州恒大、国美电器、汇通百货等

TCL集团

EnfoDesk易观智库数据显示，TCL在2013年销售智能电视266万台，占比12.37%。TCL最早的批量生产智能电视型号是TCLV6200，于2010年11月发售。由于介入智能电视领域早，且一直追求国际化发展，2013年下半年TCL与互联网企业爱奇艺合作打造的新型智能电视得到了国际范围内的认可。凭借TCL自身在电视领域良好的用户口碑，以及爱奇艺在视频行业庞大的用户基础，使得这款新型智能电视TV+得以迅速推广。同时爱奇艺还推出了精简版智能电视来抵抗同行业低价冲击。

易观分析——

TCL的用户基础和爱奇艺的用户基础都是有效推广TCL智能电视的先决条件。在产业链上的合作让TCL的产品也同样具备了一定的性价比，足以达到快速抢滩智能电视领域的目的

TCL与互联网企业的合作并未继续深化，同时TV+这款产品的型号相对较少，无法满足更多消费者的选择。TCL需要使自己的产品线多样化发展，打造出更多能满足消费者需求的产品

传统企业批量触网已成趋势。TCL的TV+产品选择在京东首发，一是起到了有效的网络渠道推广，而是有京东的专业团队配送可以保证产品按时交付到用户手中，是一种很好的推广模式

目前来看，TCL面对的最大威胁就是来自于各大传统企业的竞争，特别是以创维的竞争最为明显。创维与TCL采用类似的或做模式，但是创维的合作伙伴更多，且均为互联网巨头企业。面对直接竞争带来的市场份额，TCL需要更多的考虑日后如何进一步抢占市场而带来的问题

一、基础信息

1.1 基本信息

1.1.1 公司名称：TCL集团股份有限公司

1.1.2 成立时间：1981年

1.1.3 总部地点：广州省

1.1.4 上市时间：2004年1月30日

1.1.5 企业性质：股份制

1.1.6 资本信息：注册资金 850001.68 万元人民币

1.1.7 联系方式

网址：http：//www.tcl.com/　邮箱：无

地址：惠州市惠城区鹅岭南路6号TCL大厦。

电话：400-812-3456

1.2 组织信息

1.2.1 人员规模：68935人

1.2.2 管理层：李东生　集团董事长兼总裁

1.2.3 组织架构

旗下拥有四家上市公司：TCL集团（SZ.000100）、TCL多媒体科技（01070 .HK）、TCL通讯科技（02618. HK）、通力电子（01249. HK）

TCL已形成多媒体、通讯、华星光电和TCL家电四大产业集团，以及系统科技事业本部、泰科立集团、新兴业务群、投资业务群、翰林汇公司、房地产六大业务板块。

遍布亚洲、美洲、欧洲、大洋洲等多个国家和地区。在全球40多个国家和地区设有销售机构，销售旗下TCL、Thomson、RCA等品牌彩电及TCL、Alcatel品牌手机。

TCL集团旗下主力产业在中国、美国、法国、新加坡等国家设有研发总部和十几个研发分部。在中国、波兰、墨西哥、泰国、越南等国家拥有近20个制造加工基地。

二、业务信息

2.1 产品及服务信息

以王牌彩电为代表的家电、通讯、信息、电工四大产品系列，并开始实施以王牌彩电为龙头的音视频产品和以手机为代表的移动通信终端产品。

2.2 覆盖范围

2.2.1 行业：电视生成商

2.2.2 主要客户：电视、手机用户等

2.2.3 业务区域：全球

2.3　收入结构：2013年TCL集团主要产业的收入如下：

多媒体电子产业，收入3145705万元，占比36.87%；移动通讯产业，收入1529517万元，占比17.93%；华星光电，收入1553081万元，占比18.2%；家电产业，收入932260万元，占比10.93%；通力电子，收入362598万元，占比4.25%；其他收入1009239万元，占比11.83%

三、综合信息

3.1　发展定位：中国最大的、全球性规模经营的消费类电子企业集团之一

3.2　重要合作伙伴及供应商：爱奇艺、中国移动、PointGrab等

乐视致新

乐视生产的超级电视是典型的互联网企业进驻传统行业的案例。其最低配置的40英寸超级电视打破了传统行业电视的价格底线，直接与40寸以下的产品相竞争。乐视以其自身的操作系统，联合自身的优势资源，独自囊括了智能电视产业链中多个环节。乐视售卖电视同时捆绑乐视网的会员销售，之后乐视的盈利更是定位在内容服务上，自身的应用商店很好地支撑了乐视TV的应用扩展。但是互联网企业进驻传统家电行业，不足之处就在于产能和用户覆盖面。

易观分析——

由于乐视的能够把控近乎整条智能电视产业链，所以在生产成本上可以进行更好地把控。而盈利放行，乐视也可以做到游刃有余，因此乐视TV的各个层级产品均具备高性价比。这样可以很好做到迅速占领消费市场，弥补自身铺货差的缺点

乐视TV在在生产过程中由于自身并不具备优秀的生产能力，所以产品上线需要代工厂来完成装配工作产能不足极大地制约了乐视与传统厂商竞争的能力

现在传统企业批量触网，将产品放到线上销售谋求快速出货。乐视作为互联网企业本身在这方面就已具备足够优势。产品上线前利用互联网造势，产品上市后乐视再利用互联网进行品牌宣传与用户渗透，为自身产品制造商机

乐视最大的威胁就是来自于传统企业的迅猛攻势。因为其制造的高性价比已经出现，众多传统厂商也纷纷作出对策，来应对低价冲击。所以乐视并不能够很好的规避掉传统企业的影响。在线下铺货上乐视同样有所不足，想渗透到三四线城市并不是一件容易事

一、基础信息

1.1 基本信息

1.1.1 公司名称：乐视致新电子科技（天津）有限公司

1.1.2 成立时间：2012年

1.1.3 总部地点：北京市

1.1.4 上市时间：未上市

1.1.5 企业性质：股份制

1.1.6 联系方式

网址：http：//www.tcl.com/

邮箱：kefu@letv.com

地址：北京市朝阳区姚家园路105号宏城鑫泰大厦7层

电话：400-900-9000

1.2 组织信息

1.2.2 管理层：公司董事长、总经理：贾跃亭；公司副董事长、副总经理：刘弘

1.2.3 组织架构： 具体信息不详

二、业务信息

2.1 产品及服务信息：LeTV超级电视，乐视盒子，leUI

2.2 覆盖范围

2.2.1 行业：信息科技

2.2.2 主要客户：电视用户

2.2.3 业务区域：全国范围

2.3 收入结构：收入来源为终端产品销售，增值服务；具体量化结构不详

三、综合信息

3.1 发展定位：全球最大的网络视频服务商，不断努力为人们带来最为极致的视听体验

3.2 重要合作伙伴及供应商：富士康、贝塔斯曼、CNTV、华数、CIBN

我国智能电视产业中的其他企业名录节选如下表——

表18　中国智能电视产业中企业名录节选

领域	厂商	备注
电视机	海信集团	简要分析见前述　　数据分析及详细分析见易观智库企业库
电视机	创维集团	简要分析见前述　　数据分析及详细分析见易观智库企业库
电视机	TCL集团	简要分析见前述　　数据分析及详细分析见易观智库企业库
电视机	乐视致新	简要分析见前述　　数据分析及详细分析见易观智库企业库
电视棒	索尼	数据分析及详细分析见易观智库企业库
电视机	海尔	数据分析及详细分析见易观智库企业库
电视机	三洋	数据分析及详细分析见易观智库企业库
电视机	夏普	数据分析及详细分析见易观智库企业库
电视机	长虹	数据分析及详细分析见易观智库企业库
电视机	康佳	数据分析及详细分析见易观智库企业库
支持CMMB电视	三星	数据分析及详细分析见易观智库企业库
电视棒	爱国者	详细分析见易观智库企业库
电视棒	百度	详细分析见易观智库企业库
电视棒	贝赛莱	详细分析见易观智库企业库
电视棒	创维酷开	详细分析见易观智库企业库
电视棒	谷歌	详细分析见易观智库企业库
电视棒	佳德美	详细分析见易观智库企业库
电视棒	牛视TV	详细分析见易观智库企业库
电视棒	山业	详细分析见易观智库企业库
电视棒	微杰	详细分析见易观智库企业库
电视棒	圆刚	详细分析见易观智库企业库
智能电视机顶盒	小米	详细分析见易观智库企业库
智能电视机顶盒	乐视	详细分析见易观智库企业库
智能电视机顶盒	PPTV	详细分析见易观智库企业库
智能电视机顶盒	RCA	详细分析见易观智库企业库
智能电视机顶盒	阿里巴巴	详细分析见易观智库企业库

续表

领域	厂商	备注
智能电视机顶盒	百事通	详细分析见易观智库企业库
智能电视机顶盒	锋哲	详细分析见易观智库企业库
智能电视机顶盒	天敏	详细分析见易观智库企业库
智能电视机顶盒	冠捷	详细分析见易观智库企业库
智能电视机顶盒	杰科	详细分析见易观智库企业库
智能电视机顶盒	精伦	详细分析见易观智库企业库
智能电视机顶盒	开博尔	详细分析见易观智库企业库
智能电视机顶盒	快播小方	详细分析见易观智库企业库
智能电视机顶盒	迈乐	详细分析见易观智库企业库
智能电视机顶盒	美如画	详细分析见易观智库企业库
智能电视机顶盒	清华同方	详细分析见易观智库企业库
智能电视机顶盒	同洲非看	详细分析见易观智库企业库
智能电视机顶盒	网迅	详细分析见易观智库企业库
智能电视机顶盒	夏普	详细分析见易观智库企业库
智能电视机顶盒	星影院	详细分析见易观智库企业库
智能电视机顶盒	秀可视	详细分析见易观智库企业库
智能电视机顶盒	亿格瑞	详细分析见易观智库企业库
电视机	东芝	详细分析见易观智库企业库
牌照	华数传媒	详细分析见易观智库企业库
支持CMMB电视	HTC	详细分析见易观智库企业库
支持CMMB电视	酷派	详细分析见易观智库企业库
支持CMMB电视	联想	详细分析见易观智库企业库
支持CMMB电视	中兴	详细分析见易观智库企业库

新一代智能设备

果壳电子

果壳电子是盛大旗下公司，2009年正式成立，其产品主要定位在云终端设备。果壳电子产品包括智能手机、智能手表、智能戒指、果壳路由等，整体形成了以智能手机为核心的终端配套设备。果壳整体的互联网战略布局为果壳赢得了良好的发展空间。2013年借可穿戴设备大热之际，果壳推出旗下新品牌GEAK，并在后续发布了数款可穿戴设备智能终端。果壳的时尚产品与智能手机应用相结合，利用互联网渠道进行推广，成功将品牌渗透到消费者当中，为未来自家品牌在可穿戴智能设备领域营造了无限商机。

易观分析——

果壳电子依托盛大网络的优势资源，有很好的研发能力可以促使产品创新。果壳现阶段所推出的产品均科技感十足，产品与产品之间相互依托联系紧密，形成了很好的产品生态链

果壳可穿戴设备在真正实用性和用户体验上有待提高

果壳电子搭可穿戴设备的顺风车来到消费者面前，其云终端设备科技感强，很容易获得年轻消费者的青睐

果壳产品由于目前集中于手机配套设备，对于用户而言他们会更加关注健康领域的可穿戴设备。所以果壳的可穿戴设备在未来市场很有可能被自己的产品所制约而发挥不出本来的实力

一、基础信息

1.1　基本信息

1.1.1　公司名称：上海果壳电子有限公司

1.1.2　成立时间：2009年12月08日

1.1.3　总部地点：上海

1.1.4　上市时间：未上市

1.1.5　企业性质：民营

1.1.6　联系方式

官方网站：http://www.igeak.com/

新浪微博：http://weibo.com/u/3435593994

腾讯微博：http://t.qq.com/i-geak

地址：上海市浦东新区张衡路666弄1号7楼南面

电话：021-60588688

1.2　组织信息

1.2.1　管理层

陈大年　法定代表人（负责人）

顾晓斌　果壳电子CEO

1.2.2　组织架构：具体信息不详

二、业务信息

2.1　产品及服务信息

产品1果壳GEAK Eye手机：主打“微单级”拍照手机

GEAK Eye果壳手机从硬件、操控体验到后期处理据称都达到了“微单”级别。后置1300万摄像头采用第三代背照式感光元器件，比传统手机摄像头提升40%的感光能力，ISO 3200的感光度让手机在弱光环境下也能拍摄高清照片。800万前置摄像头支持AF自动对焦，硬件支持HDR.GEAK Eye果壳手机采用5片式镜头组，配有蓝光镜片，可有效放置光线散射、去除紫边，让照片呈现出明亮艳丽的效果；F2.2超大光圈能获得更浅的景深。系统方面，GEAK Eye采用基于Android 4.2开发而来的GEAK OS系统，果壳GEAK Eye手机采用2.7mm超窄边设计，配备5英寸高清屏，OGS全贴合工艺，搭配1.2G四核处理器，专业ISP图像处理芯片。

产品2果壳GEAK Mars手机：5.8英寸1080P屏+1.7GHz骁龙600四核+2GB RAM/16GB ROM

GEAK Mars是果壳手机中的顶级配置机型，搭载1.7GHz高通骁龙600四核处理器，内置2GB高速RAM+16GB ROM，配备5.8英寸1920*1080鹰眼屏幕，像素密度达377 PPI，屏幕由夏普龟山工厂供货。

产品3智能设备GEAK魔戒

GEAK魔戒是一款佩戴式电子产品，内置个人信息，代表机主唯一身份，当手机与GEAK魔戒足够接近时戒指会驱动手机做出相应反应，无需密码设置，触摸便能实现安全解锁、浏览个人资料等。GEAK魔戒设有便捷交友功能，触摸对方手机就能留下个人信息，包括照片、联系方式、博客、微博、微信等。GEAK魔戒无需耗电，定位在“极客随身必备的安全智能设备”，需配合GEAK系列手机使用，年底将全面支持其他手机品牌。

产品4智能手表GEAK Watch

在功能上，Bambook Smart Watch虽然不能通话，但可与手机配合，显示来电、短信等信息，适合于开会、上课等不能即时处理信息的场景，做到信息提醒。其内置的传感器可提供GPS、个人数据信息记录功能。另外，还可通过红外控制智能家电终端。在硬件上，Bambook Smart Watch的屏幕为电子墨水屏。采用电子墨水屏电池续航时间可达到一周。

2.2　覆盖范围

2.2.1　行业：电商、计算机硬件

2.2.2　主要客户：智能设备发烧友

2.2.3　业务区域：全球

2.3　收入结构：收入来源为终端设备销售与增值服务，具体量化结构不详

三、综合信息

3.1　发展定位：果壳电子是以研发、制造未来电子产品、创新硬件为目标的云终端公司。

3.2　重要合作伙伴及供应商：夏普龟山工厂、北京君正集成电路股份有限公司

成都乐动

咕咚是国内做可穿戴设备较早的品牌，其咕咚手环产品也是首款基于百度云开发的便携式可穿戴设备。咕咚旗下产品以运动检测为主，现也推出了多样化终端设备，并且将物联网、云健康、社交等当今社会热点要素引入产品，配合相应的移动终端App来记录人体生理数据。就目前咕咚的发展来看，未来咕咚产品线将更加丰富，在产品用户体验上也会加入更多创新元素，同时与百度云的合作也将更加深入。咕咚在可穿戴设备领域有着较好的市场认知度，2013年第2季度便推出了咕咚手环，第4季度又推出了第二代智能手环，引领了科技界的时尚潮流。

易观分析——

产品推出较早，基于百度云而开发，是百度云的早期可穿戴设备代表，具有良好的品牌认知度

产品主要集中在运动手环类产品，缺少其他与健康生活概念项符合的产品，覆盖面略窄

随着可穿戴设备逐渐成为现今科技厂商的聚焦热点，咕咚未来的商业机遇将会更加突出，后续产品设计有望迎合现代社会健康生活的发展趋势

咕咚面临的主要挑战来自于同行业的竞争以及大型互联网企业的市场挤压。百度旗下的dulife已经着手在做可穿戴设备，能否竞争过大型互联网企业推出的产品将会是咕咚未来将要面对的重点问题

一、基础信息

1.1 基本信息

1.1.1 公司名称：成都乐动信息技术有限公司

1.1.2 成立时间：2009-10-23

1.1.3 总部地点：四川成都

1.1.4 上市时间：未上市

1.1.5 企业性质：民营

1.1.6 联系方式

官方网站：http://www.codoon.com/

公司邮箱：support@codoon.com

总经理邮箱：simple.shen@gmail.com

地址：成都高新区天府大道天府软件园B区B7座307室

电话：400-0606-090

总经理电话：15882206139 028-80687848

1.2 组织信息

1.2.1 管理层：申 波 总经理

1.2.3 组织架构：具体信息不详

二、业务信息

2.1 产品及服务信息

产品1咕咚健身追踪器

codoon咕咚健身追踪器是一款小巧时尚的运动健身配件，它基于现今的MEMS技术，它不但可以测量日常健身活动所消耗的热量、运动步数和距离，而且可以监控睡眠质量。 codoon咕咚健身追踪器和PC有标准的接口，可以随时把保存在追踪器的原始数据自动上传到咕咚社区上面做全面分析并和朋友一起参加各种竞赛和社交游戏。

产品2咕咚糖果

机身上的小孔使它可以方便的佩戴在钥匙扣、项链等任何你想佩戴的地方，既是运动配件，又是时尚的装饰品。只需随身佩戴，它就能智能识别身体动作，记录下运动数据，而夜晚则可切换至睡眠模式，放在枕边或睡衣口袋中，记录睡眠质量。还可以将自己的运动状况分享到微博、微信等社交平台。

产品3蓝牙4.0智能健康秤

中国首款蓝牙4.0智能秤，采用蓝牙4.0高效传输技术，与iPhone4S、iPhone5、iPod touch5、the New iPad、iPad4、iPad mini兼容，免费手机软件【摇摇减重】支持。

产品4蓝牙4.0智能心率带

中国首款蓝牙4.0心率带超低功耗，实时数据监测，支持 iPhone4S、iPhone5、三星S3 、NOTE 2、S4，【咕咚运动+】免费手机软件支持。

产品5咕咚网络智能体重秤

踏上咕咚秤立即启动，离开后自动待机，省电环保，测重精度达0.1kg，自动保存体重数据，连接PC自动上传数据，帮助制定有效的瘦身计划。

产品6弹力运动腰包

体积小，容量大，可装下大部分型号的手机，还可以装香烟、钥匙、零钱等杂物。

产品7咕咚笑Pro

支持运动检测，睡眠分析，数据云服务，网络竞赛，兑换好礼，社交分享等功能。

咕咚网API

咕咚开放API允许开发者在自己的应用产品和服务中使用用户通过咕咚产品产生的数据。

该API允许开发者通过HTTP协议的方法读写用户的数据和资料来支持开发者的应用程序。

2.2　覆盖范围

2.2.1　行业：计算机、互联网、生产制造、通信、学校、医药保健、房地产

2.2.2　主要客户：智能设备发烧友、健康追求者

2.2.3　业务区域：全国

2.3　收入结构：收入来源为终端设备销售与增值服务，具体量化结构不详

三、综合信息

3.1　发展定位：最具影响力的互联网运动健康服务平台

3.2　重要合作伙伴及供应商：sleep114网站、历趣掌上娱乐、卓乐网、雷锋网、我开始、网易跑步

百度—Dulife

继谷歌眼镜为人知晓后，百度在研发眼镜的消息也见诸市场。事实上，目前看来，百度是BAT三家中较为关注智能硬件的厂商。为了提前在硬件入口战略卡位，同时为了进一步完善个人数据，百度一方面推出“小度三剑客”、摄像头等智能设备，另一方面，以dulife为品牌，推出可穿戴设备平台，利用百度的资源，为合作伙伴提供服务。dulife提供的可穿戴设备产品专注于人体健康服务层面。其特点在于结合了百度云服务，对于产品收集来的数据可以有效地做到存储、分析、处理，并且根据用户的特定需求提供健康服务。dulife理念居前，但是产品数量并不多，尚处于开发探索阶段。目前dulife上线产品有血压计、健康手环和智能秤，要做到全方位覆盖健康生活领域尚需时日。依托百度云的综合实力，预计未来dulife的发展速度会比较快，更多新产品也将陆续面世。dulife可穿戴设备理念趋前，特别受年轻一代消费者关注，而且在互联网渠道推广上占有巨大优势，所以未来可开发市场空间巨大。

易观分析——

dulife依托百度云，有着良好的经济实力和研发实力，在产品创新上具备一定优势。一系列健康相关类产品布局可以有效地帮助dulife建立一整套产品体系，形成互相依托的配套形式，整体提升产品销量

目前产品数量少，且覆盖面较为单一。对于产品的宣传力度也稍显不足

dulife定位于健康服务，力求抓住消费者的心理，不但促进年轻消费者为自己购买和父母购买，同时还具备了很好的礼品属性。在产品拓展方面具备一定优势

dulife作为平台，自身并不具备很好的产品生产能力，其线下产品多是与其他国内外知名厂商合作生产，这对于dulife的未来发展将会有所限制

一、基础信息

1.1　基本信息

1.1.1　公司名称：百度

1.1.2　成立时间：2000年1月

1.1.3　总部地点：北京

1.1.4　上市时间：2005年上市

1.1.5　企业性质：股份制

1.1.6　联系方式

网址　http://home.baidu.com/index.html

百度大厦地址：北京市海淀区上地十街10号

首创办公区地址：北京市海淀区东北旺西路8号中关村软件园12号

奎科办公区地址：北京市海淀区上地信息路甲9号

鹏寰办公区地址：北京市海淀区上地1号院 盈创动力园区D栋 鹏寰国际大厦

电话总机：（+86 10）5992 8888

1.2　组织信息

1.2.1　人员规模：员工人数超过17000人

1.2.2　管理层

李彦宏　百度创始人、董事长兼首席执行官

李昕晢　首席财务官

向海龙　副总裁

李明远　副总裁

王　湛　副总裁

王　劲　技术副总裁

朱　光　副总裁

刘　辉　人力资源副总裁

梁志祥　副总裁

孙云丰　百度Fellow

1.2.3　组织架构：网页搜索部、网页搜索产品市场部、商业运营体系、销售体系组成新的搜索业务群组、移动云事业部、国际化事业部、LBS事业部。

二、业务信息

2.1产品及服务信息

产品信息：

（1）网页搜索。

作为全球最大的中文搜索引擎公司，百度一直致力于让网民更便捷地获取信息，找到所求。用户通过百度主页，可以瞬间找到相关的搜索结果，这些结果来自于百度超过百亿的中文网页数据库。

（2）垂直搜索。

秉承“用户体验至上”的理念，除网页搜索外，百度还提供MP3、图片、视频、地图等多样化的搜索服务，给用户提供更加完善的搜索体验，满足多样化的搜索需求。

（3）社区产品。

信息获取的最快捷方式是人与人直接交流，为了让那些对同一个话题感兴趣的人们聚集在一起，方便地展开交流和互相帮助，百度贴吧、知道、百科、空间等围绕关键词服务的社区化产品也应运而生，而百度Hi的推出，更是将百度所有社区产品进行了串联，为人们提供一个表达和交流思想的自由网络空间。

（4）电子商务。

2008年10月，百度旗下电子商务交易平台正式上线，基于百度独有的搜索技术和强大社区资源，百度有啊突破性实现了网络交易和网络社区的无缝结合，以打造完美满足用户期望的体验式服务为宗旨，为庞大的中国互联网电子商务用户提供更贴心、更诚信的专属服务。

可提供服务信息：

--服务1：搜索服务

网页—搜索海量网络资料、资源。

百度翻译—解决语言差异困扰。

视频—搜索海量网络视频。

音乐—搜索试听下载海量音乐。

地图—搜索功能完备的网络地图。

新闻—搜索浏览最热新闻资讯。

图片—搜索海量网络图片。

--服务2：导航服务

Hao123网址之家、百度网址大全、百度团购获取最权威团购信息

--服务3：社区服务

文库—阅读下载分享文档。

空间—百度空间。

百科—查询、贡献网络百科全书。

贴吧—自由分享话题、参与讨论。

知道—寻找答案，回答问题。

搜藏—随时随地的网络收藏夹。

经验—实用生活指南。

百度阅读—电子书世界，阅读方便。

百度旅游—查询旅游胜地。

百度相册—超大容量的免费云相册。

百度校园—校园社区平台。

百度众测—用户体验中心。

--服务4：游戏娱乐服务

百度游戏、百度应用、悠洋游戏。

--服务5：移动服务

移动搜索、百度手机输入法、百度手机浏览器、百度手机助手、百度手机地图、百度云智能终端平台、百度壁纸、百度通讯录、百度网盘、百度桌面、百度魔图、百度一键Root、百度语音助手、百度锁屏、百度安全管家。

--服务6：站长与开发者服务

搜索开放平台、站长平台、百度统计、百度联盟、百度推广、广告管家、数据研究中心、风云榜、百度指数、百度分享、百度开发者中心、百度移动统计。

--服务7：其他服务

百度寻人、百度公益、百度基金会、盲道、老年搜索、专利搜索、词典、百付宝、百度营销学、百度认证、天空软件、百度房产、百度任务平台、百度营销研究院。

2.2 覆盖范围

2.2.1 行业：互联网

2.2.2 主要客户：智能硬件发烧友 智能设备厂商

2.2.3 业务区域：辐射全国

2.3 收入结构：百度收入为网络营销收入和增值服务收入。2013年，百度网络营销的收入为318亿人民币，占总体收入的99.6%。

三、综合信息

3.1 发展定位：希望能站在全球的舞台上，向世界展示中国公司的实力，展示正在崛起的中国。

3.2 重要合作伙伴及供应商：新浪微博、搜房、CBSi集团、盛拓传媒、天极传媒、凤凰新媒体、盛大、CNTV、新东方在线、百合网、去哪儿、拉手网等。

我国新一代智能设备产业中的其他企业名录节选如下表：

表19　中国新一代智能设备产业中企业名录节选

厂商	备注
果壳电子	简要分析见前述　　数据分析及详细分析见易观智库企业库
成都乐动	简要分析见前述　　数据分析及详细分析见易观智库企业库
百度	简要分析见前述　　数据分析及详细分析见易观智库企业库
Fitbit	详细分析见易观智库企业库
Google	详细分析见易观智库企业库
Jawbone	详细分析见易观智库企业库
Nike	详细分析见易观智库企业库
大麦科技	详细分析见易观智库企业库
电子新我	详细分析见易观智库企业库
麦开网	详细分析见易观智库企业库
闪点	详细分析见易观智库企业库
神念科技	详细分析见易观智库企业库
滕海视阳	详细分析见易观智库企业库
腾讯	详细分析见易观智库企业库
海信	详细分析见易观智库企业库
海尔	详细分析见易观智库企业库
华阅数码科技有限公司	详细分析见易观智库企业库
小米	详细分析见易观智库企业库
奇虎360	详细分析见易观智库企业库
缤刻普锐（北京）科技有限责任公司	详细分析见易观智库企业库
新浪	详细分析见易观智库企业库
三星	详细分析见易观智库企业库

软硬件产业链相关厂商

我国移动互联网硬件产业链中相关厂商的企业名录节选如下表：

表20　中国移动互联网软硬件产业中企业名录节选

领域	厂商	备注
操作系统	谷歌	详细分析见易观智库企业库
操作系统	魅族	详细分析见易观智库企业库
操作系统	中国移动	详细分析见易观智库企业库
操作系统	微软	详细分析见易观智库企业库
操作系统	风灵创景	详细分析见易观智库企业库
操作系统	苹果	详细分析见易观智库企业库
操作系统	小米科技	详细分析见易观智库企业库
零配件及解决方案	IBM	详细分析见易观智库企业库
零配件及解决方案	Imagination	详细分析见易观智库企业库
零配件及解决方案	英特尔（集成电路）公司	详细分析见易观智库企业库
零配件及解决方案	LG	详细分析见易观智库企业库
零配件及解决方案	摩仕	详细分析见易观智库企业库
零配件及解决方案	英伟达	详细分析见易观智库企业库
零配件及解决方案	SDI	详细分析见易观智库企业库
零配件及解决方案	艾为电子	详细分析见易观智库企业库
零配件及解决方案	爱特梅尔(Atmel)	详细分析见易观智库企业库
零配件及解决方案	美国德州仪器公司	详细分析见易观智库企业库
零配件及解决方案	东芝公司	详细分析见易观智库企业库
零配件及解决方案	富士通株式会社	详细分析见易观智库企业库
零配件及解决方案	高通	详细分析见易观智库企业库
零配件及解决方案	海力士	详细分析见易观智库企业库
零配件及解决方案	韩国SGP	详细分析见易观智库企业库
零配件及解决方案	瀚宇彩晶	详细分析见易观智库企业库
零配件及解决方案	京东方科技集团股份有限公司	详细分析见易观智库企业库

续表

领域	厂商	备注
零配件及解决方案	中国台湾联发科技股份有限公司	详细分析见易观智库企业库
零配件及解决方案	凌云逻辑	详细分析见易观智库企业库
零配件及解决方案	镁光	详细分析见易观智库企业库
零配件及解决方案	三星（Samsung）	详细分析见易观智库企业库
零配件及解决方案	森海塞尔	详细分析见易观智库企业库
零配件及解决方案	夏普公司	详细分析见易观智库企业库
零配件及解决方案	意法半导体	详细分析见易观智库企业库
零配件及解决方案	英飞凌科技公司	详细分析见易观智库企业库
零配件及解决方案	英业达股份有限公司	详细分析见易观智库企业库
零配件及解决方案	中芯国际	详细分析见易观智库企业库
移动终端渠道商	大中电器	详细分析见易观智库企业库
移动终端渠道商	迪信通	详细分析见易观智库企业库
移动终端渠道商	国美电器	详细分析见易观智库企业库
移动终端渠道商	广州乐宇电子科技有限公司	详细分析见易观智库企业库
移动终端渠道商	中国联通华盛通信有限公司	详细分析见易观智库企业库
移动终端渠道商	北京普天太力通信科技有限公司	详细分析见易观智库企业库
移动终端渠道商	深圳爱施德	详细分析见易观智库企业库
移动终端渠道商	深圳天音影视文化有限公司	详细分析见易观智库企业库
移动终端渠道商	神州数码控股有限公司	详细分析见易观智库企业库
移动终端渠道商	苏宁云商集团股份有限公司	详细分析见易观智库企业库
移动终端渠道商	中国电信集团公司	详细分析见易观智库企业库
移动终端渠道商	北京中复电讯设备有限责任公司	详细分析见易观智库企业库
移动终端渠道商	中国电信集团公司	详细分析见易观智库企业库
移动终端渠道商	中国联合网络通信集团有限公司	详细分析见易观智库企业库
移动终端渠道商	中国移动通信集团公司	详细分析见易观智库企业库
移动终端渠道商	中移鼎讯	详细分析见易观智库企业库
移动终端渠道商	中邮普泰	详细分析见易观智库企业库
移动终端渠道商	中域电讯连锁集团股份有限公司	详细分析见易观智库企业库

续表

领域	厂商	备注
渠道与运营	中国电信集团公司	详细分析见易观智库企业库
渠道与运营	中国联合网络通信集团有限公司	详细分析见易观智库企业库
渠道与运营	中国移动通信集团公司	详细分析见易观智库企业库

互联网金融

互联网金融

中国建设银行

中国建设银行是我国最早推出手机银行服务的商业银行，截至2013年6月底，建行手机银行客户数突破1亿户，预计交易额突破，在客户数和交易额上分别在全国的占据同业首位。

作为在用户数和交易额仅次于工商银行的第二大行，建行拥有先天的用户资源和市场地位；但从苹果和安卓应用商店排名来看，14家银行的客户端下载量中，建行排名都是最高的。但在用户好评度上，建行的分数并不是很高，这表明建行手机银行的领先优势仍然依靠原有市场地位，并非来自更好的用户体验。建行年初分别推出新版iPhone、Android客户端。根据智能终端特性，新版客户端还增加了更新提示、信息推送功能，另外，建行也进一步发掘手机银行的移动属性，陆续推出“特约取款”“网点查询”等基于移动互联网LBS和O2O的商业模式的新功能。

易观分析——

用户规模大营销能力强；起步早，用户习惯好；网点能力丰富，执行能力强

创新速度和灵活性慢于股份制银行；客户端手机银行用户体验一般

移动互联网内容应用与手机银行合作加强；自有善融商城逐渐壮大，可接入手机银行客户端；4G网络商用，3G网络覆盖面加强，带动智能机的渗透

移动支付面对运营商和银联的挑战；用户资源上有工行后来者居上，创新能力也不及招商银行和民生银行

一、基础信息

1.1　基本信息

1.1.1　公司名称：中国建设银行

1.1.2　成立时间：1954年10月1日

1.1.3　总部地点：北京

1.1.4　上市时间：上市于2013年6月末，市值为1,767 亿美元，居全球上市银行第五位

1.1.5　企业性质：股份制商业银行

1.1.6　联系方式

网址：http://www.ccb.com/cn/home/index.html

手机网站：m.ccb.com

总行地址：中国北京西城区金融大街25号　邮编：100033

电话：24小时全国电话服务热线 95533

1.2　组织信息

1.2.1　管理层

王洪章　董事长　执行董事

张建国　副董事长　执行董事　副行长

张福荣　监事长

刘　进　监事

朱洪波　副行长

1.2.3　组织架构：具体信息不详

二、业务信息

2.1　产品及服务信息：对公对个人的全线金融服务与产品，如存贷、理财、证券、基金、电子银行、网上银行、手机银行等

2.2　覆盖范围

2.2.1　行业：互联网金融

2.2.2　主要客户：全国企业及个人

2.2.3　业务区域：全国

中国建设银行在大陆境外的中国香港、新加坡、德国（法兰克福）、南非（约翰内斯堡）、日本（东京、大阪）、韩国（首尔）、美国（纽约）、越南（胡志明市）、澳大利亚（悉尼、墨尔本）、卢森堡、中国台湾（台北）设有海外分行，在中国香港、英国（伦敦）、俄罗斯（莫斯科）、阿联酋（迪拜）、卢森堡设有全资子公司

2.3　收入结构：具体信息不详

三、综合信息

3.1　发展定位：主要经营公司银行业务、个人银行业务和资金业务的国有五大行之一的商业银行

3.2　重要合作伙伴及供应商：银联、中国石化、支付宝等

中国招商银行

2013年招行在手机银行领域的先发优势已然显现，无论是下载量还是好评度均遥遥领先于同业，2013年上半年预计累计交易额接近2000亿元。截至2012年末，招行手机银行客户端下载量已经突破600万次，手机银行开通用户数近960万。2012年，招行手机银行交易金额达4059亿元，同比增长241.86%；累计交易1,300.26万笔，同比增长505.05%。

招行并没有将手机银行定位于一个简单的交易平台，也不是网上银行的手机版，而是沿着“移动银行+移动生活+移动支付+移动营销”四个方向发展，并充分结合智能手机随时随地在网、地理位置功能（LBS）、NFC手机支付等新特征。

易观分析——

起步早，用户习惯好；创新性强；有广泛的商户合作资源，为手机银行LBS的商业模式打好基础

在二三线城市银行网点少，用户规模较小

移动互联网内容应用与手机银行合作加强；移动支付方面与运营商合作，提早布局；4G网络商用，3G网络覆盖面加强，带动智能机的渗透

移动支付面对运营商和银联的挑战；在创新型上，面对中信、民生等股份制银行的挑战

一、基础信息

1.1　基本信息

1.1.1　公司名称：招商银行股份有限公司

1.1.2　成立时间：1987年4月8日

1.1.3　总部地点：深圳市福田区深南大道7088号招商银行大厦

1.1.4　上市时间：于2002年4月9日在上交所挂牌，于2006年9月22日在香港主板上市

1.1.5　企业性质：上市股份有限公司

1.1.6　联系方式

网址

官方网站：http://www.cmbchina.com/

新浪微博：http://e.weibo.com/cmbchina

总部地址：深圳市福田区深南大道7088号招商银行大厦

服务热线：95555

1.2 组织信息

1.2.1 人员规模：员工3.7万余人

1.2.2 管理层

傅育宁 董事长

田惠宇 行长、执行董事

韩明智 监事长

张光华 副董事长、执行董事

李 浩 常务副行长、执行董事：

唐志宏 尹凤兰 丁 伟 朱 琦 汤小青 王庆彬 副行长

张明辉 王 良 连柏林 行长助理

许世清 候任董事会秘书

1.2.3 组织架构

股东大会-董事会-监事会-战略委员会-提名委员会-薪酬与考核委员会-审计委员会-关联交易控制委员会

董事会下属：行长室-零售银行管理委员会-资产负债管理委员会-内部控制评审委员会-中间业务管理委员会-服务监督管理委员会等。

二、业务信息

2.1 产品及服务信息

对公对个人的全线金融服务与产品，如存贷、理财、证券、基金、电子银行、网上银行、手机银行等

2.2 覆盖范围

2.2.1 行业：互联网金融——网上银行

2.2.2 主要客户：全国企业及个人

2.2.3 业务区域：中国大陆、香港、纽约

2.3 收入结构：具体信息不详

三、综合信息

3.1 发展定位：中国境内第一家完全由企业法人持股的股份制商业银行，也是国家从体制外推动银行业改革的第一家试点银行。

3.2 重要合作伙伴及供应商：中国银行协会、招商证券股份有限公司、深圳新闻网、中国移动、招商基金、中国国债协会、中国金融网、巨潮理财、国泰君安证券、中音在线、招商地产、阿里巴巴等

人人贷

人人贷，系人人友信集团旗下公司及独立品牌。自2010年5月成立至今，人人贷的服务已覆盖了全国30余个省的2000多个地区，服务了几十万名客户，成功帮助他们通过信用申请获得融资借款，或通过自主出借获得稳定收益。作为中国最早的一批基于互联网的P2P信用借贷服务平台，人人贷以其诚信、透明、公平、高效、创新的特征赢得了良好的用户口碑。

易观分析——

获风投千万美金投入，运营资本充足； 借款资源线下审核推荐，借款人资质有保障；顾问委员会专家智囊协助

对借款人的信审评级重点倚靠线下合作机构，揽客成本相对较高

传统借贷渠道效率低或风险大； 政策鼓励金融创新；行业整体规范性加强

行业门槛低，新进者构成替代威胁；征信体系不完善，展业面临短板

一、基础信息

1.1 基本信息

1.1.1 公司名称：人人贷商务顾问（北京）有限公司（人人贷是人人友信的旗下）

1.1.2 成立时间：2010年4月28日

1.1.3 总部地点：北京市海淀区西直门外高梁桥斜街59号中坤大厦7层

1.1.4 上市时间：无

1.1.5 企业性质：有限责任公司

1.1.6 联系方式

网址：http：//www.renrendai.com/

邮箱：BD@renrendai.com

地址：北京市海淀区西直门外高梁桥斜街59号中坤大厦7层

电话：400-027-8080

1.2　组织信息

1.2.1　管理层：

张适时　　2010年，与合伙人共同创建互联网信贷服务平台-人人贷

李欣贺　　2010年，与合伙人共同创建互联网信贷服务平台-人人贷

杨一夫　　2010年，与合伙人共同创建互联网信贷服务平台-人人贷

顾崇伦　　副总裁范晓磊：风险管理部总监

1.2.2　组织架构：具体信息不详

二、业务信息

2.1　产品及服务信息

--服务1：理财服务：包括优选理财计划，资金以用户认可的既定规则自动进行投标，用户每月的回款也会循环复利再投资，以及投资散标和债权转让等服务。

--服务2：人人贷提供借款服务：包括工薪贷、生意贷以及网商贷服务。

2.2　覆盖范围

2.2.1　行业：用户可来自全国各行各业。

2.2.2　主要客户：继续贷款和借款的客户。

2.2.3　业务区域：全国

2.3　收入结构：借款服务费用以及贷款服务费用。具体数字不详

三、综合信息

3.1　发展定位：打造一个人人参与、人人自由、人人平等的互联网个人金融服务平台

3.2　合作伙伴：暂无

网信金融

众筹网于2013年2月正式上线，是网信金融集团旗下的众筹模式网站，为项目发起者提供募资、投资、孵化、运营一站式综合众筹服务。众筹网自2013年9月发力推出系列独具创意的项目，深受广大用户欢迎，联合长安保险推出的“爱情保险”项目筹资额超过600万元，创最高筹资记录！“快男电影”项目近4万人次参与，创参与支持人最多纪录。

众筹网的Logo是“众”形，类似两个人红黑相间、互补互联，代表众筹网是一家聚众人之力为众人服务的众筹平台理念。

易观分析——

网信金融涵盖P2P与支付领域，使得众筹网有能力为用户提供综合性众筹服务

平台发展时间不是很长，盈利模式仍需进一步摸索

众筹行业在国内刚刚起步，平台操作灵活性较高，融资能力潜力较大

行业门槛不高，平台对项目的选择、风控把握需进一步提高；另外在相关法规不完善的环境下，平台会面临一定的政策风险

一、基础信息

1.1 基本信息

1.1.1 公司名称：北京网信众筹网络科技有限公司

1.1.2 成立时间：2012年12月

1.1.3 总部地点：北京市朝阳区酒仙桥中路24号院4号楼5层

1.1.4 上市时间：2007年11月7日在美国纳斯达克上市

1.1.5 企业性质：有限责任公司

1.1.6 联系方式

网址：www.zhongchou.cn

客服QQ：2357291729

电子邮箱：zhongchou@ucfgroup.com

1.2 组织信息

1.2.1 管理层：盛 佳 企业法人

管理团队

盛 佳 网信金融集团首席执行官

孙宏生 网信金融集团市场副总裁

柯 斌 网信金融集团市场运营中心运营总监

周 欣 网信金融集团开发总监

陈仲华 网信金融集团产品总监

二、业务信息

2.1　众筹网业务模式

众筹（Crowdfunding）意思是向大众筹集资金进行项目融资，区别于众包，众包出力，众筹出钱。现代众筹特指通过互联网等方式发布筹款项目并募集资金。

众筹按回馈方式分四类：捐赠模式、奖励模式、股权模式、债权模式。

众筹网采用的是捐赠模式、奖励模式。

2.2　众筹规则

筹资——筹资项目必须在发起人预设的时间内达到或超过目标金额才算成功。

未达成——没有达到目标的项目，支持款项将全额退回给所有支持者。

完成——筹资项目完成后，网友将得到发起人预先承诺的回报。

回报——筹款项目成功后，项目发起人将会给予支持者对等的回报。回报方式可以是实物，也可以是服务。

项目的回报必须是以实物（如产品，出版物），或者媒体内容（如提供视频或者音乐的流媒体播放或者下载），因此支持者对一个项目的支持属于购买行为，而不是投资行为。

众筹项目所处领域：科技、 设计、活动、影视、出版、音乐、其他；

众筹项目实施者：艺术家、电影工作者、音乐家、产品设计师、作家、画家、表演者、DJ等。

三、综合信息

3.1　发展定位：打造一个人人参与、人人自由、人人平等的互联网个人金融服务平台

3.2　合作伙伴：本来生活网、友成基金、联合光伏等

我国互联网金融产业中的其他企业名录节选如下表：

表21　中国互联网金融产业中企业名录节选

领域	厂商	备注
网上银行	中国建设银行	简要分析见前述 数据分析及详细分析见易观智库企业库
网上银行	中国招商银行	简要分析见前述 数据分析及详细分析见易观智库企业库
P2P	人人贷	简要分析见前述 数据分析及详细分析见易观智库企业库
众筹融资	网信金融	简要分析见前述 数据分析及详细分析见易观智库企业库
网上银行	华夏银行	数据分析及详细分析见易观智库企业库
网上银行	交通银行	数据分析及详细分析见易观智库企业库
网上银行	民生银行	数据分析及详细分析见易观智库企业库
网上银行	中国工商银行	数据分析及详细分析见易观智库企业库
网上银行	中国农业银行	数据分析及详细分析见易观智库企业库
网上银行	中国银行	数据分析及详细分析见易观智库企业库
网上银行	中信银行	数据分析及详细分析见易观智库企业库
网上银行	福建兴业银行	详细分析见易观智库企业库
电商在线融资	阿里小贷	详细分析见易观智库企业库
电商在线融资	敦煌网	详细分析见易观智库企业库
电商在线融资	金银岛	详细分析见易观智库企业库
电商在线融资	京东	详细分析见易观智库企业库
电商在线融资	苏宁易购	详细分析见易观智库企业库
电商在线融资	网盛生意宝	详细分析见易观智库企业库
电商在线融资	全球网	详细分析见易观智库企业库
P2P	365易贷	详细分析见易观智库企业库
P2P	808信贷	详细分析见易观智库企业库
P2P	贷帮	详细分析见易观智库企业库
P2P	冠群	详细分析见易观智库企业库

续表

领域	厂商	备注
P2P	红岭创投	详细分析见易观智库企业库
P2P	陆金所	详细分析见易观智库企业库
P2P	你我贷	详细分析见易观智库企业库
P2P	拍拍贷	详细分析见易观智库企业库
P2P	人人聚财	详细分析见易观智库企业库
P2P	盛荣在线	详细分析见易观智库企业库
P2P	温州贷	详细分析见易观智库企业库
P2P	信用宝	详细分析见易观智库企业库
P2P	宜信	详细分析见易观智库企业库
P2P	友信	详细分析见易观智库企业库
P2P	有利网	详细分析见易观智库企业库
众筹融资	点名时间	详细分析见易观智库企业库
众筹融资	追梦网	详细分析见易观智库企业库
在线基金	北京展恒投资管理有限公司	详细分析见易观智库企业库
在线基金	博时基金	详细分析见易观智库企业库
在线基金	富国基金	详细分析见易观智库企业库
在线基金	工银瑞信基金	详细分析见易观智库企业库
在线基金	广发基金	详细分析见易观智库企业库
在线基金	杭州数米基金销售有限公司	详细分析见易观智库企业库
在线基金	好买基金交易网	详细分析见易观智库企业库
在线基金	华夏基金	详细分析见易观智库企业库
在线基金	嘉实基金	详细分析见易观智库企业库
在线基金	金融界	详细分析见易观智库企业库
在线基金	南方基金	详细分析见易观智库企业库
在线基金	诺亚正行	详细分析见易观智库企业库
在线基金	上海好买基金销售有限公司	详细分析见易观智库企业库
在线基金	上海基德金融信息技术服务有限公司	详细分析见易观智库企业库
在线基金	上海天天基金销售有限公司	详细分析见易观智库企业库

续表

领域	厂商	备注
在线基金	上海长量基金销售投资顾问有限公司	详细分析见易观智库企业库
在线基金	上投摩根基金	详细分析见易观智库企业库
在线基金	深圳众禄基金销售有限公司	详细分析见易观智库企业库
在线基金	腾讯基金	详细分析见易观智库企业库
在线基金	天天基金网	详细分析见易观智库企业库
在线基金	网易基金	详细分析见易观智库企业库
在线基金	新浪基金	详细分析见易观智库企业库
在线基金	易方达基金	详细分析见易观智库企业库
在线基金	银华基金	详细分析见易观智库企业库
在线基金	盈利宝	详细分析见易观智库企业库
在线基金	浙江同花顺基金销售有限公司	详细分析见易观智库企业库
在线保险	保众网	详细分析见易观智库企业库
在线保险	财付通保险	详细分析见易观智库企业库
在线保险	大地保险	详细分析见易观智库企业库
在线保险	大童网	详细分析见易观智库企业库
在线保险	东方财富网	详细分析见易观智库企业库
在线保险	泛华保网	详细分析见易观智库企业库
在线保险	放心保	详细分析见易观智库企业库
在线保险	和讯保险	详细分析见易观智库企业库
在线保险	华谊保险网	详细分析见易观智库企业库
在线保险	慧保网	详细分析见易观智库企业库
在线保险	慧择网	详细分析见易观智库企业库
在线保险	京东保险	详细分析见易观智库企业库
在线保险	立刻保	详细分析见易观智库企业库
在线保险	瑞齐网	详细分析见易观智库企业库
在线保险	太平洋保险	详细分析见易观智库企业库
在线保险	泰康保险	详细分析见易观智库企业库
在线保险	淘宝保险	详细分析见易观智库企业库

续表

领域	厂商	备注
在线保险	新华保险	详细分析见易观智库企业库
在线保险	新浪保险	详细分析见易观智库企业库
在线保险	新一站保险网	详细分析见易观智库企业库
在线保险	阳光保险	详细分析见易观智库企业库
在线保险	一保无忧	详细分析见易观智库企业库
在线保险	壹保网	详细分析见易观智库企业库
在线保险	意时网	详细分析见易观智库企业库
在线保险	友邦保险	详细分析见易观智库企业库
在线保险	中国货运保险网	详细分析见易观智库企业库
在线保险	中国平安	详细分析见易观智库企业库
在线保险	中国人保	详细分析见易观智库企业库
在线保险	中国人寿	详细分析见易观智库企业库
在线保险	中国太平	详细分析见易观智库企业库
在线保险	中民保险网	详细分析见易观智库企业库
在线保险	众安财险在线	详细分析见易观智库企业库

第三方支付

支付宝

支付宝支付服务于2003年10月在淘宝网推出,是目前最具知名度且使用最为广泛的第三方在线支付平台，截至2013年12月，在互联网收单市场占比预计约46.57%。

2010 年网上零售市场发展迅速,团购网站爆发性的增长以及电子商务平台多轮的大规模促销,为支付宝这一国内最大的第三方支付平台带来了更大的交易规模和用户数量。除此之外,支付宝在航空、游戏、公共事业缴费、生活服务等细分领域拓展力度的提高,也为其保持高市场份额做出了重大贡献。2011 年, 支付宝获得央行颁布的首批支付牌照。截至2011年底,支付宝的注册用户数已超过6亿，在面向个人用户的支付应用领域占据了绝对优势。

2013年支付宝与阿里金融体系首次被打通，随着阿里集团用户体系、信用体系、支付结算体系数据的进一步融合，支付宝成为阿里金融的基础层产品。2013年6月支付宝与天弘基金合作，推出余额宝业务，引发巨大社会反响并带动支付公司相继推出货币基金理财产品。民生银行和阿里的战略合作，将民生的直销银行账户和支付宝完全打通，支付宝的平台效应进一步对外拓展。

但由于支付宝加速对移动支付的引流，今年下半年，开始改变一贯的免费策略，通过PC端为他人还信用卡和转账都不再免费。这一政策必将对支付宝在线支付的市场份额产生影响。易观预计，未来支付宝仍然会保持较高的业务创新能力，在互联网金融方面将有更广泛的涉猎，平台化趋势和渠道优势将更加明显，从而带动支付宝盈利模式的创新。

易观分析——

支付宝目前的用户规模大，用户黏性高，已具有很高的品牌知名度；同时，支付宝的应用创新能力和市场开拓能力强；阿里巴巴集团的资源与产业生态都对支付宝的发展有相辅相成的促进作用

但支付宝的账户支持模式存在安全隐患，信用卡支付有套现瓶颈；淘宝平台和支付宝客户存在竞争关系

网民规模和互联网消费规模的快速扩张，移动互联网支付业务快速发展，传统企业互联网化大趋势以及对第三方支付需求的快速增长都是继续发展的利好条件

要注意账户支付可能的政策风险以及银行合作态度的变化

一、基础信息

1.1　基本信息

1.1.1　公司名称：支付宝（中国）网络技术有限公司

1.1.2　成立时间：2004-12-08

1.1.3　总部地点：杭州

1.1.4　上市时间：未上市

1.1.5　企业性质：有限责任公司（内资法人独资）

1.1.6　联系方式

官方网站：www.alipay.com

新浪微博：http://e.weibo.com/alipay

总部地址：杭州市万塘路18号黄龙时代广场B座

总机：0571-26888888

传真：0571-88157868

1.2　组织信息

1.2.1　管理层

马　云　法定代表人（负责人）：

邵晓锋　支付宝总裁

1.2.3　组织架构：支付宝拆分成共享平台事业群、金融事业群、国内事业群、国际业务事业部四个部分

二、业务信息

2.1　产品及服务信息

个人服务产品

付款收款、转账付款、转账到银行卡、信用卡还款、找人代付、交房租、AA收款

生活助手

水电煤缴费、手机充值、固话宽带、有线电视缴费、还贷款、教育缴费

网购导航

返利商家、优惠券、促销活动、海淘、一淘比价

会员账户管理

账户管理、交易记录、支付方式管理、账户通、集分宝、智能存款

商家收款产品：

（1）基础收款产品。

担保交易收款：收货后再付款，交易有保障，买家更易下单。

即时到账收款：买家付款直接到账，帮助我快速回笼资金。

双功能收款：同时提供担保、即时两种支付方式供买家选择。

（2）其他收款产品（可作为辅助支付手段的收款方案）。

国际卡支付

网银支付：让买家可通过网银完成支付，增加支付途径。

COD货到付款平台：为客户建立货到付款配送体系。

（3）无线产品。

快捷支付(无线)

手机网站支付

（4）商家付款产品（应用于商家间结算货款，支付交易费用的付款方案）。

支付宝站内大额收付款：淘宝卖家，或已签约支付宝即时到账、担保交易、双功能中任意一款方可签约

批量付款到支付宝账户：淘宝卖家，或已签约支付宝即时到账、担保交易、双功能中任意一款方可签约，实现一次打款多个账户，并且资金即时到账。

（5）增值服务（为商家提供便利、增加销量的各类服务）。

数据罗盘：支付宝首款数据产品，为您指引电商之路。

集分宝批量自助发：支付宝独家促销工具，发放方式灵活自助。

快捷登陆：用支付宝会员账号轻松登录。

（6）平台商产品（专为交易平台所提供的收款方案）。

平台商即时到账收款：为交易平台准备的即时到账收款方案。

平台商双功能收款：为交易平台准备的双功能收款方案。

2.2 覆盖范围

2.2.1 行业：第三方支付——在线/移动支付、银行卡收单、预付费卡

2.2.2 主要客户：互联网用户

2.2.3 业务区域：全国

2.3 收入结构：收入来源为淘宝给支付宝的技术服务费，非淘宝商家的支付接入技术服务费，以及用户在淘宝中的沉淀资金；量化结构不详

三、综合信息

3.1 发展定位：为中国电子商务提供“简单、安全、快速”的在线支付解决方案

3.2 重要合作伙伴及供应商：中国工商银行、中国农业银行、中国建设银行、中国邮政储蓄银行、交通银行、中国银行、招商银行、浦东发展银行等

银联商务

银联电子支付服务有限公司(Chinapay)是中国银联控股的银行卡专业化服务公司，成立于 2002 年 6 月，拥有面向全国的统一支付平台，主要从事以互联网等新兴渠道为基础的网上支付、企业 B2B 账户支付、电话支付、网上跨行转账、网上基金交易、企业公对私资金代付、自助终端支付等银行卡网上支付及增值业务。2011年，银联在线支付获得央行颁布的第二批支付牌照，牌照的发放将为银联在线支付的发展带来更多的机遇。

银联商务秉承综合收单服务商的发展理念，银行卡收单业务仍然是其主要业务，但在行业互联网化大趋势下，银联商务加大了对互联网支付的创新和拓展力度。银联与银行、商户在网购市场开展了上百项联合营销活动，同时加大与电信、烟草等大商户的合作。

2012年起银联互联网支付业务除加大旗下各家支付公司在互联网收单领域的拓展，还积极发展转接平台战略，吸引银行和支付厂商接入银联互联网支付系统。

2013年银联大力拓展互联网支付业务的业务创新能力和以市场份额为代表的执行力得到双重提升。但由于互联网金融的崛起，导致第三方支付公司纷纷在支付通路上进行增值金融业务的创新，新的互联网技术和市场模式相继推出。在这样的大背景下，银联商务很难比体量较小，转变灵活的第三方支付公司抢先一步拓展自身的创新能力。

易观分析——

银联控股的强大品牌以及银行、银联的强大资源为银联商务提供了巨大优势；产品、应用齐全；安全性较高；同时，在基金交易等市场具有垄断权力

银联商务的在线支付产品较为单一；在线支付客户规模较少；结算周期较长；客户服务质量有待提升；银联国有体制造成的创新能力和市场拓展能力不足

网上零售和电子商务的快速发展；传统企业互联网化大趋势对第三方支付需求的快速增长

面临在线支付领域、移动支付领域等广大厂商的竞争压力

一、基础信息

1.1 基本信息

1.1.1 公司名称：银联商务有限公司

1.1.2 成立时间：2002年12月

1.1.3 总部地点：上海

1.1.4 上市时间：未上市

1.1.5 企业性质：有限责任公司（国内合资）

1.1.6 联系方式：

网址：http：//www.chinaums.com/

邮箱：office@chinaums.com

地址：上海浦东新区张衡路1006号

电话：021-61088288

1.2 组织信息

1.2.1 管理层：郭荣丽　公司法人代表

1.2.2 组织架构

董事会：薪酬考核委员会、审计委员会、总裁室

监事会

总裁室：采购管理委员会、风险管理委员会、一级部门、分公司、子公司

二、业务信息

2.1 产品及服务信息

--服务1：银联商务针对不同行业的商家，量身定做企业整体的解决方案服务：在收付款查账、结算、对账等方面为商家提供各项便利有效的功能支持。

--服务2：提供网上支付的服务：突破传统支付限制，提供更为便捷的支付方式，可以手机支付、银商账户支付。

--服务3：提供网络金融服务：帮助企业客户实现网上发展的需求。

2.2 覆盖范围

2.2.1 行业：用户可能来自各行各业（社保医疗、教育行业、B2C网站、汽车租赁、烟草行业）。

2.2.2　主要客户：全国金融业务使用者

2.2.3　业务区域：全国

2.3　收入结构：收入来源为增值服务费用，包括理财服务费用和支付服务费用；量化结构不详

三、综合信息

3.1　发展定位：银联商务一直致力于中国的银行卡受理市场建设，着力改善银行卡受理环境、着力解决公民的支付便利、着力提高企业的资金运转效率。

3.2　重要合作伙伴及供应商：中国移动、中兴、南方航空、美国运通等

财付通

财付通于2005年10月推出，2013年财付通互联网支付市场的占比达到15.9%。作为在线支付工具，财付通在 B2C、C2C 在线交易中，起到了信用中介的作用，同时为 CP、SP 提供在线支付通道以及统一的计费平台。财付通为腾讯旗下第三方支付平台。

依靠腾讯自身业务的交易规模和部分外部商户的交易量，财付通拥有较高的市场份额，2010 年里财付通在航空、大额付款、信用卡还款、公共缴费等重点应用在成立专门团队运营推广后，交易额大幅提升。此外，财付通本年度推出的生活应用开放平台，通过产业链资源的整合，为财付通的发展增加了强劲的动力。

2013年腾讯推出微信支付，微信支付成为财付通的前端产品，财付通借助微信的海量用户平台，实现移动支付市场的布局。

易观分析——

财付通现有用户规模和潜在用户规模较大，用户黏性较好；拥有产品价格优势；腾讯多项业务支持；客户服务质量较好

销售及分销渠道较少，品牌整体创新能力有待加强；在行业内的客户规模与份额仍有待扩大

网民规模的快速扩张，网上零售和电子商务的快速发展，传统企业互联网化大趋势对第三方支付需求的快速增长为财付通提供了进一步发展的空间

发展压力主要来自于同业领先产品支付宝的竞争以及行业监管日趋严格的政策性风险

一、基础信息

1.1 基本信息

1.1.1 公司名称：深圳市财付通科技有限公司

1.1.2 成立时间：2005年

1.1.3 总部地点：深圳

1.1.4 上市时间：未上市

1.1.5 企业性质：民营

1.1.6 资本信息：隶属腾讯

1.1.7 联系方式

网址：https：//www.tenpay.com/v2/

地址：深圳市南山区科技园科技中一路腾讯大厦9楼

电话：业务合作：0755-86013388-65391（华南、西南区）、010-62671209（华北区）、021-54569595-21150（华东区） B2C网站与移动支付合作：010-82173445 公关媒体合作：0755-86013388-64397

1.2 组织信息

1.2.1 人员规模：25517人

1.2.2 马化腾 管理层 创始人

1.2.3 组织架构

二、业务信息

2.1 产品及服务信息

财付通提供了快捷支付、财付通余额支付、分期支付、委托代扣、epos支付、微支付、等多种支付产品。不仅为个人用户创造200多种便民服务和应用场景，还为40多万大中型企业提供专业的资金结算解决方案。

2.2 覆盖范围

2.2.1 行业：覆盖的行业包括游戏、航旅、电商、保险、电信、物流、钢铁、基金等

2.2.2 主要客户：个人用户已超过2亿，服务的企业客户也超过40万，主要客户为个人用户

2.2.3 业务区域：全国

2.3 收入结构：收入来源为服务收费、手续费；量化结构不详

三、综合信息

3.1　发展定位：一直致力于为互联网用户和企业提供安全、便捷、专业的在线支付服务

3.3　重要合作伙伴及供应商：工商银行、招商银行、建设银行、中国银行、邮储银行、易迅网、QQ网购、中国南方航空等

我国第三方支付产业中的其他企业名录节选如下表：

表22　中国第三方支付产业中企业名录节选

厂商	备注
支付宝（中国）网络技术有限公司	简要分析见前述 数据分析及详细分析见易观智库企业库
银联商务有限公司	简要分析见前述 数据分析及详细分析见易观智库企业库
深圳市财付通科技有限公司	简要分析见前述 数据分析及详细分析见易观智库企业库
易宝支付有限公司	数据分析及详细分析见易观智库企业库
汇付天下科技有限公司	数据分析及详细分析见易观智库企业库
快钱支付清算信息有限公司	数据分析及详细分析见易观智库企业库
联动优势电子商务有限公司	数据分析及详细分析见易观智库企业库
网银在线（北京）科技有限公司	数据分析及详细分析见易观智库企业库
上海盛付通电子商务有限公司	数据分析及详细分析见易观智库企业库
首信易支付	数据分析及详细分析见易观智库企业库
银联在线支付	数据分析及详细分析见易观智库企业库
云网支付	数据分析及详细分析见易观智库企业库
北京百付宝科技有限公司	详细分析见易观智库企业库
北京钱袋宝支付技术有限公司	详细分析见易观智库企业库
北京钱方银通科技公司	详细分析见易观智库企业库
北京通融通信息技术有限公司	详细分析见易观智库企业库
北京新浪支付科技有限公司	详细分析见易观智库企业库
北京资和信通联科技有限公司	详细分析见易观智库企业库
国付宝信息科技有限公司	详细分析见易观智库企业库

续表

厂商	备注
杭州银通数码信息技术有限公司	详细分析见易观智库企业库
联通沃易付网络技术有限公司	详细分析见易观智库企业库
钱袋网（北京）信息技术有限公司	详细分析见易观智库企业库
杉德电子商务服务有限公司	详细分析见易观智库企业库
上海电银信息技术有限公司	详细分析见易观智库企业库
上海付费通信息服务有限公司	详细分析见易观智库企业库
上海瀚银信息技术有限公司	详细分析见易观智库企业库
上海捷银信息技术有限公司	详细分析见易观智库企业库
上海银联电子支付服务有限公司	详细分析见易观智库企业库
深圳市神州通付科技有限公司	详细分析见易观智库企业库
深圳银盛电子支付科技有限公司	详细分析见易观智库企业库
天津荣程网络科技有限公司	详细分析见易观智库企业库
天翼电子商务有限公司	详细分析见易观智库企业库
迅付信息科技有限公司	详细分析见易观智库企业库
易智付科技（北京）有限公司	详细分析见易观智库企业库
中移电子商务有限公司	详细分析见易观智库企业库
北京商服通网络科技有限公司	详细分析见易观智库企业库
北京数码视讯软件技术发展有限公司	详细分析见易观智库企业库
北京通融通信息技术有限公司	详细分析见易观智库企业库
渤海易生商务服务有限公司	详细分析见易观智库企业库
成都摩宝网络科技有限公司	详细分析见易观智库企业库
广西集付通投资管理有限公司	详细分析见易观智库企业库
广州市易票联电子商务有限公司	详细分析见易观智库企业库
广州银联网络支付有限公司	详细分析见易观智库企业库
国付宝信息科技有限公司	详细分析见易观智库企业库
海南新生信息技术有限公司	详细分析见易观智库企业库
杭州银通数码信息技术有限公司	详细分析见易观智库企业库
江苏省电子商务服务中心有限责任公司	详细分析见易观智库企业库

续表

厂商	备注
开联通网络技术服务有限公司	详细分析见易观智库企业库
联动优势电子商务有限公司	详细分析见易观智库企业库
南京苏宁易付宝网络科技有限公司	详细分析见易观智库企业库
陕西煤炭交易中心有限公司	详细分析见易观智库企业库
上海东方电子支付有限公司	详细分析见易观智库企业库
上海富友支付服务有限公司	详细分析见易观智库企业库
上海瀚银信息技术有限公司	详细分析见易观智库企业库
上海汇付数据服务有限公司	详细分析见易观智库企业库
上海捷银信息技术有限公司	详细分析见易观智库企业库
深圳市快付通金融网络科技服务有限公司	详细分析见易观智库企业库
深圳市快汇宝信息技术有限公司	详细分析见易观智库企业库
深圳市钱宝科技服务有限公司	详细分析见易观智库企业库
深圳市泰海网络科技服务有限公司	详细分析见易观智库企业库
深圳市壹卡会科技服务有限公司	详细分析见易观智库企业库
深圳市银联金融网络有限公司	详细分析见易观智库企业库
深圳银盛电子支付科技有限公司	详细分析见易观智库企业库
双乾网络服务（苏州）有限公司	详细分析见易观智库企业库
天津荣程网络科技有限公司	详细分析见易观智库企业库
通联支付网络服务股份有限公司	详细分析见易观智库企业库
网易宝有限公司	详细分析见易观智库企业库
迅付信息科技有限公司	详细分析见易观智库企业库
易智付科技（北京）有限公司	详细分析见易观智库企业库
裕福网络科技有限公司	详细分析见易观智库企业库
浙江航天电子信息产业有限公司	详细分析见易观智库企业库
浙江快捷通网络技术有限公司	详细分析见易观智库企业库
浙江商盟企业商务服务有限公司	详细分析见易观智库企业库
浙江余姚中国塑料城网上交易有限公司	详细分析见易观智库企业库
证联融通电子有限公司	详细分析见易观智库企业库

续表

厂商	备注
中汇电子支付有限公司	详细分析见易观智库企业库
重庆易极付科技有限公司	详细分析见易观智库企业库
北京数码视讯软件技术发展有限公司	详细分析见易观智库企业库
昆明卡互卡科技有限公司	详细分析见易观智库企业库
上海亿付数字技术有限公司	详细分析见易观智库企业库
银视通信息科技有限公司	详细分析见易观智库企业库
安徽瑞祥资讯服务有限公司	详细分析见易观智库企业库
安徽省万事通金卡通科技信息服务有限公司	详细分析见易观智库企业库
安徽圣德天开信息科技有限公司	详细分析见易观智库企业库
北京高汇通商业管理有限公司	详细分析见易观智库企业库
北京广聚福企业商务服务有限公司	详细分析见易观智库企业库
北京海科融通信息技术有限公司	详细分析见易观智库企业库
北京华瑞富达科技有限公司	详细分析见易观智库企业库
北京汇元网电子商务有限公司	详细分析见易观智库企业库
北京交广科技发展有限公司	详细分析见易观智库企业库
北京拉卡拉网络技术有限公司	详细分析见易观智库企业库
北京润京搜索投资有限公司	详细分析见易观智库企业库
北京商银科技有限公司	详细分析见易观智库企业库
北京商银信商业信息服务有限责任公司	详细分析见易观智库企业库
北京市银博盛世电子商务有限公司	详细分析见易观智库企业库
北京数字王府井科技有限公司	详细分析见易观智库企业库
北京通融通信息技术有限公司	详细分析见易观智库企业库
北京银通时代信息服务有限公司	详细分析见易观智库企业库
北京中诚信和商务有限公司	详细分析见易观智库企业库
北京资和信通联科技有限公司	详细分析见易观智库企业库
常州市爱心消费经纪服务有限公司	详细分析见易观智库企业库
成都天府通金融服务股份有限公司	详细分析见易观智库企业库
成都支付通新信息技术服务有限公司	详细分析见易观智库企业库

续表

厂商	备注
福建一卡通网络有限责任公司	详细分析见易观智库企业库
广东汇卡商务服务有限公司	详细分析见易观智库企业库
广东信汇电子商务有限公司	详细分析见易观智库企业库
广东银结通电子支付结算有限公司	详细分析见易观智库企业库
广西集付通投资管理有限公司	详细分析见易观智库企业库
广西支付通商务服务有限公司	详细分析见易观智库企业库
广州市易票联电子商务有限公司	详细分析见易观智库企业库
国旅（北京）信息科技有限公司	详细分析见易观智库企业库
哈尔滨金联信网络科技有限公司	详细分析见易观智库企业库
海南海岛一卡通支付网络有限公司	详细分析见易观智库企业库
河北御嘉商务服务有限公司	详细分析见易观智库企业库
湖南星广传媒有限公司	详细分析见易观智库企业库
汇通宝有限责任公司	详细分析见易观智库企业库
吉林城市通卡股份有限公司	详细分析见易观智库企业库
江苏大众书局商务服务有限公司	详细分析见易观智库企业库
江苏鸿兴达邮政商务资讯有限公司	详细分析见易观智库企业库
江苏旅通商务有限公司	详细分析见易观智库企业库
江苏省电子商务服务中心有限责任公司	详细分析见易观智库企业库
江西缴费通信息技术有限公司	详细分析见易观智库企业库
兰州易家万通企业服务有限公司	详细分析见易观智库企业库
联通沃易付网络技术有限公司	详细分析见易观智库企业库
南京万商商务服务有限公司	详细分析见易观智库企业库
普天银通信息科技有限公司	详细分析见易观智库企业库
青岛百森通集团有限公司	详细分析见易观智库企业库
泉州市掌财通网络科技有限公司	详细分析见易观智库企业库
瑞特商务（泉州）有限公司	详细分析见易观智库企业库
厦门金利卡信息科技有限公司	详细分析见易观智库企业库
山东城联一卡通有限责任公司	详细分析见易观智库企业库

续表

厂商	备注
山东网上有名网络科技有限公司	详细分析见易观智库企业库
山西兰花大酒店有限公司	详细分析见易观智库企业库
杉德电子商务服务有限公司	详细分析见易观智库企业库
陕西易通商联网络科技有限公司	详细分析见易观智库企业库
陕西邮政西邮寄电子商务有限责任公司	详细分析见易观智库企业库
上海大千商务服务有限公司	详细分析见易观智库企业库
上海德颐网络技术有限公司	详细分析见易观智库企业库
上海点佰趣信息科技有限公司	详细分析见易观智库企业库
上海东方汇融信息技术服务有限公司	详细分析见易观智库企业库
上海付费通信息服务有限公司	详细分析见易观智库企业库
上海华势信息科技有限公司	详细分析见易观智库企业库
上海巾帼三六五企业服务有限公司	详细分析见易观智库企业库
上海金诚通商务服务有限公司	详细分析见易观智库企业库
上海乐易信息技术有限公司	详细分析见易观智库企业库
上海瑞得企业服务有限公司	详细分析见易观智库企业库
上海润通实业投资有限公司	详细分析见易观智库企业库
上海商业高新技术发展有限公司	详细分析见易观智库企业库
上海新华传媒电子商务有限公司	详细分析见易观智库企业库
深圳商联商用科技有限公司	详细分析见易观智库企业库
深圳市深银联易办事金融服务有限公司	详细分析见易观智库企业库
深圳银盛电子支付科技有限公司	详细分析见易观智库企业库
苏州市城市信息化建设有限公司	详细分析见易观智库企业库
天翼电子商务有限公司	详细分析见易观智库企业库
通联支付网络服务股份有限公司	详细分析见易观智库企业库
无锡市民卡有限公司	详细分析见易观智库企业库
西安银信商通网络科技有限责任公司	详细分析见易观智库企业库
现代金融控股（成都）有限公司	详细分析见易观智库企业库
迅付信息科技有限公司	详细分析见易观智库企业库

续表

厂商	备注
易通支付有限公司	详细分析见易观智库企业库
银信联（北京）商务服务有限公司	详细分析见易观智库企业库
鹰皇金佰仕网络技术有限公司	详细分析见易观智库企业库
云南本元健康管理有限公司	详细分析见易观智库企业库
长沙商联电子商务有限公司	详细分析见易观智库企业库
浙江航天电子信息产业有限公司	详细分析见易观智库企业库
浙江银付通信息科技有限公司	详细分析见易观智库企业库
支付宝（中国）网络技术有限公司	详细分析见易观智库企业库
中钢银通信息技术服务有限公司	详细分析见易观智库企业库
中汇电子支付有限公司	详细分析见易观智库企业库
中移电子商务有限公司	详细分析见易观智库企业库
重庆城市通卡有限责任公司	详细分析见易观智库企业库
重庆千礼科技有限公司	详细分析见易观智库企业库
重庆市公众城市一卡通有限责任公司	详细分析见易观智库企业库
舟山市明生商盟科技服务有限公司	详细分析见易观智库企业库
安付宝商务有限公司	详细分析见易观智库企业库
安徽华夏通支付有限公司	详细分析见易观智库企业库
安易联融(北京)电子商务有限公司	详细分析见易观智库企业库
北京爱农驿站科技服务有限公司	详细分析见易观智库企业库
北京商服通网络科技有限公司	详细分析见易观智库企业库
北京市政交通一卡通有限公司	详细分析见易观智库企业库
北京首采联合电子商务有限责任公司	详细分析见易观智库企业库
北京数字王府井科技有限公司	详细分析见易观智库企业库
北京雅酷时空信息交换技术有限公司	详细分析见易观智库企业库
北京中欣银宝通商业服务有限公司	详细分析见易观智库企业库
渤海易生商务服务有限公司	详细分析见易观智库企业库
大连中鼎资讯有限公司	详细分析见易观智库企业库
广东益民旅游休闲服务有限公司	详细分析见易观智库企业库

续表

厂商	备注
贵州汇联通电子商务服务有限公司	详细分析见易观智库企业库
哈尔滨轮回网络科技有限公司	详细分析见易观智库企业库
海南新生信息技术有限公司	详细分析见易观智库企业库
河北一卡通电子支付服务有限公司	详细分析见易观智库企业库
河南汇银丰信息技术有限公司	详细分析见易观智库企业库
江苏瑞祥商务有限公司	详细分析见易观智库企业库
锦江国际电子商务有限公司	详细分析见易观智库企业库
开联通网络技术服务有限公司	详细分析见易观智库企业库
南京市市民卡有限公司	详细分析见易观智库企业库
厦门易通卡运营有限责任公司	详细分析见易观智库企业库
山东鲁商一卡通支付有限公司	详细分析见易观智库企业库
山西万卡德商务有限公司	详细分析见易观智库企业库
杉德电子商务服务有限公司	详细分析见易观智库企业库
上海便利通电子商务有限公司	详细分析见易观智库企业库
上海畅购企业服务有限公司	详细分析见易观智库企业库
上海大众交通商务有限公司	详细分析见易观智库企业库
上海得仕企业服务有限公司	详细分析见易观智库企业库
上海都市旅游卡发展有限公司	详细分析见易观智库企业库
上海付费通企业服务有限公司	详细分析见易观智库企业库
上海富友金融网络技术有限公司	详细分析见易观智库企业库
上海纽斯达科技有限公司	详细分析见易观智库企业库
上海申城通商务有限公司	详细分析见易观智库企业库
上海通卡投资管理有限公司	详细分析见易观智库企业库
上海宜友企业服务有限公司	详细分析见易观智库企业库
深圳市壹卡会科技服务有限公司	详细分析见易观智库企业库
四川商通实业有限公司	详细分析见易观智库企业库
天津城市一卡通有限公司	详细分析见易观智库企业库

续表

厂商	备注
通联商务服务有限公司	详细分析见易观智库企业库
通联支付网络服务股份有限公司	详细分析见易观智库企业库
武汉市金源信企业服务信息系统有限公司	详细分析见易观智库企业库
裕福网络科技有限公司	详细分析见易观智库企业库
浙江易士企业管理服务有限公司	详细分析见易观智库企业库
中付通信息服务股份有限公司	详细分析见易观智库企业库
中联信（福建）支付服务有限责任公司	详细分析见易观智库企业库
镇江瑞利网络科技有限公司	详细分析见易观智库企业库

在线营销

线上媒体

腾讯网

腾讯（控股）有限公司作为现阶段中国互联网市场的新三强，常说的BAT之一，是当今中国互联网产业中的龙头力量，产业布局非常广泛，在社会化、互动娱乐等领域具有绝对优势。腾讯网作为门户，也占据目前用户份额与活跃度头把交椅，在互联网广告市场，凭借自身的技术、用户规模以及社交媒体平台优势，力图打造社交媒体生态体系。根据易观智库季度监测数据，截至2013第四季度，腾讯互联网广告收入达到16.12亿，占总体广告市场5.36%，位居第四。“门户+社交+视频”助跑腾讯稳入中国互联网广告市场领先者行列。传统门户方面，腾讯网在稳固自身全国市场外，开始向地方站开拓。社交领域商业化探索初现成果。目前QQ空间拥有超过6亿的活跃用户，涵盖了大部分具有不同消费特点的网民。腾讯旗下“广点通”产品依托腾讯旗下QQ客户端，QQ空间，手机QQ，手机Qzone、QQ音乐等平台，连通社交用户、广告主、应用开发者、产品资源等方面，利用用户关系链，充分挖掘长尾广告主。这种平台之间的联动性为广告主带来更多的效果营销的价值。腾讯视频凭借内容优势以及优质的用户体验，视频广告增势也逐渐凸显。腾讯社交广告具有明显的优势，门户广告面临着搜狐、新浪、网易、凤凰新媒体四大门户以及垂直门户的挑战，视频方面面临搜狐视频、优酷土豆、爱奇艺等视频媒体的挑战。

易观分析——

腾讯网作为中国第一门户网站，腾讯产品线对其有助力，在页面浏览量，用户覆盖等方面均具优势，因此在展示广告等领域具有市场优势

垂直频道仍需精耕细作，用户互动参与程度以及移动客户端仍需加大发展

门户的移动互联产品同质化较明显，产品体验创新和内容创新都将为脱颖而出创造条件

盈利模式主要靠广告，其他形式的广告的替代对门户广告具有替代性，同时移动端的信息聚合App对门户的用户需求也有替代性，门户成为App的内容提供上游

一、基础信息

1.1 以基本信息

1.1.1 公司名称：腾讯科技（深圳）有限公司

1.1.2 成立时间：1998年11月

1.1.3 总部地点：深圳

1.1.4 上市时间：2004年在香港上市

1.1.5 企业性质：股份制

1.1.6 联系方式

网址：http: //game.qq.com/index.shtml

邮箱：10000@qq.com

地址：北京市海淀区知春路49号希格玛大厦

1.2 组织信息

1.2.1 管理层：

马化腾 主要创办人，董事会主席、执行董事兼首席执行官

刘炽平 执行董事

许晨晔 主要创办人，首席信息官

任宇昕 首席运营官，兼互动娱乐事业群总裁、移动互联网事业群总裁

James Mitchell 首席战略官，集团高级执行副总裁

刘胜义 网络媒体事业群总裁，集团高级执行副总裁

汤道生 社交网络事业群总裁，集团高级执行副总裁

卢 山 技术工程事业群总裁，集团高级执行副总裁

吴宵光　腾讯电商控股公司CEO，集团高级执行副总裁

网大为　集团高级执行副总裁

张小龙　集团高级副总裁

马晓轶　集团高级副总裁

罗硕瀚　首席财务官，集团高级副总裁

郭凯天　集团高级副总裁

奚　单　集团高级副总裁

1.2.2　组织架构：

企业发展事业群（CDG）、互动娱乐事业群（IEG）、移动互联网事业群（MIG）、网络媒体事业群（OMG）、社交网络事业群（SNG）、技术工程事业群（TEG）

二、业务信息

2.1　产品及服务信息

主要产品：

（1）腾讯网（www.qq.com）是中国最大的中文门户网站，是腾讯公司推出的集新闻信息、互动社区、娱乐产品和基础服务为一体的大型综合门户网站。

（2）手机腾讯网是腾讯公司的手机门户网站，为广大用户提供各种移动互联网服务，是目前国内访问量最大的手机门户网站。

（3）腾讯新闻客户端

主要业务：

综合门户/互联网广告业务

腾讯智慧：高效在线品牌解决方案。

2.2　覆盖范围

2.2.1　行业：互联网广告

2.2.2　主要客户：全网用户

2.2.3　业务区域：全国

2.3　收入结构：在线广告收入、增值服务收入、电商收入

三、综合信息

3.1　发展定位：服务于全球华人用户，致力成为最具传播力和互动性，权威、主流、时尚的互

联网媒体平台。力图通过强大的实时新闻和全面深入的信息资讯服务，为中国数以亿计的互联网用户提供富有创意的网上新生活。

3.2 重要合作伙伴及供应商

主要合作伙伴：上海（腾讯大申网）、广东（腾讯大粤网）、四川（腾讯大成网）、重庆（腾讯大渝网）、陕西（腾讯大秦网）、湖南（腾讯大湘网）、湖北（腾讯大楚网）、福建（腾讯大闽网）、河南（腾讯大豫网）、浙江（腾讯大浙网）、辽宁（腾讯大辽网）、江苏（腾讯大苏网）。

搜狐网

搜狐集团作为中国互联网发端的老三强，仍是中国互联网产业中具有影响力的力量。搜狐的竞争力，主要体现在门户、搜狐视频、搜狐畅游等几大方面。搜狐门户是中国门户三强之一，搜狐在互联网广告市场稳健增长。根据易观智库季度监测数据，截至2013年第四季度，搜狐互联网广告总营收为12.97亿元，占4.31%，位居第五位。搜狐的主要收入来源来自于搜狐门户、搜狐视频和搜狗搜索。搜狐门户广告增速逐渐放缓，垂直化运营需求加剧。搜狐加大在线视频方面的战略，用户、流量、收入都有一定程度增长。搜狐在视频方面取得了长足的发展，由董事长亲自出任搜狐视频代理CEO。在英剧、自制剧方面有较大优势，加上《中国好声音》的独家代理权，为搜狐视频带来了巨大的人气和流量。在搜狗方面，2013年第3季度，腾讯战略入股搜狗，双方形成互补。此前搜狗在PC端的产品和市场优势明显，而搜搜在移动端有良好的基础及资源优势，双方的结合将有利于搜狗布局移动端，也将使得市场更加看好该平台，“新搜狗”的议价能力也会随之提高。搜狗出色的“三级火箭”商业能力，与腾讯在入口和流量上的优势相结合，将给“新搜狗”带来长远有利的发展。目前，搜狐在门户业务方面，面临着新浪、网易、腾讯以及凤凰新媒体四大门户以及垂直门户的挑战，在搜狐视频方面，面临着爱奇艺、腾讯视频、优土等各大视频媒体的挑战。搜狗方面面临着百度和360搜索的挑战。

易观分析——

具有“老三强”的先入优势，目前仍是中国门户三强之一，有大量的用户流量积累

与众多综合门户一样，广告收入增幅放缓，垂直化运营的需求在提升

门户的移动互联产品同质化较明显，产品体验创新和内容创新都将为脱颖而出创造条件

盈利模式主要靠广告，其他形式的广告的替代对门户广告具有替代性，同时移动端的信息聚合App对门户的用户需求也有替代性，门户成为App的内容提供上游

一、基础信息

1.1　基本信息

1.1.1　公司名称：北京搜狐新时代信息技术有限公司

1.1.2　成立时间：搜狐公司成立于1998年，搜狐博客创建于2005年11月

1.1.3　总部地点：北京市海淀区科学院南路2号院3号楼搜狐媒体大厦

1.1.4　上市时间：2000年7月12日在美国纳斯达克上市

1.1.5　企业性质：股份制

1.1.6　联系方式

网址：http: //blog.sohu.com/

邮箱：Webmaster@contact.sohu.com

地址：北京市海淀区科学院南路2号院3号楼搜狐媒体大厦

电话：(8610) 62726666

1.2　组织信息

1.2.1　管理层：

张朝阳　搜狐公司董事局主席兼首席执行官

王　昕　搜狐公司联席总裁兼首席运营官

余楚媛　搜狐公司首席财务官

王小川　搜狗公司首席执行官

方　刚　搜狐公司产品副总裁兼任无线事业部总经理

周　霖　搜狐公司技术副总裁

邓　晔　娱乐传媒业务副总裁

崔莉莉　搜狐公司广告营销副总裁

施丽莉　搜狐公司品牌广告营销副总裁

刘　春　搜狐公司副总裁

张雪梅　搜狐公司副总裁，主管搜狐公司人力资源和行政工作

1.2.2　组织架构：具体信息不详

二、业务信息

2.1　产品与服务信息

搜狐网——搜狐门户网站，综合型门户网站。

搜狐焦点——搜狐门户矩阵重要成员，房地产家居门户。

搜狐视频——搜狐公司旗下的综合视频网站

搜狐新闻客户端——移动端搜狐门户

17173——搜狐旗下网游门户，服务于游戏玩家和游戏企业的领先在线媒体及增值资讯服务商

广告业务：

品牌广告：即通过搜狐矩阵的网络在线品牌广告和搜索产品，广告主能够最大化其市场份额。其中在线品牌广告包括在网站上的横幅广告、文字链广告、按钮广告、视频广告、多类型的富媒体广告以及网站上特定的赞助广告等多种形式。

搜索广告：搜狗搜索商业产品分为三部分，分别为搜狗竞价、搜狗金榜与搜狗品牌专区。

2.2　覆盖范围

2.2.1　行业：综合门户/互联网广告

2.2.3　业务区域：全国

2.3　收入结构：作为门户，营收来源主要是在线广告收入，2013年为1.23亿美元，按频道收入细分为在线游戏收入、无线业务收入。

三、综合信息

3.1　发展定位：中国第一大门户网站，中国网民获取资讯的首选网络平台。

3.2　重要合作伙伴及供应商信息：搜狐视频、搜狐微博、搜狗、搜狐畅游等

新浪网

新浪集团是中国互联网产业的老三强之一，目前综合实力虽不具备三强实力，但仍是中国互联网产业中极具影响力的公司。门户与微博是新浪的两大集群，且创新频出，如秒拍、微金融等。在门户领域，新浪仍具备广泛的用户覆盖和活跃度，是中国互联网广告公司TOP10的企业之一。根据易观智库季度监测数据，截至2013年第四季度，新浪收入达到10.31亿元，占互联网总收入的3.43%。现阶段，“门户+微博”是新浪的主要广告战略。微博成为新浪营收增长的主要推动力。门户方面，新浪通过在媒体运营等方面绝对的优势，获得广告主的青睐。但目前，由于资源限制的问题，新浪门户业务增长开始放缓。新浪微博方面，盈利水平有显著提升。从2013年新浪微博与阿里巴巴合作后，微博中小电商广告主开始呈现增长态势，基于中小企业的信息流广告也增长迅速。新的广告服务有望帮助其拓展客户基础，吸引中小企业和电子商务客户。随着高利润率的微博营收增速超过低利润率的门户网站营收，新浪的利润率将进一步提升。2013年，新浪还推出“龙渊”广告平台，提高广告主采购的效

率，进一步挖掘新浪广告潜力。现阶段新浪在门户方面，面临着搜狐、网易、腾讯以及凤凰新媒体四大门户的竞争，垂直门户的发展也挑战着新浪门户的整体发展。在新浪微博方面，微信的推出，使得新浪微博在社交领域也面临着强大的挑战。

易观分析——

具有“老三强”的先入优势，目前仍是中国门户三强之一，有大量的用户流量积累，在媒体运营方面具有优势，在房产等垂直频道也具有一定优势

与众多综合门户一样，综合实力下滑，广告收入增速放缓

门户的移动互联产品同质化较明显，产品体验创新和内容创新都将为脱颖而出创造条件

在门户方面，面临着搜狐、网易、腾讯以及凤凰新媒体四大门户的竞争，垂直门户的发展也挑战着新浪门户的整体发展

一、基础信息

1.1　基本信息

1.1.1　公司名称：新浪网络技术股份有限公司

1.1.2　成立时间：1998年12月

1.1.3　总部地点：北京

1.1.4　上市时间：2000 年 4 月 13 日

1.1.5　企业性质：股份制

1.1.6　联系方式

网址：http：//blog.sina.com.cn/

邮箱：sinamedia@vip.sina.com

地址：北京市北四环西路58号理想国际大厦20层

电话：(86-10)82628888

1.2　组织信息

1.2.1　人员规模：新浪有6400人

1.2.2　管理层

曹国伟　新浪首席执行官兼董事长

杜　红　新浪首席运营官兼联席总裁

许良杰　新浪首席技术官兼联席总裁

余正钧　新浪首席财务官

陈　彤　总编辑 新浪执行副总裁

王高飞　新浪高级副总裁 新浪微博事业部总经理

1.2.3　组织架构：门户技术部、产品事业部

二、业务信息

2.1　产品及服务信息

新浪网：通过旗下多家地区性网站提供针对当地用户的特色专业内容，并提供一系列增值服务。手机新浪网为手机用户提供来自新浪门户的定制信息和娱乐内容。新浪网的门户网站由四个用户服务于全球华人社群的网站组成：中国大陆（www.sina.com.cn）、中国台湾（www.sina.com.tw）、中国香港（www.sina.com.hk）和服务北美华人的新浪北美（www.sina.com）。每个网站均包含此频道的中文新闻和内容，丰富的社区和社交服务等。

2.2　覆盖范围

2.2.1　行业：综合门户/互联网广告

2.2.2　主要客户：全网用户

2.2.3　业务区域：全球

2.3　收入结构：以在线、移动广告收入为主，部分增值业务收入

三、综合信息

3.1　发展定位：服务于中国及全球华人社群的网络媒体公司

3.2　重要合作伙伴及供应商

媒体合作伙伴：人民网　生活周刊　时尚　中国计算机报　京报网　体坛网　CCTV1　FT 金和时报

无线互联合作伙伴：科健　KONKA　LG　NEC　TCL　摩托罗拉　诺基亚　三星　中国电信　中国联通　中国移动

网易

网易，中国互联网老三强，近年来，网易的用户业务线主要有门户、游戏、基础应用几大板块。可以说，目前的网易正面临转型与新的发展——游戏的移动化运营，互联网基础工具应用的创新发展。网易门户是中国重要的门户之一，尤其因为信息后面的评论、跟帖回帖在网民中形成独特影响力。

网易广告业务占整体营收比重较小。目前，网易邮箱用户数超过5.5亿；新闻客户端用户总数突破7,500万；有道词典用户达3亿；有道云笔记有效安装量近1,200万。未来这些千万级的产品很有可能将形成集团优势，成为流量变现的入口，为网易布局移动互联网抢占市场提供先机。由于广告并不是网易业务重点，来网易广告部分更多情况下是作为集团业务的补充，形成防御型体系。

易观分析——

具有"老三强"的先入优势，门户论坛的互动性强，论坛是网易最大的优势，在移动互联时代，网易云阅读等若干移动App较好地适应了媒体门户的转型

与众多综合门户一样，综合实力下滑，广告收入增速放缓

亿级和千万级移动App推动门户的协同创新，互相促进

面临垂直门户和聚合型媒体App的挑战

一、基础信息

1.1　基本信息

1.1.1　公司名称：广州网易计算机系统有限公司

1.1.2　成立时间：1997年6月

1.1.3　总部地点：广东省广州市

1.1.4　上市时间：上市

1.1.5　企业性质：股份制

1.1.6　联系方式

网址：http: //photo.163.com/

邮箱：gzsales@service.netease.com marcom@service.netease.com

地址：广州市天河区科韵路16号广州信息港E栋网易大厦

电话：(+8620)-85105163 (+8620)-85106628

1.2　组织信息

1.2.1　人员规模：7,098名员工

1.2.2　管理层

丁　磊　首席执行官

周　枫　高级副总裁

蔡安华　代理首席财务官

1.2.3　组织架构：具体信息不详

二、业务信息

2.1　产品及服务信息

网易网站：为互联网用户提供以内容、社区和电子商务服务为核心的中文在线服务。包括网易内容频道、社区服务等服务。网易内容频道为中国用户提供新闻信息和在线娱乐服务。网易网站提供一系列免费和收费社区服务。

网易新闻客户端

2.2　覆盖范围

2.2.1　行业：综合门户/互联网广告

2.2.2　主要客户：全网用户

2.2.3　业务区域：全国

2.3　收入结构：在线广告收入、在线游戏为主要收入业务，邮箱等增值业务收入

三、综合信息

3.1　发展定位：利用先进的互联网技术，加强人与人之间信息的交流和共享，实现“网聚人的力量”

3.3　重要合作伙伴及供应商：上海证券交易所、诺基亚、PayPal、梅花网等

其他线上媒体

我国互联网线上媒体产业中的其他企业名录节选如下表：

表23 中国互联网线上媒体产业中企业名录节选

领域	厂商	备注
综合媒体	腾讯网	简要分析见前述 数据分析及详细分析见易观智库企业库
综合媒体	搜狐网	简要分析见前述 数据分析及详细分析见易观智库企业库
综合媒体	新浪网	简要分析见前述 数据分析及详细分析见易观智库企业库
综合媒体	网易	简要分析见前述 数据分析及详细分析见易观智库企业库
综合媒体	凤凰传媒	详细分析见易观智库企业库
新闻媒体	电视猫	详细分析见易观智库企业库
新闻媒体	凤凰资讯	详细分析见易观智库企业库
新闻媒体	环球网	详细分析见易观智库企业库
新闻媒体	金鹰网	详细分析见易观智库企业库
新闻媒体	齐鲁网	详细分析见易观智库企业库
新闻媒体	人民网	详细分析见易观智库企业库
新闻媒体	搜视网	详细分析见易观智库企业库
新闻媒体	新华网	详细分析见易观智库企业库
新闻媒体	央视网	详细分析见易观智库企业库
新闻媒体	直播吧	详细分析见易观智库企业库
新闻媒体	中国广播网	详细分析见易观智库企业库
新闻媒体	中国网	详细分析见易观智库企业库
新闻媒体	中国新闻网	详细分析见易观智库企业库
地方媒体	我爱购物网	详细分析见易观智库企业库
地方媒体	大河论坛	详细分析见易观智库企业库
地方媒体	杭州19楼	详细分析见易观智库企业库

续表

领域	厂商	备注
地方媒体	常州化龙文化传媒有限公司	详细分析见易观智库企业库
地方媒体	宁波新北仓	详细分析见易观智库企业库
地方媒体	青青岛社区	详细分析见易观智库企业库
地方媒体	厦门小鱼网	详细分析见易观智库企业库
IT数码	36kr	详细分析见易观智库企业库
IT数码	cnBeta	详细分析见易观智库企业库
IT数码	DoNews	详细分析见易观智库企业库
IT数码	IT168	详细分析见易观智库企业库
IT数码	PingWest	详细分析见易观智库企业库
IT数码	TECH2IPO	详细分析见易观智库企业库
IT数码	TechWeb	详细分析见易观智库企业库
IT数码	ZOL	详细分析见易观智库企业库
IT数码	爱范儿	详细分析见易观智库企业库
IT数码	电脑之家	详细分析见易观智库企业库
IT数码	硅谷动力	详细分析见易观智库企业库
IT数码	华军软件园	详细分析见易观智库企业库
IT数码	雷锋网	详细分析见易观智库企业库
IT数码	泡泡网	详细分析见易观智库企业库
IT数码	驱动之家	详细分析见易观智库企业库
IT数码	手机之家	详细分析见易观智库企业库
IT数码	太平洋电脑网	详细分析见易观智库企业库
IT数码	太平洋手机网	详细分析见易观智库企业库
IT数码	太平洋数码	详细分析见易观智库企业库
IT数码	钛媒体	详细分析见易观智库企业库
IT数码	天极网	详细分析见易观智库企业库
IT数码	天空下载站	详细分析见易观智库企业库
IT数码	小熊在线	详细分析见易观智库企业库
IT数码	瘾科技	详细分析见易观智库企业库

续表

领域	厂商	备注
IT数码	中关村数码	详细分析见易观智库企业库
IT数码	中关村在线	详细分析见易观智库企业库
财经	21世纪经济报道	详细分析见易观智库企业库
财经	2258财经网	详细分析见易观智库企业库
财经	FT中文网	详细分析见易观智库企业库
财经	i美股	详细分析见易观智库企业库
财经	财经网	详细分析见易观智库企业库
财经	财新网	详细分析见易观智库企业库
财经	500wan彩票网	详细分析见易观智库企业库
财经	彩客网	详细分析见易观智库企业库
财经	彩票直通车	详细分析见易观智库企业库
财经	大智慧	详细分析见易观智库企业库
财经	第一财经	详细分析见易观智库企业库
财经	东方财富网	详细分析见易观智库企业库
财经	和讯网	详细分析见易观智库企业库
财经	华尔街日报	详细分析见易观智库企业库
财经	金融界	详细分析见易观智库企业库
财经	经济观察网	详细分析见易观智库企业库
财经	巨潮资讯网	详细分析见易观智库企业库
财经	乐彩彩票	详细分析见易观智库企业库
财经	每日经济新闻	详细分析见易观智库企业库
财经	全景网	详细分析见易观智库企业库
财经	天天基金网	详细分析见易观智库企业库
财经	同花顺	详细分析见易观智库企业库
财经	证券之星	详细分析见易观智库企业库
财经	中财网	详细分析见易观智库企业库
财经	中彩网	详细分析见易观智库企业库
财经	中国体彩网	详细分析见易观智库企业库

续表

领域	厂商	备注
财经	中国证券网	详细分析见易观智库企业库
财经	中金在线	详细分析见易观智库企业库
宠物	爱狗网	详细分析见易观智库企业库
宠物	宠物之家	详细分析见易观智库企业库
宠物	宠物中国	详细分析见易观智库企业库
宠物	狗民网	详细分析见易观智库企业库
宠物	青鸟论坛	详细分析见易观智库企业库
宠物	淘狗网	详细分析见易观智库企业库
房产	安居客	详细分析见易观智库企业库
房产	焦点网	详细分析见易观智库企业库
房产	乐居	详细分析见易观智库企业库
房产	搜房网	详细分析见易观智库企业库
房产	太平洋家居网	详细分析见易观智库企业库
军事	参考啊	详细分析见易观智库企业库
军事	东方军事网	详细分析见易观智库企业库
军事	军情观察室	详细分析见易观智库企业库
军事	雷霆军事网	详细分析见易观智库企业库
军事	米尔军情网	详细分析见易观智库企业库
军事	北京铁血科技有限责任公司	详细分析见易观智库企业库
军事	西陆军事	详细分析见易观智库企业库
美食	贝太厨房	详细分析见易观智库企业库
美食	大众点评	详细分析见易观智库企业库
美食	上海邦助信息技术有限公司	详细分析见易观智库企业库
美食	豆果	详细分析见易观智库企业库
美食	饭统网	详细分析见易观智库企业库
美食	美食杰网站	详细分析见易观智库企业库
美食	美食中国	详细分析见易观智库企业库
美食	天天美食	详细分析见易观智库企业库

续表

领域	厂商	备注
美食	下厨房	详细分析见易观智库企业库
美食	心食谱	详细分析见易观智库企业库
美食	中国吃网	详细分析见易观智库企业库
美食	中华美食网	详细分析见易观智库企业库
女性	onlylady	详细分析见易观智库企业库
女性	YOKA时尚网	详细分析见易观智库企业库
女性	爱美网	详细分析见易观智库企业库
女性	爱孕网	详细分析见易观智库企业库
女性	薄荷瘦身网	详细分析见易观智库企业库
女性	宝宝树	详细分析见易观智库企业库
女性	播种网	详细分析见易观智库企业库
女性	闺蜜网	详细分析见易观智库企业库
女性	妈妈说	详细分析见易观智库企业库
女性	美丽说	详细分析见易观智库企业库
女性	蘑菇街	详细分析见易观智库企业库
女性	亲宝网	详细分析见易观智库企业库
女性	亲贝网	详细分析见易观智库企业库
女性	亲亲宝贝	详细分析见易观智库企业库
女性	瑞丽网	详细分析见易观智库企业库
女性	太平洋女性网	详细分析见易观智库企业库
女性	太平洋亲子网	详细分析见易观智库企业库
女性	育儿网	详细分析见易观智库企业库
汽车	273二手车交易	详细分析见易观智库企业库
汽车	51二手车	详细分析见易观智库企业库
汽车	爱卡汽车网	详细分析见易观智库企业库
汽车	车天下	详细分析见易观智库企业库
汽车	大搜车	详细分析见易观智库企业库
汽车	二手车之家	详细分析见易观智库企业库

续表

领域	厂商	备注
汽车	汽车点评网	详细分析见易观智库企业库
汽车	汽车之家	详细分析见易观智库企业库
汽车	汽车之友	详细分析见易观智库企业库
汽车	太平洋汽车网	详细分析见易观智库企业库
汽车	淘车网	详细分析见易观智库企业库
汽车	万车网	详细分析见易观智库企业库
汽车	易车网	详细分析见易观智库企业库
汽车	中国汽车网	详细分析见易观智库企业库
摄影	Flickr	详细分析见易观智库企业库
摄影	POCO摄影网	详细分析见易观智库企业库
摄影	poco相册	详细分析见易观智库企业库
摄影	爱冲印	详细分析见易观智库企业库
摄影	百度	详细分析见易观智库企业库
摄影	喀嚓鱼	详细分析见易观智库企业库
摄影	美图秀秀	详细分析见易观智库企业库
摄影	全景图库	详细分析见易观智库企业库
摄影	橡树摄影	详细分析见易观智库企业库
摄影	新摄影	详细分析见易观智库企业库
摄影	中国摄影在线	详细分析见易观智库企业库
体育	ESPN STAR Sports	详细分析见易观智库企业库
体育	TOM集团有限公司	详细分析见易观智库企业库
体育	NBA中国官方站	详细分析见易观智库企业库
体育	体坛周报	详细分析见易观智库企业库
体育	直播吧	详细分析见易观智库企业库
体育	爆棚足球	详细分析见易观智库企业库
医疗健康	39健康网	详细分析见易观智库企业库
医疗健康	宝宝树育儿网	详细分析见易观智库企业库
医疗健康	好大夫在线	详细分析见易观智库企业库

续表

领域	厂商	备注
医疗健康	家庭医生在线	详细分析见易观智库企业库
医疗健康	寻医问药网	详细分析见易观智库企业库
医疗健康	有问必答网	详细分析见易观智库企业库
影视资讯/社区	国家广播电影电视总局	详细分析见易观智库企业库
影视资讯/社区	中国穿帮网	详细分析见易观智库企业库
游戏媒体	上海光雨网络科技有限公司	详细分析见易观智库企业库
游戏媒体	四三九九网络股份有限公司	详细分析见易观智库企业库
游戏媒体	5173	详细分析见易观智库企业库
游戏媒体	7073	详细分析见易观智库企业库
游戏媒体	17173	详细分析见易观智库企业库
游戏媒体	265G	详细分析见易观智库企业库
游戏媒体	百度	详细分析见易观智库企业库
游戏媒体	多玩游戏	详细分析见易观智库企业库
游戏媒体	口袋巴士	详细分析见易观智库企业库
游戏媒体	游民星空	详细分析见易观智库企业库
游戏媒体	游侠网	详细分析见易观智库企业库

广告公司

亿玛在线

亿玛是中国网络营销行业内独树一帜的“电子商务网络营销领航者”。致力于通过整合、挖掘、提升各类互联网媒体和通路的流量与广告价值，充分依托旗下“两大营销投放网络”——亿起发（中国最大的效果联盟网络）、亿告（中国第二代智能广告网络），以及“一个DSP平台”——易博，为以“泛电子商务”为代表的新兴主流广告主群体提供“以更有效果为追求目标”的效果整合营销服务。此外，亿玛还拥有一个直接面向成百上千万网购消费者提供比价返现服务的易购网。

易观分析——

具有市场先入优势；产品线丰富，产品定位清晰，拥有规模最大的第三方效果联盟平台；丰富的媒体资源

主要的服务/产品与竞争对手相比差异化不明显

传统企业触电的意识加强，互联网娱乐业务自身广告投入加大，都将继续推动广告服务业务的发展

网络数据开放性有待加强，面临互联网媒体巨头服务链延伸的挑战；越来越多技术服务商出现，市场竞争激烈

一、基础信息

1.1　基本信息

1.1.1　公司名称：北京亿玛在线科技有限公司

1.1.2　成立时间：2006-02-08

1.1.3　总部地点：北京市

1.1.4　上市时间：未上市

1.1.5　企业性质：民营

1.1.6　资本信息：注册资本120 万元人民币

投资者：华登国际、鼎晖投资、JAIC（日本亚洲基金）、Cyber Agent、Ant fund（蚂蚁基金）、兰馨亚洲。

1.1.7 联系方式

网址：http://www.emar.com.cn/

EMAIL: yangyong@emar.com.cn

EMAIL: houhongxing@emar.com.cn

EMAIL: linliangzhi@emar.com.cn

地址：北京市朝阳区三间房东柳巷甲一号院意菲克大厦A座

电话：（北京）+86 10 53553118

1.2 组织信息

1.2.1 管理层

柯细兴 首席创始人 总裁

安小晶 联合创始人 高级副总裁

罗洪滨 技术副总裁

秦令今 副总裁

1.2.3 组织架构：具体信息不详

二、业务信息

2.1 产品及服务信息

亿起发

亿起发成立于2004年，是中国最大的效果营销广告联盟，拥有70%以上的联盟市场份额。亿起发为众多客户提供网络效果营销推广服务，为网站主提供了一个长期、诚信、安全的网赚平台。

购物客

购物客是亿起发创新型产品之一，为众多B2C商家的迅速推广提供了优质便捷的通道。是国内第一家将购物搜索与网站联盟融合的购物搜索平台，推广方式灵活多样，更有智能广告帮助商家实现目标受众的精准定位，提升推广效率。

亿告

亿告是由亿玛公司打造的广告投放平台，其以高曝光率、智能化的系统匹配投放和广告效果优化为目标，率先在业内提出和实现了广告商品“价值可控和最优化”的概念和方法。

特点：精准广告定向技术、系统智能匹配投放。

核心：垂直分类媒体为核心。

服务：集广告创意、投放策略、广告执行、效果监控的整体网络营销。

业务：直投广告、定向竞价广告、定位竞价广告平台渠道代理，优质资源共享。

微告广告平台：

（1）微告定义：隶属于亿告下的微博广告交易平台，是亿告大平台下研发的专门针对微博广告的垂直化新平台。微告主要基于新浪微博、腾讯微博等，通过其开放的标准API做对接，帮助广告主购买微博主的内容广告，并通过平台自动发布、监控。通过亿告大平台下的数据分析系统能为广告主的微博广告投放做一系列的后续效果评估。

（2）业务模式：广告主可根据市场推广目标，挑选已加盟微告的微博，设定指定的投放时间将微博内容广告发布到微博上。广告主需预付广告费，微告系统将根据广告投放情况自预付款中扣费。

易博

EmarBox 是北京亿玛在线科技有限公司自主研发的，旨在帮助广告主实现在线网络广告的数据测量、效果分析、投放优化为一体的一站式营销优化平台。

EmarBox 数据监测覆盖目前主流的广告媒体，并将媒体流量数据与访客站内行为数据、效果数据相融合，通过分布式并行计算、人工智能、机器学习、数据仓库等高科技手段，全面、有效、真实、精准的评估广告效果，优化投资回报率，提升广告价值。

EmarBox 目前包括两款产品：SEMWinner（SEM智能优化系统）与 AdWiser（营销监测分析系统）。

（1）SEMWinner 是 EmarBox 平台的 SEM（搜索引擎营销）智能竞价优化系统。

SEMWinner 无缝集成百度、谷歌等搜索引擎数据，用户可以跨媒体操作多个搜索引擎账户；通过消费数据、效果数据、流量数据三个方面的数十种分析指标来跟踪和评估营销效果，有效提升工作效率和效果；基于人工智能的机器学习引擎和数据挖掘算法研发的自动竞价策略，深层次发掘优化规律，做到无人工干预下的自动竞价，大幅提升转化率和 ROI 。

（2）AdWiser是易博平台的营销监测和分析系统。

首度将分布式实时处理与数据挖掘技术应用到在线营销领域，实现在线广告的全渠道监测和实时统计分析。提供可定制的数十种关键绩效指标（KPI），快速了解在线营销的效果。任意维度的钻入式细化分析，直接找出问题与瓶颈。自动生成并下载图形化报告，节省大量报告制作时间。支持多达10个维度的数据组合分析，最大潜力发掘营销与网站价值。

易购

易购网（www.egou.com）为网民提供比较购物、购物返现、导购资讯、网购社区等服务，汇聚了众多成熟、活跃、忠诚、有影响力的网购用户，是一家购物返现网站。

易购服务：

比较购物：易购拥有强大的比价搜索，能找到同类产品中价格最低的卖家；

购物返现：通过易购网到各大B2C网站购物，可以获得最高50%的返现；

导购资讯：易购汇集了当前各大购物网站的返现信息，提供现金抵用券下载；

网购社区：易购有人气活跃的购物论坛，可以在这里交流购物技巧、促销信息等；

服务1：效果整合营销

以各类网络媒体平台与工具（组合门户、垂直媒体、SEM、联盟）为依托，在深入研究互联网各媒体资源的定位、用户行为和投入成本等基础上，根据企业的实际情况为企业提供最具性价比的一种或多种个性化网络营销解决方案。

亿玛效果整合营销全网覆盖能力：

A 亿告 垂直网站、微博主

B 易博 一站式营销优化平台

C 亿起发 中小网站

服务2：KA全程营销

KA全称Key Account，中文意为“重要客户或重点客户”，全程指的是用户忠诚化的过程。KA全程营销服务，就是针对重点客户需求量身定制的全方位营销服务；提供专向、专业的团队，多投放渠道、一站式、统一接口、高速有效的服务。

KA全程营销核心要点

一个中心：用户会员化；

两面关注：营销投入有效性，用户终身价值最大化；

三项工作：用户获取、用户转化、用户留存；

四类用户：访问用户、购买用户、复购用户、忠诚会员；

五大指标：新客成本、全程ROI、转化率、复购率、忠诚率。

2.2 覆盖范围

2.2.1 行业：电子商务、网络游戏、网络服务（如SNS\软件\招聘）、教育培训、服装\鞋\包、食品饮料

2.2.2 主要客户：中粮我买网、京东商城、聚美优品、当当网、1号店、拉手网、高鹏、满座、武林英雄、热血三国、商品、走秀网、聚尚网、库巴、麦包包、苏宁易购、百丽、爱慕、凡客、哄孩子、携程网、太平鸟、派代、西街网、飞虎乐购、乐蜂网、名鞋库

2.2.3　业务区域：全国

2.3　收入结构：80%来自电子商务（80%），传统企业的电子商务广告（20%）

三、综合信息

3.1　发展定位

提供“以更有效果为追求目标”的效果整合营销服务，做中国网络营销行业内独树一帜的电子商务网络营销公司。

3.2　重要合作伙伴及供应商：不详

易传媒

易传媒集团（AdChina）是中国领先的多屏整合数字广告平台。易传媒建立并运营着国际领先的三大广告平台：需求方平台DSP、供应方平台SSP、数据管理平台DMP，是中国数字广告技术的重要推动力量。易传媒基于其自主研发的在线广告技术、用户数据解决方案、受众管理系统等一系列行业领先的技术产品，构建并运营着服务于广大网站、广告公司/广告主以及其他相关第三方公司的在线广告技术平台和交易平台。

易观分析——

产品线丰富，布局相对完整，定位清晰，紧跟多屏整合营销的大趋势，进行多屏营销整合服务；建立多方多行业媒体合作关系

广告主资源有待进一步提升

移动营销逐渐在被广告主认可，开始尝试的多屏营销将进一步推动其发展

越来越多技术服务商出现，市场竞争激烈；网络数据开放性有待加强

一、基础信息

1.1　基本信息

1.1.1　公司名称：上海新易传媒广告有限公司

1.1.2　成立时间：2007年08月10日

1.1.3　总部地点：上海市

1.1.4　上市时间：未上市

1.1.5　企业性质：民营

1.1.6　资本信息：注册资本1000万元人民币

1.1.7　联系方式

官网：http://www.adchina.com/

邮箱：sales@adchina.com

地址：上海市徐家汇路610号日月光中心19-20层

电话：（上海）+86-21-6267-5588

1.2　组织信息

1.2.1　管理层

闫方军　CEO　创始人及首席执行官

程华奕　CTO　总裁及首席技术官

张　怿　CFO　首席财务官

唐　敏　CMO　首席销售&营销官

1.2.2　组织架构：具体信息不详

二、业务信息

2.1　产品及服务信息

2.1.1　产品信息

产品1　广告服务器——AdManager

易传媒独立开发和运营的广告服务器——AdManager，能够投放多种富媒体广告形式。AdManager为广告主提供多种定向手段，包括内容定向、地域定向、回头客定向和行为定向等，以及广告优化技术，如频次控制和创意轮播。易传媒的每个线上推广活动都提供第三方尼尔森的监测报告。

产品2　视频广告的平台——网络电视WebTV

易传媒网络电视WebTV平台有两种主要表现形式：

利用易传媒广告网络分发电视节目视频；

网络电视网站上的视频广告。

分发式网络电视WebTV可理解为嵌入了多段电视节目片段（15~30秒）的浮出式飞扬视频，并在电视节目片段前后以贴片的形式投放TVC广告。网络电视网站上的视频广告则包含了如前贴片和背景广告等常规视频广告形式。

产品3　社交（SNS）网络

易传媒与诸多社交媒体和APP组建开发者战略合作，易传媒利用实现意见领袖软性内容传播嵌入代码，抓取被内容影响过的受众进行回头客定向，实施广告再影响，实现了软性传播与硬广的打通整合。易传媒还通过品牌广告和微博的整合，以最高效和最有效的方式，将目标受众带领到品牌官方微博，同时，可以在个人微博上分享广告信息。

产品4　MSN中国购物平台

易传媒运营着MSN中国购物，一个B2C电子商务平台。MSN中国购物频道售卖包括美容化妆品、服饰和家具等多个种类的商品。基于电子商务平台，易传媒为客户有效整合品牌推广和线上销售。

产品5　移动互联网广告平台

易传媒移动广告平台将基于互联网的展示类广告、在线视频广告、社交媒体广告等产品及服务全线延伸至移动平台，为品牌提供跨媒体平台的整合数字营销解决方案。易传媒结合内容、地域、机型三大移动广告定向技术，针对不同客户要求，帮助品牌广告主实现精准营销。

产品6　公关网络

易传媒公关网络旨在帮助品牌建立和提升网络口碑。易传媒公关网络整合了门户和垂直网站资源，以及各种用户原创内容（UGC）网站，如社交网站（SNS网站）、博客、论坛和视频分享网站等。

易传媒提供3种主要网络公关解决方案：线上推广活动的公关支持；全年持续口碑建立与维护；危机公关。

2.2　覆盖范围

2.2.1　行业：在线广告

2.2.2　主要客户：奔驰、奥迪、东风日产、中国银行、招商银行、广发银行、中信银行、太平洋保险、富国基金、海康人寿、交通银行、英特尔、惠普、佳能、宏基、联想、诺亚舟、康佳、LVMH、麦当劳、银鹭、蒙牛、中粮、箭牌、统一、百事可乐、安利、强生、ZA、妮维雅、欧莱雅、艾格、耐克、阿迪达斯、中华、黑人牙膏、护舒宝、安利、李宁、美特斯邦威、海尔、TCL、中国移动、中国联通、聚友、乐蜂网

2.2.3　业务区域：中国、美国

2.3　收入结构：服务费收入（60%），广告主收入（40%）

三、综合信息

3.1　发展定位：为客户提供整合数字营销解决方案

3.2　重要合作伙伴及供应商：媒体合作伙伴：新浪、风尚、时尚网、妆点网、闺蜜网、腾讯、金鹰网、msn、人人网、数字英才网、中金在线、和讯、中国网络电视台、网易、中国汽车网、华尔街日报、凤凰网等

秒针信息咨询

秒针系统是中国领先的第三方广告技术公司，全称北京秒针信息咨询有限公司，是一家应用云计算、云存储和人工智能技术对数字化广告进行评估的创新型企业，也是中国第一家以目标受众为核心的数字广告效果评估企业。秒针目前日均处理数据超过3TB，拥有日均处理1000亿广告请求的数据处理能力，累计存储、处理数据超过3PB。

易观分析——

产品线丰富；技术能力、数据处理能力强

合作客户资源有待进一步提高和加强

大数据时代价值挖掘需求开始释放；广告主对于营销效果的需求加强

需要应对个人隐私安全等的质疑

一、基础信息

1.1　基本信息

1.1.1　公司名称：北京秒针信息咨询有限公司

1.1.2　成立时间：2006年

1.1.3　总部地点：北京市朝阳区北苑路32号安全大厦F2

1.1.4　上市时间：未上市

1.1.5　企业性质：私营企业

1.1.6　资本信息：注册资本：100万

1.1.7　联系方式

网址：http://www.miaozhen.com/

邮箱：jianglili@miaozhen.com

地址：北京市朝阳区北苑路32号安全大厦F2

电话：86 10 84923389

1.2　组织信息

1.2.1　管理层：

祝　伟　首席执行官

吴明辉　创始人兼首席技术官

胡　泉　首席运营官

姚　嘉　首席财务官

李希翔　副总裁兼上海办总经理

李晓红　副总裁兼广州办总经理

Ravikumar Shankar　全球业务发展副总裁

1.2.2　组织架构：具体信息不详

二、业务信息

2.1　产品及服务信息

AdMonitor

中国第一个以目标受众为核心的在线广告评估系统。通过对在线广告活动的追踪，AdMonitor提供到达人群及后续行为的受众分析，同时可精确测量互联网广告对目标受众的到达率、到达频次和iGRP (internet gross rating points，即互联网毛评点) 数据，并能描绘出目标受众特征，从而为在线广告活动提供更有效的ROI分析和优化建议。

MobileMonitor

移动营销监测系统。通过发布中国首个第三方移动广告监测SDK，MobileMonitor能精准统计移动广告覆盖UV状况，实现移动端跨媒体跨频道消费者行为的追踪和分析，为广告主提供真实可靠的移动营销第三方监测数据。同时提供APP使用行为监测，以帮助广告主充分了解从前端广告接触到消费者到达广告主APP后的一系列相关行为。

MixReach

跨媒体预算分配工具。用于电视和互联网视频媒体预算分配，以帮助用户获得更高的投资回报率。

VOptimizer

视频媒体优化组合工具。依托秒针系统AdMonitor为超过70%的全球百强品牌积累超过5年的互联网广告历史监测数据，为视频广告营销提供准确预估，有效节省每道成本，对目标消费者达成最好的广告传播效果。

SiteMonitor

全实时网站监测和分析工具。通过对网站流量的分析和对访客行为的追踪，为网站运营和优化提供详实有力的数据支持。

SiteDNA

网站广告价值评估系统。作为独立的第三方评估系统，SiteDNA 为网站提供真实可靠的监测数据和评估成果，帮助网站发现广告价值并实现优化。

Miaozhen AdServing

集投放管理和效果评估于一体的第三方全流程广告管理系统。该系统通过打通从广告投放到投放中优化再到投放后评估的各个环节，可以实现对不同形式广告跨互联网媒体投放的频次控制、时间定向、地域定向、创意轮播和创意优化等功能。同时，通过Post-Buy报表和反作弊技术对广告投放效果进行分析，帮助广告主进一步了解投放效果，指导后续广告投放活动，提升互联网媒体投放的ROI。

2.2　覆盖范围

2.2.1　行业：在线广告

2.2.2　主要客户：京东、阿迪达斯、安利、交通银行、碧生源、国泰航空公司、福特、黑人牙膏、强生、LG、米其林轮胎、宝洁、微软、可口可乐、大众、欧莱雅、肯德基、中粮、一汽大众、养生堂、王老吉、上海大众等

2.2.3　业务区域：全国

2.3　收入结构：量化结构不详

三、综合信息

3.1发展定位：秒针为媒介投资者和行业提供中立、公正、科学、可靠的数据和有效的技术应用方案，推动广告行业的创新与发展。

3.2　重要合作伙伴及供应商：Millward Brown

我国互联网广告产业中的其他企业名录节选如下表：

表24　中国互联网广告产业中企业名录节选

领域	厂商	备注
广告综合	亿玛在线	简要分析见前述 数据分析及详细分析 见易观智库企业库
广告网络	易传媒	
媒介分析	秒针信息咨询	
Ad Exchange	谷歌	数据分析及详细分析见易观智库企业库
Ad Exchange	阿里巴巴	数据分析及详细分析见易观智库企业库
Ad Exchange	百度	数据分析及详细分析见易观智库企业库
Ad Exchange	腾讯	数据分析及详细分析见易观智库企业库
SNS舆情监测	腾讯	数据分析及详细分析见易观智库企业库

续表

领域	厂商	备注
官网监测	谷歌	数据分析及详细分析见易观智库企业库
官网监测	百度	数据分析及详细分析见易观智库企业库
官网监测	阿里巴巴	数据分析及详细分析见易观智库企业库
广告网络	阿里巴巴	数据分析及详细分析见易观智库企业库
广告网络	百度	数据分析及详细分析见易观智库企业库
效果营销	腾讯	数据分析及详细分析见易观智库企业库
需求方平台	阿里巴巴	数据分析及详细分析见易观智库企业库
广告网络	谷歌	数据分析及详细分析见易观智库企业库
移动广告监测SDK	百度	数据分析及详细分析见易观智库企业库
移动广告监测SDK	谷歌	数据分析及详细分析见易观智库企业库
移动广告交易平台	谷歌	数据分析及详细分析见易观智库企业库
移动广告联盟	腾讯	数据分析及详细分析见易观智库企业库
移动广告网络	百度	数据分析及详细分析见易观智库企业库
移动广告网络	谷歌	数据分析及详细分析见易观智库企业库
移动广告联盟	百度	数据分析及详细分析见易观智库企业库
移动广告网络	搜狐	数据分析及详细分析见易观智库企业库
移动广告网络	腾讯	数据分析及详细分析见易观智库企业库
移动广告网络	网易	数据分析及详细分析见易观智库企业库
移动广告网络	新浪	数据分析及详细分析见易观智库企业库
Ad Exchange	传漾科技	详细分析见易观智库企业库
Ad Exchange	盟博受众平台	详细分析见易观智库企业库
Ad Exchange	盛大广告传媒有限公司	详细分析见易观智库企业库
SNS舆情监测	中华联合财产保险股份有限公司	详细分析见易观智库企业库
SNS舆情监测	EUCIT	详细分析见易观智库企业库
SNS舆情监测	北京一飞科达软件有限公司	详细分析见易观智库企业库
SNS舆情监测	精硕科技公司	详细分析见易观智库企业库
SNS舆情监测	北大方正集团有限公司	详细分析见易观智库企业库
SNS舆情监测	北京本果信息技术有限公司	详细分析见易观智库企业库

续表

领域	厂商	备注
SNS舆情监测	优力互动（U-tracking）	详细分析见易观智库企业库
Trading Desk	cadreon	详细分析见易观智库企业库
Trading Desk	Interpublic Group of Companies	详细分析见易观智库企业库
Trading Desk	WPP集团	详细分析见易观智库企业库
Trading Desk	安吉斯媒体集团	详细分析见易观智库企业库
Trading Desk	宏盟媒体集团	详细分析见易观智库企业库
Trading Desk	群邑中国邑策（Xaxis）	详细分析见易观智库企业库
Trading Desk	阳狮广告	详细分析见易观智库企业库
标签管理	Google Tag Manager	详细分析见易观智库企业库
标签管理	Tag.Man	详细分析见易观智库企业库
标签管理	tagcommander	详细分析见易观智库企业库
标签管理	zamptag	详细分析见易观智库企业库
电子邮件营销	Comm100	详细分析见易观智库企业库
电子邮件营销	威勃庞尔	详细分析见易观智库企业库
电子邮件营销	艾司隆	详细分析见易观智库企业库
电子邮件营销	深圳市汉启网络科技有限公司	详细分析见易观智库企业库
电子邮件营销	华思邮件营销	详细分析见易观智库企业库
电子邮件营销	北京脉展软件技术有限公司	详细分析见易观智库企业库
电子邮件营销	思齐软件有限公司	详细分析见易观智库企业库
电子邮件营销	星邮	详细分析见易观智库企业库
电子邮件营销	亿邻商邮	详细分析见易观智库企业库
电子邮件营销	上海亿业网络科技发展有限公司	详细分析见易观智库企业库
富媒体	Eyeblaster	详细分析见易观智库企业库
富媒体	互动通	详细分析见易观智库企业库
富媒体	美易互通	详细分析见易观智库企业库
富媒体	随视传媒	详细分析见易观智库企业库
富媒体	悠易互通	详细分析见易观智库企业库
供应方平台	Google Admeld	详细分析见易观智库企业库

续表

领域	厂商	备注
供应方平台	阿里妈妈	详细分析见易观智库企业库
供应方平台	艾德思奇PubSage	详细分析见易观智库企业库
供应方平台	传漾科技（dolphin）	详细分析见易观智库企业库
供应方平台	好耶	详细分析见易观智库企业库
供应方平台	品友互动	详细分析见易观智库企业库
供应方平台	盛大在线	详细分析见易观智库企业库
官网监测	99click	详细分析见易观智库企业库
官网监测	CNZZ公司	详细分析见易观智库企业库
官网监测	Omniture	详细分析见易观智库企业库
官网监测	WebTrends	详细分析见易观智库企业库
官网监测	站长工具	详细分析见易观智库企业库
广告网络	Hdtmedia互动通	详细分析见易观智库企业库
广告网络	LINKTECH	详细分析见易观智库企业库
广告网络	博圣云峰	详细分析见易观智库企业库
广告网络	成果网	详细分析见易观智库企业库
广告网络	点睛	详细分析见易观智库企业库
广告网络	分享传媒	详细分析见易观智库企业库
广告网络	分众传媒	详细分析见易观智库企业库
广告网络	蜂潮网	详细分析见易观智库企业库
广告网络	互动通控股集团	详细分析见易观智库企业库
广告网络	华扬联众数字技术股份有限公司	详细分析见易观智库企业库
广告网络	聚合广告平台	详细分析见易观智库企业库
广告网络	浪淘金（北京）科技有限责任公司	详细分析见易观智库企业库
广告网络	麒润网络广告网	详细分析见易观智库企业库
广告网络	淘宝网	详细分析见易观智库企业库
互动广告代理	古美互动	详细分析见易观智库企业库
互动广告代理	好耶	详细分析见易观智库企业库
互动广告代理	新意互动	详细分析见易观智库企业库

续表

领域	厂商	备注
互动广告代理	华扬联众数字技术股份有限公司	详细分析见易观智库企业库
互动广告代理	美通互动	详细分析见易观智库企业库
互动广告代理	实力传播集团	详细分析见易观智库企业库
互动广告代理	阳狮广告	详细分析见易观智库企业库
企业App开发	道有道（北京）科技有限公司	详细分析见易观智库企业库
企业App开发	飞拓无限公司	详细分析见易观智库企业库
企业App开发	巨流无线	详细分析见易观智库企业库
企业App开发	米创	详细分析见易观智库企业库
数据库营销	Lecast	详细分析见易观智库企业库
数据库营销	Topen	详细分析见易观智库企业库
数据库营销	第六媒体（中国）有限公司	详细分析见易观智库企业库
数据库营销	多歌	详细分析见易观智库企业库
数据库营销	上海慧渔文化交流咨询有限公司	详细分析见易观智库企业库
数据库营销	赛诺贝斯整合营销机构	详细分析见易观智库企业库
数据库营销	松林和创	详细分析见易观智库企业库
数据库营销	突码营销	详细分析见易观智库企业库
数据库营销	微码邓白氏	详细分析见易观智库企业库
数据库营销	新华信国际信息咨询（北京）有限公司	详细分析见易观智库企业库
数据库营销	智邮营销策划有限公司	详细分析见易观智库企业库
数字发行服务	网尚文化传播有限公司	详细分析见易观智库企业库
效果监测	dentsu电通	详细分析见易观智库企业库
效果监测	digitas 狄杰斯	详细分析见易观智库企业库
效果监测	安瑞索思	详细分析见易观智库企业库
效果监测	OgilvyOne 奥美互动	详细分析见易观智库企业库
效果监测	鹏泰互动	详细分析见易观智库企业库
效果监测	wwwin 知世营销	详细分析见易观智库企业库
效果监测	博圣云峰	详细分析见易观智库企业库
效果监测	点墨思维	详细分析见易观智库企业库

续表

领域	厂商	备注
效果监测	飞拓无限	详细分析见易观智库企业库
效果监测	巨流无线	详细分析见易观智库企业库
效果监测	龙拓互动	详细分析见易观智库企业库
效果监测	麦肯光明	详细分析见易观智库企业库
效果监测	米创	详细分析见易观智库企业库
效果监测	上海网帆	详细分析见易观智库企业库
效果监测	智威汤逊	详细分析见易观智库企业库
效果营销	成果网	详细分析见易观智库企业库
效果营销	多麦cps广告联盟	详细分析见易观智库企业库
效果营销	杭州九赢互联广告技术有限公司	详细分析见易观智库企业库
效果营销	淘宝网	详细分析见易观智库企业库
效果营销	宣传易传媒	详细分析见易观智库企业库
效果营销	亿起发	详细分析见易观智库企业库
效果营销	奕天广告联盟	详细分析见易观智库企业库
效果营销	中国极限广告联盟	详细分析见易观智库企业库
需求方平台	聚胜万合	详细分析见易观智库企业库
需求方平台	新数网络	详细分析见易观智库企业库
需求方平台	随视传媒	详细分析见易观智库企业库
需求方平台	艾德思奇	详细分析见易观智库企业库
需求方平台	iClick（爱点击）	详细分析见易观智库企业库
需求方平台	传漾科技	详细分析见易观智库企业库
需求方平台	盟博受众平台	详细分析见易观智库企业库
需求方平台	北京品友互动信息技术有限公司	详细分析见易观智库企业库
需求方平台	悠易互通	详细分析见易观智库企业库
移动广告监测SDK	艾德思奇	详细分析见易观智库企业库
移动广告监测SDK	北京亿起联科技-点入	详细分析见易观智库企业库
移动广告监测SDK	哇棒（北京）国际传媒有限公司	详细分析见易观智库企业库
移动广告监测SDK	亿动广告公司	详细分析见易观智库企业库

续表

领域	厂商	备注
移动广告监测SDK	赢告	详细分析见易观智库企业库
移动广告监测SDK	有米广告	详细分析见易观智库企业库
移动广告交易平台	艾德思奇	详细分析见易观智库企业库
移动广告交易平台	架势无线	详细分析见易观智库企业库
移动广告交易平台	芒果传媒有限公司	详细分析见易观智库企业库
移动广告聚合平台	AdView	详细分析见易观智库企业库
移动广告聚合平台	果合移动广告	详细分析见易观智库企业库
移动广告聚合平台	芒果传媒有限公司	详细分析见易观智库企业库
移动广告联盟	AdMob	详细分析见易观智库企业库
移动广告联盟	珠海麒润网络科技有限公司	详细分析见易观智库企业库
移动广告联盟	AdTouch	详细分析见易观智库企业库
移动广告联盟	米田科技有限公司	详细分析见易观智库企业库
移动广告联盟	AppMedia	详细分析见易观智库企业库
移动广告联盟	惠普	详细分析见易观智库企业库
移动广告联盟	InMobi	详细分析见易观智库企业库
移动广告联盟	Lsense	详细分析见易观智库企业库
移动广告联盟	adSage	详细分析见易观智库企业库
移动广告联盟	佛山市曼邦(VPON)电气实业有限公司	详细分析见易观智库企业库
移动广告联盟	安沃传媒	详细分析见易观智库企业库
移动广告联盟	多盟	详细分析见易观智库企业库
移动广告联盟	多米	详细分析见易观智库企业库
移动广告联盟	飞云广告	详细分析见易观智库企业库
移动广告联盟	架势无线	详细分析见易观智库企业库
移动广告联盟	北京力美广告有限公司	详细分析见易观智库企业库
移动广告联盟	哇棒（北京）国际传媒有限公司	详细分析见易观智库企业库
移动广告联盟	帷千动媒	详细分析见易观智库企业库
移动广告联盟	亿动智道	详细分析见易观智库企业库
移动广告联盟	赢告	详细分析见易观智库企业库

续表

领域	厂商	备注
移动广告联盟	有米广告	详细分析见易观智库企业库
移动广告联盟	掌握无限	详细分析见易观智库企业库
移动广告联盟	指点传媒	详细分析见易观智库企业库
移动广告网络	广州多玩信息技术有限公司	详细分析见易观智库企业库
移动广告网络	大众点评	详细分析见易观智库企业库
移动广告网络	儒豹	详细分析见易观智库企业库
移动广告网络	深圳市宜搜科技发展有限公司	详细分析见易观智库企业库
移动广告网络	易查搜索	详细分析见易观智库企业库
移动广告网络	易积分电子科技（上海）有限公司	详细分析见易观智库企业库
移动广告网络	有米广告	详细分析见易观智库企业库

户外电子屏

分众传媒

分众传媒是户外媒体领域第一大户外媒体巨头，于2005年7月登陆美国纳市，凭借其楼宇广告规模优势在行业内一直处于霸主地位。截至2013年第3季度，分众传媒占中国户外电子屏广告市场44.56%的市场份额。分众自主研发的框架海报通过FPS系统通过对不同参数的选择为广告主找到更加精准的最具投资回报率的投放区域。分众尝试的“垃圾分析法”以更精准的分析居民的身份地位和消费习惯，继续广告内容化、娱乐化、互动化等方面的创新尝试，拉进和消费者之间的关系。分众从2012年开始进行战略性调整，并于2013年5月24日完成私有化。2013年，分众传媒保持向三四线下沉的战略，未来分众传媒将通过与智能手机相结合的产品研发和布局以及相关技术的运用，如通过手机做免费WiFi的广告，做O2O等，提高广告的精准性以实现广告主的价值。

易观分析——

分众积累了众多客户资源、品牌基础等核心媒体资源，在广告产业中极具竞争优势；一二线城市楼宇电视广告网络、互动屏覆盖范围广泛，中高端受众数量多碎片化资讯环境下，分众移动入口布局亟待进一步完善；分众的框架网络增速较快，但一二线城市市场开发已近饱和，三四线城市的市场开发的空间有待提升

都市生活圈全覆盖及移动互联网、智能手机的崛起是分众实现互动化的机会；通过深化对移动互联网技术的利用，实现广告渠道一体化变革，创新介入电商平台的O2O商业新模式前景广阔

分众传媒的未来发展之路面临着新兴和传统媒体的双重挑战；地区运营商的出现，分众传媒在液晶广告领域将面临更加激烈的市场竞争

一、基础信息

1.1　基本信息

1.1.1　公司名称：分众传媒控股有限公司

1.1.2　成立时间：2003年

1.1.3　总部地点：上海市

1.1.4　上市时间：2005年7月13日在美国纳斯达克上市，2012年8月12日宣布企业私有化，2013年5月24日成功退市。

1.1.5　企业性质：合资

1.1.6　联系方式

网址：http：//www.focusmedia.cn/

新浪微博：http：//www.weibo.com/u/2476922652

分众传媒控股有限公司大陆总部

地址：上海市江苏路369号兆丰世贸大厦28-30楼　邮编：200050

电话：86-21-32124661

传真：86-21-52400228

1.2　组织信息

1.2.1　管理层：

江南春　董事局主席，首席执行官

刘杰良　首席财务官

陈　岩　首席战略官

涂雅芳　楼宇首席运营官

1.2.2 组织架构：母公司

江南春 董事局主席

曹国伟 董事

刘杰良 执行董事

卓福民 独立董事

沈南鹏 独立董事

齐大庆 独立董事

张 颖 独立董事

吴 鹰 独立董事

二、业务信息

2.1 产品及服务信息

商务楼宇联播网：电梯内或电梯等候厅屏幕每天滚动播放；

卖场终端联播网：超市卖场电视广告全城覆盖消费者购物过程；

公寓电梯联播网：中高档写字楼悬挂于电梯内及等候区的平面框架媒体；

商旅人士联播网：宾馆酒店、机场巴士、机场安检及候机厅内联网媒体；

城市彩屏联播网：覆盖于繁华商圈、时尚区域、地标性地段的城市户外LED媒体

银幕巨阵影院广告：覆盖于全国高档影院的银幕广告。

2.2 覆盖范围

2.2.1 行业：传媒行业

2.2.2 主要客户：聚划算、雅居乐铂爵山、宝洁、联合利华、欧莱雅、神州租车、拉卡拉等

2.2.3 业务区域：全国

2.3 收入结构

2012年，分众传媒商业楼宇联播网（包括电影院广告网络、卖场终端联播网以及框架广告网络）的应收账款总额为2.756亿美元，具体结构不详。

2013年，分众完成退市，具体收入信息不详。

三、综合信息

3.1 发展定位：传媒公司

3.2 重要合作伙伴及供应商

合作伙伴：新浪、12580、东方财富网、抢鲜网、第一视频、招商银行、日本电通、南京合旺科技发展有限公司等。

华视传媒

华视传媒是中国最大的户外移动电视广告联播网媒体，截至2013年第3季度，华视占中国户外电子屏广告市场8.03%的市场份额。2013年，华视通过重点布局内容革新，优化媒体组合，正逐渐完成向媒体营运平台的转型。华视通过“传统广告+内容营销”的广告组合，灵活的实现多种形态的媒体产品包装，为更多不同诉求需求的客户提供传播支持。2013年第一季度华视在整体的战略优化下，成本控制、广告主扩张等方面取得了较为明显的效果。2013年第二季度华视顺应传统媒体与新媒体融合的发展趋势，开创了“户外移动电视+卫视+网络媒体”的联盟组合传播模式，实现对受众的全方位覆盖。2013年第三季度移动游戏市场爆发式增长，华视抓住机遇拓展手游市场，有效促进业务增长。华视传媒的业务现在正受到智能终端和移动互联网的挑战，但是通过对成本支出的结构优化，以及媒体融合等最新策略的展开，公司目前业务将会继续保持平稳发展，未来也将会在业务上实现新的突破。

易观分析——

华视传媒一线城市媒体资源丰富，大广告主比例较高；采用地面数字电视传输技术，做到真正的实时播放

华视传媒需要深度挖掘广告主的价值需求；媒体利用率还需不断提升

社会化责任需求，更加利于其品牌形象的建设；国内外大型活动的举办给实时传播媒体更多机会；广告主全国性战略规划促使其向三四线城市扩张；城市轨道交通的发展及路况的堵塞使受众触媒时间更长

智能终端的普及分流受众；多种广告媒介的发展使广告市场竞争加剧

一、基础信息

1.1　基本信息

1.1.1　公司名称：华视传媒集团有限公司/华视数字移动电视有限公司

1.1.2　成立时间：2005年4月8日/2006年3月9日

1.1.3　总部地点：深圳市

1.1.4　上市时间：2007年12月6日在美国纳斯达克上市

1.1.5　企业性质：合资/外资

1.1.6 联系方式

网址：http：//www.visionchina.tv/

服务热线： 400 886 9008

总机：(+86) 755 82932222

传真：(+86) 755 82981111

邮编： 518040

地址：深圳市福田区农园路香榭里花园6#.7#首层

1.2 组织信息

1.2.1 管理层：李利民 企业法人

李利民 董事局主席兼首席执行官

王 焱 首席财务官

刘 薇 首席运营官

刘海军 首席开发官

梁 薇 高级广告运营副总裁

谭希松 首席顾问

沈明昌 首席战略合伙人

党 合 首席媒体营销顾问

1.2.2 组织架构：具体信息不详

二、业务信息

2.1 产品及服务信息

地面数字电视：电视根据传输的方式分为三类：有线、无线、卫星。根据传输信号有无数字化又可分为数字电视和模拟电视。地面数字电视就是通过无线传输的数字电视；

数字移动电视：地面数字电视在移动接收应用上的称谓，可看作是一个应用子集，可支持时速超过140公里的移动接收；

户外数字电视：针对传统户内电视所推广的新概念。指采用地面数字电视技术，针对日间群体，在巴士、地铁、出租车、楼宇、广场可以收看的电视；

公交移动电视：以公共交通工具为平台安装的户外数字电视。

公交数字电视媒体：华视传媒覆盖北京、广州、宁波、沈阳、常州、成都、无锡、南京、长春、郑州、长沙、苏州、太原、厦门、武汉、大连等70多个城市的公交移动电视。

地铁电视媒体：华视传媒覆盖北京、上海、广州、深圳、南京、沈阳、西安、重庆、天津、佛山等10多个城市的地铁电视。

公交地铁创意媒体：北京、广州站台轨旁大屏，站厅五屏环，北京市公交电视屏等创意媒体。

2.2　覆盖范围

2.2.1　行业：户外媒体行业

2.2.2　主要客户：海尔、IBM、可口可乐、百事可乐、必胜客、中信银行、苏宁商店、麦当劳、德芙、黑人牙膏、阿迪达斯、中国联通、中国移动、三星、中华、美的等

2.2.3　业务区域：全国

2.3　收入结构：广告是华视传媒的主要营收来源，2013年第三财季广告收入2850万美元，具体结构不详。

三、综合信息

3.1　发展定位：户外数字电视媒体运营企业

3.2　重要合作伙伴及供应商

合作伙伴：中超联赛、中央电视台、爱情送、北京地铁、上海地铁、广州地铁、深圳地铁、南京地铁、沈阳地铁、西安地铁、重庆地铁、天津地铁、佛山地铁等。

航美传媒

航美传媒是中国户外领域航空媒体运营商，拥有最大份额的航空数码媒体市场及机场传统媒体资源，拥有中石化加油站户外媒体的特许经营权，有着机场媒体领域的绝对优势，已逐步完成了对于航空媒体的全面覆盖。截至2013年第三季度，航美传媒占中国户外电子屏广告市场1.76%的市场份额。2013年，航美航美传媒致力于优化媒体资源结构，开始追求更为健康、理性的发展方式。航美经过战略调整，在2013年第一季度取得了较为明显的成绩，其在高端食品饮料（酒类）、电信、民用电子、服装等行业板块有了较为明显的突破，投放费用增长较大，缩减了汽车的贡献度占比，客户版块正日趋健康。2013年第二季度航美与中石化续约，继续在加油站安装LED屏幕，通过对加油站媒体的升级改造，即将传统媒体改为LED显示屏广告，效果显现，吸引了部分高端品牌广告主的投放，尤其是在部分国产品牌商加大对品牌塑造的浪潮下，航美传媒新媒体凭借高端印象，逐渐获得广告主青睐。随着越来越多的广告受众和广告主对移动端的重视，航美传媒加重了对互联网及移动互联网业务的布局。2013年第三季度，航美发布联手海航打造全面接入网络航企，将会为其发展提供新的增长空间，有效促进客户版块健康发展。

易观分析——

铺设的全国机场媒体网络，构建了较好的行业壁垒；内容方面获得多家优秀节目制作部门支持；品牌塑造工作较好；与12家航空公司、50多家机场建立了紧密的合作关系

资源利用率较低，销售能力尚待加强

得益于国家对航空交通的大力建设，受众群体日益增长，航空环境不断优化；电影和航空wifi领域有着广泛的用户需求，航美正致力于打造首家互联网航企，将为其发展带来上升空间

机场成本投入日益增加，将使航美的资源获取面临较大挑战；广告主构成较集中，使内部资源竞争激烈

一、基础信息

1.1　基本信息

1.1.1　公司名称：航美传媒集团有限公司

1.1.2　成立时间：2005年11月22日

1.1.3　总部地点：北京市

1.1.4　上市时间：2007年11月7日在美国纳斯达克上市

1.1.5　企业性质：外资 其他有限责任公司

1.1.6　联系方式

网址：http：//www.airmedia.net.cn/

北京总部地址：北京市东城区东直门外大街46号天恒大厦17层　　邮编：100027

电话：010-84386868

传真：010-84608658

1.2　组织信息

1.2.1　管理层：郭　曼　企业法人

管理团队

郭　曼　董事会主席兼首席执行官

冯中华　总裁

何显鸿　首席财务官

徐　青　董事兼执行总裁

曾　理　副总裁

于云峰　副总裁

何　伟　首席公关官

董　浩　副总裁

1.2.3　组织架构：

航美集团

子公司——北京维美联合广告有限公司、航美金石传媒等子公司等

二、业务信息

2.1　产品及服务信息

机场电视系统

机场电视媒体：机场内唯一以节目与广告搭载播出的视频媒体，全国50余家机场，2200多台电视汇成庞大的独一无二的机场电视网络，机场电视联播网、安检口电视、行李区电视等庞大的网络体系，平均2小时机场超长停留时间创造极佳收视传播机会。

机载电视媒体：机舱内唯一影音媒体，覆盖100%准乘客的整个旅程，封闭空间，无可回避，高达94.6%的收视率，世界航空娱乐协会会员，汇聚多国电视台精品栏目，9家航空公司，2200多条航线编织成庞大的空中电视网络。

机场数码刷屏媒体

机柜式数码刷：52英寸高清晰 LCD为广告载体，播放“零制作费”的数码图片广告，支持静中有动的 Flash 动态效果。

屏独立式数码刷屏：用70-108英寸高清晰LCD为播放载体，播放“零制作费”的数码图片广告，支持静中有动的Flash动态效果，形成覆盖全国23家机场的媒体网络，872台媒体制造高清画面的震撼效果。

108英寸独立式数码刷屏：采用全球第一款超大液晶媒体夏普108英寸显示器，北京、广州二大机场率先使用。

机场传统媒体

北京维美联合广告有限公司是航美传媒集团的全资子公司，以经营全国机场传统媒体（包括灯箱、看板、包柱贴膜等形式）为主，为客户提供全方位的机场传统媒体网络化投放的解决方案。

加油站媒体

航美金石传媒是航美传媒集团旗下子公司。与中石化、中油BP战略合作，拥有30000多座加油站媒体经营权。北京、上海、深圳等城市已完成媒体整合网络布局，2000余座加油站，主要4种媒体

形式闪亮登场。截至2011年3月11日航美金石中石化加油站媒体已在全国19个省、30余个城市共设置1890个点位。包括：北京、上海、深圳、天津、南宁、武汉、长沙、海口、三亚、太原、石家庄、济南、南京、苏州、常州、贵阳、郑州、昆明、重庆、合肥、福州、杭州、温州等城市。

其他媒体

连屏媒体：采用横式2-5台高清晰液晶显示屏相连接，支持高品质图片及静中有动的flash；

LED媒体：全国机场安检口面积最大电子媒体，超大LED屏幕，LED媒体受众关注度极高、广告画面清晰、视觉冲击力强、发布形式灵活，安检口为所有旅客必经之地，受众到达率100%。

2.2 覆盖范围

2.2.1 行业：户外媒体行业

2.2.2 主要客户：奥迪、中国移动、中国联通、东风雪铁龙、海尔、日立、联想、雷克萨斯、LG、蒙牛、诺基亚、三星、上海大众、中国邮政、鹏发集团、中国人寿、中国人保、中国平安、太平洋保险、太平人寿、贵州茅台、长城葡萄酒、法国卡斯特、轩尼诗、龙徽葡萄酒、八喜、蒙牛、金媒、青岛啤酒、红七匹狼、梦都、红双喜、可口可乐等

2.2.3 业务区域：全国

2.3 收入结构：截至2013年第3季度，航美广告营收构成如下：机场数码框架59.3%，机场数字电视5.4%，机载数字电视6.6%，机场传统媒体20.1%，加油站媒体5.0%，其他媒体3.6%

三、综合信息

3.1 发展定位：户外媒体运营商

3.2 重要合作伙伴及供应商

合作伙伴：CCTV、国家气象局、FTV、JUST FOR LAUGHS、WORLD WIDE、STAR TV、福克斯、央视市场研究股份有限公司、中国网络电视台、中国石化、国航、东航、南航、联合国开发计划署、世界自然基金会、中国红十字会、上海文广集团等。

巴士在线

巴士在线（巴士在线传媒有限公司的简称）于2003年在江西南昌创办，注册资金为1亿元人民币；现有32家分支机构，分别在南昌、上海、北京建立了三个营运总部，拥有员工千余人，主要从事在全国公交、地铁开展公共交通智能系统及建立移动视听传播网络业务。截至2013年第3季度，巴士在线占中国户外电子屏广告市场3.83%的市场份额。CCTV移动传媒所属的央视国际移动传媒有限公司系由央视国际和巴士在线合作公司，巴士在线在两大股东中属于相对小股东。CCTV移动传媒，

亦即中央电视台移动传媒，是国家新闻出版广电总局唯一授权以“CCTV移动传媒”为播出名称，在全国范围内为公共视听载体提供节目集成、播控和传输服务的机构。2007年9月，经国家广电总局批准，巴士在线和中央电视台签署战略合作计划，在移动媒体领域开展全国范围内的合作，开办以车载电视为接收终端的移动媒体业务，以“CCTV移动传媒”作为播出呼号，向全国移动人群提供数字内容及增值资讯服务。并于12月8日，央视国际和巴士在线合资成立央视国际移动传媒有限公司，CCTV移动传媒正式开播，所建移动电视网络覆盖北京、上海、广州、深圳等22个主流城市。巴士在线集团旗下拥有中国最大的公交移动WiFi和公交移动电视网络，随着移动互联网的快速发展，巴士在线对车载WiFi的布局将会进一步深化。

易观分析——

中国最大的公交移动WiFi和公交移动电视网络，人群覆盖广，覆盖频率高，与CCTV强势资源有合作关系

在户外电子屏领域总体份额仍不高，广告实际的用户到达率也有提升空间

虚拟运营牌照的获得，将使巴士在线更好地开展跨屏运营，有巨大的创新可能

投入成本将进一步增加，需要更大规模的广告主规模与广告ARPU值，对广告市场的运营提出了更高要求

一、基础信息

1.1 基本信息

1.1.1 公司名称：江西巴士在线控股有限公司

1.1.2 成立时间：2003-04-08

1.1.3 总部地点：创建于江西省南昌 目前设北京、上海、南昌三个总部

1.1.4 上市时间：未上市

1.1.5 企业性质：民营

1.1.6 联系方式

官方网站：http://www.busap.com/

地址：上海市中山南路268号新源广场1号楼22层

北京市朝阳区建国门外大街12号16层

上海：021－63322666

北京：010－65686888

广州：020－28051900

成都：028－85565057

1.2　组织信息

1.2.1　管理层

王献蜀　首席执行官

邓长春　总裁（巴士在线控股有限公司）

解永良　总裁（中麦通信网络有限公司）

杨　方　副总裁

吴　旻　副总裁

夏秋红　副总裁

袁　博　副总裁

孟　雅　副总裁

刘松灿　副总裁

徐　斐　副总裁

宋宏生　副总裁

姚　宁　副总裁

1.2.2　组织架构：具体架构不详

二、业务信息

2.1　产品及服务信息

产品1　移动电视：

常规产品：传统公交液晶电视投放方式，实现客户广告资源的移动领域的传播延伸，根据客户传播要求，结合栏目内容为客户定制多种形式和内容。主要包括平播硬广、平博专题、主题广告、栏目冠名、浮动广告。

特殊产品：内容转型后推出的一系列新产品，更好的发挥营销的优势，以多种灵活的传播方式配合客户宣传需求。主要包括自制栏目、频道产品、栏目定制、事件产品、活动营销产品。

产品2　麦克：

麦克是一款垂直领域移动通信软件，为特定用户提供移动社交、统一通信入口服务.

即时聊天：麦克支持语音、文字、图片、地理位置、名片的传输。

麦圈系统：分享身边的新鲜事，也可以将语音录制成微博来分享心情。

语音视频通话：实时语音视频通话。

表情商店：提供数10套表情下载。

产品3　公交视频监控系统：

系统可实现：查看车内、路面的实时状况；智能化管理，事故取证；结合调度，一键式查看车内动态；防止司机违规驾驶、任意改变线路、沿途随意上下客；解决了公交安全监管碰到的盗窃、抢劫、服务纠纷、司乘人员贪污票款等问题，同时遏制了针对公交车辆恐怖袭击事件的发生。

产品4　公交智能调度系统：

巴士在线公交智能调度系统是以GIS电子地图、GPS卫星定位、GPRS/3G移动通讯等技术为基础，通过实时采集公交运营车辆的位置、行车状态等信息，结合公交企业车辆运营计划的自动编排与执行，实现车辆运行状态的实时可视监控和运营线路车辆的实时调度指挥。

2.2　覆盖范围

2.2.1　行业：通信、食品、化妆品、酒业、互联网、医药保健、

2.2.2　主要客户：凡客、德芙、超级盛典、善存、欧莱雅、中国移动、广州亚运会、三得利、58同城、盘云龙海

2.2.3　业务区域：北京、上海、广州、天津、深圳、南京、西安、沈阳、青岛、杭州、成都、武汉、大连、南昌、昆明、东莞、兰州、郑州、西宁、桂林、海口、哈尔滨

2.3　收入结构：具体信息不详

三、综合信息

3.1　发展定位：中国最大的公交移动WiFi和公交移动电视网络；中国领先的新媒体及移动互联网公司。

3.2　重要合作伙伴及供应商：合作伙伴：CCTV移动传媒、韩国S.M公司、亚神音乐、中国电信等

我国户外电子屏产业中的其他企业名录节选如下表：

表25 中国户外电子屏产业中企业名录节选

领域	厂商	备注
LED大屏	分众传媒	简要分析见前述 数据分析及详细分析 见易观智库企业库
移动电视	华视传媒	
移动电视	巴士在线	
航空新媒体	航美传媒	
LED大屏	DMG	数据分析及详细分析见易观智库企业库
LED大屏	凤凰都市传媒	数据分析及详细分析见易观智库企业库
LED大屏	香榭丽传媒公司	数据分析及详细分析见易观智库企业库
LED大屏	郁金香传媒	数据分析及详细分析见易观智库企业库
航空新媒体	迪岸传媒	数据分析及详细分析见易观智库企业库
移动电视	鼎程传媒	数据分析及详细分析见易观智库企业库
移动电视	东方明珠移动	数据分析及详细分析见易观智库企业库
移动电视	世通华纳传媒控股有限公司	数据分析及详细分析见易观智库企业库
移动电视	北京市世纪炎黄文化传媒有限公司	数据分析及详细分析见易观智库企业库
移动电视	兆讯传媒广告股份有限公司	数据分析及详细分析见易观智库企业库
移动电视	中央电视台移动传媒	详细分析见易观智库企业库
移动电视	浙江广源网络传媒有限公司	详细分析见易观智库企业库
移动电视	活跃传媒	详细分析见易观智库企业库
移动电视	天骏文化传媒(北京)有限公司	详细分析见易观智库企业库
移动电视	玺诚传媒	详细分析见易观智库企业库

信息服务

在线航旅

携程旅行网

携程成立于1999年，现有员工16000余人。公司总部位于上海，在北京、广州等11个城市设立分支机构。是目前中国最大的OTA。提供酒店预订、机票预订、旅游度假等服务。其中，机票预订网络覆盖国际国内绝大多数航线，提供全国74个城市的送票业务。截至2012年底，携程合作的国内酒店数量达到35000家，海外酒店数量超过20万家。机票和酒店预订一直是携程最核心的收入来源，占总收入的比例稳定在40%左右。从目前披露的业务收入来看，携程机票预订业务的收入占比近年来小幅下滑，酒店业务则受到艺龙的冲击。同时新型的旅游产品在线分销平台的分食，携程的竞争对手在不断增加。但是携程仍然是国内综合实力最强的OTA，在机票和酒店预订领域的领先地位短时期难以被撼动。

易观分析——

作为在线旅游市场的先入者，携程经过10多年的发展，拥有着较强的品牌影响力及大量的客户资源；作为上市公司，拥有较强的资金支持；采用地面与线上结合的模式，方便客户，得到客户的认可；不断提升的硬件及技术水平，后台服务建设能力强

在休闲度假中品牌形象不够专业，发力较晚，影响其度假旅游产品的业绩；相比竞争对手，度假旅游产品在信息资源、品类、专业性、价格方面不强

目前喜爱自助旅游、休闲旅游的年轻时尚人群逐渐增多，政府对旅游业的扶持政策给携程带来更多机遇；不仅如此，携程可结合当前市场发展，开拓海外市场

从在线旅游角度讲，传统旅行社仍然是用户选择度假产品首选，作为在线旅游业公司，携程目前的商业模式雷同、产品服务相似，来自同类公司的竞争压力仍然很大；旅游搜索引擎对于传统旅游服务商也存在较大冲击

一、基础信息

1.1　基本信息

1.1.1　公司名称：携程国际有限公司

1.1.2　成立时间：1999-06-01

1.1.3　总部地点： 2003年12月9日

1.1.4　上市时间：上市

1.1.5　企业性质：上市股份公司

1.1.6　资本信息：不详

1.1.7　联系方式

网址：http://www.ctrip.com

地址：上海市虹漕路421号63幢3楼

电话：8008206666

1.2　组织信息

1.2.1　管理层

梁建章　创始人

范　敏　首席执行官

1.2.2　组织架构

二、业务信息

2.1　产品及服务信息：电话热线、PC端服务及App

（1）酒店（2）旅游（3）机票（4）火车（5）团购（6）商旅（7）礼品卡（8）论坛（9）订餐（10）积分特卖

2.2　覆盖范围

2.2.1　行业：在线航旅

2.2.2　主要客户：全网用户旅游人群

2.2.3　业务区域：全球

2.3　收入结构

2013年，总营收为57亿元，同比增长30%；酒店预订营收占比38.6%；票务服务营收占比38.6%；旅游度假业务营收占比16.4%；商旅管理业务营收占比4.7%，其他占比1.7%。

三、综合信息

3.1　发展定位：中国领先的在线旅行服务公司，提供全方位旅行服务，做互联网和传统旅游无缝结合的典范

3.2　重要合作伙伴及供应商：鸿鹄逸游　驴评网　松果网　途家网　永安旅游　易游网

艺龙旅行网

艺龙是在目前在线旅游市场排名第二的OTA企业。提供酒店、机票及旅行团购业务。截至2012年9月，艺龙可以提供国内4万多家酒店以及全球20万家酒店的预订服务。艺龙旅行网排名前两位的大股东是Expedia与腾讯。通过与Expedia的系统直连，艺龙拥有超过14万家国际酒店可以提供给用户选择预订。与携程全产业链的服务定位不同，艺龙主要专注于酒店预订业务。自2010年起，艺龙的酒店预订的收入占比逐年增长，目前稳定在70%左右。目前艺龙可以提供国内280个主要城市的近3,700家酒店和海外数万家酒店优惠的预订服务，国内57个主要商务、旅游城市的出、送机票服务，以及度假、租车等旅游服务。

易观分析——

作为Expedia旗下的企业，具有资金和资源的支持。剥离外围业务，分离出核心业务后，酒店机票预定业务的执行力得到提升。客户差旅过程的一条龙式的全程监督、管理和操作的合作节约了客户成本的同时还保证了质量

机票酒店产品仍然和其他供应商属于同质化竞争，并没有特别的明显的优势。主要面对商旅人士，受众面比较窄

旅游预订市场上强化专业，可以探索出新的模式。依托Expedia的资源，可以考虑开拓海外市场。提升与搜索引擎合作进行推广

作为上市公司持续亏损的局面不及时扭转将带来更大的资本市场的压力。商业模式雷同、产品服务相似导致来自同类公司的竞争压力仍然很大

一、基础信息

1.1　基本信息

1.1.1　公司名称：艺龙旅行网

1.1.2　成立时间：1995-05-01

1.1.3　总部地点：北京

1.1.4　上市时间：2004年10月28日

1.1.5　企业性质：上市股份公司

1.1.6　资本信息：注册资本1600万

1.1.7　联系方式

网址：http://www.elong.com

邮箱：bj@corp.elong.com

地址：北京市朝阳区酒仙桥中路10号星科大厦B座

电话：+86-10-58602288

1.2　组织信息

1.2.1　管理层

管理团队

崔广福　CEO

罗　戎　CFO

杨锐志　首席会计师

谢　震　COO

萨　米　法务副总裁

詹宏勇　CTO

陈　宁　CHO

丁浩川　运营副总裁

夏青宁　酒店合作伙伴部副总裁

1.2.2　组织架构：具体信息不详

二、业务信息

2.1　产品及服务信息

电话热线、PC端服务及App客户端

特惠信息、酒店频道、机票频道、旅游度假、旅游指南、旅游社区、积分

2.2　覆盖范围：全球

2.2.1　行业：在线航旅

2.2.2　主要客户：全网用户旅游人群

2.2.3　业务区域：全球

2.3　收入结构：艺龙旅行网2013年营收10.407亿元，酒店预订业务营收占比80%，机票预订业务营收占比12%，其他业务收入占比8%

三、综合信息

3.1 发展定位：中国最大的、最智能的旅行服务市场。以最低的成本，最简便的交易，最智能的信息，为客户提供最好的旅行服务。

3.2 重要合作伙伴及供应商：招商银行、阿联酋航空、VISA、MasterCard、PICC、HSBC、迪士尼、SONY、PICC、银联、中国移动、三星等

同程网

同程网络科技股份有限公司（简称同程网）成立于2004年，是中国唯一拥有B2B旅游企业间平台和B2C大众旅游平台的旅游电子商务网站。公司现有员工1500余人，注册资本6000万元，业务涵盖酒店、机票、景点门票、自助旅游在线预订，旅游信息化、旅游软件开发、旅游目的地资讯及攻略等方面。公司先后获得苏州创投集团，腾讯集团等投资，并于2012年9月完成股份制改造。同程网以周边游为主要目标市场，以门票业务为差异化竞争要素。但是由于门票业务所涉及竞争者较多，同程网的市场竞争十分激烈。

一、基础信息

1.1 基本信息

1.1.1 公司名称：苏州同程旅游网络科技有限公司

1.1.2 成立时间：2004-01-01

1.1.3 总部地点：苏州

1.1.4 上市时间：未上市

1.1.5 企业性质：民营

1.1.6 资本信息：注册资本6000万，2012年获腾讯、苏州创投投资，2014年再获腾讯、博裕、元禾三家共5亿元投资

1.1.7 联系方式

网址：http://www.17u.com/

地址：苏州工业园区星湖街328号创意产业园5幢A座

电话：+86-512-65155680

1.2　组织信息

1.2.1　管理层：吴志祥　CEO

1.2.3　组织架构：同程网下分旅游资讯垂直门户“一起游”、一站式旅游预订平台“同程网”、旅游B2B交易平台“旅交汇”

二、业务信息

2.1　产品及服务信息

热线电话、PC端服务、App客户端

业务涵盖酒店、机票、景点门票、自助旅游在线预订，旅游信息化、旅游软件开发、旅游目的地资讯及攻略，交易

2.2　覆盖范围

2.2.1　行业：在线航旅

2.2.2　主要客户：全网用户旅游人群

2.2.3　业务区域：全球

2.3　收入结构：同程网主要营收来源来自于机票预订，酒店预订，门票业务，度假业务，具体结构不详

三、综合信息

3.1　发展定位：中国最大的网上旅游超市，提供一站式旅游服务与旅游互动社区

3.3　重要合作伙伴及供应商：速8，锦江之星，希尔顿等

我国在线航旅产业其他厂商的名录节选如下：

表26 中国在线航旅产业中企业名录节选

领域	厂商	备注
综合	携程旅行网	简要分析见前述 数据分析及详细分析 见易观智库企业库
综合	艺龙旅行网	
综合	同程网	
综合	来订吧预订网	详细分析见易观智库企业库
综合	芒果传媒有限公司	详细分析见易观智库企业库
综合	途牛旅游网	详细分析见易观智库企业库
信息化解决方案	北京巅峰美景科技有限公司	详细分析见易观智库企业库
信息化解决方案	三亚金棕榈度假酒店	详细分析见易观智库企业库
信息化解决方案	浙江九天科技有限公司	详细分析见易观智库企业库
信息化解决方案	浙江深大智能科技有限公司	详细分析见易观智库企业库
商旅服务	深圳市腾邦国际商业股份有限公司	详细分析见易观智库企业库
商旅服务	五星汇	详细分析见易观智库企业库
商旅服务	悠会网	详细分析见易观智库企业库
旅游资讯	北京久游科技有限公司	详细分析见易观智库企业库
旅游资讯	乐途旅游网	详细分析见易观智库企业库
旅游资讯	欣欣旅游网	详细分析见易观智库企业库
旅游资讯	悠哉旅游网	详细分析见易观智库企业库
旅游社区	到到网	详细分析见易观智库企业库
旅游社区	驴妈妈旅游	详细分析见易观智库企业库
旅游社区	驴评网	详细分析见易观智库企业库
旅游社区	蚂蜂窝旅游网	详细分析见易观智库企业库
旅游社区	穷游网	详细分析见易观智库企业库
旅游产品	80天环游网	详细分析见易观智库企业库
旅游产品	爱嘉途	详细分析见易观智库企业库
旅游产品	春秋旅行社	详细分析见易观智库企业库
旅游产品	桂旅网	详细分析见易观智库企业库

续表

领域	厂商	备注
旅游产品	国旅在线	详细分析见易观智库企业库
旅游产品	锦江旅游	详细分析见易观智库企业库
旅游产品	凯撒国旅	详细分析见易观智库企业库
旅游产品	芒果旅游网	详细分析见易观智库企业库
旅游产品	上海泰格旅游网	详细分析见易观智库企业库
旅游产品	中国国际旅行社	详细分析见易观智库企业库
旅游产品	中国康辉	详细分析见易观智库企业库
旅游产品	中国旅行社总社	详细分析见易观智库企业库
旅游产品	中华户外网	详细分析见易观智库企业库
旅游产品	中青旅遨游网	详细分析见易观智库企业库
酒店预订	12580	详细分析见易观智库企业库
酒店预订	7天连锁酒店	详细分析见易观智库企业库
酒店预订	爱日租	详细分析见易观智库企业库
酒店预订	百酷网	详细分析见易观智库企业库
酒店预订	冰点酒店控	详细分析见易观智库企业库
酒店预订	布丁酒店	详细分析见易观智库企业库
酒店预订	格林豪泰连锁酒店官网	详细分析见易观智库企业库
酒店预订	国际青年旅舍	详细分析见易观智库企业库
酒店预订	汉庭	详细分析见易观智库企业库
酒店预订	今日酒店特价	详细分析见易观智库企业库
酒店预订	锦江之星	详细分析见易观智库企业库
酒店预订	酒店达人	详细分析见易观智库企业库
酒店预订	桔子酒店	详细分析见易观智库企业库
酒店预订	蚂蚁短租	详细分析见易观智库企业库
酒店预订	米途订酒店	详细分析见易观智库企业库
酒店预订	莫泰酒店	详细分析见易观智库企业库
酒店预订	如家酒店	详细分析见易观智库企业库
酒店预订	速8酒店	详细分析见易观智库企业库

续表

领域	厂商	备注
酒店预订	途家网	详细分析见易观智库企业库
酒店预订	住哪网	详细分析见易观智库企业库
酒店预订	租了啦	详细分析见易观智库企业库
景区	TouchChina	详细分析见易观智库企业库
景区	一块去旅行网-景点打折门票	详细分析见易观智库企业库
机票预定	东方航空	详细分析见易观智库企业库
机票预定	港航	详细分析见易观智库企业库
机票预定	国航	详细分析见易观智库企业库
机票预定	海南航空	详细分析见易观智库企业库
机票预定	南方航空	详细分析见易观智库企业库
机票预定	上海航空	详细分析见易观智库企业库
机票预定	中华航空	详细分析见易观智库企业库
火车票预订	铁路总公司12306	详细分析见易观智库企业库

分类信息

58同城

58同城2005年12月创立于北京。截至目前，58同城的网站内容已经覆盖全国380个城市左右，提供房屋租售、招聘求职、二手物品、二手车、二手房、商家黄页、宠物票务、旅游交友、餐饮娱乐等多种生活服务，同时为商家提供以网邻通为基础的多款推广产品。58同城于2013年10月31日，正式在纽交所挂牌上市

2012年，58同城率先推出“消费者保障计划”，而后引入支付宝担保交易、实施先行赔付、改进移动端功能等，将生活服务业从信息的“量时代”带入安全和信任的“质时代”。

上市同时带入资金优势与盈利压力，在移动端的产品开发和运营方面，58同城暂时没有明显的优势，这对于58同城和整个分类信息网站来说，都是下一步发展的重要方向和机会。

易观分析——

同行上市第一股，品牌优势明显，资金资源与战略支持优势

产品差异不明显，用户重合度高，内容质量参差不齐，用户黏性一般

移动端用户需求远未被满足，完善信用管理机制，建立行业标准

大量信息带来的审核压力，股东监管下的盈利压力

一、基础信息

1.1　基本信息

1.1.1　公司名称：北京五八信息技术有限公司

1.1.2　成立时间：2005年12月

1.1.3　总部地点：北京市

1.1.4　上市时间：2013年10月31日

1.1.5　企业性质：上市股份公司

1.1.6　资本信息：注册资本1000万人民币

1.1.7　联系方式

网址：http：//www.58.com/

地址：北京市朝阳区北苑路乙108号北美国际商务中心E座

电话：010-57960888

1.2　组织信息

1.2.1　管理层

姚劲波　创始人

段冬等　副总裁

1.2.2　组织架构：具体信息不详

二、业务信息

2.1　产品及服务信息

作为一站式生活服务平台，本地信息内容已经覆盖全国380个城市左右，提供房屋租售、招聘求职、二手物品、二手车、二手房、商家黄页、宠物票务、旅游交友、餐饮娱乐等多种生活服务。

通过PC端与App客户端，58同城提供分类信息、团购、无线产品、商业产品和工具5大类产品，具体有：

（1）分类信息：房产信息、招聘信息、求职简历、跳蚤市场、生活黄页、交友征婚、宠物/宠物用品、票务/优惠券、车辆买卖与服务教育培训、商务服务旅游/酒店/签证。

（2）团购：58团购

（3）无线产品：手机58、58同城客户端

（4）商业产品：生活黄页、网邻通、房产版网邻通、招聘通置顶

（5）工具：列车时刻表、一折机票、酒店预订、北京公交、天气预报。

2.2　覆盖范围

2.2.1　行业：一站式生活服务平台/分类信息网站

2.2.2　主要客户：各类信息的提供者、供应商；各类信息的需求者

2.2.3　业务区域：全国

2.3　收入结构：58同城收入来源主要为在线广告和会员费。2013年58同城总营收1.457亿美元，同比增长67.3%，会员费占比58.8%，在线广告占比40.2%，其他占比1%

三、综合信息

3.1　发展定位：人人信赖的一站式生活服务平台

3.2　重要合作伙伴及供应商

温州君义同城信息技术有限公司、潍坊添翼网络科技有限公司、柳州唐潮科技有限公司、新疆鸿跃网络科技有限公司、内蒙古国风网络技术有限公司、互动星城信息技术有限公司、西宁德旭网络科技

有限公司、山东金点子广告传媒有限公司宝庆分公司、吉林市原点网络技术有限公司、滨州市江圣禾泰广告有限公司、广西北海众鑫信息科技有限公司、本溪市平山区芊秋网络服务中心等渠道代理商。

赶集网

赶集网成立于2005年，总部位于北京，目前在上海、深圳设有分公司，并在全国350多个城市开通分站，服务遍布人们日常生活的各个领域。赶集网是中国最大的分类信息网站之一，而且曾经是分类信息领域的领导者，2013年成功将旗下的蚂蚁短租孵化独立。在58同城美国上市后，分类信息网站再度获得资本市场的关注。

赶集网目前正寄希望于无线端发力，根据易观智库的监测结果，2013年第四季度，赶集网的无线客户端赶集生活的用户覆盖率低于主要竞争对手58同城。此前，分类信息服务网站比拼的是信息的量，但作为流量类网站，用户黏性最终是由信息的品质所决定的。由量到质的竞争已然拉开序幕，这也是赶集网需要着重努力的方向。

赶集网目前正向网络招聘领域发力，希望将网络招聘作为分类信息中最主要的业务之一，定位于基层人才的招聘平台。

一、基础信息

1.1　基本信息

1.1.1　公司名称：赶集网

1.1.2　成立时间：2005年

1.1.3　总部地点：北京

1.1.4　上市时间：未上市

1.1.5　企业性质：私营企业

1.1.6　资本信息：不详

1.1.7　联系方式

网址：http: //bj.ganji.com/

地址：北京市海淀区上地软件园南路57号八维学校内

电话：（010）57353539

1.2　组织信息

1.2.1　管理层

杨浩涌　创始人

杨浩然　总　裁

罗　剑　刘　洋等　副总裁

1.2.2　组织架构：具体信息不详

二、业务信息

2.1　产品及服务信息：提供招聘求职、房屋租售、二手物品买卖、车辆买卖、宠物票务、教育培训、同城活动及交友等全方位的本地生活及商务服务类信息

2013年四季度起，加大招聘服务力度

2.2　覆盖范围

2.2.1　行业：信息综合

2.2.2　主要客户：已开通服务的城市互联网用户

2.2.3　业务区域：在全国350多个城市开通分站

2.3　收入结构：赶集网主要营收来源为会员费及在线广告，具体营收结构不详

三、综合信息

3.1　发展定位：帮助老百姓更便利地获取优质生活服务信息

3.2　重要合作伙伴及供应商：谷歌 TOM等

我国分类信息网站其他厂商名录节选如下：

表27　中国分类信息网站产业企业名录节选

厂商	备注
58同城	详细分析见易观智库企业库
赶集网	详细分析见易观智库企业库
爱帮网	详细分析见易观智库企业库
百姓网	详细分析见易观智库企业库
城市吧	详细分析见易观智库企业库
我易网	详细分析见易观智库企业库
查查吧	详细分析见易观智库企业库
大豆网	详细分析见易观智库企业库
列表网	详细分析见易观智库企业库

垂直搜索与导航

去哪儿网

去哪儿网创办于2005年，是目前最大的旅游搜索引擎网站，其目标是协助消费者搜索到最有价值的机票、酒店、签证、度假线路和其他旅游服务。去哪儿网2012年全年搜索量为18亿次，2013年上半年搜索量为14亿次；去哪儿网目前是中国在线旅游访问率最高的网站；2012年，“去哪儿”APP位居旅行类客户端下载量排行首位。去哪儿网有1240家OTA合作伙伴，其中包括携程、艺龙、同程网等公司。去哪儿的商业模式是在线搜索模式，注重搜索技术。以广告收益为主要盈利模式。

易观分析——

中国旅游事业蓬勃发展对在线旅游OTA厂商起到了助推作用，去哪儿已得到资本市场的认可以及百度的流量资源，搜索数据的用户数据积累

缺乏长期有竞争力的技术，与OTA合作中存在竞争关系，盈利模式单一

良好的旅游市场环境，移动互联网发展过程改变旅游决策流程

携程等OTA厂商拓展现有业务，推出站内搜索，新型个性化在线旅游厂商提供相似服务

一、基础信息

1.1　基本信息

1.1.1　公司名称：北京趣拿信息技术有限公司

1.1.2　成立时间：2005年5月

1.1.3　总部地点：北京

1.1.4　上市时间：2013年11月1日

1.1.5　企业性质：股份制（百度是其最大股东之一）

1.1.6　资本信息

1.1.7　联系方式

网址：http: //www.qunar.com/

地址：北京市海淀区苏州街29号院18号楼维亚大厦17层

电话：（86-10）57603000

传真：（86-10）57603545

1.2　组织信息

1.2.1　管理层

庄辰超　创始人

孙含晖　CFO

吴永强　CTO

彭笑玫　执行副总裁

张　泽　谌振宇　杨　威等　副总裁

1.2.2　组织架构　具体信息不详

二、业务信息

2.1　产品及服务信息：机票服务、酒店服务、团购、度假、签证、火车票等的导航

2.2　覆盖范围

2.2.1　行业：垂直导航/在线订票、旅游、团购

2.2.2　主要客户：全网用户

2.2.3　业务区域：全球

2.3　收入结构

三、综合信息

3.1　发展定位：让用户拥有更为完善的知情权与自主选择权

3.2　重要合作伙伴及供应商：诺基亚，百度，中国联通，中国移动，中国电信

融世纪

2011年10月，融360由一批成功的互联网和金融专业人士组建成立，并于2012年3月完成A轮近千万美元融资，2013年6月完成B轮3000万美元融资。公司总部位于中国北京，目前在上海、天津、深圳等地设有运营机构，全国设有分站。

融360致力于为广大中小企业和个人用户免费提供最可靠、最便捷、最划算的贷款推荐结果。平台上的金融产品来自包括国有银行、股份制银行、外资银行、城市银行、小额贷款公司等国家认可的金融机构。广大用户可以通过融360独有的智能搜索、匹配系统一站式、直接申请到最优贷款。

易观分析——

平台在B端积累了大量产品供应商；逐步发展大数据技术分析用户资质；团队覆盖范围较广

网站发展到一定阶段后，线上用户流量会是成为发展瓶颈

市场潜力大、迎合了互联网金融和利率市场化趋势、巨头尚未发力、加强对用户信用的把握

预期将遭遇来自互联网巨头和金融机构的激烈竞争；行业技术尚不能完全保证消除用户数据泄漏、长期融资用户的防控风险

一、基础信息

1.1 基本信息

1.1.1 公司名称：北京融世纪信息技术有限公司

1.1.2 成立时间：2011年10月

1.1.3 总部地点：北京

1.1.4 上市时间：未上市

1.1.5 企业性质：有限责任公司(自然人投资或控股)

1.1.6 联系方式：

网址：www.Rong360.com

地址：北京市海淀区知春路113号银网中心B座717

电话：北京：(86-10) 82625755

上海：(86-21) 61703177；

深圳：(86-755) 33069368

1.2 组织信息

1.2.1 管理层：

陆佳彦　法人代表

叶大清　联合创始人兼CEO

1.2.2 组织架构：

总部在北京，另在上海、深圳、天津设有区域中心。团队来自美国运通、百度、PayPal、宁波银行、阿里巴巴、第一资本银行等国内外知名互联网和金融服务公司，其他信息不详。

具体信息不详。

二、业务信息

2.1 产品及服务信息

--服务1：为广大网民提供专业的融资贷款搜索服务。

--服务2：为用户提供各种银行和出借机构贷款产品的搜索、比较服务

--服务3：首创的融360专业评估，为用户量身定制贷款产品。

2.2 覆盖范围

2.2.1 行业：垂直导航/互联网金融

2.2.2 主要客户：全国网民与小微企业

2.2.3 业务区域：全国

2.3 收入结构：对上游合作金融机构收费，对中小企业与个人消费者完全免费。具体数据信息不详

三、综合信息

3.1 发展定位：融资贷款及信用卡的搜索、推荐与服务平台，为小微企业和个人消费者免费提供便捷、划算、安全的金融服务。

3.2 重要合作伙伴及供应商：中信银行、工商银行、浦发银行、光大银行、华夏银行等各大银行

我国的垂直搜索与导航领域其他厂商名录节选如下：

表28　中国垂直搜索与导航产业中企业名录节选

领域	厂商	备注
在线旅游垂直搜索	去哪儿	简要分析见前述/数据分析及详细分析见易观智库企业库
互联网金融垂直搜索	融360	
互联网金融垂直搜索	存折网	详细分析见易观智库企业库
互联网金融垂直搜索	大家保	详细分析见易观智库企业库
互联网金融垂直搜索	富脑袋	详细分析见易观智库企业库
互联网金融垂直搜索	融360	详细分析见易观智库企业库
旅游搜索	酷讯网	详细分析见易观智库企业库
旅游搜索	去哪儿网	详细分析见易观智库企业库
团购	团800	详细分析见易观智库企业库
团购	奇虎360科技有限公司	详细分析见易观智库企业库
导购	51返利网	详细分析见易观智库企业库
导购	谷歌	详细分析见易观智库企业库
导购	腾讯控股有限公司	详细分析见易观智库企业库
导购	爱图购	详细分析见易观智库企业库
导购	上海毕佳数据系统有限公司	详细分析见易观智库企业库
导购	聪明点	详细分析见易观智库企业库
导购	美丽说（北京）网络科技有限公司	详细分析见易观智库企业库
导购	杭州互秀电子商务有限公司	详细分析见易观智库企业库
导购	蘑菇街	详细分析见易观智库企业库
导购	杭州雷讯网络技术有限公司	详细分析见易观智库企业库
导购	网易公司	详细分析见易观智库企业库
导购	迅购网	详细分析见易观智库企业库
导购	淘宝网	详细分析见易观智库企业库
导购	北京亿玛在线科技有限公司	详细分析见易观智库企业库

其他垂直信息服务

我国其他垂直信息服务厂商名录节选如下：

表29 中国类型垂直信息服务企业名录节选如下

领域	厂商	备注
文库	百度	详细分析见易观智库企业库
文库	豆丁网	详细分析见易观智库企业库
文库	中国知网	详细分析见易观智库企业库
文库	重庆维普资讯有限公司	详细分析见易观智库企业库
文库	北京万方数据有限公司	详细分析见易观智库企业库
教育资讯	上海互加文化传播有限公司	详细分析见易观智库企业库
教育资讯	中国MBA网	详细分析见易观智库企业库
教育资讯	中国教育在线	详细分析见易观智库企业库
网络招聘	万仕道（北京）管理咨询有限公司-猎聘网	详细分析见易观智库企业库
网络招聘	1010兼职网	详细分析见易观智库企业库
网络招聘	大街网	详细分析见易观智库企业库
网络招聘	前程无忧	详细分析见易观智库企业库
网络招聘	广州职友集网络技术有限公司	详细分析见易观智库企业库
网络招聘	智联招聘	详细分析见易观智库企业库
网络招聘	中华英才网	详细分析见易观智库企业库
网络招聘	猪八戒网	详细分析见易观智库企业库
网络招聘	北京东方高人管理顾问有限公司-举贤网	详细分析见易观智库企业库

信息安全

金山软件

金山软件创建于1988年，是应用软件产品和服务供应商。其产品线覆盖了桌面办公、信息安全、实用工具、游戏娱乐和行业应用等诸多领域。金山手机安全卫士是针对S60平台研发的一款安全类产品。目前，金山也正在由软件公司向互联网安全公司转型，与腾讯、百度两大巨头多有合作。金山手机卫士定位于辅助管理，金山网络已经研发了专注于杀毒的金山手机毒霸，专注于杀毒功能。

易观分析——

作为传统杀毒软件厂商，具有长期在该领域的技术积累，团队合作及业务协同能力及创新能力较强

在移动互联网端布局较晚，推广渠道有待加强；对市场的把握及研究能力有待提高；由于自身产品定位，产品功能在丰富性方面稍有不足

移动互联网发展迅猛，安全问题日益凸显，为手机安全产品提供了良好的市场空间；2013年底金山软件与腾讯旗下公司订立战略合作协议及许可协议，或将有助于金山软件提升整体收入

腾讯手机管家、360手机卫士等手机安全产品的迅速发展严重挤压了金山的市场空间；由于产品的定位和功能丰富性方面的不足，使得金山软件受众面有限

一、基础信息

1.1　基本信息

1.1.1　公司名称：金山网络技术有限公司

1.1.2　成立时间：2010年11月

1.1.3　总部地点：北京

1.1.4　上市时间：未上市

1.1.5　企业性质：合资

1.1.6　资本信息：无

1.1.7　联系方式

邮箱：bd@ijinshan.com

地址：北京市朝阳区朝阳北路237号复星国际中心

电话：010-62927779

1.2 组织信息

1.2.1 管理层

傅 盛 CEO

徐 鸣 CTO

陈 勇 陈 睿 肖 洁 副总裁

刘新华 CMO

1.2.2 组织架构：暂无

二、业务信息

2.1 产品及服务信息

金山毒霸、金山卫士、金山手机毒霸、猎豹浏览器、猎豹浏览器手机版、金山电池医生、金山清理大师等，产品覆盖微软windows、苹果iOS和安卓三大平台。

2.2 覆盖范围

2.2.1 行业：网络安全

2.2.2 主要客户：大众

2.2.3 业务区域：全球

2.3 收入结构：游戏、流量分发、软件销售、云服务

三、综合信息

3.1 发展定位：专注于互联网安全管理

3.2 重要合作伙伴及供应商：苹果、微软、Google、腾讯、百度、淘宝、搜搜、小米手机、中国移动、中国联通、中国电信、康佳集团、惠普等

360安全

奇虎360专注于自身产品研发，更多地利用自身的产品来占据移动安全市场，在移动端市场，360在手机安全应用、应用商店、手机浏览器、手机终端等领域都有布局。同时，由于360手机卫士重点强化其在手机防骚扰、防盗、隐私保护方面的功能特性，获得了英国西海岸实验室首个防骚扰国际权威认证。2011年3月30日奇虎360公司正式在纽约证券交易所挂牌交易。奇虎360公司利用手机安全卫士产品布局移动互联网，其在手机安全领域入手较早，在市场中占据领先地位，其在手机安全市场的份额超过六成左右，随着360手机卫士用户基数的不断扩大和产品渗透率的不断提高，未来增长速度必将放缓，对于奇虎来说，利用安全产品的移动互联网入口地位，拓展其他产品的用户规模，以巩固奇虎360在移动互联网市场的地位，打造360系产品集群，是其未来发展的重点。

易观分析——

技术优势，到了国际权威评测机构的普遍认可，并有较为丰富的产品推广体系；品牌及用户规模庞大；360占据移动互联网入口优势，有助于手机安全软件的发展

与传统互联网巨头的整体体量存在较大差距，容易受到互联网巨头的围堵

移动互联网发展迅猛，安全问题日益凸显，移动互联网的迅猛发展为手机安全产品提供了良好的市场空间

安全市场竞争激烈，其他厂商不断冲击360市场空间；盈利模式不够清晰，有待提升

一、基础信息

1.1　基本信息

1.1.1　公司名称：奇虎360科技有限公司

1.1.2　成立时间：2005年

1.1.3　总部地点：北京

1.1.4　上市时间：2011年3月30日

1.1.5　企业性质：上市公司

1.1.6　联系方式

网址：http：//www.360.cn/

地址：北京市朝阳区酒仙桥路6号院电子城国际电子总部

电话：86-10-5878-1000

1.2　组织信息

1.2.1　管理层

360董事长周鸿祎亲自管理无线安全业务线，360总裁齐向东负责PC安全业务线。

原360极速浏览器产品总监朱翼鹏担任手机卫士事业部总经理；原360安全卫士高级产品总监向明担任手机助手事业部总经理；原360安全卫士查杀产品总监姚彤担任手机核心安全事业部总经理；360首席科学家蒋旭宪担任无线安全研究院院长；范纪鍠为安全卫士事业部总经理；路轶担任杀毒事业部总经理；公司副总裁郑立群继续担任一对一服务事业部总经理。

1.2.2　组织架构

无线安全业务线（手机卫士事业部、手机助手事业部、手机核心安全事业部、无线安全研究院、通讯安全产品部、手机桌面产品部）

PC安全业务线（安全卫士事业部、杀毒事业部、一对一服务事业部）

二、业务信息

2.1　产品及服务信息：iOS，Android，windows版手机安全产品

产品：360手机卫士，360杀毒，360浏览器，360手机桌面，360手机助手等众多产品

服务：互联网安全与软件、传媒、搜索

2.2　覆盖范围

2.2.1　行业：互联网泛安全、电脑软件、手机软件、智能硬件

2.2.2　主要客户：大众电脑使用者

2.2.3　业务区域：以中国为主的中文使用者

2.3　收入结构：奇虎360第三季度收入为1.879亿美元，相比2012年第三季度8400万美元增长124%，环比增长24%。主要是由于在线广告和互联网增值服务的持续动力。

其中，网络广告收入为1.207亿美元，较去年同期增长107%，环比增长33%。主要是360搜索和个性化启动页面的商业化驱动。强劲的环比季度增长亦是由于搜索商业化的提升。

互联网增值服务收入，主要来自游戏平台运营，第三季度营收为6700万美元，同比增长163%，环比增长10%。

三、综合信息

3.1　发展定位：全球最受网民尊敬的互联网安全服务公司

3.3　重要合作伙伴及供应商：中国移动、微软、中国电信、谷歌、英特尔、域名行业发展联盟、中国国家漏洞库

腾讯安全

腾讯利用其巨大的用户规模优势，强势推广手机安全应用，通过产业链的多方合作来拓展安全市场；并向众多应用市场提供应用安全监测服务、为手机厂商提供安全模块以及向ROM开发商提供安全模块。使其在手机安全市场的份额迅速提升，占据将近四成的市场份额。对于目前已经在微信加入支付功能的腾讯来讲，未来移动支付的安全问题将成为产品关注焦点。一方面，腾讯与金山的合作逐渐深入，另一方面，腾讯在2013年再度提升了对企业市场的关注度，腾讯在信息安全领域将继续发力。

易观分析——

依托于腾讯公司的产品和品牌优势，品牌影响力及用户群庞大；产品研发能力较强，并建立了移动安全实验室；围绕手机健康管理理念，进行产品创新，获得用户和众多机构认可；产业链合作者资源优势

入市较晚，无先发优势；用户体验及资源优化方面有待提升

利用自身的移动安全实验室进行市场安全问题研究，可有助于腾讯手机管家产品的升级和优化；移动互联网的迅猛发展为手机安全产品提供了良好的市场空间，微信支付功能的良好发展也会带动手机安全产品的市场

腾讯手机管家作为单一的手机安全软件，品牌认知度有待提高

一、基础信息

1.1　基本信息

1.1.1　公司名称：腾讯控股有限公司

1.1.2　成立时间：1998年11月

1.1.3　总部地点：深圳

1.1.4　上市时间： 2004年6月16日上市

1.1.5　企业性质：股份制

1.1.6　资本信息：注册资本8000万元

1.1.7　联系方式

网址： mail.qq.com

地址：中国广东省深圳市高新科技园北区深圳腾讯大厦

1.2 组织信息

1.2.1 管理层

马化腾 主席兼执行董事

马化腾 行政总裁

张志东 执行董事

刘炽平 执行董事

Charles St Leger Searle 非执行董事

1.2.2 组织架构：企业发展事业群（CDG）、互动娱乐事业群（IEG）、移动互联网事业群（MIG）、网络媒体事业群（OMG）、社交网络事业群（SNG）、技术工程事业群（TEG）

二、业务信息

2.1 产品及服务信息

腾讯旗下拥有腾讯手机管家等众多围绕软件、游戏的产品和服务。

手机管家主要功能：体检加速、健康优化、安全防护、流量监控等功能。最新版本的产品最大特性便是“反信息诈骗”。

iOS，Android，windows版手机管家产品

2.2 覆盖范围

2.2.1 行业：互联网

2.2.2 主要客户：大众

2.2.3 业务区域：全球

2.3 收入结构：腾讯的安全产品线，以免费服务为主，具体收入结构不详

三、综合信息

3.1 发展定位：从保护手机安全变为保护手机用户安全的先锋创新目标

3.2 重要合作伙伴及供应商：腾讯手机管家参与安全开放平台及产业联盟，腾讯手机管家与深圳网警、顺丰快递等机构及合作伙伴建立了数据以保证用户的信息安全。

我国互联网安全领域其他厂商名录节选如下：

表30 中国互联网安全产业中企业名录节选

领域	厂商	备注
信息安全	金山	简要分析见前述 数据分析及详细分析 见易观智库企业库
信息安全	奇虎360	
信息安全	腾讯	
信息安全	北京网秦天下科技有限公司	数据分析及详细分析见易观智库企业库
信息安全	LBE安全大师	数据分析及详细分析见易观智库企业库
信息安全	北京安管佳科技有限公司	数据分析及详细分析见易观智库企业库
信息安全	卡巴斯基实验室/卡巴斯基	数据分析及详细分析见易观智库企业库
信息安全	联想集团	数据分析及详细分析见易观智库企业库
信息安全	北京瑞星信息技术有限公司	数据分析及详细分析见易观智库企业库
信息安全	百度	详细分析见易观智库企业库
信息安全	谷歌	详细分析见易观智库企业库
信息安全	赛门铁克公司	详细分析见易观智库企业库
信息安全	北京北信源软件股份有限公司	详细分析见易观智库企业库
信息安全	东软集团股份有限公司	详细分析见易观智库企业库
信息安全	杭州华三通信技术有限公司	详细分析见易观智库企业库
信息安全	华为技术有限公司	详细分析见易观智库企业库
信息安全	北京江民新科技术有限公司	详细分析见易观智库企业库
信息安全	绿盟城市探险队	详细分析见易观智库企业库
信息安全	启明星辰信息技术有限公司	详细分析见易观智库企业库
信息安全	趋势科技公司	详细分析见易观智库企业库
信息安全	山石网科通信技术有限公司	详细分析见易观智库企业库
信息安全	深信服科技有限公司	详细分析见易观智库企业库
信息安全	天融信	详细分析见易观智库企业库
信用认证	安徽省电子认证管理中心有限责任公司	详细分析见易观智库企业库
信用认证	北京国富安电子商务安全认证有限公司	详细分析见易观智库企业库
信用认证	北京数字认证股份有限公司	详细分析见易观智库企业库
信用认证	北京天威诚信电子商务服务有限公司	详细分析见易观智库企业库

续表

信用认证	北京中认环宇信息安全技术有限公司	详细分析见易观智库企业库
信用认证	东方新诚信数字认证中心有限公司	详细分析见易观智库企业库
信用认证	东方中讯数字证书认证有限公司	详细分析见易观智库企业库
信用认证	福建省数字安全证书管理有限公司	详细分析见易观智库企业库
信用认证	广东省电子商务认证有限公司	详细分析见易观智库企业库
信用认证	广东数字证书认证中心有限公司	详细分析见易观智库企业库
信用认证	国投安信数字证书认证有限公司	详细分析见易观智库企业库
信用认证	河北省电子认证有限公司	详细分析见易观智库企业库
信用认证	河南省数字证书有限责任公司	详细分析见易观智库企业库
信用认证	河南省信息化发展有限公司	详细分析见易观智库企业库
信用认证	湖北省数字证书认证管理中心有限公司	详细分析见易观智库企业库
信用认证	湖南省数字认证服务中心有限公司	详细分析见易观智库企业库
信用认证	江苏省电子商务服务中心有限责任公司	详细分析见易观智库企业库
信用认证	江西省数字证书有限公司	详细分析见易观智库企业库
信用认证	辽宁数字证书认证管理有限公司	详细分析见易观智库企业库
信用认证	山东省数字证书认证管理有限公司	详细分析见易观智库企业库
信用认证	山西省数字证书认证中心（有限公司）	详细分析见易观智库企业库
信用认证	陕西省数字证书认证中心有限责任公司	详细分析见易观智库企业库
信用认证	上海市数字证书认证中心有限公司	详细分析见易观智库企业库
信用认证	深圳市电子商务安全证书管理有限公司	详细分析见易观智库企业库
信用认证	西部安全认证中心有限责任公司	详细分析见易观智库企业库
信用认证	新疆数字证书认证中心（有限公司）	详细分析见易观智库企业库
信用认证	颐信科技有限公司	详细分析见易观智库企业库
信用认证	浙江省数字安全证书管理有限公司	详细分析见易观智库企业库
信用认证	中金金融认证中心有限公司	详细分析见易观智库企业库
信用认证	中铁信弘远（北京）软件科技责任有限公司	详细分析见易观智库企业库
信用认证	中网威信电子安全服务有限公司	详细分析见易观智库企业库
信用认证	卓望数码技术（深圳）有限公司	详细分析见易观智库企业库

新一代信息技术

大数据

东方国信

公司成立于1997年，是北京市科委、北京市财政局、北京市国家税务局和北京市地方税务局共同认定的高新技术企业，公司的主营业务是提供完整的企业商业智能系统解决方案，包括软件产品开发与销售、技术服务和相应的系统集成等。

公司在多年来的业务实践过程中，形成了高素质的核心管理团队和专业化的技术团队，团队凝聚优势较为明显。公司自成立以来，核心管理团队一直保持稳定，公司长期坚持以优秀的企业文化、以人为本的管理方式治理公司，在国内商业智能应用领域形成了良好的市场品牌形象。

公司坚持自主研发的路线，在商业智能领域，拥有电信行业通用数据仓库模型、数据清洗与稽核、元数据管理、分析图表引擎、可视化报表设计、基于语义层的即席查询、数据挖掘算法模型、广义工作流、业务服务规则引擎等核心技术。以核心技术为依托，公司研发的商业智能产品能够充分满足客户在数据仓库建设、经营分析、知识发现、决策支持、客户服务与业务营销等众多领域的需求，并且在实施过程中能够进行灵活定制，满足不同客户的差异化需求。

易观分析——

在技术创新、服务保障、客户维系、团队建设、品牌塑造等方面具备较强的竞争优势，目前已拥有电信行业通用数据模型、数据清洗、稽核、元数据、分析图表引擎、可视化报表设计、基于语义层的即席查询、挖掘模型、广义工作流、业务服务规则引擎等核心技术

持续研发创新能力并不突出，特别是在BI应用软件开发技术发展快、研发投入大、市场需求多变的情况下，“大数据”、“大服务”、“云计算”催动信息技术以及相关领域的业务出现更为复杂的变化

在电信行业的业务外包、服务外包、运维外包趋势下，电信运营业务处于行业领先地位。未来有望充分利用现有资源和成熟技术优势，深度分析市场环境，挖掘市场潜力，开展多种创新型业务模式

对三大电信运营商的依赖度较强，电信行业的宏观环境与信息化建设规模变化将对该公司造成重大影响

一、基础信息

1.1 基本信息

1.1.1 公司名称：北京东方国信科技股份有限公司

1.1.2 成立时间：1997年7月28日

1.1.3 总部地点：北京市朝阳区望京北路 9 号叶青大厦 D 座 1108

1.1.4 上市时间：2011年

1.1.5 企业性质：民企

1.1.6 资本信息：注册资本50万元人民币

1.1.7 联系方式

地址：中国 北京 朝阳区望京北路9号叶青大厦D座7层

邮编：100102

总机：+86-10-6439 8920

传真：+86-10-6439 8978

邮箱：investor@bonc.com.cn

网址：http：//www.bonc.com.cn

1.2 组织信息

1.2.1 人员规模：员工总数为1,375人(不含子公司),

1.2.2 管理层

金正皓先生，1971年生，中国籍，硕士学历，毕业于中国科学院数学和系统科学研究院；自2000年至今历任公司开发部经理，设计中心经理，战略规划设计部总经理，现任公司董事。金正皓先生目前间接持有公司1.23%股权，未受过中国证监会及其他有关部门的处罚和证券交易所惩戒，不存在《创业板上市公司规范运作指引》第3.1.3 条所规定的情形。

佘元冠先生，1948年生，中国籍，硕士学位，教授，博士生导师；1987年获北京钢铁学院工业管理工程专业硕士学位；1990年至1991年在加拿大McMaster大学商学院任访问学者；1994年-1999年任北京科技大学管理学院副院长；2000年-2004 年任北京科技大学管庄校区院长；2005年-2008年任北京科技大学管庄文法学院院长。佘元冠教授现任北京科技大学经济管理学院教授、博士生导师。佘元冠教授是中国企业管理研究会常务理事、国家标准化委员会全国信用标准化工作组委员、中国质量协会常务理事兼学术培训委员会委员、新加坡亚太管理中心兼职教授；现任公司独立董事。

佘元冠先生与持有公司5%以上股份的股东、实际控制人之间不存在关联关系，其本人不持有本公司股份，也不存在《公司法》及中国证监会相关规定中不得担任公司独立董事的情形，其任职资格符合担任上市公司独立董事人员的条件，符合中国证监会《关于在上市公司建立独立董事制度的指导意见》中有关独立董事任职资格及独立性等要求以及《公司法》、《公司章程》的有关规定。

韩松林先生，1943年生，中国籍，本科学历，1968年毕业于南京邮电学院；曾任南京518厂车间负责人、邮电部电信总局处长、中国电信总局副局长、长飞光纤光缆有限公司董事长。韩松林先生现已退休，现任公司独立董事。

1.2.3　组织架构

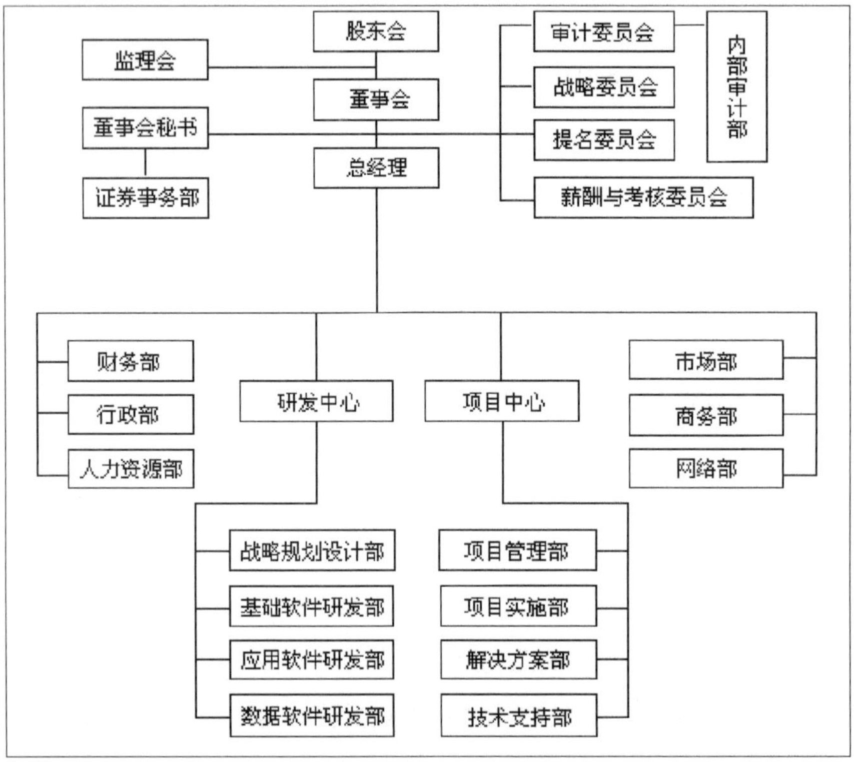

二、业务信息

2.1　产品及服务信息

主营商业智能(BI)系统解决方案,可以细化为企业数据平台、数据分析平台和基于BI的CRM应用三类产品。 企业数据平台是商业智能系统的基础,通过设计科学合理的企业数据模型，并在数据模型的基础上整合企业所有生产系统的数据，形成统一的数据共享平台，再向生产系统提供完整的数据共享支撑，并基于这些数据进行经营分析决策、数据挖掘、营销数据应用等一系列针对企业经营活动的应用支撑。

数据分析平台是建立在企业数据平台之上，为满足企业经营活动中高层决策人员、业务管理人员、一线营销人员对数据应用的需求。数据分析平台利用数据挖掘技术,结合实际业务问题建立业务分析模型，为深层次业务问题提供分析模型支撑。 通过将数据信息与分析模型相结合，对企业在经营管理中涉及的客户、产品、渠道等关键要素进行分析，从而为企业经营管 控与决策提供系统支撑。

基于BI的CRM应用能实现数据分析和知识发现，可帮助企业将其所掌握的客户数据转换成客户知识，这对企业制订客户发展与维系策略将起到关键作用，通过将数据分析平台的数据挖掘模型引入到CRM系统中，可提高企业在客户关系管理过程中的营销和服务水平，为精细化的营销和服务提供前期数据分析，提高营销的科学性与效率。

2.2　覆盖范围

2.2.1　行业：电信、金融、政府、制造、零售、保险等行业

2.2.2　主要客户：公司主要服务于国内电信领域的运营商。公司是中国联通、中国电信等企业商业智能系统的核心合作厂商之一，也是中国移动全资子公司中国铁通企业商业智能系统的三家核心厂商之一。目前，公司已经成为中国电信行业BI应用软件的领先供应商。

2.2.3　业务区域：华东、华南、华北、华中、西南、西北、东北

2.3　收入结构：2012年收入3.13亿；其中企业数据平台”实现收入7,849.34万元，同比增长253.96%;“数据分析平台”实现收入12,372.38万元，同比增长35.89%;“基于BI的CRM应用”实现收入8,294.19万元，同比增长29.09%。

3.1　发展定位：公司将立足商业智能专业，着眼大市场，持续推出深层次的产品与服务，深化产品应用领域，逐步形成完善的覆盖商业智能全产业链的多层次产品结构，持续强化产品创新力和核心竞争优势，深入调研国内市场各行业客户的实际需求，依托产品、技术、人才、管理、经营模式及品牌价值，不断扩大产业规模和市场范围，提高市场占有率和品牌影响力，以最优产品、最佳服务，打造民族BI全产业链第一品牌。

3.3　重要合作伙伴及供应商：不详

拓尔思

TRS是中文全文检索技术的创始者，2000年首先在国内提出中文内容管理理念和技术，2002年在国内首次推出实用化的中文文本挖掘软件，一直领导非结构化信息处理的技术潮流。产品已被3000多家企业级客户采用。赛迪顾问2009年6月的调查报告显示，TRS在中国企业搜索软件、Web内容管理软件、垂直搜索和舆情监测软件领域的市场占有率均为第一名。

TRS是国家规划布局内重点软件企业、高新技术企业，并具有ISO9000资质、CMMI L2资质、软件企业和软件产品认定、涉及国家秘密的计算机信息系统集成资质 。

易观分析——

公司定位于非结构信息管理、企业搜索、内容管理、知识管理、垂直搜索和互联网舆情管理等细分领域市场开展业务，在搜索、挖掘和内容管理等海量非结构化数据处理核心技术领域有竞争优势和较高市场地位

中高级人才相对缺乏，对该公司快速扩张和募投项目建设和推广形成一定的制约

在主要目标行业客户加强信息化建设的趋势下，市场大盘将稳步增长。该公司所专注的海量非结构化信息智能处理细分领域在大数据和云计算等新一代信息技术应用拉动下，将形成新的增长点并达成更快的加速度

计算机软件技术更新和换代的速度非常快，用户信息管理应用的深入与升级，对软件技术提出了更高更新的要求，要求持续进行研发投入和技术创新

一、基础信息

1.1　基本信息

1.1.1　公司名称：北京拓尔思信息技术股份有限公司

1.1.2　成立时间：1993年

1.1.3　总部地点：北京市海淀区知春路 6 号锦秋国际大厦 14 层 1404

1.1.4　上市时间：2011年

1.1.5　企业性质：民企

1.1.6　资本信息：注册资本1200万元人民币

1.1.7　联系方式

地址：北京市海淀区知春路 6 号锦秋国际大厦 14 层 1404　邮编：100102

总机：010-82800995

邮箱：ir@trs.com.cn

网址：http：//www.trs.com.cn

1.2 组织信息

1.2.1 人员规模：公司现有员工600名

1.2.2 管理层

李渝勤 董事长，1993年加入公司，历任本公司工程师、行政部经理、行政总监、财务总监、副总经理等职务。2007年起 至今任本公司董事长职务,现兼任北京信科互动科技发展有限公司董事长职务。

施水才 副董事长、总经理，1992年加入公司,历任本公司工程部经理、董事长、总经理等职务。2007年起至今任本公司副董事长兼总经理职务，现兼任北京信科互动科技发展有限公司董事职务。

1.2.3 组织架构：具体信息不详

二、业务信息

2.1 产品及服务信息

公司主要产品和技术体系规划为三层：底层作为支撑的是公司的基础技术，计有信息检索、信息采集、自然语言理解和文本挖掘、多媒体检索等多项；中层是平台型软件产品，主要有TRS Hybases大数据管理系统（包括TRS 大数据 一体机系列）、TRS WCM内容管理平台以及面向企业门户应用集成的TRS 身份服务器系统；顶层面向应用和行业，为应用产品和服务层，主要包括TRS企业搜索软件、TRS机器数据挖掘软件、TRS垂直搜索引擎软件、TRS知识管理软件、TRS舆情管理软件以及TRS SMAS社会媒体分析云服务（在线舆情服务）等。2012年，公司主要的技术和产品均沿大数据、云计算、移动互联网和社会化计算（社交网络）四大技术应用方向进行了新产品发布或重构升级，已取得了较好的研发成果。

TRS大数据一体机是报告期内公司开发的不同于以往的软硬结合新型产品，其产生的背景在于当前大数据时代的数据管 理变得更加复杂，用户却需要管理和应用都能够得到简化的产品，这就让数据管理的软硬件集成产品应运而生。国外大数据厂商力推软硬件一体化的集成产品战略，包括IBM的PureData Systems、Oracle Exadata、SAP HANA等高性能一体机设备。 拓尔思为应对这一挑战，联合国内顶级企业服务器制造商华为，共同研发推出基于TRS大数据管理软件的软硬件一体机，一体机软硬件针对大数据应用场景进行了优化整合，在空间占用、性能、能耗、成本、管理等多方面具有突出优势。软硬件一体机的新产品形式将在2013年给公司在营销、渠道、分销和服务等方面带来了创新的理念和管理方法，从而开拓新的市场增长空间。TRS大数据一体机与TRS SMAS模式共同提供了软件产品硬化、软件服务云化全新理念和实践探索。

2.1.2　服务信息

2.2　覆盖范围

2.2.1　行业：公安、税务、金融、制造、能源、军队等多个重点行业

2.2.2　主要客户

2.2.3　业务区域：北京辐射至全国各大型城市和区域中心城市

2.3　收入结构：2012年收入2.1亿，其中软件收入1.43亿，技术服务收入0.6亿。

3.1　发展定位：公司所定位于大数据技术提供商和服务商。

3.2　重要合作伙伴及供应商

北京盛联网景科技有限公司

易宝电脑系统（北京）有限公司

北京青鸟商用系统科技有限公司

用友软件

用友软件股份有限公司是亚太本土最大的管理软件、ERP软件、集团管理软件、人力资源管理软件、客户关系管理软件、小型企业管理软件、财政及行政事业单位管理软件、汽车行业管理软件、烟草行业管理软件、内部审计软件及服务提供商，也是中国领先的企业云服务、医疗卫生信息化、管理咨询及管理信息化人才培训提供商。中国及亚太地区超过150万家企业与机构使用用友软件，中国500强企业超过60%使用用友软件。

用友在 2013 年年初确定了“平台化转型”、“业务聚焦”和“管理升级”关键发展策略, 用友按照“平台化转型”策略，继续加快用友UAP（统一应用平台）产品的研发推进 和产业链拓展，完成了UAP6.3版的研发与上市工作，发布了UAP云管理平台和UAP移动平台,支持数据处理的AE2.0和基于BI的商业分析BQ8.0产品研发取得了阶段性成果。在支持发展产业链方面，公 司发布了基于UAP平台的开发培训、实施工具、咨询服务等服务产品，以支持产业链上的各类平台客户。同时，用友加强了各行业子用友基于UAP平台的产品共享、整合、升迁等管理，提升了产品技术能力和系统运维效果。报告期内，CSP（公有云服务平台）已完成开发平台的技术架构设计、集成开发环境和数据管理模型的开发，初步支持下一代公有云应用在开发平台上进行开发。基于CSP平台的云应用产品开发进展顺利，协同云更新后的开发方案在新开发平台上进行开发，管理云与中国电信合作在部分省份树立了样板，财税云和支付云进一步扩大了用户覆盖，云应用产品在第三季度新增用户50.6万，累计用户数达到159.6 万。用友按照“业务聚焦”的要求，在面向大型企业的NC业务领域重点加强以业务为中心，结合电子商务、移动应用等新技术的统一营销解决方案，全面推进以人为中心的E-HR与协同业务，

并稳固发展以财务管控为中心的集团管控。行业业务聚焦在建筑、地产、装备制造、医药、服装等重点行业，通过发展行业产品，加大力度推进行业业务拓展，并发展基于UAP的行业开发及服务伙伴。用友继续发展产业链业务，推进NC部分行业产品的伙伴合作开发，为客户提供更多、更专业、更快的行业解决方案产品，同时加大了NC实施伙伴分签业务。报告期内，用友U8等中端产品分销发展了一批高价值的增值经销商，进一步提高市场覆盖度，使分销伙伴体系结构趋向更加合理化；通过伙伴商学院平台的应用推广，促使伙伴能力提升；结合U8+新产品的发布，促进并加快了老客户升级，伙伴平均单产较上年同期明显提高。报告期内，用友加强了标准支持服务产品（SPS）设计与业务推进，加强了对老客户经营的能力体系建设，在各分支机构中全面推行服务经营平台；用友发布了用友绿色服务桌面iSDV3.0版，形成直达客户桌面的有效通道，加强了对客户的管理。用友按照“管理升级”策略，结合业务调整，基本完成了人员结构的优化，人员规模得到控制，有效地支持了用友效益化经营。报告期内，用友启动了第三期股权激励计划，并已取得了中国证监会备案无异议，股权激励的实施将进一步优化用友激励与约束机制，吸引保留人才，提高员工工作积极性，促进用友发展。报告期内，用友进一步加强了产品研发管理，推进敏捷研发，快速响应客户和市场需求；同时加强了实施项目管理，提高了项目质量和客户满意度，提升了效益。

易观分析——

用友在企业及政府信息化方面有长期累积的产品基础优势。在财政、汽车、金融、烟草、医疗、教育等行业和审计、商业智能分析领域的产品与解决方案居国内领先水平；已有研发优势并有长期计划的高比例的研发投入，是行业本土第一品牌；拥有亚太本土管理软件领域规模最大的销售、支持、咨询实施、培训服务网络

在用友当前规模下，人才的可持续发展能力及人力成本已对公司持续发展构成挑战

在新一轮信息化升级浪潮中，全产业链应用是重要诉求点；“云+端”的企业应用模式正在从探讨走向实践；企业移动应用将逐步普及；单一领域级采购正在被平台升级及综合整体解决方案采购所替代，采购标准将不仅是满足客户当期需求，而更多是要高于企业运营现状、满足可持续发展的需要；信息化被要求与企业战略进行高度适配，在客户采购的决策中，厂商的品牌、专业性、综合实力将起重要作用

新模式业务培育存在风险，尽管公有云服务业务已经有了初步的基础，但公有云服务业务模式需要不同的思维和经营组织方式，大范围推广应用还存在一个市场培育与发展的过程，具有一定的不确定性

一、基础信息

1.1　基本信息

1.1.1　公司名称：用友软件股份有限公司

1.1.2　成立时间：1988年

1.1.3　总部地点：北京市海淀区北清路68号用友软件园

1.1.4　上市时间：2001年5月18日，在上海证券交易所发行上市

1.1.5　企业性质：民企

1.1.6　资本信息：注册资本95924.6万元人民币

1.1.7　联系方式

网址：http：//www.yonyou.com/contact/index.aspx

地址：北京市海淀区北清路68号用友软件园(100094)

客户专线：4006 600 588

畅捷通软件有限公司

联系电话：010-62434888

1.2　组织信息

1.2.1　人员规模：13075人

1.2.2　管理层

王文京：用友软件股份有限公司董事长兼CEO，中国软件行业协会副理事长，第九届、第十届、第十一届和第十二届全国人大代表，全国工商联第十届执行委员会副主席。1983～1988年在国务院某直属机关工作。1988年与苏启强先生合伙创办用友公司。上世纪九十年代，用友公司推动了财务软件在中国的广泛应用。进入二十一世纪，用友公司又积极推动ERP等企业管理软件在中国及亚洲企业的普及应用，并发展财政、医疗卫生等政府与公共领域的管理软件与服务。2010年底，用友公司开始向“S+S”云战略转型，以推动云计算在中国及全球企业、政府组织中的应用。在王文京先生领导下，公司坚持自主创新，以用信息技术推动商业和社会进步为使命，以先进产品和专业服务与客户长期合作，已发展成为中国和亚太本土最大的管理软件与服务提供商，并向世界级管理软件与云服务提供商迈进。用友公司股票于2001年在上海证券交易所成功上市（股票简称：用友软件，股票代码：600588），2011年获得上海证券交易所颁发的“年度董事会奖”。王文京先生曾先后荣获“中国优秀民营企业家”、“中国优秀民办科技实业家”、“全国劳动模范”、“优秀中国特色社会主义事业建设者”、“求是杰出青年”、“中国年度经济人物”、“中国软件企业十大领军人物”、“十大华人经济领袖”、“中国自主创新领军人物”、“亚洲之星”、“爱心捐助奖”获得者等荣誉。

郭新平：用友软件股份有限公司副董事长，中国民主建国会会员，北京市海淀区第十四届人大代表，中国软件行业协会常务理事。毕业于香港科技大学工商管理学院，硕士；曾就职于中华人民共和国财政部财税体制改革司。1989年加入用友公司，历任用友财务软件服务社、用友电子财务技术公司部门经理、用友电子财务技术公司常务副总经理、总经理、用友软件集团公司副总裁、用友软件股份公司总经理，2002年4月至今任用友软件股份公司副董事长，现在分管公司财务、基地建设和董事会薪酬委员会工作。

吴政平：用友软件股份有限公司董事，第六届、第七届北京市海淀区政协委员。吴政平先生1983年7月毕业于江西财经大学会计系，经济学士；2007年9月毕业于中欧国际工商管理学院，工商管理硕士。1983年8月就职于国家某大型科研单位，曾任财务处处长助理、会计师，某会计学会分会秘书长。1992年5月加入用友公司，曾任公司董事、执行副总裁、高级副总裁、财务总监，现任公司董事，主管公司投资业务。曾荣获"2004中国CFO年度人物"称号。

向奇汉：用友软件股份有限公司执行总裁，全面负责公司工作。向奇汉先生是北京大学计算数学学士、重庆大学应用数学硕士。曾任重庆大学数学系副教授、重庆大学数学系计算机实验室主任等职。1997年涉足ERP事业。先后受聘国内多家知名管理软件企业，担任过分公司总经理、集团市场总监等要职，积累了丰富的行业产品与经营管理经验。向奇汉先生于2003年加盟用友，先后担任产品市场总监、产品总监、U8事业本部总经理、U9事业部总经理、公司副总裁、高级副总裁等职务。2013年初，任执行总裁，全面负责公司工作。

1.2.3组织架构

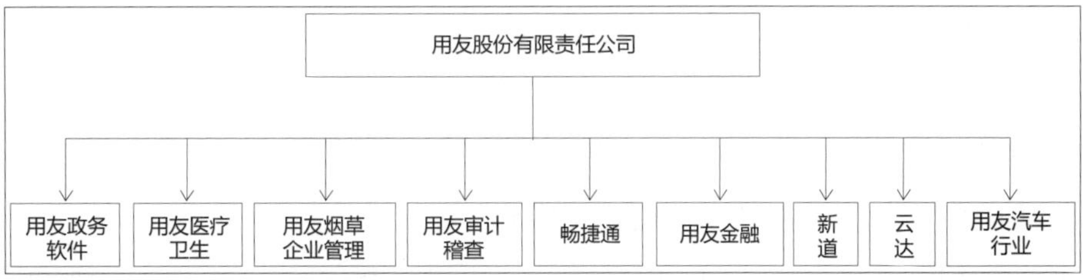

二、业务信息

2.1　产品及服务信息

（1）

① 面向大型企业的产品与解决方案业务，如用友NC5.7 、NC6等。

② 面向中型企业的产品与解决方案业务，如用友 U8 V11.0等。

③ 面向小型微型企业的全面信息化服务业务，如畅捷通新一代产品、T3、T6、OA等。

④ 面向行业和领域的产品与解决方案业务，如用友 GRP-A++ 的非税收入管理系统、财政综合

业务管理系统 6.0、社保基金管理软件、综合计划财务系 统 6.0、报表汇总统计分析系统等。

（2）面向汽车行业的产品与解决方案业务，如用友整车厂经销商协同管理系统V2.0、用友汽车经销商管理系统 V5.5、用友数字化汽车经销商精益车间管理软件 V2.5 等。

（3）面向金融行业的产品与解决方案业务，如金融租赁解决方案业务。

（4）面向烟草行业的产品与解决方案业务。

（5）面向医疗卫生行业的产品与解决方案业务，如基层医疗卫生信息系统 PHS V2.4。

（6）面向审计领域的产品与解决方案业务，如审计管理系统 V5.85、用友在线审计作业系统 V5.85、用友审计监控预警系统V5.85 以及用友现场审计作业系统(审易)V5.85 各行业版本等产品。

（7）培训教育业务，如综合实习实训平台“虚拟商业社会环境全景仿真系统”(VBSE)综合版 V1.0、V1.1、V2.0 版、“虚拟商业社会全景仿真系统(VBSE) 财务版 1.0 版、新道新商战电子沙盘系统 V1.0 、新道新创业者电子沙盘系统 V1.0 等产品。

（8）商业智能(BI)业务，如用友 BQ 商业智能平台 Unicode 版、决策体验产品用友 BQ 企业驾驶舱 2.0、BQ 商业智能平台 V7.8 和移动 BI 升级版等产品。

2.2　覆盖范围

2.2.1　行业：财政、汽车、金融、烟草、医疗、教育

2.2.2　主要客户：全国大中小企业

2.2.3　业务区域：全国

2.3　收入结构：2012年收入42.35亿；其中软件23.04亿元，支持服务5.12亿，咨询与服务12.36亿，其他1.58亿。

三、综合信息

3.1　发展定位：世界级管理软件与云服务提供商。

3.2　重要合作伙伴及供应商：Intel、IBM、微软、中国工商银行、富士通、HP、SUN、甲骨文等

云计算

东软集团

东软以软件技术为核心，通过软件与服务的结合，软件与制造的结合，技术与行业管理能力的结合，提供行业解决方案和产品工程解决方案以及相关软件产品、平台及服务。东软在中国建立了6个软件研发基地，8个区域总部，在40多个城市建立营销与服务网络，在大连、南海、成都和沈阳分别建立3所东软信息学院和1所生物医学与信息工程学院；在美国、日本、欧洲、中东设有子公司。在产品工程解决方案领域，东软的嵌入式软件系统在世界著名的数字家庭产品、移动终端、车载信息产品、IT产品等众多产品中运行。在自有品牌医疗产品领域，东软拥有中国自主知识产权的CT、磁共振、数字X线机、彩超、全自动生化分析仪、放射治疗设备以及核医学成像设备等系列产品，其中CT机填补了中国在该领域的空白，使得中国成为全球少数几个能够生产CT的国家。东软医疗产品销往中国32个省、市、自治区，同时在美国、意大利、俄罗斯、巴西、巴基斯坦，以及东欧、中东、非洲等全球60多个国家和地区实现了设备安装。

易观分析——

IT技术与外包业务发展多年，有遍及全球的客户和服务中心，在多领域发展延伸，有多个成熟度较高的行业业务

云服务创新能力不足目前是制约更快速发展的瓶颈

云计算产业爆发式发展以及国家对云计算产业的大力扶持提供了良好的环境

国内云计算产业竞争激烈度提升，国外云计算厂商也加快进入国内市场

一、基础信息

1.1　基本信息

1.1.1　公司名称：东软集团

1.1.2　成立时间：1991年

1.1.3　总部地点：辽宁省沈阳市

1.1.4　上市时间：1996年

1.1.5　企业性质：民营

1.1.6 联系方式

网址：http：//www.neusoft.com/cn/

总部

地址：辽宁省沈阳市浑南新区新秀街2号 东软软件园　　邮编：110179

电话：(86 24) 8366 7788　　传真：(86 24) 2378 2700

1.2 组织信息

1.2.1 人员规模：20000余人

1.2.2 管理层：

刘积仁　董事长兼首席执行官

王勇峰　总裁

Klaus Michael Zimmer（克劳斯·迈克尔·西曼）　高级副总裁

陈锡民　高级副总裁兼首席运营官

卢朝霞　高级副总裁

张　霞　高级副总裁兼首席技术官、首席知识官

王经锡　高级副总裁

张晓鸥　高级副总裁兼首席财务官

李　军　高级副总裁兼首席营销官

王　楠　高级副总裁兼董事会秘书

二、业务信息

2.1 产品及服务信息

TalentBase人力资源管理系统

SkillBase在线学习管理系统

MPC集团财务管理与控制系统

客户关系管理系统

企业资产管理系统

SEAS综合档案管理系统

BPCM业务过程内容管理平台

UniOffice通用办公软件

PACS/RIS

BW影像浏览工作站系统

NetEye安全运维平台

NetPatrol网络应用监控

SaCa云应用平台

UniEAP业务基础平台

OpenBASE数据库管理系统

细分行业ICDC Accelerators

网络化数字媒体播放系统

后方驾驶辅助系统

工程服务

应用开发和维护、ERP实施与咨询服务、IT基础设施服务、软件全球化与本地化和专业测试与性能工程服务。

按需服务

SaaS服务、东软远程医疗系统、熙康、汽车信息服务和易测云。

BPO

客户联络中心、Helpdesk、远程监控、人力资源外包、财务与会计外包和中小企业信息化服务平台。

IT教育与培训

东软信息学院、东软睿道和东软培训。

2.2　覆盖范围

2.2.1　行业：电信、能源、金融、政府（社会保障、财政、税务、公共安全、国土资源、海洋、质量监督检验检疫、工商、知识产权等）、制造业以及商贸流通业、医疗卫生、教育、交通等行业

2.2.2　主要客户：中国联通、中国移动、中国电信、国家广电总局、中国海洋大学、上海血液中心、海尔集团、中国人民银行、国家安全中心等

2.2.3　业务区域：全球

2.3　收入结构：2013年三季度营收48.76亿元，同比增长10.1%

三、综合信息

3.1　发展定位：中国最大的IT解决方案与服务供应商

3.2　重要合作伙伴及供应商

合作伙伴：SAP、甲骨文、赛门铁克、IBM、EMC、微软、诺基亚等。

浪潮

浪潮是中国领先的云计算整体解决方案供应商和云服务商，已经形成涵盖IaaS、PaaS、SaaS三个层面的整体解决方案服务能力，凭借浪潮高端服务器、海量存储、云操作系统、信息安全技术为客户打造领先的云计算基础架构平台，基于浪潮政务、企业、行业信息化软件、终端产品和解决方案，全面支撑智慧政府、企业云、垂直行业云建设。浪潮集团拥有浪潮信息、浪潮软件、浪潮国际三家上市公司，业务涵盖系统与技术、软件与服务、半导体三大产业群组，为全球五十多个国家和地区提供IT产品和服务，全方位满足政府与企业信息化需求，位列2013年中国电子信息产业百强第11位，综合实力位居中国IT企业前两位、中国自主品牌软件厂商第一位、中国自主品牌IT服务商第二位、中国大企业集团竞争力500强第三位，是全国四家拥有计算机信息系统集成特一级资质的企业之一，先后获得“云计算创新典范企业奖”、“云计算客户示范应用示范奖”以及“信息产业云计算突出贡献奖”等重要荣誉。浪潮服务器连续17年蝉联国有品牌销量第一，浪潮存储连续9年蝉联国有品牌销量第一；浪潮集团管理软件连续10年市场占有率第一。

易观分析——

浪潮公司的系统集成技术领先；销售网络和渠道分布广；品牌影响力大；云服务业务发展领先

资源利用率较低，创新能力低

云计算产业爆发式发展以及国家对云计算产业的大力扶持提供了良好的环境

国内云计算产业竞争激烈度提升，国外云计算厂商也加快进入国内市场

一、基础信息

1.1 基本信息

1.1.1 公司名称：浪潮集团有限公司

1.1.2 成立时间：1983年

1.1.3 企业性质：民营

1.1.4 资本信息：浪潮软件总市值43.11亿元；浪潮信息总市值110.94亿元。

1.1.5 联系方式

网址：http：//www.inspur.com/

总部电话：010-62988886

邮箱：webmaster@inspur.com

二、业务信息

2.1 产品及服务信息

硬件产品

关键应用主机、服务器、存储产品、税控产品、信息安全产品、数字媒体、加固产品、自助设备、MAS服务器、物联网产品、照明产品、LED外延片和芯片

软件产品

浪潮GS、浪潮PS、浪潮BI、浪潮eHR、浪潮CRM、浪潮GSP和楼上开发平台

渠道服务

服务器渠道和营销网络。

系统服务

IT专业服务、IT运维服务、IT基础架构维保服务和IT集成服务。

软件外包服务

云服务

云服务器、云托管、云容灾。

云计算

政务云：阳关政务云、健康云、食品安全云、药品安全云、民政云、工商云、水利云、质检云和公安云。

企业云：中小企业云、企业云和财务云。

垂直行业云：云电视、税务云、测试云平台和金融云。

2.2 覆盖范围

2.2.1 行业：军工、建筑、储备、煤炭、医药、快消品、化工、船舶、教育、政府、国资监管、烟草、通信、金融、税务、交通、医疗、水利、食品安全、广电和公安行业。

2.2.2 主要客户：奥迪、中国移动、中国联通、东风雪铁龙、海尔、日立、联想、雷克萨斯、LG、蒙牛、诺基亚、三星、上海大众、中国邮政、鹏发集团、中国人寿、中国人保、中国平安、太平洋保险、太平人寿、贵州茅台、长城葡萄酒、法国卡斯特、轩尼诗、龙徽葡萄酒、八喜、蒙牛、金媒、青岛啤酒、红七匹狼、梦都、红双喜、可口可乐等

2.2.3 业务区域：全国

2.3 收入结构：浪潮软件2013年前三季度营收4.57亿元；浪潮信息2013年前三季度营收30.23亿元，同比增长58%，2013年公司实现营业收入42.24亿元，其中服务器实现收入23.2亿元，服务器部件收入8.1亿元，工厂终端及散件实现收入5.5亿元。

三、综合信息

3.1 发展定位：成为先进的信息科技产品和领先的解决方案服务商

3.2 重要合作伙伴及供应商：合作伙伴：IBM、微软、LG、英特尔、甲骨文等

网宿科技

网宿科技股份有限公司，主要向客户提供全球范围内的内容分发与加速、服务器托管与租用、以及面向运营商的网络优化解决方案等服务，是中国领先的 CDN 及 IDC 综合服务提供商。其客户群覆盖各大门户网站、流媒体、游戏、电子商务、搜索、社交等众多类型的互联网网站，以及政府、企业和各大运营商等。目前公司服务的客户近 3000 家，包括腾讯、百度、淘宝、京东商城、中国网络电视台、人民网、华为、海尔、中国移动、财政部、铁道部、银联、招商银行等各行业代表性的企业以及政府网站等。目前，网宿科技已经在中国建设了近500个CDN加速节点，覆盖了中国绝大多数的省市及地区；同时，网宿科技在北美、欧洲、非洲以及亚太地区部署了28个海外加速节点，帮助中国企业拓展海外市场。此外，网宿科技还在中国运营着130多个数据中心，在美国运营着4个数据中心。

网宿科技拥有多个行业第一：网宿科技是中国 CDN 及 IDC 领域第一家上市公司；网宿科技是中国第一家实现自主研发 CDN 的公司；网宿科技是中国第一家实现了动态应用加速技术的公司；网宿科技拥有中国最大的专业CDN平台，带宽高达 4T；网宿科技是中国专业 CDN 行业盈利能力最佳的公司；网宿科技在中国专业CDN行业中拥有的客户数量最多。

易观分析——

拥有覆盖全球的 CDN内容分发与加速节点；网宿科技在中国多地设有分公司，覆盖中国互联网80%的客户所在地区；自主研发的智能负载均衡技术、自动路由技术、任务跟踪管理技术、流量管理技术、分布式海量文件存储技术、大批量文件快速分发技术等十大核心技术，其中七项属于原始创新，三项属于集成创新。CDN 平台软件 V2.0被纳入国家火炬计划项目及重点新产品计划

云服务方面创新能力不足

云计算产业爆发式发展以及国家对云计算产业的大力扶持提供了良好的环境

国内云计算产业竞争激烈度提升，国外云计算厂商也加快进入国内市场

一、基础信息

1.1　基本信息

1.1.1　公司名称：网宿科技股份有限公司

1.1.2　成立时间：2000 年1月

1.1.3　总部地点：上海市徐汇区斜土路2899号光启文化广场A幢5楼

1.1.4　上市时间：2009年10月在深交所上市

1.1.5　企业性质：民营

1.1.6　联系方式

网址：http：//www.chinanetcenter.com/

上海总部

地址：上海市徐汇区斜土路2899号光启文化广场A幢5楼　邮编：200030

邮箱：wangsudmb@chinanetcenter.com

电话：021-24261717

传真：021-24261718，24261760，64879605（董秘办）

销售热线：13917749370

客服热线：021-33392700-1789

总部营销中心

地址：北京市朝阳区东三环三元桥国门大厦A座5M

邮编：100028

电话：010-84519900

传真：010-84515152

邮箱：sales@chinanetcenter.com；marketing@ chinanetcenter.com

1.2　组织信息

1.2.1　管理层：

刘成彦　董事长　总裁

肖　蒨　财务总监　副总裁

晏小平　董事

颜永春　董事

岳　青　董事

吴　波　独立董事

钱逢胜　独立董事

戈向阳　独立董事

刘洪涛　副总裁

路庆晖　副总裁

周丽萍　副总裁　董秘

储敏健　副总裁　董事

洪　珂　副总裁　副董事长

宣　俊　监事

张海燕　监事会主席

二、业务信息

2.1　产品及服务信息

目前公司主营业务是提供CDN服务与IDC服务，公司CDN业务具体包括：网页加速、流媒体加速、下载加速、WSA、CATM、APPA、SAS、WSS、CDN配套服务及增值服务等。IDC业务包括：主机托管（带宽租用、空间租用）、主机租用、ECB备份服务、增值及深度IT服务业务等。

2.2　覆盖范围

2.2.1　行业：门户类网站、游戏类网站、企业类网站、资讯类网站、视频音频类网站、新闻媒体类网站、政府类网站、移动类网站、电子商务类网站、金融证券类网站。

2.2.2　主要客户：腾讯、土豆网、迅雷、神龙汽车、52PK游戏网、北青网、罗莱家纺、苏宁、盛大文学和完美时空等

2.2.3　业务区域：全球

2.3　收入结构：报告期内，实现营业收入50068.71万元，同比增长41.58%。其中，IDC服务实现收入11134.70万元，同比增长2.7%，占营业收入22.24%；CDN服务实现收入38376.91万元，同比增长58.96%，占营业收入76.65%。

三、综合信息

3.1　发展定位：中国领先的 CDN 及 IDC 综合服务提供商

3.2　重要合作伙伴及供应商：覆盖中国各大IPS，与三大运营商（移动、电信、联通），以及两大专有网络（中国教育和科研计算机网、中国科技网）合作。

我国云与大数据领域其他厂商名录节选如下：

表31　中国云与大数据产业中企业名录节选

领域	厂商	备注
大数据	东方国信	简要分析见前述 数据分析及详细分析 见易观智库企业库
大数据	拓尔思	
大数据	用友软件	
云计算	东软集团	
云计算	浪潮	
云计算	网宿科技	
云计算	安徽斯百德信息科技有限公司	详细分析见易观智库企业库
云计算	安心网智能科技（深圳）有限公司	详细分析见易观智库企业库
云计算	百度在线网络技术（北京）有限公司	详细分析见易观智库企业库
云计算	北京北龙超级云计算有限责任公司	详细分析见易观智库企业库
云计算	北京东方智嵌科技有限责任公司	详细分析见易观智库企业库
云计算	北京东升博展云计算科技有限公司	详细分析见易观智库企业库
云计算	北京含弘天工科技有限公司	详细分析见易观智库企业库
云计算	北京红山世纪科技有限公司	详细分析见易观智库企业库
云计算	北京华胜天成科技股份有限公司	详细分析见易观智库企业库
云计算	北京华云网际科技有限公司	详细分析见易观智库企业库
云计算	北京基调网络系统有限公司	详细分析见易观智库企业库
云计算	北京金山云网络技术有限公司	详细分析见易观智库企业库
云计算	北京久久相悦科技有限公司	详细分析见易观智库企业库
云计算	北京开普互联科技有限公司	详细分析见易观智库企业库
云计算	北京全景赛斯科技发展有限公司	详细分析见易观智库企业库
云计算	北京锐步科技发展有限责任公司	详细分析见易观智库企业库
云计算	北京视博云科技有限公司	详细分析见易观智库企业库
云计算	北京天地祥云科技有限公司	详细分析见易观智库企业库
云计算	北京天地云箱科技有限公司	详细分析见易观智库企业库
云计算	北京天云趋势科技有限公司	详细分析见易观智库企业库

续表

领域	厂商	备注
云计算	北京天云融创软件技术有限公司	详细分析见易观智库企业库
云计算	北京亿企通信息技术有限公司	详细分析见易观智库企业库
云计算	北京友友天宇系统技术有限公司	详细分析见易观智库企业库
云计算	北京云端时代科技有限公司	详细分析见易观智库企业库
云计算	北京云华时代智能科技有限公司	详细分析见易观智库企业库
云计算	北京云科信息技术有限公司	详细分析见易观智库企业库
云计算	北京云思维科技有限公司	详细分析见易观智库企业库
云计算	恩信云计算	详细分析见易观智库企业库
云计算	华工智云	详细分析见易观智库企业库
数据中心	AMD	详细分析见易观智库企业库
数据中心	杭州迪普科技有限公司	详细分析见易观智库企业库
数据中心	方正国际软件有限公司	详细分析见易观智库企业库
数据中心	北京航天联志科技有限公司	详细分析见易观智库企业库
数据中心	联想集团	详细分析见易观智库企业库
数据中心	北京强氧科技发展有限公司	详细分析见易观智库企业库
数据中心	曙光控股集团有限公司	详细分析见易观智库企业库
数据中心	同方股份有限公司	详细分析见易观智库企业库
数据中心	长城宽带网络服务有限公司	详细分析见易观智库企业库
数据中心	中创软件	详细分析见易观智库企业库
数据中心	紫光股份有限公司	详细分析见易观智库企业库
BI	惠普	详细分析见易观智库企业库
BI	IBM	详细分析见易观智库企业库
BI	Information Builders	详细分析见易观智库企业库
BI	奥威软件工作室	详细分析见易观智库企业库
BI	北京奥威智动科技有限公司	详细分析见易观智库企业库
BI	北京富基旋风科技有限公司	详细分析见易观智库企业库
BI	北京汉端科技有限公司	详细分析见易观智库企业库
BI	北京灵蜂纵横软件有限公司	详细分析见易观智库企业库

续表

领域	厂商	备注
BI	北京迈思奇科技有限公司	详细分析见易观智库企业库
BI	北京清华同方软件股份有限公司	详细分析见易观智库企业库
BI	北京亿信华辰软件有限责任公司	详细分析见易观智库企业库
BI	北京博易智软技术有限公司	详细分析见易观智库企业库
BI	金蝶国际软件集团有限公司	详细分析见易观智库企业库
BI	广州从兴电子开发有限公司	详细分析见易观智库企业库
BI	杭州杰创软件有限公司	详细分析见易观智库企业库
BI	和勤商业智能（Hinge BI）	详细分析见易观智库企业库
BI	宏信软件有限责任公司	详细分析见易观智库企业库
BI	吉贝克信息技术有限公司	详细分析见易观智库企业库
BI	润乾公司	详细分析见易观智库企业库
BI	上海博科资讯股份有限公司	详细分析见易观智库企业库
BI	上海炎鼎软件有限公司	详细分析见易观智库企业库
BI	深圳思乐OLAP	详细分析见易观智库企业库
BI	探智科技软件（上海）有限公司	详细分析见易观智库企业库
BI	微软	详细分析见易观智库企业库
BI	卓越动力软件（北京）有限公司	详细分析见易观智库企业库
CRM	北京立友信科技有限责任公司	详细分析见易观智库企业库
CRM	xtools	详细分析见易观智库企业库
CRM	八百客	详细分析见易观智库企业库
CRM	博士德软件科技开发有限公司	详细分析见易观智库企业库
CRM	北京易动纷享科技有限责任公司	详细分析见易观智库企业库
CRM	成都任我行软件股份有限公司	详细分析见易观智库企业库
CRM	国康	详细分析见易观智库企业库
CRM	客e通	详细分析见易观智库企业库
CRM	领动在线	详细分析见易观智库企业库
CRM	北京麦凯思汀科技发展有限公司	详细分析见易观智库企业库
CRM	美萍	详细分析见易观智库企业库

续表

领域	厂商	备注
CRM	清风	详细分析见易观智库企业库
CRM	瑞丰投资管理有限公司	详细分析见易观智库企业库
CRM	北京神州云动科技有限公司	详细分析见易观智库企业库
CRM	伊凯特	详细分析见易观智库企业库
ERP	上海博科资讯股份有限公司	详细分析见易观智库企业库
ERP	广西艾特广告有限公司	详细分析见易观智库企业库
ERP	安慧保健品公司	详细分析见易观智库企业库
ERP	北京安易世纪贸易有限责任公司	详细分析见易观智库企业库
ERP	深圳市奥科伟业科技发展有限公司	详细分析见易观智库企业库
ERP	北京百鹿鸣高新技术有限公司	详细分析见易观智库企业库
ERP	百胜餐饮集团	详细分析见易观智库企业库
ERP	百威（啤酒）	详细分析见易观智库企业库
ERP	北京保利安集团有限公司	详细分析见易观智库企业库
ERP	广州市奔翔电子有限公司	详细分析见易观智库企业库
ERP	北京并捷信息技术有限公司	详细分析见易观智库企业库
ERP	博胜	详细分析见易观智库企业库
ERP	南京长鹏光电科技有限公司	详细分析见易观智库企业库
SCM	Infor	详细分析见易观智库企业库
SCM	甲骨文股份有限公司	详细分析见易观智库企业库
SCM	美国参数技术公司	详细分析见易观智库企业库
SCM	SAP公司	详细分析见易观智库企业库
SCM	UGS	详细分析见易观智库企业库
SCM	博科通讯系统（中国）有限公司	详细分析见易观智库企业库
SCM	金蝶国际软件集团	详细分析见易观智库企业库
SCM	新中大软件股份有限公司	详细分析见易观智库企业库
安全	奇虎360科技有限公司	详细分析见易观智库企业库
安全	北京北信源软件股份有限公司	详细分析见易观智库企业库
安全	杭州华三通信技术有限公司	详细分析见易观智库企业库

续表

领域	厂商	备注
安全	华为技术有限公司	详细分析见易观智库企业库
安全	北京江民新科技术有限公司	详细分析见易观智库企业库
安全	金山软件股份有限公司	详细分析见易观智库企业库
安全	卡巴斯基	详细分析见易观智库企业库
安全	绿盟城市探险队	详细分析见易观智库企业库
安全	启明星辰信息技术有限公司	详细分析见易观智库企业库
安全	趋势科技公司	详细分析见易观智库企业库
安全	瑞星集团有限公司	详细分析见易观智库企业库
安全	赛门铁克（Symantec）公司	详细分析见易观智库企业库
安全	山石网科通信技术有限公司	详细分析见易观智库企业库
安全	深信服科技有限公司	详细分析见易观智库企业库
安全	天融信	详细分析见易观智库企业库
行业终端	E人E本	详细分析见易观智库企业库
行业终端	HTC	详细分析见易观智库企业库
行业终端	爱国者	详细分析见易观智库企业库
行业终端	步步高	详细分析见易观智库企业库
行业终端	汉王	详细分析见易观智库企业库
行业终端	快易典	详细分析见易观智库企业库
行业终端	蓝魔	详细分析见易观智库企业库
行业终端	纽曼	详细分析见易观智库企业库
行业终端	盛大	详细分析见易观智库企业库
行业终端	中兴	详细分析见易观智库企业库
监测	凯迈乐商标转让网	详细分析见易观智库企业库
智能技术	北京君正	详细分析见易观智库企业库
智能技术	华平股份	详细分析见易观智库企业库
智能技术	华为海思	详细分析见易观智库企业库
智能技术	捷通华声	详细分析见易观智库企业库
智能技术	莱宝高科	详细分析见易观智库企业库

续表

领域	厂商	备注
智能技术	联发科	详细分析见易观智库企业库
智能技术	全志	详细分析见易观智库企业库
智能技术	瑞芯微	详细分析见易观智库企业库
智能技术	尚科语音	详细分析见易观智库企业库
智能技术	天马	详细分析见易观智库企业库
智能技术	同洲电子	详细分析见易观智库企业库
智能技术	威盛	详细分析见易观智库企业库
智能技术	新岸线	详细分析见易观智库企业库
智能技术	云知声	详细分析见易观智库企业库
智能技术	长信科技	详细分析见易观智库企业库
IT解决方案	埃森哲公司	详细分析见易观智库企业库
IT解决方案	甲骨文股份有限公司	详细分析见易观智库企业库
IT解决方案	SAP公司	详细分析见易观智库企业库
IT解决方案	国电南瑞	详细分析见易观智库企业库
IT解决方案	海顿新科	详细分析见易观智库企业库
IT解决方案	朗新科技（中国）有限公司	详细分析见易观智库企业库
IT解决方案	胜利软件	详细分析见易观智库企业库
IT解决方案	石化盈科信息技术有限责任公司	详细分析见易观智库企业库
IT解决方案	北京同方电子科技有限公司	详细分析见易观智库企业库
IT解决方案	远光软件股份有限公司	详细分析见易观智库企业库
IT解决方案	中软国际有限公司	详细分析见易观智库企业库
IT解决方案	中睿信息技术有限公司	详细分析见易观智库企业库
企业移动应用	AirWatch	详细分析见易观智库企业库
企业移动应用	IBM（Worklight）	详细分析见易观智库企业库
企业移动应用	McAfee	详细分析见易观智库企业库
企业移动应用	MobileIron	详细分析见易观智库企业库
企业移动应用	SAP	详细分析见易观智库企业库
企业移动应用	SAP（Afaria）	详细分析见易观智库企业库

续表

领域	厂商	备注
企业移动应用	SAP（SUP）	详细分析见易观智库企业库
企业移动应用	Symantec	详细分析见易观智库企业库
企业移动应用	大唐云动力	详细分析见易观智库企业库
企业移动应用	烽火星空	详细分析见易观智库企业库
企业移动应用	华为技术有限公司	详细分析见易观智库企业库
企业移动应用	慧点科技	详细分析见易观智库企业库
企业移动应用	金蝶	详细分析见易观智库企业库
企业移动应用	联想集团	详细分析见易观智库企业库
企业移动应用	摩托罗拉	详细分析见易观智库企业库
企业移动应用	融易通	详细分析见易观智库企业库
企业移动应用	三星集团	详细分析见易观智库企业库
企业移动应用	神州数码控股有限公司	详细分析见易观智库企业库
企业移动应用	石化盈科信息技术有限责任公司	详细分析见易观智库企业库
企业移动应用	数字天堂	详细分析见易观智库企业库
企业移动应用	太极	详细分析见易观智库企业库
企业移动应用	意贝斯特	详细分析见易观智库企业库
企业移动应用	用友	详细分析见易观智库企业库
企业移动应用	正益无线	详细分析见易观智库企业库
企业移动应用	中国电信集团公司	详细分析见易观智库企业库
企业移动应用	中国联合网络通信集团有限公司	详细分析见易观智库企业库
企业移动应用	中国移动通信集团公司	详细分析见易观智库企业库

物联网

航天信息

航天信息股份有限公司是由中国航天科工集团公司控股、以信息安全为核心技术的IT行业高新技术国有上市公司。航天信息已建立了覆盖全国的销售渠道和服务体系，在全国31个省、市、自治区和5个计划单列市建立了近40家省级服务单位、200余家地市级服务单位、400余家基层服务网点。航天信息拥有自己的核心技术和创新团队，设立了信息安全、智能商务和RFID等博士后工作站。航天信息通过了ISO9000质量管理体系认证、ISO14000环境体系认证、CMMI三级评估等，具备计算机系统集成一级资质、安全技术防范一级资质、专项工程设计甲级资质以及国家密码产品开发生产许可资质等，承担了"金税工程"、"金盾工程"、"金卡工程"等国家重点工程，是国家大型信息化工程和电子政务领域的主力军。航天信息作为税务会计软件开创者，始终关注并深挖企业各个发展阶段的需求核心。2013年8月，Aisino ERP实现了产品的跨越式升级，将财税一体化应用延展到了更深层次，为受惠于税改政策中的各行业企业进一步提供了智慧的财税管理工具。由航天信息首创的Aisino"懂税的ERP"系列管理软件及解决方案，涵盖财务、税务、供应链、生产、协同、商业智能6大领域、包含40多个功能模块、300多张管理分析报表，全面覆盖中小企业日常的业务运作和管理需求。

易观分析——

行业进入壁垒高；市场影响力强；研发创新优势明显

航天信息的全产业链覆盖不足，行业覆盖面不占优势

国家对物联网重视度高；物联网行业发展空间大，发展速度较快

市场培育期长；投入成本较高

一、基础信息

1.1 基本信息

1.1.1 公司名称：航天信息股份有限公司

1.1.2 成立时间：2000年11月1日

1.1.3 总部地点：中国广东省深圳市

1.1.4 上市时间：2003年7月11日 A股市场成功挂牌上市

1.1.5 企业性质：上市公司

1.1.6 资本信息：注册资本5000万元人民币

1.1.7　联系方式

网址：http：//www.aisino.com

北京总部地址：北京市海淀区杏石口路甲18号

邮编：100195

电话：(+8610)88896666

1.2　组织信息

1.2.1　人员规模：1.4万人

1.2.2　管理层：于　滨　法人

管理团队

于　滨　董事长

於　亮　总经理　副董事长

二、业务信息

2.1　产品及服务信息

智能识别及终端产品

RFID电子标签产品

智能IC卡产品

指纹采集器

社会信息采集平台

证件扫描仪

2.2　覆盖范围

2.2.1　行业：物联网行业

2.2.2　主要客户：聚焦IT民用领域，业务领域涉及政府及行业信息化，重点发展税务、政务、公安、交通、金融、广电、教育等行业的信息化市场

2.2.3　业务区域：全国

2.3　收入结构：2012年74.9亿元，2013年营业收入16,582,461,563.03元

三、综合信息

3.1　发展定位：打造具有国际竞争力的航天“Aisino”品牌

3.2　重要合作伙伴与供应商：具体信息不详

大唐电信

大唐电信为国务院国资委管理的大型高科技中央企业，拥有无线移动通信、集成电路设计与制造、特种通信、战略性新兴产业和产业金融五大产业板块。通过成功推动自主创新的TD产业化，大唐电信集团探索了一条“技术专利化、专利标准化、标准产业化、产业市场化、市场国际化”的自主创新发展之路，实践了全新的“中国创造”发展模式。

作为国内具有自主知识产权的信息产业骨干企业，大唐电信秉承深厚的技术积淀，目前已形成集成电路设计、软件与应用、终端设计、移动互联网四大产业板块。在信息安全与服务、智能终端解决方案、智慧城市、行业信息化、数字文化产业交易等领域具有丰富经验和竞争优势。在稳固传统电信行业市场优势的基础上，大唐电信正在实现从技术、设备提供商到服务、方案提供商，从核心网向用户端领域，从提供单一产品向提供整体解决方案，并向全产业链运营转型。

大唐电信进一步明确了“以国内领先的集成电路设计、软件与应用、终端设计为核心竞争力，积极拓展移动互联网等新兴产业业务，使公司成为细分行业综合领先的解决方案和服务提供商”的发展定位，建立了面向移动互联网、物联网等新兴产业的业务体系，以及面向市场以客户为核心的运营模式。

易观分析——

物联网涉及广泛；市场影响力强；研发创新优势明显，客户驱动的运营意识相对较强

在一些细分行业不具备专业优势，行业细分仍需进一步深入

国家对物联网重视度高；物联网行业发展空间大，发展速度较快

市场培育期长；投入成本较高

一、基础信息

1.1　基本信息

1.1.1　公司名称：大唐电信科技股份有限公司

1.1.2　成立时间：1998年9月21日

1.1.3　总部地点：北京海淀新技术开发试验区

1.1.4　上市时间：1998年10月 上海证券交易所挂牌上市

1.1.5　企业性质：上市公司

1.1.6　资本信息：注册资本43898.64万元人民币

1.1.7　联系方式

网址：http：//www.datang.com/

北京总部地址：北京市海淀区永嘉北路6号

邮编：100094

电话：（010）58919000

1.2 组织信息

1.2.1 人员规模：7万人

1.2.2 管理层：法人 曹斌

管理团队

曹 斌 董事长

李永华 董事

段辰辉 董事、战略发展部副总经理

秦 曦 董事

王克齐 董事

张英海 董事

王瑞华 董事

二、业务信息

2.1 产品及服务信息

电子及通信设备，移动电话机，仪器仪表，文化办公设备，电子计算机软硬件及外部设备，系统集成，光电缆，微电子器件的技术开发、技术转让、技术咨询、技术服务、制造、销售；通信及信息系统工程设计；出口数字程控交换机、通信传输设备、通信接入设备、通信软件、通信终端设备、手机、无绳电话、IP 电话、网络适配器；进口本企业生产科研所需的原辅材料、电子元器件、芯片、机械设备、仪器仪表、零配件；生产、销售安全防范产品及安全防范工程设计施工（仅限成都分公司经营）；自营和代理各类商品及技术的进出口业务（但国家限定公司经营或禁止进出口的商品及技术除外）；经营进料加工和三来一补业务；经营转口贸易和对销贸易。

物联网解决方案

U-City综合解决方案

大唐电信IC卡居住证解决方案

M2M系统方案

智能电网物联网方案

2.2 覆盖范围

2.2.1 行业：移动互联网、物联网等新兴产业

2.2.2 主要客户：面向市场以客户为核心的运营模式，为政府、行业、企业及个人客户提供优质高效的产品、整体解决方案和服务。

2.2.3 业务区域：全国

2.3 收入结构：2012年270.31亿元

三、综合信息

3.1发展定位：成为领先的专业信息产品和服务提供商

3.2重要合作伙伴与供应商：具体信息不详

中兴通讯

中兴通讯拥有通信业界最完整的、端到端的产品线和融合解决方案，通过全系列的无线、有线、业务、终端产品和专业通信服务，灵活地满足全球不同运营商的差异化需求以及快速创新的追求。中兴物联网产品主要体现在智能抄表解决方案、车联网、定位产品、支付产品。

2013年，荣获2013年度中国品牌500强，2013年上半年由于中国市场的GSM、UMTS产品以及国内外GSM手机、数据卡收入减弱，整体收入小幅下降。中兴通讯将物联网分为交通、物流、医疗、教育、能源、家居、环保、安全等八大市场，按照中兴物联的规划，其目标是希望延续中兴通讯在通信设备业的领先地位，做成整个物联网标杆企业。

易观分析——

行业进入较早，构建了行业壁垒；市场影响力强；研发创新优势明显

新的竞争者进入强势

国家对物联网重视度高；物联网行业发展空间大，发展速度较快

市场培育期长；投入成本较高

一、基础信息

1.1 基本信息

1.1.1 公司名称：中兴通讯股份有限公司

1.1.2 成立时间：1985年

1.1.3　总部地点：中国广东省深圳市

1.1.4　上市时间：1997年深交所A股上市

1.1.5　企业性质：深港两地上市公司

1.1.6　资本信息：注册资本5000万元人民币

1.1.7　联系方式

网址：http：//www.zte.com.cn/cn/

深圳总部地址：深圳市科技南路55号

邮编：518057

电话：0755-26770000

1.2　组织信息

1.2.1　人员规模：7万人

1.2.2　管理层：总裁 史立荣

管理团队

史立荣　董事长

侯为贵　副董事长·总裁

朱克让　副董事长、总裁

何士友　董事、高级副总裁

殷一民　董事、高级副总裁

文会国　董事、高级副总裁

陈　耿　董事

陈锡生　董事

江执中　独立董事

刘文平　独立董事

李居平　董事

冯健雄　董事

马世平　董事会秘书

二、业务信息

2.1　产品及服务信息

智能抄表解决方案

车联网

定位产品

支付产品

智能抄表解决方案

车联网移动资源平台(MRP： Mobile Resource Platform)

包括终端、网络、平台全套的端对端解决方案；

中兴通讯大数据定位方案

支付产品

2.2 覆盖范围

2.2.1 行业：无线、核心网等

2.2.2 主要客户：中国移动、中国联通、东风雪铁龙、海尔、日立、联想、雷克萨斯、LG、诺基亚、三星、上海大众、中国邮政等

2.2.3 业务区域：全国

2.3 收入结构：2012年1062.54亿元，2013年中兴通讯实现营业收入752.3亿元。分地区，国内业务营业收入356.4亿元，国际业务营业收入396亿元。

三、综合信息

3.1 发展定位：全球领先通信解决方案提供商

3.2 重要合作伙伴与供应商：具体信息不详

我国物联网服务及基础网络服务领域其他厂商名录节选如下：

表32 中国物联网及基础网络服务产业中企业名录节选

领域	厂商	备注
物联网	航天信息	简要分析见前述 数据分析及详细分析 见易观智库企业库
物联网	大唐电信	
物联网	中兴通讯	
基础通信网络及服务	中国电信集团公司	详细分析见易观智库企业库
基础通信网络及服务	中国联合网络通信集团有限公司	详细分析见易观智库企业库
基础通信网络及服务	中国移动通信集团公司	详细分析见易观智库企业库

续表

领域	厂商	备注
4G设备	大富科技	详细分析见易观智库企业库
4G设备	烽火通信	详细分析见易观智库企业库
4G设备	富春通信	详细分析见易观智库企业库
4G设备	中国普天信息产业股份有限公司	详细分析见易观智库企业库
4G设备	三维通信	详细分析见易观智库企业库
4G设备	三元达	详细分析见易观智库企业库
4G设备	世纪鼎利	详细分析见易观智库企业库
4G设备	硕贝德	详细分析见易观智库企业库
4G设备	武汉凡谷	详细分析见易观智库企业库
4G设备	信维通信	详细分析见易观智库企业库
通信光缆	江苏法尔胜股份有限公司	详细分析见易观智库企业库
通信光缆	宏图高科技术开发公司	详细分析见易观智库企业库
通信光缆	汇源集团	详细分析见易观智库企业库
通信光缆	深圳日海通讯技术股份有限公司	详细分析见易观智库企业库
通信光缆	深圳市特发信息股份有限公司	详细分析见易观智库企业库
通信光缆	鑫茂科技(深圳)有限公司	详细分析见易观智库企业库
通信光缆	江苏永鼎股份有限公司	详细分析见易观智库企业库
通信光缆	长江通信	详细分析见易观智库企业库
无线路由器	北京普联世纪信息技术有限公司	详细分析见易观智库企业库
无线路由器	锐捷网络	详细分析见易观智库企业库
无线路由器	深圳市吉祥腾达科技有限公司	详细分析见易观智库企业库
网络接入服务	广东盈信信息投资有限公司	详细分析见易观智库企业库
网络接入服务	北京电信通电信工程有限公司	详细分析见易观智库企业库
网络接入服务	北京歌华有线电视网络股份有限公司	详细分析见易观智库企业库
网络接入服务	北京畅捷科技有限公司	详细分析见易观智库企业库
网络接入服务	北京创新威克智能科技有限公司	详细分析见易观智库企业库
网络接入服务	东南网	详细分析见易观智库企业库

续表

领域	厂商	备注
网络接入服务	方正宽带网络服务股份有限公司	详细分析见易观智库企业库
网络接入服务	广东有线视讯宽带	详细分析见易观智库企业库
网络接入服务	广西视虎宽带	详细分析见易观智库企业库
网络接入服务	天津海泰宽带	详细分析见易观智库企业库
网络接入服务	湖南中信宽带	详细分析见易观智库企业库
网络接入服务	郑州蓝海网络有限公司	详细分析见易观智库企业库
网络接入服务	北京森华易腾通信技术有限公司	详细分析见易观智库企业库
网络接入服务	深圳联亚通信	详细分析见易观智库企业库
网络接入服务	深圳天威视讯有限公司	详细分析见易观智库企业库
网络接入服务	四川艾普宽带	详细分析见易观智库企业库
网络接入服务	益家宽带	详细分析见易观智库企业库
网络接入服务	长城宽带网络服务有限公司	详细分析见易观智库企业库
网络接入服务	中国电信集团公司	详细分析见易观智库企业库
网络接入服务	中国联合网络通信集团有限公司	详细分析见易观智库企业库
网络接入服务	中国移动通信集团公司	详细分析见易观智库企业库
网络接入服务	中海宽带	详细分析见易观智库企业库
网络接入服务	广州珠江数码集团有限公司	详细分析见易观智库企业库
网络接入服务	深圳鹏博士	详细分析见易观智库企业库
CDN	北京蓝汛通信技术有限责任公司	详细分析见易观智库企业库
IDC	北京数立通科技有限公司	详细分析见易观智库企业库
IDC	北京东方网景信息科技有限公司	详细分析见易观智库企业库
IDC	飞创科技有限公司	详细分析见易观智库企业库
IDC	北京国研网络数据科技有限公司	详细分析见易观智库企业库
IDC	北京国音安全信息网络有限公司	详细分析见易观智库企业库
IDC	深圳市海洋动力科技有限公司	详细分析见易观智库企业库
IDC	和信数据	详细分析见易观智库企业库
IDC	互联互通科技有限公司	详细分析见易观智库企业库

续表

领域	厂商	备注
IDC	北京华速科技有限公司	详细分析见易观智库企业库
IDC	北京捷信安华信息技术有限公司	详细分析见易观智库企业库
IDC	北京经纬互联科技有限公司	详细分析见易观智库企业库
IDC	北京九州未来科技有限公司	详细分析见易观智库企业库
IDC	中国蓝色引力网	详细分析见易观智库企业库
IDC	杭州速联信息科技有限公司	详细分析见易观智库企业库
IDC	北京龙腾佳讯网络科技有限公司	详细分析见易观智库企业库
IDC	鹏博士电信传媒集团股份有限公司	详细分析见易观智库企业库
IDC	企商在线	详细分析见易观智库企业库
IDC	日升天信	详细分析见易观智库企业库
IDC	北京宏网神州科技发展有限公司	详细分析见易观智库企业库
IDC	时代宏远	详细分析见易观智库企业库
IDC	世纪互联数据中心有限公司	详细分析见易观智库企业库
IDC	北京首都在线科技股份有限公司	详细分析见易观智库企业库
IDC	首科电讯有限公司	详细分析见易观智库企业库
IDC	北京首信网创网络信息服务有限责任公司	详细分析见易观智库企业库
IDC	北京数据家科技有限公司	详细分析见易观智库企业库
IDC	北京天地通电信有限公司	详细分析见易观智库企业库
IDC	通管网联北京数据科技有限公司	详细分析见易观智库企业库
IDC	北京铜牛信息股份有限公司	详细分析见易观智库企业库
IDC	万国数据服务有限公司	详细分析见易观智库企业库
IDC	网宿科技股份有限公司	详细分析见易观智库企业库
IDC	台州迅捷网络工程有限公司	详细分析见易观智库企业库
IDC	中科鸿基生物科技有限公司	详细分析见易观智库企业库
IDC	北京中科新网网络科技有限公司	详细分析见易观智库企业库

政府及产业园区

产业园区

天津滨海高新技术产业开发区

天津滨海高新技术产业开发区1988年经天津市委、市政府批准建立，1991年被国务院批准为首批国家级高新技术产业开发区，总体规划面积97.96平方公里。天津滨海高新技术产业开发区包括华苑科技园、滨海科技园、南开科技园、武清科技园、北辰科技园、塘沽科技园六部分。其核心区域华苑科技园、滨海科技园位于天津市西南和东部，是天津经济发展的双子星座。

天津滨海高新技术产业开发区已经形成了绿色能源、软件及高端信息制造、生物技术与现代医药、先进制造业和现代服务业5个具有较强竞争力的优势主导产业，初步形成了参与产业高端分工、创新浪潮持续涌现、骨干企业规模带动、配套企业链条不断延伸的产业创新集群。天津滨海高新技术产业开发区已具备了建设高水平自主创新基地和高新技术产业化示范基地的基础和条件。

天津滨海高新技术产业开发区依托政府支持和优惠税收政策，给入驻企业良好的发展机会，但园区在融资政策、人才政策和创新支持方面仍需加强。

一、基础信息

1.1　基本信息

1.1.1　园区全称：天津滨海高新技术产业开发区

1.1.2　成立时间：1988年

1.1.3　地点：天津

1.1.4　占地面积：97.96平方公里

1.1.5　创办方：天津市委、市政府

1.1.6　联系方式

网址：http：//www.thip.gov.cn

地址：天津市华苑产业园区梅苑路6号

电话：022-83726666

1.2　园区服务机构组织架构：

企业事项：企业开办、经营服务、办税服务、贸易服务、质量服务、社会保障、劳动人事、科技服务、政策咨询、财政服务、房屋管理、土地建设、医疗卫生、环境保护、外事外经。

个人事项：档案管理、职称评定、社会保障、福利待遇、社保缴纳、个税缴纳、证件办理、环保标识、退休申请、妇幼保健。

二、园区服务信息

2.1 主要服务

通过全球性创新要素的高度聚集和国际性创新环境、创新网络的建立和完善，促进创新成果的不断涌现和辐射扩散，成为创造和引领高新技术产业发展潮流的自主创新基地，领航滨海新区，支撑滨海新区的发展。

2.2 主导产业和招商热点：

现代服务业

生物技术和现代医药

先进制造业

文化创意产业

新能源产业

软件及高端信息制造业

2.3 交通物流

2.4 功能园区：国际创业中心、华苑软件园、华科孵化器、鑫茂孵化器、海泰孵化器、普天孵化器、生机生物孵化器、智慧山孵化器、华鼎孵化器

2.5 招商引资优惠政策：无

2.6 财税优惠政策：无

2.7 其他优惠政策：人才政策、产业政策、创新政策

2.8 园区入驻流程：无

三、综合信息

3.1 发展定位：是滨海新区的十二大功能区之一，担负着滨海新区科技领航的重任。

3.2 园区已入驻企业：美国思科公司、华信实业集团、卡梅隆—佩斯集团中国总部、载人空间站等超大型航天器总装测试中心、中国机械工业集团有限公司，总量近4000家。

成都天府新区

以成都和重庆为核心的成渝城市群是引领中国西部发展的重要增长极，被称作“国家发展第四极”。而天府新区则将在再造一个产业成都的基础上，为四川经济乃至西部内陆经济的发展注入新的活力。天府新区将与成都的中心城区共同构成成渝经济区的成都发展核。不同的是，中心城区为优化开发区，将重点提升传统服务功能，以文化、商贸金融等功能为主；而天府新区为重点开发区，主要集聚新型城市功能，包括科技、商务、文化行政、现代制造业基地和高新技术产业基地等。

天府新区将形成“一带两翼”的产业空间布局，规划布局八大产业，将着力发展产业高端和高端产业，重点发展现代制造业、高端服务业和新技术、新材料等。其中，空港经济开发区以新能源产业为主导，重点发展光伏、风电与核电装备；双流信息产业区以电子信息与科技研发为主导，重点发展集成电路、软件服务于物联网；新川创新科技园以科技研发为主导，大力发展信息服务、服务外包和总部办公；成眉战略新兴产业区主要从事新材料、生物医药、节能环保产业及科技研发；成都经济技术开发区以汽车研发与制造、航空航天装备、工程机械制造为主导；东山科技产业区以科技研发为主导，创新发展信息服务、中试孵化、总部办公等；南部现代农业产业区以农副产品深加工、现代农业科技研发、生物技术为主导；视高经济开发区以农副产品深加工、机械、电子制造为主导。

在天府新区发展的近期和中期，制造业的发展非常重要；而在远期，产业方向将从制造逐步向研发和服务转变。

“绿色”是天府新区的主打色。在新区里，建设用地只占40%，生态用地占据了60%。而且，天府新区将打破传统“摊大饼”的发展模式，形成多中心、组团式布局，形成“一城六区”的组团城市，形成城市与自然有机融合的崭新的城市形态。

园区规划到2030年，国际机构与总部数量要达到300个，航空旅客吞吐量将达到1亿人次/年，科技对经济增长的贡献率要达到75%，高端产业的工业增加值要达到5500亿元，城市人均住房面积达到35平方米，人均公共绿地面积15平方米，城乡居民收入比为2: 1。

成都天府新区地理优势和资源优势明显，且在承接东部产业链转型升级和发展新一代信息技术上都具有先天优势。但园区在投融资政策和人才吸引方面仍显不足。

一、基础信息

1.1　基本信息

1.1.1　园区全称：成都天府新区

1.1.2　成立时间：2010

1.1.3　地点：成都

1.1.4　占地面积：1578平方千米

1.1.5　创办方：四川省成都天府新区规划建设委员会

1.1.6　联系方式

网址：http: www.cdtf.grv.cn　邮箱：tfxqcdgwh_kxj@163.com

地址：中国成都市高新孵化园

电话：13981923227

1.2　园区服务机构组织架构：不详

二、园区服务信息

2.1　主要服务

以电子信息为龙头产业，做大做强新能源装备制造、新材料、生物技术等高技术产业；后者以汽车研发制造为重点，发展航空航天、工程机械以及节能环保设备等高端制造产业

2.2　主导产业和招商热点

“天府新区”的建设可吸引先进制造业和高端服务业，如IT产业、新材料、航天航空、物流、金融、商贸等

2.3　交通物流

铁路货运外绕线、第二绕城高速、跳蹬河以及沿成昆铁路

2.4　功能园区

天府新区以成都高新技术开发区南区、成都经济技术开发区、双流经济开发区、彭山经济开发区、仁寿视高经济开发区以及龙泉湖、三岔湖和龙泉山（简称“两湖一山”）为主体，主要包括成都市高新区南区、双流县、龙泉驿区、新津县，资阳市的简阳市，眉山市的彭山县、仁寿县，共涉及3市7县（市、区）37个乡镇和街道办事处。

三、综合信息

3.1　发展定位：以现代制造业为主、高端服务业集聚、宜业宜商宜居的国际现代新城区。核心功能概括为“一门户两基地两中心”。

3.3　园区已入驻企业：包括总投资106亿元的沃尔沃成都基地，总投资20亿元的上海瑞华纯电动汽车成都基地项目，总投资3.25亿元的神钢大吨位起重机生产基地，总投资8.8亿元的德国博世底盘项目，总投资61.7亿元的一汽大众核心配套项目，总投资10亿元的经开区汽车产业科技孵化园项目，总投资5亿元的城兴汽车配套科技产业园项目、总投资8.8亿元的成都一汽铸造汽配项目。

杭州东方电子商务产业园

杭州东方电子商务园由杭州江干科技经济园转型而来，杭州江干科技经济园现已累计投入资金30.8亿元，建成道路12.4公里，电力开闭所9座，埋设地下配套管网72公里，给水泵站、污水泵站、公交首末站各一座，绿地约30万平方米。2009年园区实现工业销售产值82亿元，财政总收入8.1亿元，拥有西子奥的斯、巨星科技、祐康食品、明朗时装、海孚新能源等一批知名的行业龙头企业。为加快产业转型，实现提升发展，园区积极整合存量工业厂房资源，于2009年7月正式启动东方电子商务园建设，并于9月被认定为杭州市首批软件与信息服务业特色产业园之一。

随着杭州“城市东扩、旅游西进、沿江开发、跨江发展”战略的实施，园区迎来了新的发展机遇，根据区委、区政府“两大升级、三大转变”的总要求，适时提出了园区发展功能定位和目标，即打造“三园”为主体的集科工贸住为一体的配套齐全的复合型城市功能科技园区。“三园”是构建以城市工业为主导的高端制造园；构建以东方电子商务园为主体，以浙江省国家大学科技园为驱动，立足杭州，面向全省的研发创意园；构建以企业营销投资结算中心为特色的总部经济园。

杭州江干科技经济园依托杭州市电子商务的领先发展优势，未来电子商务信息服务业将爆发增长，园区将迎来新一轮增长。但是，园区转型吸引软件与信息服务业企业方面面临挑战。

一、基础信息

1.1　基本信息

1.1.1　园区全称：杭州江干科技经济园

1.1.2　成立时间：2009年9月

1.1.3　地点：杭州市江干区九盛路9号(德胜路-九盛路交叉口)

1.1.4　占地面积：129.62亩

1.1.5　创办方：杭州市政府

1.1.6　联系方式

网址：http: //www.jgkjy.com

地址：杭州市江干区九盛路9号(德胜路-九盛路交叉口)

电话：0571-86909109，86905958

1.2　园区服务机构组织架构

办公室

党务行政、工青妇工作、信息材料、宣传报道、文秘档案、人才资源、目标考核、综合协调、会务接待、后勤服务、集体落户

经济发展部

经济发展规划和运作、企业管理、统计分析、招商引资、代办工商税务登记、环境保护、质量技术监督、安全生产、消防安全、食品安全、交通安全、特种设备管理

规划建设部

建设规划方案、征地拆迁、项目前期报批、工程预决算、项目招标、施工管理协调、竣工验收、工程资料

创业创新部

东方电子商务园的运行服务、新兴产业的发展及招商服务、协同科创中心培育新兴产业、帮助指导浙江省国家大学科技园的产业定位、招商引资及企业服务、企业人才引进、与科技、文创等相关部门的协调沟通

综合管理部

综合治理、劳动保障、合同审核、法律事务协调、依法行政

财务部

会计核算、资产核算、资金分析、财政预决算、收缴土地款、账款结算、各类执照年检年审

二、园区服务信息

2.1　主要服务

（1）项目申报。

（2）云服务。

（3）教育培训。

（4）文娱活动。

（5）人才招聘。

2.2　主导产业和招商热点

东方电子商务园是以电子商务为发展主线，重点构建以B2B、B2C为核心的电子商务交易技术平台，重点引进电子商务、信息软件、设计研发等新兴产业，重点依托“电子商务”产业链，将产业园区发展成为特色鲜明、实力雄厚、环境优美、集产业发展和旅游观光于一身的专业园区。目前园区以四季青服装研发中心为发展电子商务的主要基地（建筑面积17万平方米），同时依托浙江省大学科技园、江干区科创中心创业平台，努力将“东方电子商务园”打造成为“电子商务区、信息软件区、科研总部区、研发孵化区、新产品展示及配套服务区”五区合一的功能集中、区位独立、布局科学的新兴电子商务集聚的特色产业区。

2.3 交通物流

园区离地铁1号线九堡站入口仅300米，紧邻沪杭甬高速和杭州绕城公路，距萧山国际机场半小时车程，距上海、宁波等港口城市仅1.5小时车程，坐拥得天独厚的地理优势。周边产业氛围浓厚、公共配套设施齐全，辅以一站式的企业服务体系，为入驻企业构筑了一流的软、硬件创业环境。

园区及周边生活配套日趋完善，商务环境日益提升，能从各个方面满足入驻企业对居住、商业、金融、文化、娱乐、体育、医疗卫生、教育和公共交通等的配套要求。

2.4 功能园区

努力将“东方电子商务园”打造成为“电子商务区、信息软件区、科研总部区、研发孵化区、新产品展示及配套服务”五区合一的功能集中、区位独立、布局科学的新兴电子商务集聚的特色产业区。

东方电子商务园西南角将规划建设创业服务中心，其融合办公、超市、餐饮、会议、培训、娱乐等多功能为一体，将为来园区投资创业人员提供更理想、更舒适、更高品质的服务。

三、综合信息

3.1 发展定位：不详

3.2 发展目标：杭州文化创意产业园

——三年内引进电子商务类（信息软件类）企业不少于30家；

——三年内新引进电子商务类（信息软件类）企业税收不低于3000万元；

——三年内园区原有产业电子商务平台普及率达到50%以上；

——三年内新引进大专以上信息软件人才不低于1000人。

3.3 园区已入驻企业

西子奥的斯电梯有限公司	2012-02-28
杭州巨星科技有限公司	2012-02-28
祐康食品（杭州）有限公司	2012-02-28
杭州新星光电有限公司	2012-02-27
坚持我的服饰（杭州）有限公司	2011-12-02
海明控股有限公司	2011-12-02
浙江交工高等级公路养护有限公司	2011-12-02
杭州中艺园林工程有限公司	2011-12-02
杭州优耐德电梯有限公司	2011-12-02

杭州四季青服装研究有限公司	2011-12-02
杭州万向泰富环保科技有限公司	2011-12-02
杭州东城电子有限公司	2011-12-02
杭州韩世通信电子有限公司	2011-12-02
浙江欧特服装有限公司	2011-12-02
杭州海孚新能源科技有限公司	2011-12-02
浙江西子航空工业有限公司	2011-12-02
浙江兰德创业投资有限公司	2011-12-02
浙江天虹物资贸易有限公司	2011-12-01
杭州中城货运交易市场	2011-12-01
浙江华铁基础工程有限公司	2011-12-01
浙江全金药业有限公司	2011-12-01
杭州纽创电子有限公司	2011-12-01
浙江中邮普泰移动通信设备有限公司	2011-12-01
杭州龙达新科生物制药有限公司	

我国其他科技产业园区与政府机构名录节选如下：

表33　中国政府机构及产业园区名录节选

领域	厂商	备注
	天津滨海高新技术产业开发区	简要分析见前述 数据分析及详细分析 见易观智库企业库
	成都天府新区	
	杭州东方电子商务产业园	
国家部委	中华人民共和国财政部	政府网站
国家部委	中华人民共和国公安部	政府网站
国家部委	中华人民共和国国防部	政府网站
国家部委	国防科学技术工业委员会	政府网站
国家部委	中华人民共和国国家安全部	政府网站
国家部委	国家安全生产监督管理总局	政府网站
国家部委	中华人民共和国国家保密局	政府网站

续表

领域	厂商	备注
国家部委	中华人民共和国国家测绘局	政府网站
国家部委	中华人民共和国国家档案局	政府网站
国家部委	国家电力监管委员会	政府网站
国家部委	国家发展和改革委员会	政府网站
国家部委	国家工商行政管理总局	政府网站
国家部委	国家广播电影电视总局	政府网站
国家部委	中华人民共和国国家海洋局	政府网站
国家部委	国家行政学院	政府网站
国家部委	国家行政学院	政府网站
国家部委	中华人民共和国国家环境保护总局	政府网站
国家部委	中华人民共和国国家粮食局	政府网站
国家部委	中华人民共和国国家林业局	政府网站
国家部委	中华人民共和国国家旅游局	政府网站
国家部委	中华人民共和国国家民族事务委员会	政府网站
国家部委	中华人民共和国国家人口与计划生育委员会	政府网站
国家部委	中华人民共和国国家食品药品监督管理局	政府网站
国家部委	中华人民共和国国家税务总局	政府网站
国家部委	中华人民共和国国家体育总局	政府网站
国家部委	中华人民共和国国家统计局	政府网站
国家部委	中华人民共和国国家外国专家局	政府网站
国家部委	中华人民共和国国家外汇管理局	政府网站
国家部委	中华人民共和国国家文物局	政府网站
国家部委	中华人民共和国国家新闻出版总署	政府网站
国家部委	中华人民共和国国家信访局	政府网站
国家部委	中华人民共和国国家烟草专卖局	政府网站
国家部委	中华人民共和国国家邮政局	政府网站
国家部委	中华人民共和国国家知识产权局	政府网站
国家部委	中华人民共和国国家质量监督检验检疫总局	政府网站

续表

领域	厂商	备注
国家部委	中华人民共和国国家中医药管理局	政府网站
国家部委	中华人民共和国国家自然科学基金委员会	政府网站
国家部委	中华人民共和国国家宗教事务局	政府网站
国家部委	中华人民共和国国土资源部	政府网站
国家部委	国务院参事室	政府网站
国家部委	国务院发展研究中心	政府网站
国家部委	国务院法制办公室	政府网站
国家部委	国务院港澳事务办公室	政府网站
国家部委	国务院国有资产监督管理委员会	政府网站
国家部委	国务院机关事务管理局	政府网站
国家部委	国务院侨务办公室	政府网站
国家部委	国务院台湾事务办公室	政府网站
国家部委	国务院新闻办公室	政府网站
国家部委	国务院研究室	政府网站
国家部委	中华人民共和国海关总署	政府网站
国家部委	中华人民共和国监察部	政府网站
国家部委	中华人民共和国建设部	政府网站
国家部委	中华人民共和国交通运输部	政府网站
国家部委	中华人民共和国教育部	政府网站
国家部委	中华人民共和国科学技术部	政府网站
国家部委	中华人民共和国劳动和社会保障部	政府网站
国家部委	中华人民共和国民政部	政府网站
国家部委	中华人民共和国农业部	政府网站
国家部委	全国社会保障基金	政府网站
国家部委	全国社会保障基金理事会	政府网站
国家部委	中华人民共和国人事部	政府网站
国家部委	中华人民共和国商务部	政府网站
国家部委	中华人民共和国水利部	政府网站

续表

领域	厂商	备注
国家部委	中华人民共和国司法部	政府网站
国家部委	中国铁路总公司	政府网站
国家部委	中华人民共和国外交部	政府网站
国家部委	中华人民共和国卫生部	政府网站
国家部委	中华人民共和国文化部	政府网站
国家部委	新华通讯社	政府网站
国家部委	中华人民共和国工业与信息化部	政府网站
国家部委	中国保险监督管理委员会	政府网站
国家部委	中国地震局	政府网站
国家部委	中国工程院	政府网站
国家部委	中国科学院	政府网站
国家部委	中国民用航空总局	政府网站
国家部委	中国气象局	政府网站
国家部委	中国人民银行	政府网站
国家部委	中国社会科学院	政府网站
国家部委	中国银行业监督管理委员会	政府网站
国家部委	中国证券监督管理委员会	政府网站
地方政府	安徽省省委	政府网站
地方政府	澳门特别行政区政府	政府网站
地方政府	北京市市委	政府网站
地方政府	福建省省委	政府网站
地方政府	甘肃省省委	政府网站
地方政府	广东省省委	政府网站
地方政府	广西壮族自治区政府	政府网站
地方政府	贵州省省委	政府网站
地方政府	海南省省委	政府网站
地方政府	河北省省委	政府网站
地方政府	河南省省委	政府网站

续表

领域	厂商	备注
地方政府	黑龙江省省委	政府网站
地方政府	湖北省省委	政府网站
地方政府	湖南省省委	政府网站
地方政府	吉林省省委	政府网站
地方政府	江苏省省委	政府网站
地方政府	江西省省委	政府网站
地方政府	辽宁省省委	政府网站
地方政府	内蒙古自治区区政府	政府网站
地方政府	宁夏回族自治区政府	政府网站
地方政府	青海省省委	政府网站
地方政府	山东省省委	政府网站
地方政府	山西省省委	政府网站
地方政府	陕西省省委	政府网站
地方政府	上海市市委	政府网站
地方政府	四川省省委	政府网站
地方政府	天津市市委	政府网站
地方政府	西藏自治区政府	政府网站
地方政府	香港特别行政区政府	政府网站
地方政府	新疆维吾尔自治区政府	政府网站
地方政府	云南省省委	政府网站
地方政府	浙江省省委	政府网站
地方政府	重庆市市委	政府网站
地方政府	台湾省	政府网站
高科技园区	杭州星火电子商务产业园	详细分析见易观智库企业库
高科技园区	沈阳浑南电子商务产业园	详细分析见易观智库企业库
高科技园区	天津宝坻电子商务产业基地	详细分析见易观智库企业库
高科技园区	北京平谷区峪口电子商务创新产业园区	详细分析见易观智库企业库
高科技园区	北京市西城区电子商务产业园	详细分析见易观智库企业库

续表

领域	厂商	备注
高科技园区	北京通州商务园	详细分析见易观智库企业库
高科技园区	常州西太湖电子商务产业园	详细分析见易观智库企业库
高科技园区	大连高新技术产业园区	详细分析见易观智库企业库
高科技园区	东莞松山湖淘宝创业园	详细分析见易观智库企业库
高科技园区	福州海峡电子商务产业基地	详细分析见易观智库企业库
高科技园区	广州番禺电子商务创意产业园淘商城	详细分析见易观智库企业库
高科技园区	广州岭南电子商务产业园	详细分析见易观智库企业库
高科技园区	广州市电子商务(天河)产业园	详细分析见易观智库企业库
高科技园区	贵阳经济技术开发区	详细分析见易观智库企业库
高科技园区	杭州东方电子商务产业园	详细分析见易观智库企业库
高科技园区	合肥（蜀山）国际电子商务产业园	详细分析见易观智库企业库
高科技园区	嘉兴市名都电子商务园	详细分析见易观智库企业库
高科技园区	江苏南通崇川科技园	详细分析见易观智库企业库
高科技园区	金华市区电子商务产业基地	详细分析见易观智库企业库
高科技园区	昆明国家高新技术产业开发区	详细分析见易观智库企业库
高科技园区	内蒙古赤峰电子商务产业基地	详细分析见易观智库企业库
高科技园区	青岛天宇电子商务产业园	详细分析见易观智库企业库
高科技园区	泉州电子商务产业基地	详细分析见易观智库企业库
高科技园区	山西侯马经济技术开发区	详细分析见易观智库企业库
高科技园区	上海电子商务创业园	详细分析见易观智库企业库
高科技园区	上海浦东唐镇电子商务产业园	详细分析见易观智库企业库
高科技园区	深圳市宝安区民治电子商务园	详细分析见易观智库企业库
高科技园区	深圳市福田电子商务产业基地	详细分析见易观智库企业库
高科技园区	深圳市互联网产业园	详细分析见易观智库企业库
高科技园区	苏州金枫电子商务产业园	详细分析见易观智库企业库
高科技园区	潍坊市高新技术产业开发区	详细分析见易观智库企业库
高科技园区	乌鲁木齐高新技术产业开发区	详细分析见易观智库企业库
高科技园区	无锡惠山（国家）电子商务产业园	详细分析见易观智库企业库
高科技园区	武汉市汉正街都市工业区	详细分析见易观智库企业库

续表

领域	厂商	备注
高科技园区	西安高新技术产业开发区	详细分析见易观智库企业库
高科技园区	西安软件新城	详细分析见易观智库企业库
高科技园区	西宁（国家级）经济技术开发区	详细分析见易观智库企业库
高科技园区	银川经济技术开发区宁夏软件园	详细分析见易观智库企业库
高科技园区	长春净月国家高新技术产业开发区	详细分析见易观智库企业库
高科技园区	郑州河南省电子商务产业园	详细分析见易观智库企业库
高科技园区	郑州市郑东新区电子商务基地	详细分析见易观智库企业库
高科技园区	重庆市网商产业园	详细分析见易观智库企业库

附录1　大事记2013

规律是由诸多事件本身所承载，互联网产业发展的规律，可以具象为一年又一年发生的事件。2013年，互联网产业在并购、上市、创新方面表现活跃。在本部分，易观针对2013年互联网产业发生的事件，选择了100件对行业发展具有较大影响的，具有代表性的事件，作为行业发展的里程碑予以记录。

1月

1日　阿里妈妈重启品牌意义更大

事件：淘宝网宣布2013年重新启用“阿里妈妈”品牌和域名，新联盟平台将升级为面向全网所有广告主开放。该平台将主打三大业务线：淘宝客、TANX平台、新的移动广告联盟。这表明阿里妈妈正式在淘宝体系外与百度联盟正面竞争。

5日　阿里聚划算推出C2B定制平台

事件：聚划算将启动C2B战略，推出定制产品平台--聚定制。聚定制分为“品牌商品预售”和“新品定制”。品牌商品预售是通过前期数据分析或调研，提前定制成品或半成品来销售，根据订单安排生产和发货。而新品定制指提供模块化的纬度供销费者选择，满足个性化需求，然后根据成本安排生产。

10日　阿里重组成立25个事业部

事件：一、姜鹏（三丰）分管：共享业务事业部，商家业务事业部，阿里妈妈事业部（展示广告、P4P、淘客联盟），一淘及搜索事业部；二、张勇（逍遥子）分管：天猫事业部，物流事业部（天网），良无限事业部，航旅事业部；三、张宇（语嫣）分管：类目运营事业部，数字业务事业部，综合业务事业部，消费者门户事业部，互动业务事业部；四、吴泳铭（东邪）分管：无线事业部，旺旺与客户端事业部，音乐事业部；五、张建锋（行颠）分管：聚划算事业部，本地生活事业部；六、陆兆禧（铁木真）分管： 数据平台事业部，信息平台事业部，云OS事业部；七、王坚分管：阿里云事业部；八、叶朋（傲天）分管：B2B中国事业部（CBU）；九、吴敏芝分管：B2B国际事业部，B2C国际事业部。

11日　乐视发力电视应用开发

事件：乐视投资1月11日发布电视应用开发者扶持计划：乐视投资三年内筹备一亿元，以借贷转股、部分参股、全资收购和滚动投资四种方式投资扶持优秀的应用开发者。投资的细分领域包括家庭游戏类、视频类、生活方式类、社交和教育类应用。不排除将引入政府机构进行投资或者其他支持，也可能会对开发者发放小额贷款。

15日　360搜索发布开放战略

事件：360搜索宣布开放平台战略，分为三个层面：接入垂直搜索引擎、向合作伙伴免费开放应用盒子ONEBOX和免费认证官网。

16日　京东启动云计算研发基地

事件：京东商城海淀云计算研发基地及“京东商城-中国人民大学”电子商务实验室，拥有9940平方米的办公区域，预计可容纳员工数量150人。启动仪式上，京东商城副董事长兼首席战略官赵国庆表示：“作为中国最具影响力的电子商务网站之一，京东商城在规模扩张的道路上，必须使用科学的方法，来直面用户多变的网购需求和消费行为。”

21日　大众点评网推出首个O2O开放平台

事件：大众点评网宣布开放本地商户信息、点评、优惠、团购等内容，成为国内首个O2O开发者平台，高德、印象笔记、盛大、通用汽车等公司已经加入到该平台参与测试。此次的开放平台上只开放了四个API，分别是“搜索商户”、“搜索团购”、“获取指定的团购信息”和最核心的“获取指定商户最新点评”。未来还将开放商户预订、电子会员卡等服务，与开发者探索更多合作的可能性。

2月

16日　京东融资7亿美元

事件：2月16日晚，京东宣布完成新一轮7亿美元普通股股权融资。京东表示，融资将用于公司运营，面向未来投资发展新业务，以及继续加强物流体系的建设等方面。“未来我们所有业务都要平台化，陆续开放WEB、物流、信息系统，同时布局金融平台业务，所有业务都将向社会开放，并都将成为一个又一个平台，最后形成一个平台网络。商业纷争必然是平台之战，其背后是价值之战。”

25日　移动银联联合推出手机钱包客户端

事件：标志着中国移动和中国银联已实现TSM（Trust Service Management，可信服务管理）系统互通，合作协议中，移动承诺将金融应用的管理交予银联。TSM平台能使金融服务提供商（如银行）远程发布、管理移动应用，在电信运营商、手机制造商等主体间，建立起商业合同和技术连接：电信运营商用SIM卡来服务用户，银行用银行卡来服务用户，电信运营商把SIM卡的部分空间开放给银行，用户就可以通过TSM平台将银行卡下载到SIM卡上。不同于通过第三方中介进行转接的移动远程支付，移动近场支付可以实现用户和商户间的直接付款，同时，由于省去了输密码的过程，其在商场、超市、便利店、报摊等小额支付领域独具便利性，这无疑是完善整个移动支付业务链条的重要环节。

26日　畅游单季收入超盛大

事件：盛大游戏去年第四季度财报显示，当期收入1.72亿美元，不及畅游同期的1.735亿美元。在中国网游市场，盛大游戏首次被畅游超越降至第四位。产品是盛大游戏最大的问题：一方面是代理游戏中鲜有真正大作，另一方面自主研发能力也没有实质提升，未能有效构建平台是另一个因素。在网游同行中，腾讯游戏、网易游戏、畅游各自都有相应的平台进行支撑，能够持续向游戏业务导入新用户。相对而言，盛大游戏因盛大集团架构等原因迟迟未能建立这样的支撑，在成长体系上始终有所欠缺。

3月

12日　敦煌网推出免费外贸开放平台

事件：该平台采用免收会员费模式，同时推出模块化深度服务。免费外贸平台开放后，中国供应商可以免费建立网上店铺，向全球客户推广品牌和产品。外贸开放平台除了能够降低信息服务的门槛外，配套商户还可以自主选择模块化深度服务，按效果付费。可以预期，外贸电商的业务应包括信息服务、模块化深度、小额交易和大额交易四个内容，所有中国制造企业和产品都可以在外贸电商平台上找到合适对象。

26日　腾讯电商QQ商城合并至QQ网购

事件：QQ商城定位类似阿里的天猫商城，主要依靠引入品牌商，而QQ网购则是腾讯在2011年12月所推出的一个类似B2C的电商平台。拍拍网则是类似淘宝网的C2C平台。合并后QQ网购将成为腾讯电商开放平台的唯一品牌。腾讯电商去年独立运营，提出了“自营+开放平台”的核心发展战略，并据此加速了旗下电商多品牌的整合。在技术架构上，QQ网购更加B2C化。合并为QQ网购的好处是：商品描述质量提高；关联性比较强；在搜索、在分类的体验也会超过C2C。腾讯电商将正式形成“以易迅为核心的自营”加“以QQ网购为核心的开放平台”结构。

4月

2日　P2P众贷网倒闭

事件：众贷网在其官方网站发布公告宣布倒闭，一家仅运营30天的P2P网站走向终结。众贷网在其官网发布的“致投资人的一封信”中称，“由于我们整个管理团队经验的缺失，造成了公司运营风险的发生，在开展业务的时候没有把控好风险这一关，如今给各位造成了无法挽回的损失”。P2P行业的需求旺盛，但现状是行业门槛低，缺乏监管，普遍违规，行业混乱。

10日　去哪儿推在线交易被联合抵制

事件：由于不满去哪儿收费涨价、改变交易模式等，艺龙、芒果、同程等已于近日暂停与去哪儿的合作。“说到底与利益有关，去哪儿原本的模式是所有预订交易不发生在去哪儿平台，而是客户通过去哪儿链接到艺龙、芒果等相关OTA后再交易。但现在不同，去哪儿推出了一个TTS（Total Solution）在线交易系统，该系统可以让客户直接在去哪儿网进行预订，并完成填写个人预订信息、付款交易等全过程，随后由去哪儿向相应OTA提供交易记录和金额，这等于原本属于OTA的客户信息、交易资料等都留在了去哪儿系统内，争夺了OTA的客户资源。”

15日　阿里手机发布云生态链战略

事件：阿里手机操作系统的愿景是重新定义智能终端，未来智能终端是移动互联网最重要的入口。阿里手机宣布将用平台及开放方式，围绕手机操作系统，为终端手机厂商、运营商、硬件厂商和设计公司、开发者等搭建一套生态系统。第一，淘宝将推云手机频道，所有搭载阿里手机操作系统的智能手机，都在这个平台集中展现和售卖。第二，联合阿里无线、阿里云计算在年内加大对应用开发者的投入，帮助应用开发者建立一套良性的分成机制，计划年内总共投入10亿元，对于搭载阿里手机操作系统的手机厂商，阿里手机提供更直接的分成模式。第三，联合手机厂商、运营商推出0元购机项目。依托阿里的信用体系，运用阿里在支付、电商方面的能力实现，只要在淘宝上有一定消费记录的用户，就能0首付领走一部合约智能手机。第四，阿里手机还对操作系统进行升级，并与卓普、夏新、基伍、康佳、小辣椒等5家手机厂商达成合作。

18日　腾讯打造泛娱乐战略

事件：随着泛娱乐业务的开展，腾讯游戏正以网络游戏为核心，逐步覆盖腾讯儿童、腾讯原创动漫、腾讯阅读和文学、影视制作、戏剧制作以及版权拓展和授权等业务。腾讯已经在“泛娱乐”领域有所尝试，例如基于腾讯游戏《洛克王国》推出两部电影并改编舞台剧；推出腾讯动漫平台；邀请电影导演参与网游研发；搭建文学阅读平台等等。目前的泛娱乐布局还在萌芽和培育期，腾讯自己也在摸着石头过河。

19日　阿里收购虾米

事件：淘宝和虾米会推出专门的数字音乐类目，移动端的合作也在其中。随着淘宝网和虾米网的深度合作，相信淘宝已经不单单只是一个购物类的网站，更是一个多媒体的生活化平台，向更多领域拓展，提升用户的购物体验，满足用户的多样化、个性化需求。

23日　360进入医疗垂直搜索

事件：360搜索宣布推出专业的医疗、医药、健康信息的子垂直搜索引擎——良医搜索，除了收录了114余家正规健康网站的1.5亿个高质量网页内容，还收录1716家知名医院的官方网站内容。并且接入了部分医院的挂号功能，可以在搜索结果中直接进行挂号。搜索结果的右侧将会出现一个评价信息，汇总网友对该网站的评价，当网站差评积累过多时，360搜索引擎将停止对该网站的收录。

29日　阿里收购新浪微博18%股份

事件：新浪微博与阿里巴巴方面签署战略合作协议，阿里巴巴斥资5.86亿美元购入新浪微博公司18%的股份，未来可增持至30%。易观智库Enfodesk数据显示，在移动互联网的入口流量前十名的应用中，腾讯占据了四席，分别是手机QQ、微信、QQ浏览器和QQ空间。阿里巴巴入股新浪微博后，也将占据四席，即淘宝、支付宝、微博，以及传言中同样由阿里巴巴从百度手中“横刀夺爱”的UC浏览器。

5月

7日　百度收购PPS视频

事件：百度7日宣布3.7亿美元收购PPS视频业务，并将PPS视频业务与爱奇艺进行合并。双方业务合并后，全平台用户规模、时长均达到行业第一，爱奇艺将成为中国最大的网络视频平台，PPS将作为爱奇艺的子品牌继续为用户服务。

7日　乐视TV正式发布

事件：乐视联合供应商夏普、美国高通公司、富士康和播控平台合作方CNTV，正式推出60寸、4核1.7GHz智能电视——乐视TV-超级电视X60以及普及型产品S40。超级电视不仅是电视，超级电视＝配置+Letv UI系统+专为大屏而生Letv Store+影视库+超级云视频平台+……=大屏的完整生态系统。

7日　新浪微博Page推进移动化与大数据战略

事件：新浪微博展示了移动端全新产品“Page页面”，该产品是新浪微博基于大数据时代的最新战略布局，展现出“重新定义移动互联”的实力。微博Page是一个聚合了用户兴趣爱好社交关系数据的综合展示页面，无论是话题、图书、音乐、餐饮美食等内容都能在微博上生成专属的Page页面。通过Page页面，网友可以很方便地查看到有价值的微博内容。Page是社会化信息的聚合节点，连接人、物和兴趣，微博上的用户可与Page封装的“物”产生关注、赞等社交关系。

10日　阿里战略投资高德

事件：高德软件宣布，获得阿里巴巴集团2.94亿美元投资。阿里巴巴将持有高德约28%股份，成为第一大股东。易观智库Enfodesk数据显示，2013年第1季度，高德地图占据中国手机地图客户端市场29.8%的份额，位居第一。目前，高德的业务覆盖三大领域：互联网和移动互联网、车载导航、政府和企业应用。高德公司CEO成从武表示：“此次战略合作充分说明在移动互联网时代，地图作为移动生活服务入口和平台的重要性。合作将有助于高德建设以导航地图数据为基础、为核心并与生活服务信息高度关联融合的大数据服务体系，建立起海量的基础地图和生活服务数据库，更好地提升高德地图作为移动生活服务入口及应用的运营水平，提高用户体验。此外，通过为用户提供‘一体化’生活服务以及为生活服务商户提供信息发布、搜索、数据挖掘、支付等电子商务服务，高德将创造新的位置服务收入模式。”阿里巴巴表示，二者的战略合作将从移动互联网位置服务和深度生活服务的基础设施搭建切入，并在此基础上，在数据建设、地图引擎、产品开发、云计算、推广和商业化等多个层面展开广泛而深入的合作，为用户提供更多服务和选择。

18日　百度整合型搜索推广系统全流量上线

事件：横跨PC、无线两端的百度整合型推广系统宣布正式全流量上线，企业推广客户可以通过升级后的系统进行投放，统一协调管理来自于PC端和移动互联网两个平台的流量及推广资源。这一举措将使百度已有的60万企业推广客户直接受益，同时也能极大地推进移动广告市场的普及和成熟。

22日　360与阿里合推购物搜索

事件：360搜索悄然上线了新服务——购物搜索，合作方选择了一淘。这个位于360搜索首页的一级服务，并未与地图、软件、音乐等同类服务一样采用360的二级域名，而是将域名直接指向一淘网。在360的搜索结果中，360也将大量流量导入阿里巴巴。

23日　百度发布数字版权开放平台

事件：百度文库23日发布了数字版权开放平台，任何版权机构或版权个人均可申请加入该平台，将正版电子作品销售给网民。三年内百度将采用“零分成”模式，所有版权收益都将划拨给版权方。“百度将为平台用户提供自主定价系统、自主上架系统、支付结算系统、会员体系、搜索优化、版权保护等多项服务。”百度文库拥有DNA对比识别系统，能够精确识别版权内容，此外版权方的作品还将在搜索的第一位突出展示，强调版权方品牌。

24日　电商立法列入日程

事件：国家工商总局召集唯品会、腾讯、阿里巴巴、京东、苏宁易购、携程、东方风行（乐蜂网）等12家互联网、电商企业，低调召开“规范网络商品交易及服务市场秩序”研讨会。正在起草的电商法全称为《网络商品交易及服务监管条例》，内容以工商总局于2010年发布的“49号令”《网络商品交易及有关服务行为管理暂行办法》为基础，进一步完善修订，拓展延伸，涵盖了电子商务市场中的C2C与B2C网络零售、O2O网络团购消费、移动电子商务、虚拟商品交易、B2B网络贸易、大宗品电子交易、跨境电子商务（海外代购、小额外贸）等诸多细分领域，不仅关系到广大网络消费者，而且涉及到网络经营者、服务提供者、交易平台等市场主体的切身利益。

24日　携程战略投资快捷酒店管家

事件：携程旅行网宣布与北京活力天汇科技有限公司达成战略合作。携程战略投资活力天汇旗下经济连锁酒店搜索预订应用快捷酒店管家，组建合资公司。活力天汇旗下拥有包括航班管家、冒泡、拍拍、接机大屏幕、快捷酒店管家等移动互联网产品。携程董事会主席兼CEO梁建章表示：与快捷酒店管家的合作，只是一个开始，相信未来也会与活力天汇旗下的客户端应用，有更深入的合作机会。携程抱着非常开放的态度，将持续与旅游领域优秀的创业团队进行合作。

28日　阿里牵头组建中国智能物流骨干网：菜鸟网络

事件：阿里巴巴集团、银泰集团联合复星集团、富春集团、顺丰集团、三通一达（申通、圆通、中通、韵达），以及相关金融机构在深圳共同宣布，“中国智能骨干网”项目正式启动，该项目将投资3000亿元人民币建设中国国家物流基础设施。“通过建设中国智能骨干网，让全中国2000多个城市在任何一个地方，能够24小时收到货。”中国智能骨干网依托互联网技术，整合各方资源，联手打造开放透明、开放、共享的社会化物流平台，是重构现代物流体系和价值链的一个战略举措。它将会为社会的物流体系的重构，为提高经济和社会的运营效率提供重大的贡献。合作各方共同组建的“菜鸟网络科技有限公司”正式成立。

6月

6日　兰亭集势NASDAQ上市

事件：兰亭集势提供多个种类、共计超过20万个独立商品。公司的核心品类包括服装、家居和各类配件，兰亭集势通过17种主要语言服务全球顾客。2012年98%的收入来自海外用户，主要市场在欧洲和北美。购买顾客数量从2008年的3.6万人，增长到2012年的248万人。兰亭集势上市前，估值4.65亿美元，上市发行价11.16美元，若按照计划830万股ADS发售完毕，市值达到5.46亿美元。

7日　Kindle正式入华

事件：Wi-Fi版的Kindle Paperwhite电子阅读器售价849元。伴随Kindle而来的还有平板电脑Kindle Fire，16GB版本的售价为1499元，32GB版本的售价为1799元。目前Kindle电子书支持18个大类，共有接近5万本电子书下载。目前在Kindle购买图书的方式主要是亚马逊账户以及信用卡，未来支付方式不会和第三方合作，但会逐步考虑信用卡之外的支付方式。

8日　苏宁：线上线下同价

事件：全国所有苏宁门店、乐购仕门店销售的所有商品将与苏宁易购实现同品同价，这是全国首例大型零售商全面推行线上线下同价。“以前的价格双轨制模式已经不适应行业的发展，基于新的互联网模式，苏宁需要建立新的市场规则，同价有助于打破实体零售在转型发展中与自身电商渠道的左右互搏。”去年年底以来，苏宁围绕云商模式，实施了组织变革、系统开发等一系列内部变革，解决了线上线下同价的三大问题：全渠道融合问题，全资源共享问题，全成本核算问题。

14日　支付宝与天弘基金推出余额宝

事件：用户将资金存入支付宝，将获取利息。用户可选择将支付宝账户中余额转入余额宝内，然后开始进行收益计算。但用户可以直接使用余额宝内资金进行网络购物支付。沉淀在支付宝内的余额没有任何收益，根据2013年6月7日颁发的《支付机构客户备付金存管办法》，支付机构将根据备付金来准备相应风险准备金等相关条例，无形之中给支付机构上带来一定压力。而支付宝推出的“余额宝”业务用以降低支付宝备付金的比例，利于企业资金运作。

18日　360推出随身WIFI

事件：奇虎360试水硬件。只要把一个无线路由器插到一台接了网线的电脑上，就可以变成一个无线热点，供平板电脑、手机上网。

7月

3日　QQ“生活服务平台”全面开放账户体系

事件：QQ生活服务平台的四大基本策略是，精品策略、本地支付、跨终端和重服务轻营销。QQ的生活服务平台主要针对本地生活服务领域，其中包括美食推荐、服装折扣、酒店预订、租/买房、地图导航、车票信息、公交打车等服务。手机QQ也确认将推出“QQ移动支付”。对于QQ移动支付的定位，主要是为了满足QQ生活服务平台的闭环，同时也会将QQ移动支付的API开放出去，第三方的应用和服务均可以接入。

6日　央行为百度、新浪等27家公司发第三方支付牌照

事件：新浪拿到支付牌照的注册公司为“北京新浪支付科技有限公司”，法定代表人为杜红，业务类型包括互联网支付和移动电话支付。百度拿到支付牌照的注册公司为“北京百付宝科技有限公司”，法定代表人为蔡虎，业务类型为互联网支付。支付宝和财付通则在2011年第一批央行发放的行列中。其中支付宝的业务类型包括，互联网支付、移动电话支付、预付卡发行与受理（仅限于线上实名支付账户充值）、银行卡收单；而财付通的业务包括，互联网支付、移动电话支付、固定电话支付、银行卡收单。在互联网公司中，目前腾讯、百度、阿里巴巴、新浪、网易、盛大都拥有第三方的支付牌照，并且有旗下专属的支付工具。京东商城之前则通过收购网银在线的方式，拿到了第三方的支付牌照。

16日　阿里战略投资穷游网

事件：穷游网成立于2004年，通过行程助手、论坛、问答、目的地、穷游锦囊等产品，向出境游用户提供出游建议和信息。目前穷游网拥有用户近1000万，移动端激活用户近500万。今年1月，阿里巴巴集团整合旗下旅游业务成立航旅事业部。阿里巴巴提供的数据称，淘宝旅行目前拥有800多个IATA认证的航空企业卖家、10万间可预订酒店、200万条旅游商品信息，携程、艺龙等旅游网站已经入驻。投资穷游网，有望打造“旅游交易＋社区”的组合。阿里巴巴表示，穷游网可以为阿里旗下的淘宝旅行提供优质出境游产品服务和内容，让用户找到适合自己的机票、酒店，能促进淘宝旅行形成旅游中的分享、决策和旅游产品预订等服务。

16日　百度收购91无线

事件：百度宣布以18.5亿美元完成收购91无线，91无线将成为百度的全资附属公司，并作为独立公司运营。91无线的内在价值首先是应用分发的渠道价值。91手机助手在iOS和Android平台上拥有超过1亿用户，总下载数2012年年底超过129亿次。这一成绩与360平台并列应用分发第一阵营，远远高于其他平台。91无线在其涉足的所有领域都有不错的成绩，绝对不仅仅是“入口”或是“渠道”这么简单。首先，91无线拥有庞大的游戏开发者资源，还拥有开发者的一系列支持服务；其次，91无线拥有无线互联网货币化经验；第三，91无线还有垂直于Android用户和开发者的社区和门户。

17日　360推出电视版安全卫士

事件：360电视卫士是专为Android电视（电视盒）开发的安全应用。和手机版类似，电视机版的360安全卫士同样具备系统优化加速、病毒查杀、软件管理、网络管理等功能。继小米、乐视、PPTV等一众互联网公司进入电视盒领域后，阿里巴巴也可能在下周推出搭载阿里云系统的“阿里盒子”。再加上最近正处于风口浪尖的“乐视超级TV”，智能电视（或电视盒）重新成为家庭生活娱乐中心的趋势越发的明显。奇虎360推出电视版安全卫士，是希望在智能电视屏幕上复制其在PC与手机上的三级火箭战略。

23日　阿里推出智能TV系统与“华数彩虹BOX“

事件：“华数彩虹BOX”就是阿里盒子，搭载阿里云OS，是首款搭载阿里云OS的电视盒产品，配备有专业的TV服务解决方案，还配备完整的支付分润方案，未来还将引入阿里的电商系统，可直接在页面内完成支付。阿里智能TV系统将提供智能电视平台上的网络支付解决方案，并且向电视行业的各方免费提供。目前已接入了聚划算平台。用户可以用遥控器登陆淘宝账号或支付宝账号，智能手机还可直接用二维码扫描，将手机里的账号同步登录到电视上。接下来的网购流程与在电脑上没有差别，选择商品和型号，确定收货地址，最后用支付宝完成网络支付。除了购物外，阿里TV系统还提供了水、电、煤缴费等生活服务，用户也可以在电视平台上，同步联系人、信息、通话记录、图片、便签、浏览器书签等数据。阿里集团副总裁喻策表示，“盒子只是一小块，手机、电视、PC都是智能生活的载体，最终目标是整合这些终端，打通电商、支付、水电煤缴费等各个与生活相关的环节，打造一个无处不在的智能生活平台。”

24日　银联欲收编第三方支付

事件：银联四届六次董事会上，提出《关于进一步规范非金融支付机构银联卡交易维护成员银行和银联权益的议案》。议案指出，9月起，各成员银行停止向非金机构新增开通银联卡支付接口，存量接口上不再新增无卡取现、转账、代授权等银联卡业务。2013年年底前，非金机构线下银联卡交易以间联或直联模式一点接入银联网络，商业银行不再保留其与非金机构银联卡线下交易通道。2014年7月1日前，实现非金机构互联网银联卡交易全面接入银联。

25日　重庆查处5家P2P机构违规

事件：此次被罚的五家公司分别是：在重庆注册的重庆亚盟资本管理集团有限公司、重庆乾庄投资管理有限公司、重庆汇中投资管理有限公司，以及在外地注册的北京宜信普惠信息咨询有限公司重庆分公司、浙江泰如业然投资管理有限公司重庆分公司。这五家公司其实可以划分为两种类型，一种是被许多人人贷公司复制推广的债权转让模式，另一种是通过线下担保，审核客户，在线上将理财产品卖给投资者。第一种模式其实就是变相的非法集资，而在第二种模式中，人人贷公司提供担保的融资规模已经远远超过其注册资金十倍，监管部门可能采取出台相关法规或直接套用融资性担保公司的相关法规要点进行规范。国内的人人贷已经脱离了其本来应有的定义，走入到灰色地带，跟非法集资的区别越来越模糊。

8月

5日　微信5、0发布

事件：微信5.0的改变主要有三点：一是新增的“微信支付”功能，3种支付功能分别支持Web扫码支付、App跳转支付、公众号支付，实现了线上线下的闭环，其中公众号支付又分为JS API支付、直接支付2种支付方式；二是新版公众账号将被分为订阅号和服务号两类，订阅号的推送功能被折叠，无法被直接干预，用户可到消息盒子里自取消息，服务类账户被限制群发功能，每月只能发一条；三是用户体验的大幅提升，以条形码为例，通过扫一扫，用户可以快速获知主要的电商平台上相关产品的报价，“摇一摇”功能除了可以找人、摇歌外，还新增加了视频识别和收藏功能。

14日　百视通控股风行网

事件：SMG旗下百视通新媒体14日宣布将以总计3.07亿元人民币增投风行网。增投完成后，百视通持有风行网的股权将从35%增加至54%。百视通下属的东方宽频、上海欢腾宽频的100%股权将按照流程转让给风行网。百视通称希望创造一种结合传统电视、IPTV、互联网机顶盒、互联网一体机、手机、PAD、PC等7种收视渠道互相渗透交叉的广告“联发模式”，提供“全屏”覆盖。打通SMG和百视通渠道后，风行广告的单位创收能力也可能拉升。控股后，百视通宣布将在多个方面与风行网展开合作：（1）在技术合作上，风行具备P2P点播软件、FSP超级点播技术、垂直影视SNS，能与百视通在互联网电视领域实现技术互补。（2）在内容合作上，百视通与风行将探索版权资源共享和交换，扩大目前现有片库的规模，实现热门资源的高效利用;并启动联合采购，逐步降低单位采购成本。（3）渠道合作上，SMG电视节目的策划、制播、推广、营销、版权、广告等环节与风行网“绑定”，利用互联网实现二次传播，并将互联网的互动模式“引入”电视屏。

19日　电信和网易联合发布“易信”

事件：中国电信和网易联合发布了双方共同研发，用以抗衡微信的即时通讯应用：易信。“易信”由双方共同成立的合资公司浙江翼信科技有限公司共同研发，后期将由双方共同投入资源进行推广，名称也并未沿用之前的“叮叮”，而是直接改成“易信”

22日　阿里战略投资UC

事件：UC首席执行官俞永福在内部邮件中宣布：阿里巴巴战略性投资UC，阿里巴巴集团创始人兼董事长马云出任公司董事。阿里巴巴此次对UC的战略投资，与之前的投资路径一致，并没有选择全盘控股或收购。截至2013年第2季度末，UC浏览器在中国市场上的季度活跃用户人数为3亿人，能够在移动端为阿里巴巴的各项业务提供强大的流量支持。此外，UC已经成为仅次于腾讯的第二大手机游戏平台。

23日　百度战略投资糯米网

事件：百度正式宣布，战略投资人人旗下的团购网站糯米网 1.6 亿美金，获得约 59% 的股权，交易预计在 2013 年第4季度完成。

26日　小额信贷联盟发布首份P2P自律公约

事件：我国小额信贷联盟（下称中国小贷联盟）正式对外发布了《个人对个人（P2P）小额信贷信息咨询服务机构行业自律公约》（以下简称《自律公约》），到目前为止，已有55家P2P机构签署了自律公约。《自律公约》从行业自律与管理以及行业从业人员自律与管理两个大的框架，对P2P行业的自律做出要求。加入公约的55家P2P服务机构将选择具有一定资质的第三方机构进行审计，定期向P2P行业委员会披露运营情况。P2P平台须做好内部业务信息统计，包括风险指标、逾期90天以上的同账龄逾期率、平均贷款额度水平、客户承担的贷款成本、严重违约的客户及从业人员名单、现有业务可持续的时间等，通过独立审计形成完善的业务报告和信披体系。

28日　高德、百度导航先后实行免费

事件：28日15时14分，百度地图官方微博突然公开宣布，原本收费30元的百度导航从即刻起全面永久免费。4个多小时后，高德导航在19点继百度导航后宣布免费。8月29日，百度又全面推出“已购买用户补偿计划”，对于28日之前购买百度导航服务的用户，百度将不限购买时间、不限购买软件版本、不设置门槛，对已付费用户进行全额退款。8月29日下午，在高德软件专门召开的发布会上，CEO成从武对此表示，百度是互联网公司，本身应该免费，不应该收费。百度导航体验不好，应该向用户赔钱。已经购买高德导航的用户，没有补偿措施，只能说声抱歉。入口级应用，导航与地图目前盈利模式尚未形成闭环，但在O2O酝酿的大背景下，圈地扩大用户规模与流量是竞争的第一步。

9月

3日　微软收购诺基亚手机业务

事件：微软宣布以72亿美元收购诺基亚手机业务，以及大批专利组合的授权。根据协议，微软将收购诺基亚的智能设备业务部门，包括“Lumia”品牌和产品，以及诺基亚的手机业务部门，包括诺基亚功能机和Asha系列手机。史蒂夫·鲍尔默表示：“通过将优秀的团队集合在一起，我们将提升微软手机业务的市场份额和利润，并为微软及整个设备和服务生态系统中的合作伙伴创造更好的机会。除了对所有价格档次的手机进行的创新和能力之外，诺基亚在关键领域，例如硬件设计和工程、供应链和生产管理，以及硬件销售、营销和分发等方面，具备已得到证明的实力和才能。”

12日　百度推出“小度三剑客”

事件：包括小度WiFi、小度路由和小度TV。小度WiFi是便携式USB路由器，实现了用户跨终端联网，随身携带云可以在室内实现免费WiFi覆盖，与之前360推出的“随身Wifi”产品定位一致。小度路由定位为任意传输云端数据的工具，它支持影音资源远程下载，用户通过捆绑百度账号，可在实现远程多设备简易操作（手机、平板控制）。小度TV是一款TV投射工具，支持DLNA、Airplay和Miracast镜像投射技术，最大特色是可以将PC的Web flash视频投射到电视上。

16日　腾讯战略入股搜狗

事件：腾讯将旗下的搜索和 QQ 输入法并入搜狗现有的业务中，腾讯将持有新搜狗 36.5% 的股份。同时宣布，新搜狗将继续作为搜狐的子公司独立运营，张朝阳继续担任董事长，王小川继续作为董事和 CEO 领导整个公司发展，腾讯总裁刘炽平和 COO 任宇昕出任董事。

23日　阿里推出“来往”

事件：阿里23日正式推出了酝酿已久的类微信产品“来往”，作为上任之后的首秀，陆兆禧之前曾经在阿里内部悬赏 10 万，号召阿里员工，以及亲朋好友之间相互使用来往。不过和两年前马云推出的和Google+类似的“来往”不同，新版的“来往”由陆兆禧亲自带队，从之前的社交圈子产品演变为即时通讯应用，矛头直指微信。

23日　新浪微博与海信合作推出微博智能空调

事件：新浪微博的首款“智能家居”产品正式发布，就是和海信合作的两款“物联网智能空调”，一台可以发微博的空调。新浪基于自身的账号体系和私信系统，将微博变身成一个智能中控系统，实现微博对空调的控制。微博为每台智能空调设计了微博页面，用户可以通过简单的操作实现微博账号与空调设备的绑定，绑定成功后，就可以直接通过发送私信对空调进行操作，如开机、查看室温、调节室温等。当出现不良操作的时候，空调还会主动发私信通知用户。如果绑定了账号，用户可以看到所绑定空调的使用状态、环境数据状况以及舒适度排名。

24日　乐视收购花儿影视

事件：乐视网拟以2.7亿元现金加价值6.3亿元股权，收购国内影视制作公司花儿影视100%股权；同时以2.98亿元股权，对价购买乐视新媒体99.5%股权

25日　17家第三方支付机构获跨境支付牌照

事件：本次获得牌照的公司有：汇付天下、通联、银联电子支付、东方电子支付、快钱、盛付

通、环迅支付、富友支付、财付通、易极付、钱宝科技、支付宝、贝付科技、通融通、钱袋网、银盈通、爱农驿站科技服务有限公司。其中，支付宝、汇付天下、通联、银联电子支付、快钱、盛付通、财付通、环迅支付、富友支付、通融通、爱农驿站科技服务有限公司的业务范围限于货物贸易、留学教育、航空机票及酒店住宿；易极付、东方电子、钱宝科技的支付业务范围限于货物贸易，贝付科技则限于货物贸易及留学教育。

29日　腾讯发布“微视”

事件：“腾讯微视”支持8秒拍摄。主页中为用户的原创视频内容、基于熟人关系链的各种转发内容与热门内容，用户可根据兴趣选择观看。“腾讯微视”最大的优势在于腾讯的社交账户体系。

29日　百度推出“百度钱包”

事件：百付宝推出了在移动支付领域的首款产品——“百度钱包SDK”。从应用和游戏内付费切入移动支付领域。

10月

9日　阿里入股天弘基金

事件：10月9日晚，内蒙君正发布公告称，支付宝母公司浙江阿里巴巴电子商务有限公司拟出资11.8亿元认购天弘基金的注册资本，交易完成后浙江阿里巴巴将持有天弘基金股本的51%，成为后者的控股股东，但基金公司的管理层以及管理架构等基本不变。

18日　银联商务互联网金融平台启动

事件：银联商务“天天富”互联网金融理财平台正式启动，首期与光大保德信基金合作，为银联商务的特约商户的流动资金提供便捷的现金管理和增值服务。不同于专注线上个人投资者的货币基金产品，该平台的客户群将主要面向银联商务近230万的服务商户，潜在市场规模巨大，这也将是对货币基金销售渠道的一次突破性尝试。该平台的准入门槛仅为200元，购买无需任何手续费，且具有复利效应，所获收益也无需缴纳任何税目。商户通过登录银联电子支付运营的商户服务门户网站，自主操作，绑定基金产品，即可实现企业流动资金的智能理财。

18日　阿里妈妈发布“智无线”平台

事件：该平台是阿里妈妈自2011年布局无线营销的整合平台，目前该平台拥有淘宝直通车无线端推广、钻石展位无线端推广、无线电商墙、无线应用墙等产品，已经吸引近20万广告主在该平台上发布营销需求，并与墨迹天气等近100个合作伙伴建立合作关系。

28日　腾讯财付通小贷获批成立

事件：腾讯旗下财付通网络金融小额贷款有限公司获批成立，注册资本3亿元，腾讯的金融事业版图再添一笔，并已在移动支付、基金和理财产品代销、保险产品开发与销售、券商经纪业务合作等领域全面开花。

28日　苏宁入主PPTV

事件：苏宁与弘毅资本等战略投资方以4.2亿美元的基准估值，收购PPTV股权。其中苏宁出资不超过2.5亿美元，交易完成后苏宁持有PPTV 44%的股权，成为其第一大股东。互联网零售与智能视频行业的结合将大大加快苏宁打造全渠道融合、全产品经营和全客群服务的云商模式。

30日　阿里宣布手机上网流量免单计划

事件：阿里巴巴宣布将向用户赠送流量，从11月起，用户使用淘宝客户端购物和使用“来往”聊天将不再产生任何流量费用。此次阿里巴巴的流量免费计划包括了所有阿里巴巴集团的购物类客户应用，如手机淘宝、支付宝、天猫、聚划算等用户经常使用的客户端以外，除此外还特别包括了阿里巴巴最新推出的新一代好友互动平台“来往”。

30日　苏宁开售PPBOX机顶盒

事件：由苏宁联合PPTV推出的首款PPBOX机顶盒已在苏宁易购现货销售中。苏宁黑电事业部负责人介绍，抢占互联网多屏入口，丰富数字内容产品经营，打造全新的互动购物体验，是苏宁互联网零售战略实施的既定目标，此次联合PPTV推出PPBOX机顶盒是苏宁全面发力抢占客厅互联网大屏入口的一次积极尝试，对于苏宁加速互联网零售商业模式转型具有重要意义。命名为“PPBOX”的机顶盒当前售价为349元，其中包含苏宁向用户赠送的价值120元PPTV VIP会员尊享特权年卡一张，凭借该卡可享受广告过滤、观看高清大片等特殊权利。目前，该机顶盒支持全国30多个省市地区现货同步销售。

31日　58同城NASDAQ上市

事件：分类信息网站58同城晚间正式在美国纽约证券交易所挂牌交易，首日股票开盘价21.2美元，较发行价17美元涨23.5%。

31日　百度“百赚”上线

事件：“百赚”是一款定制长期发售的理财产品，首期的供应方式是基金，年收益约4.5%。目前“百赚”产品是百度和华夏基金合作推出的产品—华夏现金增利货币E。百度理财B的链接基金为华夏现金增利货币基金，而“百赚”的链接基金则为华夏现金增利货币E，两者之间仅仅只有一个“E”字之差。接近华夏基金人士表示，“实际上二者的链接基金均为华夏现金增利货币基金，只不过与百度理财B10亿元的申购上限相比，‘百赚’没有申购上限。”

31日　商务部发布《促进电子商务应用的实施意见》

事件：意见指出：到2015年，使电子商务成为重要的社会商品和服务流通方式，电子商务交易额超过18万亿元，应用电子商务完成进出口贸易额力争达到我国当年进出口贸易总额的10%以上，网络零售额相当于社会消费品零售总额的10%以上，我国规模以上企业应用电子商务比例达80%以上。十项重点任务：（一）引导网络零售健康快速发展；（二）加强农村和农产品电子商务应用体系建设；（三）支持城市社区电子商务应用体系建设；（四）推动跨境电子商务创新应用；（五）加强中西部地区电子商务应用；（六）鼓励中小企业电子商务应用；（七）鼓励特色领域和大宗商品现货市场电子交易；（八）加强电子商务物流配送基础设施建设；（九）扶持电子商务支撑及衍生服务发展；（十）促进电子商务示范工作深入开展。

11月

1日　去哪儿NASDAQ上市

事件：首次公开募股定价为美国存托股票公开发行价格15美元，以此计算，去哪儿网市值达20.6亿美元。此次公开募股最大融资规模为1.9亿美元。

1日　易信公布流量免费计划

事件：易信正式公布三网流量免费计划，使用易信聊天的用户将不再受到手机流量的制约。该计划自11月8日起实施，范围覆盖全国，电信、联通、移动三大运营商手机用户均可参与。在免费短信和免费电话留言基础上，易信与三大运营商已达成更加深度的合作协议，用户使用易信聊天所产生的流量费用将由易信公司买单。

6日　众安保险正式开业

事件：从阿里集团分拆出来的小微金融服务集团（以下简称小微金服）持有众安19.9%股份，为单一最大股东。腾讯、平安保险和优孚控股分别持股15%。深圳市加德信投资、深圳日讯网络科技、北京携程和上海远强投资则分别持股14%、8.1%、5%、5%。众安保险的业务定位于互联网相关的财产保险。

6日　百度投资手机渠道商百分百

事件：百度宣布战略投资深圳市百分之百数码科技有限公司，成为其最大的战略投资者。深圳市百分之百数码科技有限公司成立于2006年，其核心商务模式是通过互联网的方式给遍布全国的中小城市手机店提供小批次的直接供货，从而解决中小手机店供货难的问题，同时又能以最优惠的价格把手机带给广大消费者。百分之百董事长徐国祥将其称为独创的“小额直供模式”。百度战略投资百分之百公司，意在发挥百分之百的硬件及渠道优势，加强百度云智能终端平台、技术与硬件厂商和B2B渠道的结合，完善移动云生态，从而深度切入移动互联网的基础服务。

7日　自贸区内首家网游公司成立

事件：盛大和中青宝各出资50万元成立合资公司。此前自贸区发布的负面清单中，明确禁止外商直接或间接从事和参与网络游戏运营服务，禁止投资新闻网站、视频网站、文化类网站。在上述背景下，盛大与中青宝的合资公司究竟能“玩”些什么让业界有些费解。

12日　“双十一”支付宝单日交易额达350、19亿元

事件：双11支付宝交易额达350.19亿元。相当于中国日均社会零售总额的5成。总成交笔数达到1.71亿。支付宝实现成功支付1.88亿笔，再次刷新了去年同期1亿零580万笔的全球记录，最高每分钟支付79万笔。交易额前10的省份分别为：浙江、广东、江苏、上海、北京、四川、山东、湖北、湖南、河南。其中，据天猫官方微博消息，手机淘宝支付宝交易额53.5亿，单日手机淘宝活跃用户1.27亿。手机淘宝成交笔数达3590万，交易笔数占整体21%。

13日 新浪微博接近盈亏平衡线

事件：新浪财报显示，微博第三季度收入增长125%为5340万美元，已经接近盈亏平衡线，微博日活跃用户已达6020万，环比增长了11.5%。新浪微博有望在今年第四季度首次实现盈利。得益于微博收入的迅猛增长，新浪第三季度整体收入同比增长22%至1.846亿美元，广告收入同比增长26%。之前，新浪微博的客户主要是大品牌，今年第三季度，与阿里巴巴合作带来的电商广告增长开始显现，越来越多的电商企业开始在微博上进行营销活动，而基于中小企业的信息流广告也增长迅速。微博中小企业的广告收入和广告客户数量较第二季度都增长了1倍。

15日 支付宝银泰战略合作推“当面付”

事件：银泰于11月15日宣布与支付宝钱包达成战略合作，从即日起在29家银泰百货、银泰城门店为消费者提供手机 “当面付”服务。未来双方还将在系统、会员等方面深入合作。

18日 上海自贸区跨境电子商务试点启动

事件：上海自贸区内的跨境电子商务试点有了实质性启动。由海关总署牵头建设的跨境电子商务平台“跨境通”正式试运行，箱包、化妆品等首批百件商品上线。网站销售的商品分自贸专区和直邮专区两个通道。自贸专区的商品已抵达自贸区的保税仓库，消费者下单后就能从仓库发货，主要有箱包类产品。直邮专区的商品则由海外发货，送到消费者手中最快要3—4天，主要有护肤品等。相比国外代购，跨境通平台上的商品一则可以避免买到假货，二是到货快，三是可以解决售后服务问题。

18日 微信打通腾讯地图

事件：腾讯微信在“微信 · 公众”合作伙伴沟通会上提出“平台化，公开化，自助化”的理念，宣布全面打通腾讯地图与微信，向第三方微信公众账号提供一套基于地理位置的综合解决方案。而微信地图API接口，实质是微信公众平台与腾讯地图定位API、云存储API、云检索API、二维地图API和街景API的整合应用。

19日 阿里向700万卖家送云OS手机布局无线端

事件：阿里集团宣布，根据消费者购物无线化的发展趋势，决定将在接下来投入巨额资金和资源全力帮助700万淘系卖家适应新的发展趋势，全面ALL IN无线。为此将推出移动电商服务平台，首期将落地在由阿里云OS特别订制的卖家手机上，阿里决定将面向全部淘系卖家赠送卖家手机。

19日　阿里完成友盟收购

事件：友盟并未透露此次的真实收购价格。收购后，友盟仍然作为独立公司保持独立运营。将协助友盟成为独立的面向开发者并提供全面服务的平台，整合阿里巴巴现有资源，提供包括推广、存储、广告体系在内的等一系列增值服务。目前友盟掌握超过18万移动应用的数据，这些数据被认为对分析用户行为和移动电商广告精准营销具有重要价值。友盟于2010年4月成立，早期为创新工场旗下项目，以移动应用统计分析为产品起点，业务逐步转型至帮助开发者提供从开发到运营的“一站式解决方案”，包含移动应用统计分析以及细分行业的移动游戏统计分析、社会化组件、消息推送、CDN云加速等产品和服务。目前友盟覆盖多个系统平台的5.9亿活跃设备，18万应用，6万开发者，日session超20亿。

19日　有道词典实现盈利

事件：有道词典已在今年第三季度实现盈利，主要凭借高曝光的展示广告，以及与用户深入互动的原生广告，其中展示广告占到四分之三的比重，之外的则是增值类的广告。有道词典目前已经运营了近两年时间，截至2013年11月，有道词典的总用户数已达到3.8亿，日活跃用户1100万，月活跃用户达到6000万。与此同时，网易有道云笔记产品负责人蒋炜航宣布将会进行商业化试水。有道云笔记的月活跃用户已经达到2000万。近期有道云笔记已在3.5版中率先推出“扩容套餐”，主要针对的资料收集控、手机拍照重度用户等对笔记空间和附件大小有特殊需求的群体。

22日　500彩票网纽交所上市

事件：开盘价20美元，较13美元的发行价上涨54%。按照开盘价计算，500彩票网总市值达6.6亿美元。为用户提供在线彩票服务、资讯、彩票工具、虚拟社区场馆等一整套全方位服务。

25日　央行界定P2P非法集资行为

事件：一是资金池模式。一些P2P网络借贷平台通过将借款需求设计成理财产品出售给放贷人，或者先归集资金、再寻找借款对象等方式，使放贷人资金进入平台的中间账户，产生资金池，此类模式涉嫌非法吸收公众存款。二是不合格借款人导致的非法集资风险。一些P2P网络借贷平台经营者未尽到借款人身份真实性核查义务，未能及时发现甚至默许借款人在平台上以多个虚假借款人的名义发布大量虚假借款信息（又称借款标），向不特定多数人募集资金，用于投资房地产、股票、债券、期货等市场，有的直接将非法募集的资金高利贷出赚取利差，这些借款人的行为涉嫌非法吸收公众存款。三是庞氏骗局。有个别P2P网络借贷平台经营者，发布虚假的高利借款标募集资金，并采用在前期借新贷还旧贷的庞氏骗局模式，短期内募集大量资金后用于自己生产经营，有的经营者甚至卷款潜逃，此类模式涉嫌非法吸收公众存款和集资诈骗。

27日　阿里云推金融云计算“聚宝盆”计划

事件：阿里云在京正式宣布对外提供金融云计算服务,该项服务也被称之为“聚宝盆”，计划面向2000多家区域银行以及证券、保险（放心保）、基金等金融机构提供云计算服务。目前,除了天弘基金、众安在线以外，已有渤海银行、东海银行、吴江商业银行等十多家区域银行的业务运行在聚宝盆上。以此为数百万用户提供网络支付服务。相比于传统方式，平均每家银行上“云”的成本节省了70%，时间上也由原先的30天缩短为15天。

12月

1日　百联电商投入1亿布局O2O

事件：百联集团宣布百联电商拟最大限度地将各自资源落实到线上线下，并启动“网订店取”、“店取电付”等O2O业务。百联电商计划投入1亿元的商品营销资源，并与众多供应商和联营商推行百联电商线上线下业务合作，以资源共享、风险共担、合作共赢的原则，通过业务流程改革和供应链改革，与缔约供应商联动营销，提供“网订店取”等服务。包括中粮集团、三星电子、金龙鱼、索尼、卡西欧、百度、腾讯、华为、伊藤忠华糖和联邦快递、顺丰速运、中国邮政、黑猫宅急便、双岚物流等130多家国内外企业，以及联华快客实体平台都已响应。

5日　金山云正式发布云服务平台

事件：金山云今日正式发布云服务平台，主要面向开发者提供云主机、云存储、云硬盘、数据库等产品。此前，金山云服务平台已经提供企业存储、金山快盘等服务。

5日　优土智能电视联合厂商做内置

事件：首次披露智能电视战略，将联合多家机顶盒牌照持有方及电视机厂商、通过内置方式推智能电视。优酷土豆的做法与爱奇艺方式一致，通过合作方式及内置视频资源方式，布局电视机这块屏幕。古永锵表示，目前集团移动流量已经超越PC流量，未来将推更加立体的多屏战略。优酷除了将视频内容移到电视屏，还将针对电视用户的特点，给予数据分析技术推动个性化需求视频。继续在自制剧发力，2014年将投资3亿元打造网络自制内容。

5日　央行等五部委定调比特币不能作为货币流通

事件：中国人民银行等5部委联合发布公告，印发《关于防范比特币风险的通知》。明确指出，比特币不具有与货币等同的法律地位，不能且不应作为货币在市场上流通使用。比特币不是货币；金融和支付机构不得开展比特币业务；需加强比特币网站备案；将比特币服务机构纳入反洗钱监管；比特币网站需实名制。

5日　众安在线上线“众乐宝”瞄准淘宝商家

事件：众安在线今日上线了第一款产品“众乐宝”。这一产品面向淘宝商家，能够为商家提供保证金担保服务，缓解商家流动资金紧张的问题。按照淘宝网的规则，淘宝商家需要向淘宝网缴纳保证金才能进行交易。但对于一些小卖家来说，这一部分的保证金可能会占用自己为数不多的流动资金。如果商家购买了“众乐宝”，只要交纳30元保费就可以取回自己的保证金。商家在淘宝网的信用由“众乐宝”进行担保。“众乐宝”为卖家设置了两个账户：现金账户和信用账户。卖家可以通过“一键转换”将现金账户额度转换成信用账户额度，保证金扣除一年保费之后的剩余资金，将立即解冻到卖家支付宝账户。

7日　UC确认收购PP助手增强iOS分发

事件：UC优视通过此次收购将完成在主流智能手机平台上的完整布局，成为最大的移动应用分发平台之一，巩固UC在移动游戏领域第二大平台的位置，实现Android和iOS的强强联手。PP助手属广州铁人网络科技有限公司旗下，其核心产品是苹果iOS设备管理客户端，包括PP助手iOS版、安卓版、Windows版以及Mac版。在UC浏览器Android平台用户及应用发行能力保持迅猛发展的前提下，收购国内最大的iOS应用发行平台之一PP助手，迅速提升iOS发行能力，无疑是UC的最佳选择。PP助手由于其快速成长的iOS平台游戏分发能力，目前在手机游戏业内已经有了这样的共识：在iOS平台做游戏，91助手和PP助手，是除App Store外最重要的两个发行渠道。易观认为，PP助手的联运游戏月均营收在3000万上下，年营收约4个亿，联运的游戏中有15款产品月收入超过百万。

9日　阿里投资海尔拓展大件商品物流

事件：双方将联手打造家电及大件商品的物流配送、安装服务等整套体系及标准，该体系将对全社会开放。战略合作后，双方将通过新设立的日日顺物流合资公司，共同建立端到端大件物流服务标准。并在此基础上，双方共同开发、提供创新的供应链管理解决方案及产品。同时，日日顺物流及服务网络将为天猫商家及消费者提供高质量的家电和大件商品的物流、配送及安装服务。海尔电器旗下的日日顺物流在全国拥有9个发运基地，90个物流配送中心，仓储面积达200万平方米以上。同时已建立7600多家县级专卖店，约26000个乡镇专卖店，19万个村级联络站。并在全国2800多个县建立了物流配送站和17000多家服务商网点。

13日　万达电商低调试运行O2O

事件：万达的电商项目“万汇网”及手机客户端“万汇”近期悄然上线试运行。万达电商定位于打通线上线下资源的O2O模式，目前仅在大连、武汉、福州、郑州四座城市运营。手机客户端“万汇”除能实现万汇网功能外，还提供找商家、找车位、扫广场等特色服务。作为实施O2O电商模式的重要一步，万达广场正在全国进行免费Wi-Fi的改造，以方便用户线上体验。目前已有数十家万达广场为用户提供免费Wi-Fi。预计到明年3月底，全国各地万达广场将全部完成设施升级。与苏宁一样，拥有强大线下资源的万达在转型电商的时候选择了O2O方向。万达方面表示，2015年将有20亿人次进入万达广场。庞大的人流可为万达电商积累大量的用户数据，为未来的数据挖掘做准备。

16日　新浪微博启动短视频“秒拍”

事件：重点发展官方应用“秒拍”，帮助用户更加便捷地拍摄、分享短视频。同时新浪微博宣布，2014年将投入1000万鼓励原创，秒拍达人签约之后即可获得创意基金。新浪微博今后将投入更多的资源，帮助用户更方便、快捷地创作和分享优质短视频内容，除了重点发展“秒拍”产品，还会向开发者公开短视频上传接口，扶持更多细分领域优秀的短视频应用，从而打造一个开放的短视频平台，共同探寻移动端短视频商机。

17日　“百发”推团购金融产品

事件：旗下互联网金融组合形式理财服务“百发”将在12月23日正式发布。这款产品主要投资银行协议存款，合作方为嘉实基金。准入门槛仍然定在1元，使普通消费者进入此前不能轻易涉足的投资领域。百发销售的产品，属于嘉实一个月债券。据介绍，这一产品根据年化收益率分档收取管理费。如果年化收益率小于等于3%，不收取任何管理费；如果大于3%，小于等于8%，收取0.2%管理费；如果大于8%，则将收取0.3%的管理费用。

18日　快的大黄蜂涉足租车业务

事件：快的旗下打车应用大黄蜂今日宣布，联合线下汽车租赁公司推出商务车租赁服务。这一服务中，大黄蜂提供租车平台和调度服务，而线下汽车租赁公司提供实际的商务车资源。这也是快的11月宣布收购大黄蜂后，在业务上最大的一次动作。相对于此前完全免费甚至要进行补贴的出租车打车业务，租车业务是纯粹的付费业务，能够为快的和大黄蜂带来实打实的收入。根据官方提供的数据，快的目前用户数超2000万，司机用户数超35万。

18日　携程成立事业部进军景区门票市场

事件：携程已将景区门票业务上升为酒店、机票、度假产品之后又一核心业务板块。2014年计划投入2亿元进行产品、技术开发和市场营销，宁愿亏损也要占据最大市场份额，在最短的时间内成为国内最大门票电子平台。携程地面服务事业部CEO周舟预计，明年携程门票业务将有6到8倍的高速增长，从而迅速赶超竞争对手。景区门票正成为在线旅游行业的新兴增长点和增速最快的细分领域。“截至2013年12月，携程门票预订平台覆盖的国内景区已经超过5000家，其中5A景区125家；在境外覆盖30多个热门国家和地区的票种，保持业内领先。门票客户超过70%来自一二线城市，年龄以23—45岁为主，月收入五千元以上的比例最高。门票平均客单价358元，平均折扣率为7.5折。”2013年全国A级景区超过6000家，接待游客超过30亿人次，全年门票销售总收入预计在1300亿-1400亿元之间，但在线预订比例只有约2%，市场仍处于起步阶段。目前除了携程，同程等多家OTA都在发展门票预订业务。周舟认为，业界需要加大在门票领域的投入，共同做大线上预订份额。携程在移动客户端商业应用上具有优势，APP的交易额和预订量远超同行。

18日　百度正式发布百度手机卫士

事件：百度在北京宣布旗下手机系统优化产品安卓优化大师升级为百度手机卫士，正式进入移动安全领域。补齐了百度移动端布局中关于安全类产品的关键一环。

18日　网易推出在线理财平台

事件：网易正式宣布推出在线理财平台“网易理财”，并于12月25日开售理财“添金计划”。相对于百度等理财产品，网易方面对收益率未做说明，仅表示用户可获赠5%活动补贴。金计划是网易理财携手易信推出的高补贴活动方案。活动期间购买特定理财产品的易信用户，不仅能获得产品的高收益，还将享受网易高达5%的活动补贴。易信是网易理财从互联网金融延展至移动端的重要一环。PC端是个综合平台，而移动端则是短平快。即时通讯软件的强黏着性可以帮助用户利用碎片时间做便捷理财。

23日　京东前三个季度实现微盈利

事件：“大型B2C迎来了真正意义上的不亏损。”刘强东说，“京东前三个季度总体来说实现了微利，没有任何亏损，2013年整体完成了全年战略规划。”对于2014年的战略，刘强东的规划是，第一是移动和大数据两个技术，第二则是金融业务，第三是O2O业务，第四是渠道下沉，第五则是国际化。

26日　首批11家企业获虚拟运营商牌照

事件：工信部向万网、京东、天音、迪信通、巴士在线、乐语通讯、华翔联信、北纬通信、浙江连连、话机世界、分享在线在内的11家中资民营企业发放了虚拟运营商牌照。京东阿里将推手机号和套餐。

附录2　产业重点名词释义

PV（Page View）

页面浏览量。用户每1次对网站中的每个网页访问均被记录1次。用户对同一页面的多次访问，访问量累计。

UV（unique visitor）

独立访客。指不同的、通过互联网访问、浏览这个网页的自然人。

网络广告

广告主基于互联网（Internet）所投放的广告。包括展示类广告、搜索引擎广告、文字链广告、分类广告、其他形式广告等。

展示类广告

指通过图形、视频等直接展示型的广告，包括品牌图形广告、富媒体广告和视频贴片广告等形式。

品牌图文广告

通过在有影响力的网站上，按固定广告位展示网络广告，从而向广告主收费获得盈利的服务方式。

富媒体广告

以多媒体为表现形式的广告。主要包括插播式富媒体广告、扩播式富媒体广告和视频类富媒体广告等形式。

视频广告

指具有动画、声音、视频、交互性的信息传播方式，如视频弹窗、TVC贴片等。

视频贴片广告

指在网络视频播放前、播放暂停或播放完后插播的图片、视频、Flash等广告。

关键字广告

通过关键字匹配，将广告主投放的广告按展示在搜索引擎结果页面或者搜索引擎加盟网站的web页面上，从而获得广告效果的盈利的服务方式。

垂直搜索广告

在互联网用户使用相关垂直领域专门的搜索引擎搜索产生的结果中展现的广告。

文字链广告

以一排文字作为一个广告，点击进入相应的广告页面，主要投放文件格式为纯文字广告形式。

分类广告

指将各类短小的广告信息按照一定方法进行分门别类，以便用户快速检索，一般集合放置于页面的固定位置。

WAP广告

指将广告主的促销或品牌信息投放到移动终端浏览器或网页的广告方式。

APP广告

指将广告主的促销或品牌信息投放到移动终端应用程序上的广告方式。从其业务及运营模式来看，移动应用广告不包含在手机浏览器等功能型应用中投放的广告。

短彩信广告

指通过邮件形式向目标受众传达营销内容的广告方式。

户外电子屏广告

指商业楼宇、卖场超市、校园等渠道内，以液晶屏或LED屏形式的商业终端广告系统，主要以播出电视广告节目和其他节目为表现手段，包括9种主要渠道，分别是：商业楼宇、卖场超市、航空终端、医院药店、户外大型LED、公交地铁、学校校园、列车车站、其他渠道等。

LED大屏（Light Emitting Diode）

LED显示屏分为图文显示屏和视频显示屏，均由LED矩阵块组成。户外超大LED显示屏主要指应用于商业中心、悬挂于楼宇上的大型商业终端广告系统，一般面积超过100平方米。

航空新媒体

在机场、机上安装的液晶屏商业终端广告系统，一般安装在机场室内或者机上，不包括机场FRAME框架广告系统。

商业楼宇

在城市写字楼、公寓楼安装的液晶屏商业终端广告系统，一般安装在电梯口，包括街道LED网络，但不包括高尔夫球场、电影院等其他渠道。

移动电视广告

指公交、地铁（包括站台）等交通工具上安装的液晶屏商业终端广告系统。

移动应用广告平台

指基于移动应用的平台化广告服务，该平台通过直接整合应用开发者和广告主，将广告信息嵌入到手机应用程序中，实现移动应用广告在各个智能手机操作系统的平台化管理及分发。

移动广告交易平台

特指在移动端的广告交易系统，其汇聚了各种媒体流量的大规模交易平台，是移动DSP实现受众精准购买的交易场所。

移动广告聚合平台

为iOS、Android移动终端开发者提供广告服务和盈利机会的第三方平台，通过集合多家广告平台的业务并结合自身的数据优化策略，开发者可以同时整合多家的广告资源并定义配比策略，帮助开发者实现广告收益的提升。

移动广告网络

移动互联网市场内，介于想出售广告空间的网站/应用与想在网站上/应用内刊登广告的广告主之间的平台。

移动广告监测SDK

即基于SDK的移动互联网广告监测，通过采用技术加码的方式收集广告曝光等数据。

广告请求量

指移动应用向移动应用广告平台发出广告展示的请求数量。

广告填充率

指移动应用平台接到移动应用中的广告请求后，回复具体的广告展示内容的占比数。

广告转化率

指广告展示后广告受众的点击比例，或者用户点击后产生下载或购买等效果的比例。

广告网络（Ad Network）

买断、聚合了多种展示类广告网络媒体广告资源，包括大媒体资源和一些中小媒体资源，帮助广告主实现媒体精准、灵活的投放。

网络广告联盟

广告网络的一种，以搜索广告联盟、效果广告联盟为代表，联盟成员以中小网站为主，以效果类而非品牌类广告投放为主。集合中小网络媒体资源（联盟会员，如中小网站、个人网站、WAP站点等）组成联盟，通过联盟平台帮助广告主实现广告投放，并进行广告投放数据监测统计，广告主则按照网络广告效果向联盟会员支付广告费用的网络广告组织投放形式。

重定向（ReTargeting）

与再营销“re-marketing”同义，是受众定位的一种分析技术。针对网站回访者显示之前曾看过的广告，根据用户的行为反馈不断优化投放，通过两次、三次、直至N次的重复优化投放，最终刺激用户点击广告。

互动广告代理

负责互动广告的代理商。

Ad Exchange

互联网广告交易平台，像股票交易平台一样，Ad Exchange联系的是广告交易的买方和卖方，也就是广告主方和广告位拥有方，Ad Exchange平台的竞价机制不是先到先得而是竞价获得，即RTB模式。

RTB（Real Time Bidding）

"实时竞价"，即在每个广告展示曝光的基础上进行实时竞价的新兴广告类型。广告平台售卖的不仅仅是传统意义上的广告位，而是访问这个广告位的具体用户，RTB广告放大了网络广告的指向性和精准度，并将网络广告的作用发挥到一个崭新的水平，使需求方的效益最大化。

DSP（Demand- Side Platform）

即需求方平台，DSP是一个系统，也是一种在线广告平台。它服务于广告主，帮助广告主在互联网或者移动互联网上进行广告投放，DSP可以使广告主更简单便捷地遵循统一的竞价和反馈方式，对位于多家广告交易平台的在线广告，以合理的价格实时购买高质量的广告库存。DSP让广告主可以通过一个统一的接口来管理一个或者多个Ad Exchange账号，甚至DSP可以帮助广告主来管理Ad Exchange的账号，提供全方位的服务。

DMP（Data Management Platform）

即数据管理平台，指通过将各种来源的数据进行规范化、标签化管理，为DSP等提供数据支持，能使DSP获得更好的投放效果。

SSP（Sell- Side Platform）

供应方平台，让广告位拥有者介入广告交易，从而使它们的库存广告可用。

Trading Desk

借用了金融业中交易专柜的概念，是广告代理商进行数字化广告投放的工具，功能类似于DSP，通过对接多个DSP来进行广告的优化投放。

CPM（Cost Per Mille）

CPM（千人成本）指的是广告投放过程中，听到或者看到某广告的每一人平均分担到多少广告成本。传统互联网展示广告多采用这种计价方式。

CPC（Cost Per Click）

每点击成本，广告主仅为用户点击广告的行为付费，而不再为广告的显示次数付费。对广告主来说，避免了只浏览不点击的风险，是网络营销中比较成熟的常见收费方式之一。

移动视频广告

移动视频广告是通过采用数码及HTML5技术，融合视频、音频及动画，在移动设备操作移动应用过程中进行视频广告播放的模式。

搜索引擎

搜索引擎是指根据一定的策略、运用特定的计算机程序从互联网上搜集信息，在对信息进行组织和处理后，为用户提供检索服务，将用户检索相关的信息展示给用户的系统。搜索引擎包括全文索引、目录索引、元搜索引擎、垂直搜索引擎、集合式搜索引擎、门户搜索引擎与免费链接列表。百度和谷歌是搜索引擎的代表。

全文搜索引擎

即“全文索引”。全文搜索引擎是广泛应用的主流搜索引擎，国外代表有google，国内则有百度、搜搜等。他们从互联网提取各个网站的信息（以网页文字为主）建立起数据库，并能检索与用户查询条件相匹配的记录，按一定的排列顺序返回结果。

分类搜索引擎

即“目录索引”。是因特网上最早提供的资源查询服务，主要通过搜集和整理因特网的资源，根据搜索到网页的内容，将其网址分配到相关分类主题目录的不同层次的类目之下，形成像图书馆目录一样的分类树形结构索引，如网址导航。

元搜索引擎（META Search Engine）

指接受用户查询请求后，同时在多个搜索引擎上搜索，并将结果返回给用户，即进行搜索引擎聚合。

垂直搜索引擎

垂直搜索引擎为2006年后逐步兴起的一类搜索引擎。不同于通用的网页搜索引擎，垂直搜索专注于特定的搜索领域和搜索需求（例如：机票搜索、旅游搜索、生活搜索、小说搜索、视频搜索等等），在其特定的搜索领域有更好的用户体验。相比通用搜索动辄数千台检索服务器，垂直搜索需要的硬件成本低，用户需求特定，查询的方式多样。

集合式搜索引擎

集合式搜索引擎类似元搜索引擎，区别在于它并非同时调用多个搜索引擎，而是由用户从提供的若干搜索引擎中选择。

搜索引擎广告联盟

指以搜索引擎应用为核心的广告联盟，联盟的组织者为搜索引擎服务商，搜索联盟是伴随google、百度等搜索引擎网站的发展而成立的，具体的模式如在各加盟网站上放置搜索框，供用户使用搜索功能，既为网站自身带来了便利，也提高了搜索引擎的点击率，而且搜索引擎也会根据各家网站所贡献的搜索量支付给加盟网站一定的费用。

搜索引擎代理商

代理搜索引擎的销售商，也会做一些竞价排名等的服务工作。

不计算渠道所获得的分成收入。

综合搜索

根据用户的输入条件，提供任何类型、任何主题搜索信息的服务。

站内搜索

将信息搜索服务的范围限制在某一特定网站内。

应用搜索

不以内容信息而以应用工具为目标的搜索服务，尤其面向移动搜索行为。

综合门户网站

指以频道或板块模式，主要以提供新闻与资讯信息为主，也可包括搜索引擎、免费邮箱、影音资讯、电商导购、网络社区等各类综合信息服务的网站。

垂直门户网站

垂直门户是相对新浪这样的传统门户网站而言，传统门户网站的内容广泛而全面，覆盖各行各业，“垂直门户”专注于某一行业领域如IT、娱乐、体育、汽车等内容。

网络视频

网络视频是指内容格式以WMV、RM、RMVB、FLV以及MOV等流媒体类型为主，可以在线播放、观看的文件内容。这里的在线包括两种形式：直接通过浏览器在线播放或者通过终端软件在线播放。网络视频服务商为用户提供的各种服务，主要包括视频分享、P2P直播（P2P流媒体）、视频点播（在线视频）等。

是以互联网为传播媒介，以视频播出为主要形式并获得盈利的产业，业内企业主要包括视频分享、P2P直播、在线影视等几种类型。

P2P直播（P2P流媒体）

用户在线观看的视频有网站实时提供，观看同一视频的用户进度相同。同时，观看同一视频的各个用户之间可以通过P2P技术进行该视频资源的共享，每个用户为其他用户提供下载/上传服务。

视频分享

视频分享类网站一般同时提供分享与点播服务。用户可以自己上传视频内容到网站并被其他用户所观看，同时每个用户可以随时点播网站上网友上传的任意视频片段进行观看。

在线影视

在这种服务模式里，用户可以通过网页在线浏览影视作品。视频点播网站采用的播放技术与视频分享网站一样。与视频分享网站的内容一般由网友上传不同，视频点播网站的内容一般由网站提供。

视频内容提供商

即向网络视频运营平台提供电视节目或视频内容的制作方、版权方、用户等。

视频平台运营商

即网络视频企业，通过组织内容（从用户获取内容、从版权方购买内容或自己制作内容三种方式）、为用户提供使用节目和工具、与版权方合作、刊登广告来驱动产业链上的各个环节。

视频技术提供商

指为视频平台运营商提供技术支持的服务提供者，提供包括播放系统、服务器、流媒体技术等解决方案的企业。

版权分销商

即通过向著作权人购买独家作品版权后，又将该作品版权再分销给其他公司，然后从中赚取差价的公司。

Video View（VV）数

指视频被点击播放的总次数。

企业社交网络

将成熟的社交网络运用到企业组织中，让企业内部的员工能够通过类似社交网络的方式进行工作和自我管理，以实现企业内部员工间高效、透明、便捷的沟通与协作。

轻博客（freet）

介于博客与微博之间的一种网络服务，博客是倾向于表达的，微博则更倾向于社交和传播，轻博客吸收双方的优点，是用户提供生成内容、表达自己的平台，兼具博客的表达力、专业性与微博的社交传播力。是一种全新的网络媒体。

商务社交（BSNS）

为职业人士创造的一个在线社交平台。在此平台上用户可以通过不断拓展人际网络从容地寻找商务联系人、雇主、雇员、专家甚至投资者。商务社交网络与传统SNS的另一区别是商务社交网络是为了结识新朋友，而传统SNS的功能是和老朋友建立长期关系。

社会化分享

主要基于用户之间自发的信息分享功能，将信息网络化输入输出，加速组织传播。

社会化书签（Social Bookmark）

2004年起web出现的一种新的内容标引方法。它可以将原来保存在本地机器上的电子书签，放在一个专门的网站上，人们把自己的书签统一放在这些网站上。

社会化问答

社会化问答网站是介于百科和传统问答（如百度知道）之间的问答类SNS网站，是一个公共的知识平台，它的价值在于重建人与信息的关系。用户提出问题，其他用户来回答。通过三大功能（关注话题、关注问题，关注一个用户的所有问答）来浮现最佳问题答案和全面的相关知识，并通过信息类聚使人群建立社交关系。

社会化阅读

所谓社会化阅读是指以读者为核心，强调分享、互动、传播的全新阅读模式，它是相对于传统以书为核心，强调内容本身的阅读模式提出来的，更加注重人、注重基于阅读的社交，倡导共同创造UGC、共同传播和共同盈利，在多方位的互动基础上，实现阅读价值的无限放大。

社交网站（SNS- Social Networking Service）

社交网站是指个人之间的关系网络，专指帮助人们建立社会性网络的互联网应用服务。

移动定位社交服务（LBSNS）

一种基于位置地理信息的移动互联网和互联网无缝衔接的社交网络服务，可以帮助用户寻找朋友位置和关联信息，同时激励用户分享位置信息内容，是一种可以提供整合位置服务、社交网络和游戏元素的平台服务，在此基础上可创建聚合用户、软件开发者以及广告主的产业链生态系统。

移动营销

通过移动设备（智能手机、平板电脑等）访问移动应用或移动网页时显示的广告，包括视频、文字、图片、插播广告、html5等形式。

移动应用

即移动应用程序，是指基于特定软件设计规范开发出来的、在移动终端操作系统平台中运行的应用程序。目前各平台覆盖的移动终端为手机和平板电脑，其中以手机为主。

移动搜索

指以移动设备为终端，进行对普遍互联网的搜索，从而实现告诉、准确地获取信息资源，目前主要通过输入关键词、图片、二维码三种形式完成交互。

移动互联网

通过智能移动终端，采用无线通信方式获取业务和服务的新兴业态。

TMT产业

（Technology，Media，Telecom）指IT、媒体、通信三者相融合。TMT产业是以互联网等媒体为基础将高科技公司和电信业等行业链接起来的新兴产业。TMT行业的特点是信息交流和信息融合。

3G/4G

（3rd/4th Generation）第三/四代移动通信技术，移动互联网的基础性传输与承载网络，是移动互联网内容、应用等环节发展的基础设施。

WiFi

将各种移动终端以无线方式互相连接的技术，是设备接入通信网络的一种手段，也是目前用户接入移动互联网的主要手段。也是一个由WiFi联盟所持有的无线网络通信技术的品牌。

3G商用牌照

3G商用牌照即中国工业与信息化部对通信运营商围绕第三代移动通信技术开展商业运营的许可牌照。中国移动获发自主知识产权的TD-SCDMA牌照；中国联通获发WCDMA牌照；中国电信获发CDMA2000牌照。

3G制式

TDSCDMA：时分同步的码分多址技术（Time Division-Synchronous Code Division Multiple Access），第一个由中国提出的，以中国知识产权为主的、被国际上广泛接受和认可的无线通信国际标准。CDMA2000（Code Division Multiple Access 2000）：是一个3G移动通讯标准，国际电信联盟ITU的IMT-2000标准认可的无线电接口，也是2G cdmaOne标准的延伸。根本的信令标准是IS-2000。WCDMA （Wideband Code Division Multiple Access（宽带码分多址））：是一种第三代无线通讯技术。W-CDMAWideband CDMA 是一种由3GPP具体制定的，基于GSM MAP核心网，

UTRAN（UMTS陆地无线接入网）为无线接口的第三代移动通信系统。目前WCDMA有Release 99、Release 4、Release 5、Release 6等版本。

流量

在移动互联范畴，指单位时间内流经通信网络管道的字节量。

Web2、0

Web是国际网站标准。Web2.0的核心在于指导思想：以人为核心，注重交互，平台开放，多人参与读写，用户参与内容制造与分享。

Web3、0

Web3.0核心的指导思想在于，Web2.0产生了数据与信息的泛滥，Web3.0致力于将互联网变成泛数据库，能够方便地根据个性化交互对数据与信息进行不同的结构化智能处理，使得用户便于重复使用结构化数据。

内容及应用服务商（CP、SP）

内容提供商（CP）指在互联网上提供各类信息内容的主体；服务提供商（SP）指在互联网上基于内容提供应用工具或服务的主体。

OTT（Over the top）

互联网企业越过网络运营商，发展基于开放互联网的各种视频及数据服务业务，强调服务与物理网络的无关性。

开放平台

开放与分享是互联网产业的天性。把网站的服务封装成一系列计算机易识别的数据接口开放出去，供第三方开发者使用，这种行为就叫做Open API，提供开放API的平台本身就被称为开放平台。

API

（Application Programming Interface）应用程序编程接口，是一些预先定义的函数，提供应用程序与开发人员基于某软件或硬件的以访问一组例程的能力，而又无需访问源码或理解内部工作机制的细节。是接入开放平台的基础之一。

应用商店（App Store）

以移动互联网为最主要通道建立的应用软件市场，是一个面向第三方开发者与最终用户的开放式双边平台，商店中的软件一般分为免费与付费两类，用户下载付费软件后，应用商店所有者与第三方开发者进行收益分成。

原生应用（Native App）

基于智能手机本地操作系统如iOS、Android、WindowsPhone并使用原生程式编写运行的第三方应用程序，也叫本地App，用户需要下载使用。

轻应用（Light App）

无需下载、即搜即用的全功能 App。

超级App

指拥有庞大的用户数，成为用户重要的移动互联网入口的，手机“装机必备”的基础应用，往往都有开放平台，或者已经接入多样化的APP插件。

众包

一个公司或机构把过去由员工执行的工作任务，以自由自愿的形式外包给大众网络的做法。众包的任务通常是由个人来承担，但如果涉及到需要多人协作完成的任务，也有可能以依靠开源的个体生产的形式出现。

移动阅读

利用手机、平板电脑、电子阅读器等移动终端，通过在线、下载等方式，浏览小说、动漫、报刊等内容的阅读行为。

数字版权

各类出版物、信息资料的网络出版权，可以通过新兴的数字媒体传播内容的权利。包括制作和发行各类电子书、电子杂志、手机出版物等的版权。

版权增值

将某种版权向不同内容表现形式，不同载体进行延伸，例如纸质向电子，动漫向游戏等。

简易信息聚合（RSS）

一般用于新闻频道，blog和wiki。网站提供RSS输出，有利于让用户获取网站内容的最新更新。用户可以在客户端借助于支持RSS订阅的软件，在不打开网站内容页面的情况下阅读支持RSS输出的网站内容。

移动音乐

用户利用手机等各种移动终端，以SMS、MMS、WAP、IVR、WWW等接入方式获取以音乐为主题的相关业务的总称。

音乐服务提供商

在与版权内容提供商合作的基础上，为用户提供音乐及相关服务，并与版权内容提供方按点击、下载或打包购买的方式进行利润分成。

音乐商店

直接在移动端销售数字音乐的方式。

版权曲库

服务提供商整合上游唱片公司的音乐或用户UGC的音乐，用以为用户提供普通、高品质的音乐内容，是服务实现的基础和关键。

音乐社交

除拥有曲库外，吸引明星、专业人士、发烧友、普通用户根据个性化的偏好与主题聚合自己喜爱的音乐，并向其他用户展示、分享、互动。

音乐服务提供商

在与版权内容提供商合作的基础上，为用户提供音乐及相关服务，并与版权内容提供方按点击、下载或打包购买的方式进行利润分成。

移动浏览器

一种用户在手机终端上通过无线通讯网络进行互联网内容浏览的移动互联网工具，需要具备网址输入功能。

网址导航

集合较多网址，并按照一定条件进行分类的一种网址站。

手机内置浏览器

手机出厂前手机浏览器作为手机终端的附加产品内置在手机终端内，此类服务提供商主要为手机终端和手机操作系统厂商。

第三方手机浏览器

手机用户通过互联网下载，自主安装到手机上的手机浏览器。

智能手机（Smart Phone）

指像PC一样，具有独立的操作系统，可以由用户自行安装软件、游戏、导航等第三方服务商提供的程序，通过此类程序来不断对手机的功能进行扩充，并可以通过移动通信网络来实现无线网络接入的这样一类手机的总称。

平板电脑（Tablet Personal Computer）

一种小型、方便携带的个人电脑，以触摸屏作为基本的输入设备。

智能电视（Smart TV）

智能电视，是具有全开放式平台，搭载了操作系统，顾客在欣赏普通电视内容的同时，可自行安装和卸载各类应用软件，持续对功能进行扩充和升级的新电视产品。

热点

把手机的接收GPRS或3G信号转化为wifi信号。

操作系统（Operating System）

管理计算机硬件资源，控制其他程序运行并为用户提供交互操作界面的系统软件的集合。

CPU频率

CPU频率，就是CPU的时钟频率，简单说是CPU运算时的工作的频率（1秒内发生的同步脉冲数）的简称。

CPU核心数

核心(core)又称为内核，是CPU最重要的组成部分，CPU所有的计算、接受/存储命令、处理数据都由核心执行。在采用相同核心的情况下，核心数越多CPU的处理能力就越强。

ROM（Read- Only Memory）

只读内存的简称，是一种只能读出事先所存数据的固态半导体存储器。

RAM（Random Access Memory）

随机存储器。存储单元的内容可按需随意取出或存入，且存取的速度与存储单元的位置无关的存储器。这种存储器在断电时将丢失其存储内容，故主要用于存储短时间使用的程序。 按照存储信息的不同，随机存储器又分为静态随机存储器（Static RAM,SRAM)和动态随机存储器（Dynamic RAM,DRAM)。

苹果视网膜显示（Retina Display）

视网膜屏幕是分辨率超过人眼识别极限的高分辨率屏幕，由苹果公司在2010年在iPhone 4发布会上首次推出。

智能语音交互

基语音录入，语义识别的智能终端人机交互应用技术。

智能电视外接配件

指让普通LED/LCD电视实现智能电视功能的外接设备（智能电视机顶盒、智能电视棒）。

APK（Android Package）

类似Symbian Sis或Sisx的文件格式。通过将APK文件直接传到Android模拟器或Android手机中执行即可安装。

智能电视激活

指用户在购买智能电视后入网登录系统注册使用。

智能电视激活率

指某品牌或某城市等细分维度购买智能电视的用户群体中激活智能电视的概率。

电子商务B2B（Business to Business）

电子商务中企业与企业之间的营销关系，B2B平台指所搭建的以服务于企业与企业之间营销关系的平台。

电子商务B2B业务

以电子商务B2B平台以及大数据为基础，通过整合产业链上下游资源完成企业与企业间营销关系的电子商务活动，包括信息与交易服务、商业搜索引擎服务、金融增值服务、云端服务等。

垂直市场B2B

面向某个特定行业中产业链上下游企业之间的营销关系。可能是第三方平台或某一个产业链中的企业搭建的水平市场B2B平台。

水平市场B2B

将各个行业中相似的交易环节集中在一个平台，服务于供求双方的营销关系。可能是第三方平台或某一个产业链中的企业搭建的水平市场B2B平台。

B2B信息与交易服务

通过第三方电子商务平台进行信息发布或信息搜索完成交易撮合的服务；传统电子商务B2B主要以平台支撑为基础、以信息服务为核心，链接电子商务B2B上下游；B2B商业搜索同样归属于B2B信息与交易服务。

商业搜索

借助互联网，对各种商业信息进行整理、筛选和归档后，通过站内搜索引擎或分类目录的形式展示给商业用户，为商业用户提供商业、产品、价格以及供求等方面的信息。商业搜索提供的多是结构化的信息，即根据商业信息的特征，将产品、价格和联系人等多种信息整合在搜索结果中。

B2B应用服务

以电子商务B2B平台为基础，以数据为支撑的应用与系统集成服务，主要表现在提供应用软件、管理软件服务等，在云环境下，包括SaaS、云存储、云计算等云端服务。

B2B基础设施服务

在B2B电子商务产业链中，为企业提供的物流与配送、IT基础设施供应、支付、信用认证、安全认证、技术平台、PaaS等服务。

B2B供应链协同服务

指基于B2B供应链的基础上实现企业协同，例如协同开发、供应链融资等。

企业协同B2B电子商务平台

由产业链中的核心企业为主建立B2B电子商务平台，以互联网作为信息交换的主要载体，构建紧密型的协同商务平台，使上下游企业都能通过安全可靠的统一网络操作平台方便快捷地融入基于产业链的产品研发、采购、生产、销售等协同业务合作中。

B2B平台代运营

第三方以某个垂直行业或垂直行业中某个产业链核心企业为依托，为其提供垂直行业B2B建站、系统集成、平台与内容维护、推广等一系列运营服务。

电子商务产业园/带

以电子商务为发展主线，重点构建以B2B、B2C为核心的电子商务交易技术平台，重点引进电子商务、信息软件、设计研发等新兴产业企业，重点依托并持续优化电子商务产业链的专业园区。可以分为狭义与广义。广义的电子商务产业园不仅包括纯粹的电子商务企业，同时，还包括文化创意、教育服务、IT/软件开发、制造类产业。狭义的电子商务产业园主要包括电子商务企业及其相关企业，涵盖电商平台运营、代理运营、平台服务、软件系统开发、数据分析、营销广告、渠道推广、专业咨询、仓储物流、网店摄影、人才培训等电子商务直接或相关环节。

在线交易B2B

利用电子支付或第三方支付工具，在线上直接发生货款支付的行为。是传统B2B平台信息服务的转型方向。

流量变现式B2B

将网站流量通过某些手段实现现金收益的一种电子商务B2B模式。

数据搜集式B2B

提供弹性计算平台、开放数据处理服务、ACE平台、云应用平台、开放存储服务和CDN、开放结构化数据服务等产品的B2B模式。

一站服务式B2B

通过互联网向厂商订购所需的应用软件服务，用户不再购买软件，而是向提供商租用基于Web的软件，来管理企业经营活动的B2B模式。

在线广告式B2B

使用网络为载体进行广告活动，包括平台展示、点击付费、P4P以及在线软件等方式的B2B电子商务模式。

交易提成式B2B

第三方平台基于信用机制、支付机制、产品标准化等基础条件，促成买卖双方在线上完成货款与商品的交易，同时收取提成的电子商务模式。

Freemium模式

云服务背景下，用免费服务吸引用户，然后通过增值服务，将部分免费用户变成付费用户，实现盈利的模式。

P4P（Pay for Performance）

按效果付费的简称，互联网广告的发展方向，正逐渐成为主流形式。

B2B2C（Business to Business to Custom）

跨B2B与B2C平台的电商企业将B2B与B2C两个平台对接，依托大数据与资源整合，面向完善的供应商——生产商——最终用户全产业链提供服务的模式。

B2B+O2O（Business to Business + Online to Offline）

B2B平台将供应商资源整理成采购项目，通过互联网的形式吸引采购商参与到采购项目中。B2B平台承担审核供应商和采购商资质的责任，并且寻找平台合作企业，同时提供融资、物流、仓储管理等服务。

SMB（Small and Medium- sized Business）

SMB有多种含义，但本书中所指的SMB指中小企业。

SKU（Stock Keeping Unit）

库存量单位。引申为产品统一编号的简称，每种产品均对应有唯一的SKU号。对一种商品而言，当其品牌、型号、配置、等级、花色、包装容量、单位、生产日期、保质期、用途、价格、产地等属性与其他商品存在不同时，可称为一个单品。

SCM（Supply Chain Management）

B2B电子商务可视作互联网对供应链管理（SCM）进行优化与再造的关键变革。SCM执行供应链中从供应商到最终用户的物流的计划和控制等职能。从单一的企业角度来看，是指企业通过改善上、下游供应链关系，整合和优化供应链中的信息流、物流、资金流，以获得企业的竞争优势。

ERP（Enterprise Resorce Plan）

企业资源计划，是一种供应链管理思想，由Gartner公司1990年提出，围绕这种思想有ERP系统。该系统是建立在信息技术基础上，主要面向制造行业的物质资源、资金资源和信息资源，以系统化的管理思想，为企业决策层及员工提供决策运行手段的管理平台。ERP供应链管理思想面向全球市场，包罗了供应链上所有的主导和支持能力，协调企业各管理部门围绕市场导向，更加灵活或柔性地开展业务活动，实时地响应市场需求。

CRM（Customer Relationship Management）

客户关系管理。CRM是企业的一项商业策略，它按照客户细分情况有效的组织企业资源，培养以客户为中心的经营行为以及实施以客户为中心的业务流程，并以此为手段来提高企业的获利能力、收入以及客户满意度。通常所指的CRM，指用IT解决方案自动化分析销售、市场营销、客户服务以及应用等流程的软件系统。目标是缩减销售周期和销售成本、增加收入、寻找扩展业务所需的新的市场和渠道以及提高客户的价值、满意度、赢利性和忠实度。

BPO（Business Process Outsourcing）

商务流程外包。企业将一些重复性的非核心或核心业务流程外包给供应商，以降低成本，同时提高服务质量。

ITO（Information Technology Outsourcing）

信息技术外包。指服务外包发包商委托服务外包提供商向企业提供部分或全部信息技术服务功能，主要包括信息技术的系统、应用管理及技术支持的服务。可以包括产品支持与专业服务的组合，用于向客户提供IT基础设施，或企业应用服务，或同时提供这两方面的服务，从而确保客户在业务方面取得成功。从最低程度上看，外包将包括某些IT管理服务，ITO则被进一步细分成数据中心、桌面、网络与企业应用外包。

网络零售（e- Retail）

指通过互联网或其他电子渠道，针对个人或者家庭的需求销售商品。网上零售(B2C/C2C)即交易双方以互联网为媒介的商品交易活动，即通过互联网进行的信息的组织和传递，实现了有形商品和无形商品所有权的转移或服务的消费。买卖双方通过电子商务（线上）应用实现交易信息查询（信息流）、交易（资金流）和交付（物流）行为。

B2C（Business to Customer）

企业对消费者的电子商务模式。这种形式的电子商务一般以网络零售业为主，主要借助于Internet开展在线销售活动。

C2C（Customer to Customer）

个人与个人之间的电子商务行为，即卖家和买家都是个人。

垂直类B2C

注意力集中在某些特定的领域或某种特定的需求，提供有关这个领域或需求的全部深度信息和相关服务的网站，（虚拟化产品）比如联通营业厅专门提供话费充值的相关服务。

综合类B2C

与垂直类电商相对，在多个领域，提供有关这个领域的需求的全部深度信息和相关电子商务服务的网站。

自营类电商

在多个领域提供有关这个领域的需求的全部深度信息和相关服务的网站，包括在产供销的价值链上，通过自己采购获取货源并销售的电商企业；自有品牌并由合作方贴牌生产后在线上自营销售的电商企业等等，仓储与配送等基础能力可以通过自建或合作加以实现。

平台类电商

在多个领域提供有关这个领域的需求的全部深度信息和相关服务的网站。同时，通过搭建电商渠道平台服务品牌企业。

O2O（Online to Offline）

将线下服务的机会与互联网结合在一起，使互联网成为线下交易的前台。消费者借助互联网工具在线上获取并分享信息，与线下商家互动，通过交易或各线下商家各自提供的条件，获取线下服务的权力，并在线下接受服务，完成闭环的模式。

3C家电

所谓“3C产品”，就是计算机（Computer）、通信（Communication）和消费类电子产品

（Consumer Electronics）三者结合，亦称“信息家电”。由于3C产品的体积一般都不大，所以往往在中间加一个“小”字，故往往统称为“3C小家电”。

P2P网贷平台

指基于互联网，提供线上借贷的平台，P2P网贷平台是P2P借贷与网络借贷相结合的金融服务网站。网络借贷指的是借贷过程中，资料与资金、合同、手续等全部通过网络实现，它是随着互联网的发展和民间借贷的兴起而发展起来的一种新的金融模式，

金融脱媒（Financial Disintermediation）

指在金融管制的情况下，资金供给绕开商业银行体系，直接输送给需求方和融资者，完成资金的体外循环。

众筹融资

通过互联网平台，项目融资人在平台上发布自己的项目、预设融资额、融资时长和回报，投资人为自己喜欢的项目进行各种层级的投资。

虚拟货币（Virtual Currency）

虚拟货币本指非真实的货币。在虚拟跟现实有连接的情况下，虚拟的货币有其现实价值。知名的虚拟货币如腾讯公司的Q币，比特币等。

自金融

借助互联网的用户聚合和高速传播特点，用户为自身直接进行融资服务的一种形态，成本收益更优、效益也更高。例如P2P机构上的借款方。

直销银行

直销银行是互联网时代应运而生的一种新型银行运作模式，这一经营模式下，银行没有营业网点，不发放实体银行卡，客户主要通过电脑、电子邮件、手机、电话等远程渠道获取银行产品和服务，因没有网点经营费用，直销银行可以为客户提供更有竞争力的存贷款价格及更低的手续费率。降低运营成本，回馈客户是直销银行的核心价值。

无卡取现

客户通过手机银行的无卡取现功能可实现通过手机银行进行取现预约，然后在ATM上可无卡取现。

手机钱包

中国银联联合各大商业银行与通信运营商共同推出的一项全新的个人移动金融业务。是将客户的手机号码与银行卡账号进行绑定，通过手机短信息、语音等操作方式，以绑定的银行卡为支付结算载体，实现查缴手机话费、银行卡余额查询、手机购买商品、公用事业缴费等，满足用户随时随地个性化理财支付交易的需求。

网络保险

指实现保险信息咨询、保险计划书设计、投保、缴费、核保、承保、保单信息查询、保权变更、续期缴费、理赔和给付等保险全过程的网络化。

银保

银行通过向保险公司收取 手续费的模式介入保险领域，保险公司通过银行代售来完成保险销售业务。 这种银行仅担当代理中介的合作方式，更确切地说是银行代理保险业务，与真正意义上的银行保险还有一定距离，无论是业务的组织形式还是产品品种都处于初级阶段。

余额宝

余额宝由第三方支付平台支付宝打造的一项余额增值服务。转入余额宝的资金在第二个工作日由基金公司进行份额确认，对已确认的份额会开始计算收益。

供应链金融

银行围绕核心企业，管理上下游中小企业的·资金流和物流，变把握单个企业的不可控风险为供应链企业整体的可控风险，通过立体获取各类信息，将风险控制在最低的金融服务。 获得金融业务牌照的电商也涉足此领域。

移动支付

移动支付也称为手机支付，就是允许用户使用其移动终端(通常是手机)对所消费的商品或服务进行账务支付的一种服务方式。

在线支付

在线支付是指卖方与买方通过互联网电子商务网站进行交易时，银行或第三方支付公司为其提供网上资金结算服务的一种业务。它为企业和个人提供了一个安全、快捷、方便的电子商务应用环境和网上资金结算工具。

数字电视支付

数字电视支付，是将电视和银行支付业务有机地结合起来，使电视用户能在电视机上完成缴费、订购节目包等业务，是一种更为安全、便捷的面向家庭用户的支付手段。

微信支付

由腾讯公司移动社交通讯软件微信及第三方支付平台财付通联合推出的移动支付创新产品，旨在为广大微信用户及商户提供更优质的支付服务，微信支付的支付和安全系统由腾讯财付通提供支持。

银行卡收单

指签约银行向商户提供的本外币资金结算服务。就是最终持卡人在银行签约商户那里刷卡消费，银行结算。收单银行结算的过程就是从商户那边得到交易单据和交易数据，扣除按费率计算出的费用后打款给商户。

预付卡

指以营利为目的发行的、在发行机构之外或发行机构购买商品或服务的预付价值，包括采取磁条、芯片等技术以卡片、密码等形式发行的预付卡。

用户行为分析

在获得网站访问量基本数据的情况下，对有关数据进行统计、分析，从中发现用户访问网站的规律，并将这些规律与网络营销策略等相结合，从而发现目前网络营销活动中可能存在的问题，并为进一步修正或重新制定网络营销策略提供依据。

转换率（Take Rates/Conversions Rates）

衡量网站内容对访问者的吸引程度以及网站的宣传效果。

回访者比率（Repeat Visitor Share）

衡量网站内容对访问者的吸引程度和网站的实用性，你的网站是否有令人感兴趣的内容使访问者再次回到你的网站。

重度访问者比率（Heavy User Share）

衡量有多少访问者是对网站的内容有高度兴趣，频繁登陆或登录行为活跃。

忠实访问者比率（Committed Visitor Share）

只是使用停留的时间取代浏览页数，取决于网站的目标，可以使用两个中的一个或结合使用。

忠实访问者指数（Committed Visitor Index）

指的是每个长时间访问者的平均访问页数，这是一个重要的指标，它结合了页数和时间。

忠实访问者量（Committed Visitor Volume）

长时间的访问者所访问的页面占所有访问页面数的量。

访问者参与指数（Visitor Engagement Index）

这个指标是每个访问者的平均会话（session），代表着部分访问者的多次访问的趋势。

所有页面回弹率（Reject Rate / Bounce Rate）

代表着访问者看到的仅有的一页的比率。

首页回弹率（Reject Rate / Bounce Rate）

这个指标代表所有从首页开始的访问者中仅仅看了首页的访问者比率。

浏览用户比率（Scanning Visitor Share）

这个指标一定程度上衡量网页的吸引程度。

浏览用户指数（Scanning Visitor Index）

一分钟内的访问者平均访问页数。

浏览用户量（Scanning Visitor Volume）

在一分钟内完成的访问页面数的比率。

AOA（Average Order Amount）

平均订货额，用来衡量网站销售状况的好坏。

CR（Conversion Rate）

转化率，衡量网站的对每个访问者的销售情况。

SPV（Sales Per Visit）

每访问者销售额，衡量网站的市场效率。

CPO（Cost per Order）

单笔订单成本，衡量平均的订货成本。

ROR（Repeat Order Rate）

再订货率，用来衡量网站对客户的吸引力。

CPV（Cost Per Visit）

单个访问者成本，用来衡量网站的流量成本。

OAG（Order Acquisition Gap）

订单获取差额，衡量市场效率的指标，代表网站所带来的访问者和转化的访问者之间的差异。

CON（Contribution per Order）

每笔产出，每笔订单给你带来的现金增加净值。

LBS

指在电子地图平台的支持下，向大众或行业用户提供的与位置相关的诸如定位、路径查询、地图查询的各种服务。目前较为普遍的面向大众的位置服务包括以下三类：自导航服务、移动位置服务、互联网地图服务。

街景

由专用街景车到全球各大城市拍摄后，把相关视频档案放置在网络上供使用者搜寻。

车载导航

利用车载GPS（全球定位系统）配合电子地图来进行的导航。

车联网（IOV：Internet of Vehicle）

车与车、车与路、车与人、车与传感设备等交互，实现车辆与公众网络通信的动态移动通信系统。它可以通过车与车、车与人、车与路互联互通实现信息共享，收集车辆、道路和环境的信息，并在信息网络平台上对多源采集的信息进行加工、计算、共享和安全发布，根据不同功能需求对车辆进行有效的引导与监管，以及提供专业的多媒体与移动互联网应用服务。

在线式手机地图导航

在网络在线状态下通过手机地图进行导航应用。

本地版手机导航

又称离线版手机导航，无需网络在线状态即可通过手机地图进行导航应用。

前装车载导航

用户购买的新车上预装了整车厂原装的一体化车载导航仪。

后装车载导航

汽车出厂销售后按用户需求安装的车载导航仪。目前易观智库所统计的后装车载导航市场数据范畴是加载在其上的导航电子地图系统。

PND导航

便携式自动导航系统，整合型的手持式设备，是手持及车载两用导航系统，是导航加丰富的附加功能的结合体。

GIS

地理信息系统，在计算机硬、软件系统支持下，对整个或部分地球表层（包括大气层）空间中的有关地理分布数据进行采集、储存、管理、运算、分析、显示和描述的技术系统。

GPS

全球定位系统。利用GPS定位卫星，在全球范围内实时进行定位、导航的系统。

AR

称为增强现实。利用计算机生成一种逼真的视、听、力、触和动等感觉的虚拟环境，通过各种传感设备使用户“沉浸”到该环境中，实现用户和环境直接进行自然交互。

室内定位

在室内环境中实现位置定位，主要采用无线通讯、基站定位、惯导定位等多种技术集成形成一套室内位置定位体系，从而实现人员、物体等在室内空间中的位置监控。

主机游戏

也叫电视游戏，是一种用来娱乐的交互式多媒体。通常是指使用电视屏幕为显示器，在“电视游乐器”上执行家用主机的游戏，与电脑游戏（PC Game）都属电子游戏的一种。

手机游戏

指在手机等各类手持硬件设备上运行的游戏类应用程序，其需要具备一定硬件环境和一定系统级程序作为运行基础。常见的智能手机系统：MTK（Nucleus OS）、Windows Phone、安卓、IOS、塞班系统等。

掌机游戏

便携式游戏机，又名掌上型游乐器、掌机游戏，是便携游掌机戏的一类，是指使用专门的小型游戏机运行，可以随时随地使用的视频游戏软件。

网页游戏（Web Game）

又称Web游戏，无端网游，简称页游。是基于Web浏览器的网络在线多人互动游戏，无需下载客户端，只需打开网页即可进入游戏。

客户端游戏Client Game

简称端游。游戏客户端，是指与游戏服务器相对应，为客户提供本地服务的程式。一般安装在普通的用户电脑上，需要与游戏伺服端互相配合运行。

RPG（Role- Playing Game）

角色扮演游戏。

ACT（Action Game）

动作游戏。

FPS（First- Person Shooter）

第一人称射击游戏。

FTG（Fight Technology Game）

格斗游戏。

RTS（Real- Time Strategy Game）

即时战略游戏。

TBS（Turn- Based Strategy Game）

回合制策略游戏。

SLG（Simulation Game）

策略游戏。

AVG（Adventure Game）

冒险游戏。

RAC（Racing Game）

赛车游戏。

MMORPG（Massively Multiplayer Online Role- Playing Game）

大规模多账号网上角色扮演游戏。

RPG（Role- Playing Game）

角色扮演游戏。

ACU（Average Concurrent account）

运营游戏平均同时在线账号，24小时内每小时同时在线账号/24。

PCU（Peak concurrent account）

最高同时在线人数，24小时内同时在线最高达到人数。

RU（Register Account）

注册账号。

AU（Active account）

活跃账号，指网络游戏每季度登录超过一次的账号数。

PU（Paying Account）

付费账号，指网络游戏每季度付费超过一次的账号数。

APA（Active Paying Account）

活跃付费账号，指网络游戏每季度登录且付费超过一次的账号数。

账号平均在线时长

每季度游戏账号平均在线时间。

AccRu（Accumulated Registered Account）

累积注册账号。

AccPu（Accumulated Paying Account）

累积付费账号。

账号流失率

当前活跃账号规模/历史注册总量。

付费账号流失率

流失用户/上季度活跃用户。

活跃率

登录人次/平均在线人数。

账号每季度平均收入（ARPU）

每周期总收入/周期付费账号数。

注册账号付费率

RU/APA。

平均在线付费率

ACU/APA。

活跃账号付费率

UV/APA。

每个新用户获取成本

每个新用户获取成本（Cost Per Acquisition/Action）。若一个网站每次将一名用户引向广告商网站时，如果该用户做出指定行为，广告商就要向该网站支付一定费用，这就是在线广告的收费模式。所谓特定行为，包括填表或注册，但最普遍的是支付费用。

注册转付率

上季度注册用户在本季度付费的数量与比率。

客户端安装率

客户端安装量/客户端下载量。

即时通讯（IM）

基于互联网/移动互联网的即时交流消息的业务。

社交型IM

以社交和娱乐为主要目的进行功能扩展，一般兼顾陌生人、半熟、熟人三类关系，实现一对一和个性化群组的即时消息沟通功能。

办公型IM

办公型IM，以协同办公为主要目的进行功能扩展，以企业内部关系为核心，实现企业内部即时消息沟通功能。

VOIP（Voice over Internet Protocol）

基于互联网/移动互联网的语音通话服务，原理是将模拟信号转化为数字信号。是以IP电话为主，并包括相应的增值业务的业务总称。

公众平台

功能化平台。供个人和企业通过申请，建立公众号，以一对多的形式，群发文字、图片、语音等三个类别的内容。

自媒体

个人或机构组织能够在任何时间、任何地点，以任何方式访问网络，通过现代数字科技与全球知识体系相联，提供并分享他们的真实看法、自身新闻的一种途径和即时传播方式。

社会化媒体

指允许人们撰写、分享、评价、讨论、相互沟通的网站和技术。社交媒体是人们彼此之间用来分享意见、见解、经验和观点的工具和平台，现阶段主要包括社交网站、微博、微信、博客、论坛、播客等等。

云存储

云存储是在云计算概念上延伸和发展出来的一个新的概念，是指通过集群应用、网格技术或分布式文件系统等功能，将网络中大量各种不同类型的存储设备通过应用软件集合起来协同工作，共同对外提供数据存储和业务访问功能的一个系统。 当云计算系统运算和处理的核心是大量数据的存储和管理时，云计算系统中就需要配置大量的存储设备，那么云计算系统就转变成为一个云存储系统，所以云存储是一个以数据存储和管理为核心的云计算系统。

分布式文件系统（Distributed File System）

是指文件系统管理的物理存储资源不一定直接连接在本地节点上，而是通过计算机网络与节点相连。

云计算（Cloud Computing）

是一种基于互联网的计算方式，通过这种方式，共享的软硬件资源和信息可以按需求提供给计算机和其他设备，主要是基于互联网的相关服务的增加、使用和交付模式，通常涉及通过互联网来提供动态易扩展且经常是虚拟化的资源。

网格计算

分布式计算的一种，由一群松散耦合的计算机组成的一个超级虚拟计算机，常用来执行一些大型任务。

效用计算

IT资源的一种打包和计费方式，比如按照计算、存储分别计量费用，像传统的电力等公共设施一样。

自主计算

具有自我管理功能的计算机系统。

大数据

规模巨大到无法通过目前主流软件工具，在需求时间内达到撷取、管理、处理、并整理成为更具价值和决策支撑意义的数据。大数据主要有4个特征：数据量巨大；数据类型多；数据流动快；数据潜在价值大。大数据可以有四种区分方式：结构和非结构数据，非结构数据如文本、视频、图片、音乐。企业内部和外部数据，内部数据一般在CRM、ERP等企业信息化产品中，外部数据如宏观数据、电商平台数据等。线上和线下数据，主要借助线上的大数据激活线下的数据。位置数据和实时数据，这两类数据在移动互联网时代显得尤其重要。

网络存储（NAS）

网络附着存储（Network Attached Storage）即将存储设备通过标准的网络拓扑结构（例如以太网）连接到一群计算机上。NAS是部件级的存储方法，它的重点在于帮助解决迅速增加存储容量的需求。

物联网（The Internet of things）

即通过射频识别（RFID）、红外感应器、全球定位系统、激光扫描器、气体感应器等信息传感设备，按约定的协议，把任何物品与互联网连接起来，进行信息交换和通讯，以实现智能化识别、定位、跟踪、监控和管理的一种网络。

附录3　中国互联网细分行业分类定义索引

电子商务

B2B是以电子商务B2B平台以及大数据为基础，通过整合产业链上下游资源完成企业与企业之间的营销关系的电子商务活动，包括信息与交易服务，商业搜索引擎服务，金融服务，云端服务等。

网上零售B2C是指商户与消费者以互联网、移动互联网等线上渠道为通路开展的商品零售交易活动，即通过线上信息组织和传递以及线上交易所实现的有形商品和无形商品所有权的转移或服务的消费。

O2O（Online To Offline），线下传统商家与线上互联网相结合的一种电子商务模式，也有观点认为是B2C的一种形式。起初主要是线下非实物类服务，指的是用户在互联网上进行信息筛选、预订、支付等行为，但必须在线下享受所消费的服务，从而完成整个闭环，如餐饮、航旅等。目前已经扩展到实物品类，用户可在线下选购实物类商品，选定后通过第三方支付工具在线上完成交易，例如实物零售。

内容消费

网络视频是指用户通过包括手机，平板电脑在内的移动通信终端，通过在线观看或通过点播、下载等方式将视频内容服务商提供的视频文件传送到本地终端设备进行观看的服务。该产业链主要涉及的主体有（版权）内容提供商、视频运营商、网络运营商、广告商和终端用户。

数字音乐是指音乐作品通过互联网、移动通信网等各种有线和无线方式传播的，其主要特点是形成了数字化的音乐产品制作、传播和消费模式。 通过电信互联网提供在电脑终端下载或者播放的互联网在线音乐，无线网络运营商通过无线增值服务提供在手机终端播放的无线音乐，又被称为移动音乐。

数字阅读是指利用手机、平板电脑、电子阅读器、PC等终端，通过在线，下载等方式，浏览电子小说，动漫，报刊等内容的阅读行为。

游　戏

指以互联网为传输媒介，以游戏运营商服务器和用户计算机为处理终端，以游戏客户端软件为信息交互窗口的旨在实现娱乐、休闲、交流和取得虚拟成就的具有可持续性的个体性多人在线游戏。

又称无端网游，指基于网络浏览器的多人在线互动游戏，用户无需下载客户端，只要打开网页就可以玩的游戏。

指借助手机或PDA等终端设备，通过无线网络设施来提供的游戏应用及服务，是基于移动终端设备而开发的游戏应用。根据游戏过程需要无线网络支持与否，又可以分为手机单机游戏和联网游戏。

基础应用与服务

搜索是基于用户的输入，以PC、手机等移动设备作为载体返回信息与内容搜索结果的服务。

IM（即时通信）是以准实时的方式在用户之间传递文本、图像、音频或视频的业务。IM 融合了固定、移动等多种通信方式，是网络融合的典型业务之一。IM是实现网络融合和业务融合的重要技术手段，它为IM 业务的部署和开展提供了良好的网络平台。移动IM可以分为个人即时通讯、企业即时通讯。其代表是短信，网站、视频即时通讯，如QQ、微信、Line等应用形式。

SNS（Mobile Social Network Service）是以移动通信网络为接入载体，以所有移动通信终端使用者为目标客户，将SNS与移动通讯市场有机结合，为客户生活和工作提供随时随地随身的更好服务的网络社区平台。移动SNS不光是SNS在移动通信段的简单移植，而且是从整合化平台角度诞生的重要应用。

浏览器是一种用户在PC或手机终端上通过通信网络进行互联网内容浏览的移动互联网工具。其最主要的应用为网页浏览，同时也可以聚集大量的应用，如导航、社区、多媒体影音、天气、股市等，为用户提供全方位的移动互联网服务。目前手机浏览器按安装模式可分为手机内置浏览器（例如IE浏览器、苹果Safari）和第三方手机浏览器（例如手机QQ浏览器、UC浏览器）。

位置服务（LBS，Location Based Services）是指在电子地图平台的支持下，向大众或行业用户提供的与位置相关的诸如定位、路径查询、地图查询的各种服务。目前较为普遍的面向大众的位置服务包括以下三类：自导航服务、移动位置服务、互联网地图服务。基于LBS市场蕴藏了巨大的商机，产业链中的众多参与者都积极投入其中，大力推进LBS以及应用，主要包括手机导航、位置交友、智能汽车、智能救助、智能交通、智能医疗定位和物流监控。

应用分发是通过应用商店、浏览器、搜索服务等各种基础应用与服务，向用户提供的App下载或使用渠道。目前，应用分发最主流的渠道是应用商店，该渠道分发量超过80%。应用商店，是以移动互联网为最主要通道所建立的应用软件市场，是面向第三方开发者与最终用户的开放式双边平台，商店中的软件一般分为免费与付费两类，用户下载付费软件后，应用商店所有者与第三方开发者进行收益分成。

智能终端

移动终端，目前主要指的是手机、平板电脑。智能手机是指具有独立的操作系统，可以由用户自行安装软件、游戏等第三方服务商提供的程序，通过此类程序来不断对手机的功能进行扩充，并可以通过移动通讯网络来实现无线网络接入的这样一类手机的总称。从大产业的发展来看，智能手机已经成为主流，渗透率正在快速提升。

智能电视 77

智能电视指具有全开放式平台，搭载了操作系统，使用户在欣赏普通电视内容的同时，不仅可观看互联网内容、交互式内容，也可自行安装和卸载各类应用软件，持续对功能进行扩充和升级的新电视产品。

智能可穿戴设备 79

智能可穿戴设备，指的是应用传感器、计算能力、联网功能等技术对日常穿戴进行智能化设计，开发出的可以进行智能人机交互的穿戴式设备，如眼镜、手套、手表、服饰及鞋等。

互联网金融

互联网金融 80

互联网金融是指借助于互联网技术、移动通信技术实现资金融通、支付和信息中介等业务的新兴金融模式，既不同于商业银行间接融资，也不同于资本市场直接融资的融资模式。互联网金融包括三种基本的企业组织形式：网络小贷公司、第三方支付公司以及金融中介公司。当前商业银行普遍推广的电子银行、网上银行、手机银行等也属于此类范畴。

移动支付 81

移动支付是指消费者以移动终端发出数字化指令，通过相关支付应用或解决方案，连通用户在金融机构或第三方支付平台中的现金资产，为其消费的商品或服务进行账单支付的方式。

移动支付可以分为近场支付和远程支付。近场支付包括银行代表的NFC手机支付和通信运营商代表的RF-SIM支付两种主要方式。近场支付产业链中主要由支付系统与通信系统两大部分组成。包括POS机厂商、卡片供应商、服务提供商（应用软件等提供）、解决方案提供商/支付平台、银行（发卡机构）、收单机构（拓展商户与账单结算）、通信运营商、移动终端厂商、商户、用户等。

在线营销指的是广告主以互联网或移动互联网的作为媒介开展的广告宣传与营销推广行为。根据广告的形式可以分为展示广告、富媒体广告、贴片广告、文字链广告、Email广告等形式，根据投放的载体可分为关键字搜索引擎、视频贴片、自媒体内容、户外电子屏内容等等。

生活信息服务

狭义的在线航旅指的是为有出行需求的用户提供的在互联网上进行航班、旅游的信息决策比对、在线交易服务。广义的在线航旅指的是通过互联网与移动互联网载体，为用户从所在地与目的地之间提供的各类出行服务，包括交通、住宿、餐饮、旅游等。

分类信息网站，指的是以本地化为基础，以信息的分类聚合为核心，在信息发布者与需求者之间建立的各类生活便利信息资讯服务平台。通俗地说，就是将传统的线下社区广告搬到线上，从而使“社区”扩大变为城市或区县。

团购，是电子商务模式的一种，由团购网站或商家组织发起，面向团体消费者，以相对较低的价格提供产品或服务，并给出购买与使用服务的时间期限，消费者自行组团购买。团购可以分为实物团购与服务团购，其中，服务团购由于服务需要在线下完成，因此服务内容的团购是以本地化为基本特征的。

新一代信息技术

大数据，或称巨量资料，指的是所涉及的资料量规模巨大到无法透过目前主流软件工具，在合理时间内达到撷取、管理、处理、并整理成为帮助企业经营决策更积极目的的资讯。

大数据主要有4个特征：数据量巨大；数据类型多；数据流动快；数据潜在价值大。

云计算是一种IT资源的交付和使用模式，指通过网络以按需、易扩展的方式获得所需的硬件、平台、软件及服务等资源。提供资源的网络被称为“云”，其计算能力通常是由分布式地大规模集群和服务器虚拟化软件搭建。云计算的内容主要包括：基础设施即服务（IaaS）、数据存储即服务（DaaS）、平台即服务（PaaS）、软件即服务（SaaS）、云安全和虚拟化应用等内容。

车联网（IOV：Internet of Vehicle）是指车与车、车与路、车与人、车与传感设备等交互，实现车辆与公众网络通信的动态移动通信系统。它可以通过车与车、车与人、车与路互联互通实现信息共享，收集车辆、道路和环境的信息，并在信息网络平台上对多源采集的信息进行加工、计算、共享和安全发布，根据不同功能需求对车辆进行有效的引导与监管，以及提供专业的多媒体与移动互联网应用服务。

物联网，即通过射频识别（RFID）、红外感应器、全球定位系统、激光扫描器、气体感应器等信息传感设备，按约定的协议，把任何物品与互联网连接起来，进行信息交换和通讯，以实现智能化识别、定位、跟踪、监控和管理的一种网络。

行业互联网化

银行业互联网化是指通过银行各个信息系统之间的互联互通以及通过互联网方式达成银行对外的信息沟通，实现银行业务流程、营销方式、用户服务界面、内容运营方式的再造。银行业互联网化是银行业信息化的升级，旨在基于银行内核业务的基础上，利用互联网技术为客户提供新型差异化银行业服务。

互联网化让彩电行业从原本的以产品及渠道为核心的运营转换为了真正的围绕着消费需求为核心的运营。现阶段，彩电行业互联网化对于彩电行业产生的价值主要体现在以下三点：第一，扁平化渠道缩减了渠道建设成本，减小库存压力；第二，网购渠道透明化、数据化、统一化让营销更精准；第三，交易环境及内部流程环节的数据化让运营更具弹性。

教育互联网化是指依托互联网和多媒体技术，以网络为介质将传统的教育行业价值链在线上实现，尤以教学活动为核心。通过计算机和互联网，学员和教师可以不受时间、空间和地点等条件的限制开展教学活动。包括先进的数字化音频、视频技术，实现文字、图像和声音的同步传输，方便有效地实现交互式教学。在中国市场，教育互联网化涵盖了所有以网络及其他电子通讯手段提供学习内容、运营服务、解决方案及实施咨询的市场领域。

附录4　中国互联网细分行业代表厂商索引

A

B

C

D

附录5　中国互联网行业上市公司索引2013

电子商务

B2B

内容消费

网络视频

游戏

基础应用与服务

移动搜索

社会化

手机浏览器

户外电子屏

信息服务

垂直搜索与导航

信息安全

新一代信息技术

大数据

云计算

物联网